Gudrun Perko | Leah Carola Czollek
Lehrbuch Gender, Queer und Diversity

Studienmodule Soziale Arbeit

Die Reihe „Studienmodule Soziale Arbeit" präsentiert Grundlagentexte und bietet eine Einführung in basale Themen der Sozialen Arbeit. Sie orientiert sich sowohl konzeptionell als auch in Inhalt und Aufbau der Einzelbände hochschulübergreifend an den jeweiligen Studienmodulen. Jeder Band bereitet den Stoff eines Semesters in Lehr- und Lerneinheiten auf, ergänzt durch Übungsfragen, Vorschläge für das Selbststudium und weiterführende Literaturhinweise.

Gudrun Perko | Leah Carola Czollek

Lehrbuch Gender, Queer und Diversity

2., vollständig überarbeitete und erweiterte Auflage

Die Autor_innen

Gudrun Perko, Jg. 1962, Prof. Dr., ist Philosophin und Professorin für Sozialwissenschaften an der Fachhochschule Potsdam (Fachbereich Sozial- und Bildungswissenschaften). Sie ist Mitbegründerin des Instituts „Social Justice und Radical Diversity“.

Leah Carola Czollek, Jg. 1954, Sozialpädagogin, Leiterin und Mitbegründerin des Instituts „Social Justice und Radical Diversity“. Sie hat Rechtswissenschaften und Soziale Arbeit studiert, ist Mediatorin, Supervisorin, freiberufliche Trainerin und Dozentin an verschiedenen Hochschulen.

Institut Social Justice und Radical Diversity: www.institu-social-justice.org

Dieses Buch ist erhältlich als:
ISBN 978-3-7799-3100-3 Print
ISBN 978-3-7799-3101-0 E-Book (PDF)

2., vollständig überarbeitete und erweiterte Auflage 2022

in der Verlagsgruppe Beltz · Weinheim Basel
Werderstraße 10, 69469 Weinheim

Herstellung: Ulrike Poppel
Satz: text plus form, Dresden
Druck und Bindung: Beltz Bad Langensalza GmbH, Bad Langensalza
Beltz Grafische Betriebe ist ein klimaneutrales Unternehmen (ID 15985-2104-100)
Printed in Germany

Weitere Informationen zu unseren Autor_innen und Titeln finden Sie unter: www.beltz.de

Inhalt

IV. Methoden

V. Schlüsselkompetenzen in der Praxis

Einleitung

Die Kategorie Geschlecht ist ein grundlegendes Unterscheidungsmerkmal von Menschen in einer Gesellschaft. Vorstellungen über Unterschiede zwischen Frau und Mann sind in der Gesellschaft tief verankert und von den Einzelnen verinnerlicht. Dabei ist das gesellschaftlich konstruierte Geschlecht verbunden mit hierarchisierenden Bewertungen und spiegelt die Machtverteilung einer Gesellschaft wider. Über die Unterscheidung von Mann und Frau (Zweigeschlechtlichkeit) hinausgehend, zeigen sich Unterscheidungsmerkmale als Diskriminierungsrealitäten in Bezug auf queere Menschen wie Lesben, Schwule, Transgender und Intergeschlechtliche Personen (Vielgeschlechtlichkeit). Sozialarbeiter_innen werden im (inter)nationalen Ethikkodex der Sozialen Arbeit dazu aufgefordert, sich Diskriminierungen auch in Bezug auf Gender/Queer entgegenzustellen. Dies zu tun, erfordert Wissen und Können und bedarf einer Haltung zugunsten der vielfältigen gender/queer bezogenen Lebensformen von Menschen.

Menschen sind auch aufgrund anderer Diversitykategorien Struktureller Diskriminierung, als Ineinanderverwobenheit von individuellen, instituionellen (inklusive rechtlichen) und kulturellen Praxen von Diskriminierung, ausgesetzt: Alter, psychische oder körperliche Verfasstheit (Beeinträchtigung), Aussehen, Sprache, soziale Herkunft, Klasse, geografische Herkunft, Gender/Queer, sexuelles Begehren, Religion oder Säkularität/Konfessionsfreiheit etc. gelten hierbei als gesellschaftliche Regulativa, aufgrund derer bestimmte Menschen privilegiert oder diskriminiert werden. Mit Bezug auf diese werden Menschen in positiver oder negativer Weise bestimmt, können sie an gesellschaftlichen (ökonomischen, sozialen, kulturellen, institutionellen etc.) Ressourcen teilnehmen oder werden ausgegrenzt. Wissenschaftliche Studien verdeutlichen zunehmenden Antisemitismus, Antiromaismus und Antisintiismus, Anti-Schwarzen Rassismus, Anti-Asiatischen Rassismus, Anti-Slawischen Rassismus, Anti-Muslimischen Rassismus, Homo- und Transmiseoismus, also Feindschaft und Hass gegen Lesben, Schwule, Transgender und Intergeschlechtliche Personen. Ebenso tief in gesellschaftlichen Strukturen verankert ist Klassismus oder Ageismus und Ableismus. Der (inter)nationale Ethik Kodex der Sozialen Arbeit fordert auch in Bezug darauf auf, gegen Diskriminierung zu handeln.

Die Charakteristika Struktureller Diskriminierung zeigen sich bei allen Diskriminierungsformen, die immer in Macht- und Herrschaftsverhältnissen eingebettet sind, wie sie mit Rekurs auf Iris Marion Young (1996) folgend beschrieben werden: „(…) der Anwendung von Gewalt, der Erzeugung von Machtlosigkeit, der Durchsetzung hegemonialer Kulturvorstellungen, Praxen von Ausbeutung und Marginalisierung und, so fügen wir hinzu, anhand von Prozessen der Exklusion." (Czollek/Perko/Kaszner/Czollek 2019: 26f.) Vor diesem Hintergrund setzt sich das Lehrbuch *Gender, Queer und Diversity in der Sozialen Arbeit* damit auseinander, was eine gender/queer- und diversitygerechte Soziale Arbeit ausmacht und rekurriert dabei in Bezug auf Diversity konkret auf das Bildungskonzept „Social Justice und Diversity" (vgl. Czollek/Perko/Kaszner/Czollek 2019). So geht es insgesamt um eine Soziale Arbeit, deren Intention in der Förderung und Verwirklichung von Social Justice als Anerkennungs- und Verteilungsgerechtigkeit sowie Verwirklichungs- und Befähigungsgerechtigkeit liegt, und die die Radikale Verschiedenheit von Menschen und ihre Gleichheit (nämlich Menschen zu sein) in den Blick rückt.

Ist von Sozialer Arbeit die Rede, so betrifft sie mehrere Dimensionen:

- Ausbildungsorte der Sozialen Arbeit: (Fach)Hochschulen.
- Soziale Arbeit als gesellschaftliche Institution.
- Soziale Arbeit als Wissenschaft/Forschung.
- Soziale Arbeit als Profession: Praxisbereiche, in denen Sozialarbeiter:innen arbeiten.

Auf diese Bereiche bezieht sich eine mögliche gender/queer- und diversitygerechte Soziale Arbeit. Sie sind miteinander verwoben, fließen mit ihren Inhalten und Absichten, mit ihren Maßnahmen und Intentionen immer wieder ineinander und beeinflussen sich gegenseitig. So wird beispielsweise das, was an Hochschulen an gender/queer- und diversitybezogenen Kompetenzen vermittelt wird, in der Praxis angewendet, und was in der Praxis an Relevanz gewinnt, in Hochschulen wiederum aufgegriffen.

Ein Lehrbuch zu verfassen, bedeutet immer auch den Mut zur Lücke. Doch bietet die vorliegende Publikation die Möglichkeit, sich in die Thematik zu vertiefen und profunde Kenntnisse zu gewinnen. In sechs Abschnitte eingeteilt, werden neun Lehreinheiten besprochen, die theoretischen und rechtlichen Grundlagen, historische Kontexte, Methoden und Kompetenzen sowie Arbeits- und Praxisfelder der Sozialen Arbeit im Hinblick auf das Thema beleuchten. Jede Lehreinheit schließt mit Überlegungen zu Herausforderungen für die Soziale Arbeit sowie mit Übungen, die zur Überprüfung des erworbenen Wissens durchgeführt werden können, und mit Empfehlungen zur vertiefenden Auseinandersetzung mit den Themen ab. Dass sich in den einzelnen Lehreinheiten auch Wiederholungen finden, ist beabsichtigt: So können einzelne Abschnitte nachvollzogen werden, ohne das gesamte Buch durchzulesen. Werden Verweise auf jeweils andere Lehreinheiten gegeben, ist es zum Verständnis der Thematik allerdings unterstützend, diesen nachzugehen.

Das vorliegende Buch wurde 2009 gemeinsam mit Heike Helen Weinbach veröffentlicht und galt damals als Publikation, die erstmals im deutschsprachigen Raum ein Lehrbuch zu Gender *und* Queer in der Sozialen Arbeit vorgelegt hat. Aufgrund beruflicher Veränderungen konnte sich Heike Helen Weinbach nicht an der Neuveröffentlichung beteiligen. Im Zuge der Überarbeitung der ersten Auflage mit dem Titel *Lehrbuch Gender und Queer. Grundlagen, Methoden und Praxisfelder* (2009) haben wir das gesamte Manuskript bearbeitet und teilweise sehr stark verändert. So richtet sich insgesamt der Blick von Gender/Queer auch auf Diversity in der Sozialen Arbeit, womit eine mehrperspektivische und intersektionale Betrachtung ermöglicht wird. In der 1. Lehreinheit wurden vor allem der Abschnitt zu „Queer Studies" erneuert und der Exkurs „Abgrenzung von queer-feministische BDS-Anhängerinnen" sowie „Begriffe im Kontext von Gender/Queer" hinzugefügt. Die 2. Lehreinheit „Social Justice und Diversity als handlungsleitendes Prinzip" ist gänzlich neu verfasst. Bei der 7. Lehreinheit „Methoden" sind die „Mediation" sowie die „8-Schritte-Methode" (Reflektieren – Entscheiden – ethisch begründbares Handeln im Hinblick auf den ethischen Kodex) und „Methoden zur Veränderung gesellschaftlicher Macht- und Herrschaftsverhältnisse" hinzugekommen. Überarbeitet wurde ferner, so es neue Gesetzesverankerungen gegeben hat, die 3., 4. und 5. Lehreinheit. Eine Neuorientierung erfuhr auch die 9. Lehreinheit. Grundlegend mussten jene Begriffe und Bezeichnungen bearbeitet werden, die 2009 im Diskurs gängig waren, heute überholt sind oder als diskriminierend gelten. Hier gilt es immer wieder, dass wir uns in der Sozialen Arbeit kundig machen müssen, inwiefern sich bestimmte Begriffe und Bezeichnungen über die Zeit verändern und welche Argumente gegen ihre Verwendung eingebracht werden. Das gilt auch hinsichtlich der Benennung der Genderpluralität. Gegenwärtig werden kontroverse Diskussionen darüber geführt, welche Form diese am ehesten ausdrückt: So heben manche das Sternchen positiv hervor, weil es auf eine Eröffnung verweist, während andere an die nationalsozialistische Markierung mit dem Stern erinnert werden; ungewiss ist mittlerweile, ob der Doppelpunkt barrierefrei ist, wie zunächst angenommen; dem Unterstrich als eine der ersten Vorschläge, haftet mittlerweile an, eine Leerstelle anzuzeigen, die nicht gefüllt wird. Unser Vorschlag des Unendlichkeitszeichens wurde bisweilen nicht aufgegriffen, doch ist auch dieses behaftet, insofern es auch auf ein spirituelles Symbol verweist. Das Dilemma der Sprache können wir nicht lösen. Deshalb haben wir uns dazu entschieden, im Lehrbuch derzeit existierende Vorschläge zu variieren. Möglicherweise verhilft diese Praxis dazu, am ehesten die Pluralität auszudrücken.

Im Zentrum des Lehrbuches steht immer wieder die Triade von Wissen – Haltung – Können, oder anders ausgedrückt, Kopf – Herz – Hand, sowie die Verbindung von Theorien und Methoden für die Praxis, die Grundlagen einer gender/queer- und diversitygerechten Soziale Arbeit sind. In diesem Kontext zeichnet sich die vorliegende Publikation insgesamt sehr stark durch unsere eigenen Theoriebildungen und Methodenentwicklungen zu folgenden Bereichen aus: Gender/Queer, Social Justice und Diversity, Mahloquet als ethisch-dialogische Methode, diversityorientierte Mediation, ethische Methode und gender/queer- und diversityorientierten Methoden. Gleichzeitig werden viele Autor*innen zitiert, die in den verschiedenen Bereichen publiziert haben. Hier befinden wir uns zuweilen in einem Dilemma, wenn es Autor*innen sind, die beispielsweise zum Thema Gender/Queer wichtige Impulse gegeben, aber in Bezug auf andere Bereiche Diskriminierendes veröffentlicht haben: So etwa in queer-feministischen Bereichen, in denen manche Autor*innen BDS-Mitbegründer_innen oder Vertreter:innen sind, wovon wir uns deutlich distanzieren und dies an jenen Stellen mit einer Fußnote markieren, wo es uns nachweislich bekannt ist (vgl. 1. Lehreinheit/Exkurs).

Die Aufgabe eines Lehrbuches besteht nicht nur darin, Wissen zu vermitteln. Es fordert Lesende auch auf, sich kritisch mit Theorien, Methoden und Praxen auseinanderzusetzen, sie aber auch weiterzuentwickeln und in der Praxis zu erproben. Damit wenden wir uns an Studierende der Sozialen Arbeit und an Lehrende, die das Lehrbuch als Grundlage für die Lehre heranziehen können. Ebenso ist das Lehrbuch für Praktiker*innen der Sozialen Arbeit zur Weiterbildung im Selbststudium und Seminaren geeignet. Über die Soziale Arbeit hinaus richtet sich das Buch an Bildungsarbeiter*innen, die das Thema Gender/Queer und Diversity in Workshops, Trainings oder Schulungen aufgreifen und schließlich an Alle, die am Thema interessiert sind.

Als Autorinnen wünschen wir Allen eine Fülle an Informationen, aber vor allem einen lebendigen Dialog mit und über die im Lehrbuch diskutierten Themen. Im Sinne dieses Dialoges als konstruktives Streitgespräch bedanken wir uns bei allen, die zum Erscheinen dieses Buches beigetragen haben. In erster Linie bei Heike Helen Weinbach für die intensive Arbeit und die vielen Gespräche in Bezug auf die Erstauflage. Wir bedanken uns auch bei Student_innen, mit denen wir in Lehrveranstaltungen und Seminaren über Jahre hinweg diese Thematiken diskutierten und auch selbst immer wieder dazu lernen.

I. Theoretische Grundlagen

Gender gilt als einer der Hauptunterscheidungsmerkmale von Menschen in einer Gesellschaft. Über die Unterscheidung von Mann und Frau hinausgehend zeigen sich Unterscheidungsmerkmale als Diskriminierungsstrukturen und Diskriminierungsmechanismen auch in Bezug auf queere Menschen, also in Bezug auf Lesben, Schwule, Transgender und Intergeschlechtliche Personen etc. Gender Studies, Kritische Männerforschung und Queer Studies wollen dem mit jeweils eigenen Schwerpunktsetzungen entgegentreten und Alternativen herstellen und fungieren dabei als Grundlagen in der Sozialen Arbeit. Sie fokussieren immer wieder auch einen intersektionalen Zugang und verweisen damit auf jene Diversitykonzepte, die Fragen der Gerechtigkeit ins Zentrum stellen.

Für Soziale Arbeit sind diese in den verschiedenen Praxisfeldern zentral und gelten mit der Zielsetzung von Social Justice (Anerkennungs-, Verteilungs-, Verwirklichungs- und Befähigungsgerechtigkeit) als handlungsleitende Prinzipien (vgl. 2. Lehreinheit). Dabei geht es um die Verknüpfung von Kategorien, durch die der Status von Menschen in seiner positiven oder negativen Weise bestimmt wird (z. B. über die Kategorien Alter, Beeinträchtigung (psychischer oder körperlicher Verfasstheit), Aussehen, Sprache, soziale Herkunft, Klasse, geografische Herkunft, Geschlecht/Gender/Queer, sexuelles Begehren, Religion oder Säkularität/Konfessionsfreiheit). Ihre Relevanz wird auch im (inter)nationalen Ethikkodex formuliert, insofern Sozialarbeiter*innen dazu aufgefordert werden, sich gegen Diskriminierung zu stellen (vgl. 8. Lehreinheit), wobei der Einbezug von Gender- und Queer Studies eine Grundlage für eine gender/queergerechten Sozialen Arbeit ist.

1. Lehreinheit
Gender Studies, Kritische Männerforschung, Queer Studies

Die Theoretisierung Sozialer Arbeit wurde seit der Akademisierung der Sozialarbeitsausbildung an Fachhochschulen und Universitäten (Sozialpädagogik) in der Bundesrepublik in einer Vielzahl von Ansätzen betrieben (vgl. u.a. Kruse 2004; Winkler 1988; Thiersch 1992; Staub-Bernasconi 1995; Mühlum 1996; Merten 1997; Kleve 2003). Diese Theorien enthalten zwar bei manchen Autor_innen Ansatzpunkte, haben jedoch Gender/Queertheorien bislang nicht als zentralen Baustein formuliert. So hat Silvia Staub-Bernasconi in ihrer menschenrechtsorientierten Theoretisierung Sozialer Arbeit insbesondere auf die Vernachlässigung der Theorieproduktion von Frauen in der Sozialen Arbeit aufmerksam gemacht: „Feministinnen fordern den Eintritt der Frauen in die Geschichte. Wenn man die Geschichte von Jane Addams und der Frauen von Hull House betrachtet, so ist diese durch die Forderung nach dem – erneuten – Eintritt der Frauen in die Theoriegeschichte zu ergänzen. So wird die Theoriefrage zur Frage nach den symbolischen Denk- und Machtverhältnissen" (Staub-Bernasconi 1995: 40). Feministische Theorien und Gendertheorien aus den USA, Großbritannien und anderen Ländern wurden seit den 1970er Jahren ins Deutsche übersetzt. Sie hatten und haben erheblichen Einfluss auf die Theoriebildung im Bereich Feminismus, Gender und Queer in der Bundesrepublik. Seit den 1970er Jahren liegt in der Bundesrepublik eine Vielzahl Praxis bezogener feministischer Literatur und Genderliteratur im Feld Soziale Arbeit und Sozialpädagogik sowie Arbeiten zu Gender Mainstreaming und Praxisfeldern der Sozialen Arbeit vor (vgl. u.v.a. Gruber/Fröschl 2001; Göttert/Walser 2002; Bohn 2002; Lange 2003; Bentheim 2004; Czollek/Perko/Weinbach 2009). Ebenso hat eine systematische historische Aufarbeitung der Beiträge von Frauen zur Sozialen Arbeit in Europa (vgl. Hering 2002) begonnen und bedeutende Ergebnisse zur Sichtbarmachung von Frauen in der Theorie und Praxis Sozialer Arbeit geleistet. Wir sehen uns hier zunächst die Bedeutung von Gender Studies an.

Gender Studies analysieren die Geschlechterverhältnisse zwischen Frauen und Männern und untersuchen je mit unterschiedlichen Schwerpunkten und in verschiedenen Bereichen Unterschiede und Beziehungen von biologischem und kulturellem Geschlecht sowie Macht- und Herrschaftsverhältnisse, denen eine Zuordnung in „männlich" und „weiblich" folgt: Mit der Zielsetzung der politischen und gesellschaftlichen Gleichstellung der Geschlechter. Die Kritische

Männerforschung wird als ein Bereich von Gender Studies verstanden, sie rückt die Notwendigkeit der Selbstreflexion von Männern über die von ihnen mit produzierten Machtverhältnissen in den Fokus, analysiert Männlichkeitskonstruktionen und Erfahrungen von Männern in historischer und soziokultureller Perspektive mit dem Ziel der Gleichstellung und Emanzipation der Geschlechter. Queer Studies erweitern den Begriff Gender (Mann, Frau) hin zur Vielfältigkeit von Genderformen (Lesben, Schwule, Transgender und Intergeschlechtliche Personen oder Non-binary Personen etc.). Sie gelten als Ansatz der Infragestellung von festgelegten, normalisierenden, stereotypen Identitäten mit der Zielsetzung der gleichen Möglichkeiten und gleichberechtigten Partizipation an allen gesellschaftlichen Ressourcen für queere Menschen.

Alle drei Richtungen gelten als je eigener Ansatz und weisen zudem intern divergierende Schwerpunktsetzungen auf, sodass es sich jeweils nicht um eine einheitliche Theorierichtung handelt. Im Hintergrund der Konzeptionen stehen immer wieder auch Feministische Theorien (vgl. 6. Lehreinheit). Doch kann keine deterministische Ableitung, also keine logisch-notwendige Entwicklung von feministischen Theorien hin zu Gender Studies und Queer Studies ausgemacht werden. Diese – vorrangig in den USA und anderen angelsächsischen Ländern entwickelten – Theorierichtungen sind in das Selbstverständnis Sozialer Arbeit international eingeflossen und erhalten immer mehr Relevanz in den verschiedenen Feldern der Sozialen Arbeit.

1. Gender Studies

Gender Studies entwickelten sich ca. 1975 aus den Women Studies, die ca. 1970 in einigen US-amerikanischen Universitäten etabliert wurden. Die Women Studies wollten zwei Intentionen vereinen: Einerseits versuchten sie zu zeigen, dass Männer und Frauen gleich und damit gleichberechtigt sind, andererseits rekurrierten sie darauf, dass es eine eigene „Frauenkultur" gibt. Von dieser Situation ausgehend entwickelten sich Gender Studies. Im Gegensatz zu Women Studies, die sich aus feministischer Perspektive mit der wissenschaftlichen Betrachtung von Frauen in einer von Männern dominierten Gesellschaft und Theoriebildung beschäftigten, steht im Zentrum von Gender Studies das Geschlechterverhältnis, im Rahmen dessen die Unterschiede und Beziehungen von biologischem und kulturellem Geschlecht untersucht werden. In der Sozialen Arbeit sind Gender Studies etabliert und stehen immer wieder vor der Herausforderung, Inhalte und Ziele der Gender Studies in der Praxis der Sozialen Arbeit in einem umfassenden Sinne umzusetzen.

Gender Studies haben sich seit ihren Anfängen auch im deutschsprachigen Raum sehr ausdifferenziert, die Vertreter*innen und Gebiete sind zahlreich, weshalb im Folgenden nicht auf die Konzeption der einzelnen Autor_innen eingegangen, sondern ein inhaltlicher Überblick gegeben wird.

1.1 Geschichte und inhaltliche Fokussierungen

Mitte der 1980er Jahre etablierten sich Gender Studies auch im deutschsprachigen Raum als eigene Disziplin. Gender wurde eine eigene wissenschaftliche Kategorie und als solche in Theorien Sozialer Arbeit aufgenommen. Der Begriff *Gender* wurde im Deutschsprachigen beibehalten, weil durch die mit ihm einhergehende Unterscheidungsmöglichkeit von *sex* und *gender* eine Unterscheidung zwischen dem biologischen Geschlecht *(sex)* und dem sozialen, gesellschaftlich-kulturell hergestellten Geschlecht *(gender)* getroffen werden konnte (vgl. Braun/Stepahn 2006). Mittlerweile wird auch eine erweiterte Einteilung vorgenommen. Geschlecht wird auch in folgende Bereiche differenziert: *Sex* als Körpergeschlecht; *gender* als geschlechtliche Identität (Gender als das Wissen über das eigene Geschlecht, unabhängig von körperlichen Merkmalen) und Gender Expression als Ausdruck des Geschlechts (durch Kleidung, Stil, Verhaltensweisen etc.) (vgl. Debus/Laumann 2020)

Gender Studies sind zumeist interdisziplinär bzw. transdisziplinär. Das bedeutet, dass verschiedene Methoden aus unterschiedlichen wissenschaftlichen Disziplinen herangezogen und modifiziert angewandt werden. Sie existieren gleichzeitig in allen wissenschaftlichen Disziplinen als Forschungsdisziplin. (Einblick dazu geben u. a. Becker/Kortendiek 2004; Löw/Mathes 2005; Kortendiek/Münst 2005, Braun von/Stephan 2000, 2006)

Trotz einer Ausdifferenzierung können die zentralen Themen von Gender Studies folgenderweise skizziert werden:

- Die Beschäftigung mit den Geschlechterrollen.
- Die Untersuchung der Beziehungen der Geschlechter untereinander.
- Geschlecht (Gender) als kulturelle Konstruktion von Sexualität zu verstehen und nicht als biologisches Geschlecht (Sex).
- Analysen der sozialen Ungleichheit zwischen den Geschlechtern (z. B. Benachteiligung im Berufsleben; Gender Pay Gap; crowding als ungleiche Verteilung der Geschlechter auf dem Arbeitsmarkt).
- Die soziale Stellung der Geschlechter in der Gesellschaft zu analysieren.
- Unterschiede zwischen den sozial und kulturell konstruierten Geschlechtern zu erforschen.
- Die Prozesse der Unterscheidung zweier Geschlechtsausprägungen (männlich/weiblich) zu analysieren.

- Differenzen zwischen Frauen, zwischen Männern (Männerforschung), zwischen Männern und Frauen zu reflektieren.
- Die vielfältigen Bedeutungen von „männlich" und „weiblich" zu analysieren.
- Vorstellungen vom natürlichen Wesen der Geschlechter und von Idealen von Männlichkeit und Weiblichkeit kritisch darzustellen.
- Die Bewertungen der Geschlechter innerhalb einer Gesellschaft bzw. Kultur zu erforschen.
- Auseinandersetzungen mit dem Gender Care Gap (ungleiche Beteiligung in pflegerischen Bereichen).
- Die Mechanismen der Aufwertung bzw. Abwertungen von Geschlechtern aufzudecken.
- Diskriminierungsrealitäten und soziale Benachteiligungen aufzuzeigen.

Für eine gender/queergerechte Soziale Arbeit ergibt sich bei diesem Themenkomplex eine besondere Herausforderung: Sie „(...) besteht nun insbesondere darin in der makrosoziologischen Analyse sozialer Probleme zu erkennen, dass die Verschmelzung von körperlichen, psychischen und sozialen Unterschieden zu einem ideologischen System die Ursache für viele soziale Probleme ist, während es bei der mikrosoziologischen Analyse wichtig ist, die restriktiven Geschlechterrollen im Kontakt mit Klientinnen und Klienten in Frage zu stellen. Eines der Ziele auf der mikrosozialen Handlungsebene ist in den täglichen Interaktionen die Geschlechterrollen zu überschreiten (zu dekonstruieren) und die individuellen Handlungsspielräume zu betonen." (Fröschl 2006: 3) Dabei muss nach der Bedeutung des Geschlechts – sowohl in Bezug auf Sozialarbeiter*innen als auch in Bezug auf Adressat:innen der Sozialen Arbeit – gefragt werden: Welche Genderrolle und -funktion nehme ich ein; wie gehe ich auf unterschiedliches Genderverhalten ein etc.?

1.2 Genderkonstruktion und Genderdekonstruktion

Gender Studies fragen „(...) nach der Bedeutung des Geschlechts für Kultur, Gesellschaft und Wissenschaft. Sie setzen keinen festen Begriff von Geschlecht voraus, sondern untersuchen, wie sich ein solcher Begriff in den verschiedenen Zusammenhängen jeweils herstellt bzw. hergestellt wird, welche Bedeutung ihm beigemessen wird und welche Auswirkungen er auf die Verteilung der politischen Macht, die sozialen Strukturen und die Produktion von Wissen, Kultur und Kunst hat." (Braun/Stephan 2006: 3) Ein wesentlicher Verdienst der Gender Studies ist die Auffassung, dass Gender konstruiert, also gesellschaftlich-kulturell hergestellt und nicht naturgegeben ist. Dieser Gedanke findet sich bereits bei Simone de Beauvoirs Analyse in Bezug auf Frauen: Man wird nicht als Frau geboren, man wird es (vgl. Beauvoir 1951). Gender Studies zeigen also einerseits die Konstruktion von Gender auf und versuchen andererseits, diese zu dekonstruieren, d.h. zu verändern, zu irritieren etc.

Was bedeutet Genderkonstruktion?

Das Wort Gender ist sprachhistorisch vom griechischen Wort *genos* und vom lateinischen Wort *genus* über das altfranzösische Wort *gendre* her abgeleitet. Die ursprüngliche Bedeutung lautet: „Art“ oder „Gattung“ und hat zunächst nichts mit Geschlecht im Sinne des Wortes *sexus* (lat. Wort für die biologische Geschlechtszugehörigkeit) zu tun (vgl. Corbett 1991). Auch in der deutschen Sprache hatte das Wort *genus* anfangs die Bedeutung von „Art“, „Gattung“ oder „Geschlecht“ im Sinne von Adelsgeschlecht (vgl. Leiss 1994). Dass aber Genus im Lateinischen und Griechischen nichts mit Geschlecht oder Geschlechtsbezeichnungen zu tun hätte, erweist sich als falsch. Genus wird hier auch schon zur Bezeichnung des grammatikalischen Geschlechts und seiner Eigenschaften verwendet: Femininum, Maskulinum, Neutrum. Zusammenhänge zwischen der Zuweisung von grammatikalischem Geschlecht und Geschlechterstereotypen in der Gesellschaft können schon früh nachgewiesen werden, zeigen zugleich aber auch, wie über Sprache Geschlecht hergestellt und festgelegt werden kann (vgl. Weinbach 2003).

Die Konstruktion von Gender bedeutet die gesellschaftlich-kulturelle Herstellung bestimmter Rollen, Rollenbilder und Funktionen von Frauen und Männern. Diese Genderkonstruktion als gesellschaftliche, kulturelle Konstruktion ist eingebunden in einen jeweiligen gesellschaftlichen Kontext und wird von Wissenschaft, Medien, Literatur, Musik, Film sowie Institutionen wie Kirche, Recht, Gesundheits- und Bildungswesen etc. untermauert. Über die Sozialisation werden bestimmte Rollen und Funktionen verinnerlicht. Die genderorientierte Sozialisationstheorie geht davon aus, dass der Erwerb von Geschlechtsidentität und Geschlechterrolle ein sozialer Prozess ist: Im klassischen Sinne werden Mädchen und Jungen zur Übernahme unterschiedlicher Verhaltensmuster angehalten. Mit der Bezeichnung „geschlechterspezifische Sozialisation“ wird verdeutlicht, dass für Jungen und Männer eine ‚männliche‘ und für Mädchen und Frauen eine ‚weibliche‘ Sozialisation stattfindet (vgl. u.a. Nestvogel 2004). Dabei zielt die klassisch-traditionelle Sozialisation von Jungen auf eine Unterdrückung der Gefühle sowie auf den Erwerb von Selbstständigkeit und Durchsetzungsfähigkeit ab; bei Mädchen wird oftmals ein entgegengesetztes Verhaltensrepertoire forciert. Verstärkt wird die Herstellung bestimmter genderorientierter Rollen, Funktionen und Verhaltensweisen durch das, was in Theorien mit Doing Gender bezeichnet wird: Doing Gender sind die permanenten Interaktionen der Ein- und Anpassung von Personen in zweigeschlechtliche, heteronormative durch Auf- und Abwertung strukturierte, hierarchische Verhältnisse in der Schule, am Arbeitsplatz, in der Familie, im politischen Raum. Es meint die Herstellung normativer Geschlechterrollen (männlich und weiblich) durch Sprache und Handlungen, durch Gestik und Mimik, durch Auftreten und Art sich zu kleiden. Auch durch die Art und Weise, andere Menschen wahrzunehmen, anzusprechen und zu behandeln (vgl. Fenstermaker/West 2002; Kotthoff 2002).

Was bedeutet Genderdekonstruktion?

Die Auffassung, dass Rollen, Funktionen oder Verhaltensweisen von Frauen und Männern kulturell-gesellschaftlich konstruiert sind, bedeutet, dass keine „natürliche" Ableitung des biologischen Geschlechts (Sex) auf die Rolle und Funktion der Geschlechter Frau und Mann in der Gesellschaft angenommen werden kann. Vielmehr gilt: Gender ist durch soziale und kulturelle bzw. gesellschaftliche Gegebenheiten bzw. Verankerungen hergestellt. Das hat zur Folge, dass gemäß der Gender Studies das biologische Geschlecht zwar festgelegt ist (anders als in Queer Studies), Gender selbst als Funktion und Rolle der Geschlechter aber veränderbar ist. Damit richten sich Gender Studies gegen eine tief verankerte Tradition und Haltung, dass durch das biologische Geschlecht eine „natürliche" Trennung der Geschlechter auch auf gesellschaftlicher Ebene erfolgt. Gender ist gemäß der Gender Studies variabel und veränderbar, und damit auch die Beziehung der Geschlechter, die keiner stereotypen Form aus „natürlichen" Gründen folgt: Männer können dieselben Funktionen und Rollen einnehmen wie Frauen, und umgekehrt. Analytisches Instrument für die Untersuchung der Wechselwirkung zwischen den sozialen Verhältnissen war „die Unterscheidung zwischen dem biologischen und dem sozialen Geschlecht, die *sex* als ‚naturgegebene' biologische Ausstattung und *gender* als soziale Konstruktion und kulturelle Zuschreibung begriff" (Braun/Stephan 2006: 32 f.). Erst wenn wir wissen, wie Gender auf den verschiedenen, aber miteinander verbundenen Ebenen (individueller, institutioneller, kulturell-struktureller Ebene) konstruiert und tradiert wird, können wir dieser Weise des Doing Gender entgegenwirken. Dieses Entgegenwirken wird mit Undoing Gender bezeichnet (vgl. Butler 2004[1]; Deutsch 2007). Es gilt als Praxis, die Zuschreibung stereotyper Geschlechterrollen zu erkennen und zu problematisieren. Auf die Erkenntnis über den Konstruktionscharakter der Geschlechter folgt der Versuch, Geschlechterhierarchisierungen und -kategorisierungen abzubauen und dadurch zur Destabilisierung der normativen ein-

---

1 Wir zitieren Judith Butler als eine Autorin, die historisch viel zum Diskurs Gender und Queer beigetragen hat, distanzieren uns aber ausdrücklich von ihr in Bezug darauf, dass sie BDS Vertreterin ist (BDS, Boykott, Desinvestitionen und Sanktionen gegen Israel) ist. (Siehe 1. Lehreinheit/Exkurs und Czollek 2017; Czollek/Perko 2017).

deutigen Zweigeschlechtlichkeit zugunsten der Pluralisierung beizutragen (vgl. Czollek/Perko 2008).

1.3 Praxen in der Sozialen Arbeit: Doing Gender und Undoing Gender

Doing Gender und Undoing Gender spielen in der Sozialen Arbeit eine große Rolle. Im Sinne des analytischen Wissens um Genderkonstruktionen und in der Intention der Genderdekonstruktionen zeichnet sich eine gender/queergerechte Soziale Arbeit dadurch aus, mit einem vielfältigen Repertoire an Genderrollen und -funktionen zu operieren. Das betrifft mehrere Bereiche, u. a.:

- Sozialarbeiter:innen variieren Genderrollen und Genderfunktionen, um aufzuzeigen, dass die verschiedenen Rollen und Funktionen gleichermaßen Berechtigung haben.
- Adressat*innen der Sozialen Arbeit werden konfrontiert mit nicht-traditionellen Genderverhaltensweisen.
- Männer werden nicht verallgemeinernd mit „männlichen" Attributen festgeschrieben.
- Frauen werden nicht verallgemeinernd mit „weiblichen" Attributen festgeschrieben.
- Adressat_innen der Sozialen Arbeit werden durch das Vorleben vielfältiger, variierender Genderrollen in ihrer je verschiedenen Art und Weise Genderrollen zu leben, bestärkt.

Ein für die Soziale Arbeit wichtiger Bereich der Gender Studies sind Auseinandersetzungen über (benachteiligte) Jugendliche (vgl. Wolff 2002; Rätz-Heinisch 2005) sowie die geschlechterbewusste Pädagogik und Gender bewusste Jugendarbeit (vgl. Bruhns 2004): Wie könnten Sozialarbeiter*innen in diesem Bereich hinsichtlich des Doing Gender und Undoing Gender handeln? Arbeiten Sozialarbeiter_innen z. B. in einem Jugendprojekt im Team, so kann festgelegt werden, wer welche sozialen Genderrollen übernimmt, um stereotype Vorstellungen, die z. B. Jugendlichen über Männerrollen und Frauenrollen haben, zu irritieren: Sind junge Männer betont männlich in einem klassisch-traditionellem Sinne, dann trennen sie klar, was Männer- und was Frauenrollen sind (z. B. schwere Arbeit sei etwas für Männer, Frauen sollen eher Zubringarbeiten erledigen; die kognitive Ebene sei etwas für Männer, Frauen seien emotional), so können Sozialarbeiter*innen stereotype Gendervorstellungen aufbrechen, indem sie für die Jugendlichen unübliche Rollen einnehmen. Der Sozialarbeiter kann mehr die Versorgung übernehmen; die Sozialarbeiterin kann kognitive Übungen leiten etc. In

Gruppeninteraktionen ist es wichtig, dass das Team Vorbildfunktion hat, dass es Gespräche zum Thema Geschlechterverhältnisse und Übungen zu Gender gibt. Im Sinne der Gender Studies liegt die Intention darin, den Jugendlichen zu vermitteln, dass Gender etwas mit gesellschaftlichen Vorstellungen und Erwartungen zu tun hatte (Gender als soziales/kulturelles Konstrukt) und dass es keine verallgemeinernde Lebensweise gibt, die besser wäre als eine andere. In den Gruppenarbeiten können Sozialarbeiter*innen irritieren, indem sie sich in den stereotypen Geschlechterrollen abwechseln: So können Sozialarbeiterinnen die strukturellen Momente und die Vermittlung von sachlichen Inhalten übernehmen und Sozialarbeiter die Übungen, die eher auf Emotionales abzielen etc. Sozialarbeiterinnen können die soziale Männerrolle, Sozialarbeiter die soziale Frauenrolle übernehmen. Jugendliche sehen damit, dass sich Frauen und Männer gleichberechtigt begegnen können und jeweils nichts an Werten einbüßen, wenn sie nicht nur stereotype Verhaltensweisen und Rollen einnehmen. Bei diesem Beispiel zeigt sich nicht nur das Dilemma der Bezeichnung (der Sozialarbeiter, die Sozialarbeiterin, die Sozialarbeiter:in). Das Beispiel verweist auch darauf, dass Versuche, stereotype Gendervorstellungen zu dekonstruieren ihren Ausgangspunkt in der zweigeschlechtlichen Einteilung von Gender haben. Wäre die Vielfältigkeit von Gender, hier in Bezug auf die Sozialarbeiter*innen, anerkannt, so verstünde es sich von selbst, dass jede einzelne Person vielfältige Rollen und Funktionen innehaben kann, ohne Irritationen hervorzurufen.

Im Hintergrund der gendergerechten Sozialen Arbeit stehen Gender Studies. Kenntnisse über das Verhältnis von Doing Gender und Undoing Gender sind in ihrer praktischen Umsetzung in der Sozialen Arbeit immer gekoppelt mit Genderkompetenzen (vgl. 8. Lehreinheit).

2. Kritische Männerforschung

Die Kritische Männerforschung entwickelte sich Anfang der 1980er Jahre als ein Projekt, das sich mit den Emanzipationszielen der Frauenbewegungen (vgl. 6. Lehreinheit) solidarisierte und die Notwendigkeit der Selbstreflexion von Männern über die von ihnen mit produzierten Machtverhältnisse in den Fokus rückte. Geforscht wurde über Männlichkeitskonstruktionen und Erfahrungen von Männern in historischer und soziokultureller Perspektive mit dem Ziel der Gleichstellung und Emanzipation der Geschlechter. In der Sozialen Arbeit entwickelte sich vor diesem Hintergrund ein umfassendes Interventionssystem: „Kritische Männerforschung will gesellschaftliche Prozesse vorantreiben, welche die Abwertung von Mädchen und Frauen sowie von ‚unterlegenen' Jungen und Männern beseitigen. Vor allem aber auch will sie mit Hilfe Männer orientierter Beratung und Therapie die gesundheitlichen, psychologischen und sozialen Aspekte der männlichen Lebenswelt verbessern" (Armbruster 2004: 43). Parallel dazu entwickelte sich auch eine mehr an Männlichkeit und Spiritualität orientierte Männerforschung und Männerarbeit, die die Selbstentfaltung von Männern und die Neudefinition von Männlichkeit thematisierte und ein neues Selbstbewusstsein von Männern zum Ziel hatte. Im Folgenden steht die Kritische Männerforschung im Zentrum der Darstellung, da diese vorrangig in die Genderkontexte der Sozialen Arbeit Eingang gefunden hat.

2.1 Geschichte des Konzepts der Kritischen Männerforschung

Als Anfänge der Kritischen Männerforschung gilt die Begründung des Konzepts der Hegemonialen Männlichkeit. Diese Theorie wurde 1982/83 in Australien im Kontext der Diskussion über die Rolle von Männern im Arbeitsleben von Connell als Verbindung zwischen Men Studies, Masculinity Studies und Critical Studies of Men entwickelt (vgl. Connell 1987). Vorausgegangen waren die durch die Frauenbewegungen und Schwulen-/Lesbenbewegungen angeregten Diskussionen über die Beteiligung von Männern an der Herstellung von Diskriminierungs- und Machtverhältnissen, durch die Frauen allgemein und Lesben im Besonderen sowie Schwule in ihrer Teilhabe an den gesellschaftlichen Ressourcen und der gesellschaftlichen Anerkennung eingeschränkt werden und/oder Strukturelle Diskriminierung erfahren (zur Strukturellen Diskriminierung, siehe 2. Lehreinheit). Männer in der Bundesrepublik Deutschland hatten bereits Ende 1970 ebenfalls Männergruppen gegründet. Im Fokus stand hier zunächst die Auseinandersetzung mit der eigenen Rolle. Das korrespondiert mit den Anfängen der Männerforschung, die vorrangig das Rollenverhalten von Männern untersuchten. Frühe Themen der Kritischen Männerforschung waren dementsprechend, u. a.: Vaterschaft, Sorgerecht, Gewalt, Sexualität, Sozialisation.

Das Konzept der Hegemonialen Männlichkeit von Connell verstand sich auch als Kritik an den auf die Rollentheorie bezogenen Konzepten. Während in den Anfängen der Kritischen Männerforschung die Selbsterfahrungsarbeit im Vordergrund stand, entwickelten sich in den 1980er Jahren handlungsorientierte Konzepte in verschiedenen Bereichen: Bildung, Gesundheit, Beratung, Soziale Arbeit (vgl. Connell/Messerschmidt 2005). Die Impulse für die Kritische Männerforschung in Deutschland kamen aus den USA, Australien, Skandinavien und Niederlanden. Dabei konnte in Deutschland in den 1990er Jahren an Untersuchungen zu Männerbildern (vgl. Dölling 1991) und Männerbünden (vgl. Blazek 1999; Kurth 2003), zur Mittäterschaft von Frauen (vgl. Thürmer-Rohr 1989) und an arbeitsmarkt- und familienuntersuchende Studien (vgl. Heintz

1997; Schnack/Gesterkamp 1998) angeknüpft werden. Die Berücksichtigung von Kritischer Männerforschung an den Hochschulen erfolgte in der Bundesrepublik Deutschland durch die Einführung von Gender Studies.

2.2 Theorien der Männerforschung

Die Theorien der Männerforschung orientieren sich auf unterschiedliche Themen, u. a.: Das Konzept Hegemonialer Männlichkeit; auf Bourdieu bezogene Kritische Männerforschung; Kritische Männerforschung als Kapitalismus- und Staatskritik; das Konzept weiblicher Maskulinität und das Konzept von Maskulinität und Spiritualität in der Männerforschung.

Was bedeutet das Konzept Hegemonialer Männlichkeit?

Unter dem Konzept Hegemonialer Männlichkeit wird ein Analyseinstrument verstanden, mit dem multiple Männlichkeiten und komplexe Machtverhältnisse (vgl. Connell 1987; Connell/Messerschmidt 2004), Muster aus Praxen, die männliche Dominanz strukturell herstellen (nicht nur Identität oder Rollen) untersucht werden können. Neu an diesem Konzept ist die Gewichtung des strukturellen Zusammenspiels von Geschlechternormen und ihrer Vermittlung durch Erziehung und Bildung, des kulturellen Transports von Geschlechterbildern über Medien, Gesetze und Praxen individuellen Rollenverhaltens. Hegemoniale Männlichkeiten werden von diskriminierten Männlichkeiten (zum Beispiel schwule und transgender Männer) unterschieden. Hegemoniale Männlichkeit wird nicht als Mehrheit, aber als Norm gebend verstanden, an der sich alle Männer und Frauen orientieren sollen (vgl. Connell/Messerschmidt 2004). Die Geschlechterordnungen in der Gesellschaft stellen multiple Männlichkeiten her, Connell spricht von „diversity of masculinities" (vgl. Connell 1999): Niemand ist demnach frei, sich einfach irgendeine Genderrolle anzueignen. Denn dabei spielen Körper, ökonomische Lage, Geschichte, persönliche und familiäre Beziehungen sowie Gesellschaft eine Rolle. Wenn die Vielzahl von Faktoren in Betracht gezogen wird, so entsteht das Bild einer multidimensionalen Variationsbreite von Männlichkeiten. Diese sind durch Krisenhaftigkeit, Veränderung und Prozesshaftigkeit gekennzeichnet. Mögliche Differenzierungsmöglichkeiten von Männern können nach Collinson/Hearn (1994) sein: u. a. Alter, Erscheinung, Körper, Fürsorge, Klasse/soziale Herkunft, kulturelle Herkunft, Vaterschaft und Beziehungen, Freizeit, Status, Arbeit, Wohnort, Religion, Sexualität, Größe, Gewalt, Persönlichkeit, Biografie. Das Konzept der Hegemonialen Männlichkeit war in den 1980er und 1990er sehr verbreitet. Es folgten zahlreiche Studien über Dynamiken in Schulklassen (Herstellung von Hegemonie und Belästigung und Mobbing von Jungen),

Lehrer*innenverhalten, Kriminalitätsstudien, Medienanalysen. Ebenfalls wurde das Konzept zur Ausarbeitung von Praxiskonzepten verwendet: In der Psychotherapie mit Männern, in Gewaltpräventionsprogrammen, in der Jungenarbeit etc. (vgl. Connell/Messerschmidt 2004). Grafisch lässt sich das Konzept Hegemonialer Männlichkeit als Norm gebende Konstruktion folgenderweise skizzieren.

Dominanz-kultur	Dominanz Sexualitäts-konzept	Dominanz Ökonomie	Dominanz Körper-konzept
Weiss	Zweigeschlechtlichkeit Heterosexualität	Männliche Marktper-sönlichkeit Unternehmer Risikofreude Mittelklasse	Körperlich fit Sportlich Muskeln
Westlich	Homophobie[2]	durchsetzungsfähig technikkompetent naturbeherrschend	Junges bis mittleres Alter
American Way of Life	Familie	Familienernährer	Dominanzorientiert Beschützer

Vgl. Hearn/Connel 2004 (modifiziert und übersetzt, d. A.)

Michael Kimmel knüpft an das Konzept der Hegemonialen Männlichkeit an. Er betont, dass unterschiedliche Männer dennoch die Teilhabe an Privilegien teilen: *Gender privilege.* Diese Privilegien, wie Zugänge zum Arbeitsmarkt, zu Bildung etc. werden strukturell hergestellt und Ungleichheit gesellschaftlich erzeugt: Zwischen Frauen und Männern bezüglich der Teilhabe an Arbeit, Reichtum, Aufteilung der Familienarbeit u. a. Privilegien sind oft unsichtbar in den Strukturen der Gesellschaft verankert, deshalb müssten sie sichtbar gemacht werden. Männer müssten in einen Transformationsprozess eingebunden werden. Wechselnde Machtbeziehungen zwischen den Geschlechtern, ein komplexes System der Geschlechterverhältnisse lässt auch Frauen als Konstrukteurinnen und Konsumentinnen von Männlichkeit in Erscheinung treten. Kimmel legt einen Schwerpunkt auf die Konstruktionen von Männlichkeit über die Grenzziehungen zwischen Männern (Homophobie) und gewaltsames Aufrechterhalten einer Ordnung, die Männer nicht in die Nähe von Männern (Homosexualität) und auch nicht in

2 Wir verwenden den Begriff Homotransmiseoismus, also Feindschaft und Hass gegen Lesben und Schwule, weil Phobie (vom altg. Phobos) sugerriert, dass Lesben und Schwule Angst hervorrufen und deshalb Praxen der Diskriminierung gegen sie legitim seien. An jenen Stellen, wo Autor:innen selbst von Homophobie schreiben, belassen wir diesen Terminus.

die Nähe von Frauen (Weiblichkeit) rücken darf. Dieser Prozess als Prozess der Zurichtung auf Männlichkeitsnormen beginnt nach Kimmel schon bei kleinen Jungen. Die höheren Selbstmordraten von Männern gelten Kimmel als Indiz dafür, dass Männlichkeitskonstruktionen auch für Männer selbst destruktiv wirken können (vgl. Kimmel 1994).

Was beinhaltet die auf Bourdieu bezogene Kritische Männerforschung?

Michael Meuser (1998) knüpft, wie auch andere Forscher (vgl. Brandes 2002) in seiner Theorie Kritischer Männerforschung vorrangig an Bourdieu (2005) an. Mit Bezug auf den Begriff der Homosozialität nach Lipman/Blumen (1976) und Kimmel (1994) beschreibt Meuser die wechselseitige Orientierung der Angehörigen eines Geschlechts aneinander und die damit verbundenen Machtspiele zur Aufrechterhaltung von Männlichkeitskonstruktionen. Meuser und Behnke konstatieren ein mediales Interesse an einem gewandelten Männerbild: „Dieser vor allem in Gestalt von Ratgeber-, Lebenshilfe- und Verständigungsliteratur gepflegte sowie von Teilen der men's studies genährte Diskurs erzeugt den Eindruck, Männlichkeitsentwürfe lägen heutzutage gleichsam wie in einem postmodernen Supermarkt der Lebensstile zur Auswahl bereit“ (Meuser/Behnke 1998: 8). Die Kritische Männerforschung sieht mit Meuser ihre Aufgabe darin, aufzuzeigen, dass diese Beliebigkeit ihre Grenzen in klar sanktionierten Räumen findet, in denen Abweichungen von Männlichkeit in Richtung Schwul-Sein, Trans-Person-Sein oder Weiblichkeit etc. hartnäckig und gewaltsam behandelt werden.

Was meint Kritische Männerforschung als Kapitalismus- und Staatskritik?

Böhnisch ist der Auffassung, das Konzept der Hegemonialen Männlichkeit reiche deswegen als Analyseinstrument nicht aus, weil es die Bedeutung und Funktion des kapitalistisch-neoliberalen Sozialstaates in der Bundesrepublik nicht genügend in Betracht ziehe (vgl. Böhnisch 2003). Die neuen Regulationsmechanismen des digitalen Kapitalismus hätten dazu geführt, dass Weiblichkeiten und Männlichkeiten einerseits in Frage gestellt würden, andererseits aber auf subtile, häufig gar nicht sichtbare Weise wieder hergestellt würden. Die Reproduktion von Männlichkeiten und Weiblichkeiten ist nach Böhnisch eng verkoppelt mit den Effekten von Arbeitsmarkt- und Sozialpolitik (vgl. Böhnisch 2004).

Was bedeutet das Konzept von Maskulinität und Spiritualität?

Autoren wie Hollstein (2001) oder Bly (1993) thematisieren den Verlust von Männlichkeit und die Notwendigkeit einer Neudefinition von Männlichkeit. Dabei greifen sie auf archetypische Männlichkeitsbilder („der Wilde Mann“, der „Eisenhans“) zurück und suchen einen Weg, traditionelles Mann-Sein mit neuer Sensibilität und Impulsen aus den Frauenbewegungen zu kombinieren.

Dieser Ansatz wird in der Literatur auch als mythopoetischer Ansatz bezeichnet. Vertreter dieser Ansätze stellen auch die Opferseite des Mannes in den Vordergrund (als Opfer von Gewalt und Beziehungsprozessen). Diese Ansätze haben am ehesten in psychologische Selbsterfahrungspraxen, aber auch teilweise in die Jungen- und Männerarbeit Eingang gefunden (vgl. Döge 2004). Für Konzepte der Praxen der Sozialen Arbeit sind sie dennoch eher marginal geblieben, weil sie die gesellschaftliche Dimension tendenziell außer Acht lassen, also mehr auf die individuelle, innere Befreiung des Individuums zielen.

Der mythopoetische Ansatz lässt sich im Vergleich zum profeministischen Ansatz folgend skizzieren.

Mythopoetischer Ansatz	Profeministischer Ansatz
Männerforschung als Männerprojekt.	Kritische Männerforschung als Geschlechterforschung; Gender Studies.
Thematisiert die negativen Folgen patriarchalischer Strukturen für Männer mit dem Ziel, die Persönlichkeit zu erweitern und die emotionale Entwicklung zu fördern. Sucht nach Männlichkeitsmythen, die sich als positive Bezugspunkte aufgreifen lassen.	Thematisiert die Konstruktionen von multiplen Männlichkeiten im Kontext von Macht- und Geschlechterverhältnissen. Untersucht die historischen, sozialen, kulturellen Mechanismen von Männlichkeiten.
Beispiel: Zwang, Familienernährer zu sein, schränkt die emotionale Entfaltung von Männern ein; Selbsterfahrung, Erinnerung an natürliche Männlichkeit außerhalb des Erwerbslebens eröffnet Zugänge.	Beispiel: historische, juristische und kulturelle Konstruktionen des Mannes als Familienernährer werden analysiert; Männlichkeitsmythen werden historisch und strukturell untersucht.
Vertreter: Bly, Hollstein.	Vertreter: Connell, Kimmel, Meuser, Höying, Böhnisch, Brandes.

Was bedeutet toxische Männlichkeit?

Ein Beispiel für extremistische Phänomene von traditioneller Männlichkeit, bei denen von toxischer Männlichkeit gesprochen wird, sind die Incel (involuntary celibate = unfreiwillig zölibatär). Sie sind in den USA entstanden und kommen mittlerweile auch im deutschsprachigen Raum vor. Sie sind charakterisiert durch einen extremen Frauenhass innerhalb maskulinistischer Gruppierungen, der immer wieder in verbale und körperliche Gewalt mündet, und sich durch die Auffassung speist, Männer seien Frauen naturgegeben überlegen: „Sie sind der Ansicht, dass der Mann als solcher ein naturgegebenes Recht auf Sex hätte“ (Kracher 2020: 12) und dieses Recht gegenüber allen Frauen und mittels Gewalt geltend machen könnte. Zumeist sind es junge Männer, die der Incel Bewegung angehören. Dabei handelt es sich um Anhänger der sogenannten Blackpill-Ideologie, die sich aus der antifeministischen und verschwörungstheoretischen Redpill-Ideologie ableitet.[3] Kracher pointiert: „Incels identifizieren sich weitestgehend mit dem Antifeminismus, Antikommunismus und Antisemitismus dieser Redpill-Ideologie, wie auch mit der Inszenierung als Erleuchteter und Aufgeklärter." (Kracher 2020: 11) Die Hauptthemen beschreibt sie folgenderweise: „Frauenhass, Selbsthass und pathologisches Opferdenken" (Kracher 2020: 51). Damit verbunden ist die Auffassung, dass Incel „(...) eine Niete in der ‚genetischen Lotterie' gezogen (hätten) und (...) viel zu unansehnlich (seien), um von Frauen überhaupt beachtet zu werden" (Kracher 2020: 12), weswegen Frauen ihnen Sex vorenthalten würden. Die Schuld daran wird dem Feminismus zugewiesen. Wie sehr Incel Frauen hassen, zeigt sich nicht zuletzt in der Verwendung des Pronoms „es" für Frauen, die dadurch entmenschlicht werden. Das Attentat auf die Synagoge in Halle am 9. Oktober 2019 durch Stephan B. verdeutlicht darüber hinaus die Gewalttätigkeit und die Verbindung von Antifeminismus, Antisemitismus und Rassismus. Es verdeutlicht zudem den Zusammenhang von Rechtsextremismus und Frauenhass. Die Zielsetzung der Incel ist eine Gesellschaft, (...) in der jede einzelne Frau ihre Rolle als Wesen anerkennt, dessen einzige Aufgabe die Befriedigung männlicher Bedürfnisse ist" (Kracher 2020: 153). Gleichzeitig stellen sich Incel – wie Elliot Rodger, der als Idol der Incel Bewegung gilt, und der sechs Menschen auf dem Campus der Santa-Barbara-Universität in Kalifornien erschossen und 14 weitere verletzt hat – eine Gesellschaft vor, „(...) in der die Menschheit von Sex befreit ist" und dafür alle Frauen „(...) in Konzentrationslagern ermordet werden" müssten (Blum 2019: 71). Der Frauenhass birgt nicht zuletzt folgende Vorstellung: „(...) dem Krieg gegen Frauen, der bis zum Femizid reicht" (Kracher 2020: 12).

Was bedeutet das Konzept weiblicher Maskulinität?

Das Konzept weiblicher Maskulinität von Halberstam sorgte für Irritationen in der Kritischen Männerforschung. Die Idee einer Maskulinitätskonstruktion ohne Männer bezieht sich auf Traditionen des Verkleidens und Umkleidens von Frauen und deren Lebensformen in der Geschichte und Gegenwart. Thematisiert wird beipielsweise die hohe Stigmatisierung und Diskriminierung, die damit verbunden war und ist, wenn Frauen sich Männlichkeit, wie sie von Männern erwartet wird, als Frau aneignen und leben. Das Konzept von Halberstam macht

3 „Die Redpill-Ideologie ist (...) eine maskulinistische Verschwörungsideologie, die besagt, dass der weiße, heterosexuelle und cisgeschlechtliche Mann inzwischen der große Verlierer unserer Zeit ist, in der die Welt vom Feminismus beherrscht wird, der wiederum eine jüdische Erfindung sei. Deswegen müsse sich der Mann auf ursprünglich männliche Werte zurückbesinnen und (...) Frauen zeigen, wo sie hingehören: in die Küche und ins Ehebett. Die Redpill-Ideologie ist die Ideologie narzisstisch gekränkter Männer, die panische Angst vor dem Verlust ihrer Hegemonie haben, die (...) auf der Unterdrückung und Ausbeutung anderer basiert." (Kracher 2020: 11)

Männlichkeit als subversive Praxis denkbar (vgl. Halberstam 1998) und zeigt zugleich den Konstruktionscharakter von Männlichkeit bei Männern.

2.3 Praxen in der Sozialen Arbeit

Der Kritischen Männerforschung wurde im Kontext von Gender Studies und Queer Studies unterstellt, sie festige die Kategorien der Zweigeschlechtlichkeit (Mann – Frau) und lasse andere Differenzlinien wie Klasse, Beeinträchtigung etc. außer Acht. Connell und die Vertreter_innen der Hegemonialen Männlichkeitskonzepte haben sich mit dieser Kritik auseinandergesetzt und sie in einer Veränderung ihrer Konzepte berücksichtigt. Die Frage, die dennoch gestellt wird, lautet: Stellt der Begriff Männlichkeit nicht das her, was damit kritisch befragt werden soll? Eine weitere Kritik an den Konzepten der Kritischen Männerforschung war lange Zeit, dass die Untersuchungen sich ausschließlich auf westliche Männlichkeitskonstruktionen bezogen. Seit geraumer Zeit existieren jedoch eine Reihe von Studien und Analysen, die unterschiedliche Männlichkeitskonstruktionen, zum Beispiel auch mit Bezug auf Postkoloniale Theorie untersuchen (vgl. Wedgwood/Connell 2004). Kritische Männerforschung scheint derzeit die Hochzeiten überschritten zu haben, doch existieren vereinzelt Auseinandersetzungen damit (vgl. Doppe/Holtermann 2020). Dabei hat die Kritische Männerforschung feministische Paradigmen verschoben und Wechselwirkungen hervorgerufen, so dass beispielsweise in feministischer Sozialarbeitstheorie und genderbezogenen Büchern der Sozialen Arbeit Kritische Männerforschung selbstverständlich aufgegriffen wurden (vgl. Cavanagh 1996; Alistair 2001; Fawcett 2000). Praxen Kritischer Männerforschung in der Soziale Arbeit verdeutlichen die Wichtigkeit dieser Thematik.

Zu Beginn der 1980er Jahre, zum Teil schon in den 1970er Jahren gründeten sich in der Bundesrepublik erste Männergruppen, meist als Selbsterfahrungsgruppen, aber durchaus mit dem politischen Anspruch, über Selbstveränderung die Gesellschaft beeinflussen zu können. Die „Männer Radikale Therapie" (MRT), die in diesem Kontext entstand, erhebt ausdrücklich den Anspruch, wie die Kritische Männerforschung, strukturelle Einbettungen individueller Verhaltensweisen vornehmen zu wollen (vgl. www.radikale-therapie.de/). In der Folge der Männergruppen gründeten sich Männerbüros, Männerberatungsstellen, Männerzentren, es wurden auch Männertage durchgeführt. Die Kritische Männerforschung fand Eingang in die Lehre an Hochschulen. Zahlreiche Netzwerke, wie zum Beispiel „Pfefferprinz – Männernetzwerk und Aktion", „Verein Dissens", „Forschungsnetzwerk AIM" haben vielfältige Formen der Männerarbeit und Männerberatung etabliert (vgl. Brandes/Bullinger 1996). Die Themen, die bearbeitet werden und für die Angebote gemacht werden, bewegen sich oft in den Feldern der Sozialen Arbeit und sind ein Arbeitsfeld für Sozialarbeiter*innen mit folgenden Bereichen: u. a. Gewalt und Strafvollzug, Vaterschaft, Männerbilder und Jungensozialisation.

Praxisbezogene Analysen kommen oft aus den Hochschulen der Sozialen Arbeit. Beispielsweise hat Jürgen Friedrichs das Konzept Hegemonialer Männlichkeit von Connell für den Bereich „Drogenkonsum" differenziert ausgearbeitet (vgl. Friedrichs 2006). Norbert Wieland hat das Konzept von Böhnisch bezüglich der Männer in prekären Lebenslagen entwickelt (vgl. Wieland 2006). Die Dominanz von Frauen im Feld der Sozialen Arbeit wird ebenfalls zum Thema gemacht. Eine Untersuchung zu den Hintergründen, warum Männer Soziale Arbeit studieren, zeigt Bezugspunkte zu einer Einstellung, wie sie die Kritische Männerforschung nahelegt.

- Zivildienst
- Jugendgruppenarbeit
- Kritisch gegenüber Macht und Autorität
- Politisch und kritisch orientiert
- Engagierte Eltern
- Befürworten partnerschaftliches Verhältnis zu Frauen
- Soziale Sensibilität
- Distanz zu hegemonialem Männlichkeitsideal
- Bewusstsein von Andersheit
- Partizipation an männlichen Privilegien
- Minderheitsposition: Anpassung an Kommunikationsstrukturen von Frauen

Vgl. Armbruster 2004; Strohmeier 2003

Ein Sozialarbeitsstudium ermöglicht Männern offenbar ansatzweise, mit Männlichkeit konnotierte Bilder zu verlassen. Bezüglich der Leitungsfunktionen in der Sozialen Arbeit gestalten sich jedoch Arbeitsmarktzugänge geschlechterdifferenzierend immer noch zugunsten von Männern (mehr Sozialarbeiter sind in Leitungspositionen, obwohl mehr Frauen Soziale Arbeit studieren). Eine weitreichende Veränderung hin zu einer Umstrukturierung des Geschlechterverhältnisses gilt auch als eine Aufgabe Sozialer Arbeit.

3. Queer Studies

Der Begriff Queer etablierte sich in den USA als Bezeichnung eines politischen Aktivismus (Queer Politics) und einer Denkrichtung (Queer Theory bzw. Queer

Studies). Queer wurde als Politik der Sichtbarmachung mit der Kritik an Heteronormativität und heterosexueller Zweigeschlechtlichkeit als Norm sowie als Kritik an schwul-lesbischen Identitätsmodellen (Lesbian und Gay Identity) und ihren produzierten Ausschlüssen bestimmter Menschen etabliert. Damit war die Intention verbunden, vielfältige Differenzen und Vielgeschlechtlichkeit von Menschen anzuerkennen. Referenzrahmen von Queer Studies sind die UN-Menschenrechtscharta von 1948 sowie Ethiken und Politiken der Anerkennung (vgl. Perko 2005). Der wesentliche Unterschied zwischen Queer Studies und Gender Studies (inklusive Kritische Männerforschung) ist die Wahrnehmung und Erkenntnis, dass es mehrere Geschlechter gibt, dass sich Gender nicht nur in Männer und Frauen, Mädchen und Jungen einteilen lässt. Neu an Queer Studies ist eine umfassende Kritik an Heteronormativität und die Betonung, dass es Lebensformen von Menschen gibt, die nicht nur als eine Variable von Mann/Frau gelten, sondern als eigene Genderformen: Gemeint sind damit intergeschlechtliche Menschen, Transgender, Lesben, Schwule, Pansexuelle Personen, Non-Binary Personen etc.

Theorien der Sozialen Arbeit haben Queer Studies erst recht spät aufgegriffen (u. a. Stuve 2001). 2014 erscheint die Fachzeitschrift Sozialmagazin mit dem Thema „Queerfeldein durch die Soziale Arbeit“, die verschiedenen Bereiche zum Thema aufgreift. Hierin findet sich auch der Beitrag „Queer-Theorien als pluraler Ansatz und queere Kompetenzen in der Sozialen Arbeit“ (Perko 2014), der sich auf das Buch Perko (2005) bezieht, in dem der plurale Queer-Ansatz im deutschsprachigen Raum erstmals entwickelt und davon ausgehend etabliert wurde.

3.1 Geschichte und Bedeutung von Queer Studies

In den USA fungierte Queer lange Zeit als Schimpfwort gegen jene, die den gesellschaftlichen Normen geschlechtlicher und sexueller Identitäten (Heterosexualität in ihrer Zweigeschlechtlichkeit) nicht entsprachen, also gegen Schwule, Lesben etc. Die direkte Übersetzung aus dem Englischen wäre etwa gefälscht, sonderbar, fragwürdig, krank, etwas verderben, jemanden irreführen, seltsam, verrückt etc. Entgegen des schimpfwörtlichen Alltagsgebrauchs wurde der Terminus Queer in den USA zunächst vereinzelt als positive Eigenbezeichnung verwendet und seit Ende der 1980er Jahre, Anfang der 1990er Jahre vermehrt affirmativ gebraucht (vgl. Jagose 2001). Als Initiator*innen der positiven Selbstbezeichnung Queer gelten Schwarze Menschen und People of Color an den sozialen Rändern US-amerikanischer Metropolen. Die Bezeichnung für die wissenschaftliche Ausrichtung – Queer Theory – entstand 1991 und wurde durch Teresa de Lauretis als Möglichkeit vorgeschlagen, kategoriale und identitätspolitische Einschränkungen zu überschreiten (vgl. Lauretis 1991).

Im deutschsprachigen Raum wurden Queer Studies in erster Linie über Judith Butlers[4] Analysen darüber aufgegriffen, dass Sex (biologisches Geschlecht) immer schon Gender (sozial/kulturell konstruiertes Geschlecht) gewesen ist. Rekurriert wird v. a. auf englischsprachige Literatur (vgl. u. v. a. Jagose 2001; Lauretis 1991; Butler 1995; Segdewick 1992, 1997; Barber/Clark 2002; Halberstam 2005). Es entwickelten sich unterschiedliche Auseinandersetzungen: Positive Bezugnahmen von Queer auf Feminismus sind ebenso auffindbar wie Ablehnungen zu feministischen Haltungen; Fokussierungen der queeren Perspektive auf die Kategorien lesbisch und/oder schwul sind ebenso gängig wie solche auf die Kategorien lesbisch, schwul, transgender, intergeschlechtlich etc. (vgl. u. v. a. Genschel 1997; Hark 1999; Questio 2000; Engel 2002; Treusch-Dieter 2000; Volcano 2000; Polymorph 2002; Perko 2005, 2006, 2014; Klapeer 2007; Babka/Hochreiter 2008; Degele 2008). Kontrovers diskutiert werden bis heute Butlers Auseinandersetzungen zu Queer: Sie warnt davor, den Begriff als fest umrissene Identitätskategorie zu verstehen (vgl. Butler 1995). Das entspricht der Unmöglichkeit, Queer als positive Eigenbezeichnung eindeutig ins Deutsche zu übersetzen: Am ehesten wird der Terminus „seltsam" affirmativ herangezogen, um ein Gegen-die-Norm-Sein anzudeuten; nur im weiteren Sinne kann die Verbindung zwischen *queer* und *quer* hergestellt werden.

3.2 Unterschiedliche Richtungen in Queer Studies

In Perko (2005) wurde erstmals eine analytische Einteilung der verschiedenen Richtungen von Queer-Studies im deutschsprachigen Raum vorgenommen und die plurale Queer-Variante entwickelt, auf die in der Sozialen Arbeit hauptsächlich rekurriert wird.

Neben dem modisch gewordenen Gebrauch, bei dem „Schick-Sein" mit Queer bezeichnet wird, wird hier eine analytische Einteilung von Queer Theory in drei Varianten gezeigt: Die (feministisch)lesbisch-schwul queere Richtung, die lesbisch-bi-schwul-transgender queere Richtung und die plural-queere Richtung. Diese findet sich einerseits in Theorien im queeren Kontext, andererseits in zahlreichen Initiativen und Projekten. Die inhaltlichen Auseinandersetzungen überschneiden sich hierbei in Kritiken gegen Heteronormativität, Heterosexismus etc. und insgesamt in dem Versuch, nicht-normative Lebensweisen so zu eta-

4 Wir zitieren Judith Butler als eine Autorin, die historisch viel zum Diskurs Gender und Queer beigetragen hat, distanzieren uns aber ausdrücklich von ihr in Bezug darauf, dass sie BDS Vertreterin ist (BDS, Boykott, Desinvestitionen und Sanktionen gegen Israel) ist. (Siehe 1. Lehreinheit/Exkurs und Czollek 2017; Czollek/Perko 2017).

blieren, dass sie gesellschaftliche Anerkennung finden. Überschneidungen gibt es auch hinsichtlich der intersektionalen Zugangsweise (vgl. 2. Lehreinheit) und den Bezügen auf Feminismus (damit verbunden verwenden manche den Begriff „queerfeministisch“): In allen Varianten finden sich diese, doch nicht bei allen Vertreter*innen der verschiedenen Richtungen. Die drei Varianten unterscheiden sich u.a. darin, welche Kategorien mit Queer bezeichnet werden: lesbisch oder schwul; lesbisch, bisexuell, transgender etc. (vgl. Perko 2005; 2014).

Was fokussiert die (feministisch)lesbisch-schwul-queere Richtung?
In der BRD wurde relativ rasch auf die Unterschiede der Bedeutung von Queer zum anglo-amerikanischen Raum hingewiesen. Im Zentrum stand dabei, dass queere und feministisch-lesbische Perspektiven in der BRD aufeinander bezogen und nicht als sich wechselseitig ausschließende begriffen würden. Corinna Genschel hebt hervor, dass Queer in der BRD zu einem Zeitpunkt diskutiert wurde, als sich „die schwul-lesbische Identitätspolitik erst entwickelte“ (Genschel 2001: 187). Queer fungiere hier eher als Synonym für lesbisch/schwul und weniger als Reaktion auf ausschließende Identitätspolitiken politischer Bewegungen wie in den USA. Sabine Hark argumentiert den Zusammenhang von Lesbenforschung und Queer Theory (vgl. Hark 2004). Hervorgehoben wird immer wieder auch die Verbindung zum Feminismus. Mit der synonymen Verwendung von Queer mit (feministisch)-lesbisch oder schwul gehen Auffassungen im akademisch-universitären Feld einher, die unter Queer Studies Feminist, Lesbian und Gay Studies verstehen.

Queere Projekte gelten in dieser Variante auch im Bereich der Sozialen Arbeit als Projekte von/für Lesben, von/für Schwule: z.B. Lesbenberatungsstellen, Schwulenberatungsstellen. Das bedeutet allerdings nicht, dass sich alle Lesben oder alle Schwule selbst als Queer bezeichnen. Im Gegenteil: Heftig und kontrovers werden Zugehörigkeits- und Abgrenzungsfragen diskutiert, wird die Frage aufgeworfen, wer sich mit Queer angesprochen fühlt, wer nicht. Diese Diskussionen führen allgemeiner (und ungeachtet der Wichtigkeit von Feminist und Lesbian Studies bzw. Gay Studies) zur Frage der kategorialen und identitätspolitischen Bestimmung, deren Einschränkung Teresa de Lauretis zu überwinden trachtete.

Was bedeutet die lesbisch-bi-schwul-transgender queere Richtung?
Als zweite Variante wird Queer als Synonym für Lesbisch, Bisexuell, Schwul und Transgender verwendet. Diese Variante findet sich häufig in studentischen Referaten an Hochschulen, in sozialpädagogischen Projekten wie z.B. „Abqueer e.V.“. Der Einbezug von Bisexualität und Transgender eröffnet gegenüber der ersten Variante Denk- und Lebensräume für Menschen, denen der Zutritt nicht nur in

heterosexuellen, sondern auch in lesbischen oder schwulen Communities lange verwehrt blieb und heute zuweilen noch verwehrt ist. Queer Studies in jener Erweiterung zu denken, öffnet die obige Variante um zwei Kategorien. Zu fragen ist hier nach der Bedeutung des Terminus Transgender: Wird Transgender als Oberbegriff für alle Personen verstanden, für die das gelebte Geschlecht keine zwingende Folge des bei Geburt zugewiesenen Geschlechts ist, so ließe sich diese zweite Richtung von Queer als Übergang zur dritten heranziehen.

Was bedeutet der plural-queere Ansatz?

Der Praxis einer gender/queergerechten Sozialen Arbeit entspricht der plural-queere Ansatz, weil er der Vielfältigkeit von Genderformen am ehesten gerecht wird, die Adressat*innen der Sozialen Arbeit repräsentieren (können). Dieser Ansatz korrespondiert mit den inter(nationalen) Ethischen Prinzipien und Standards Sozialer Arbeit wie sie im Ethikkodex formuliert sind. Hier werden Menschenrechte, das Recht auf Wertschätzung, auf Selbstverwirklichung, aber auch Antidiskriminierungsrichtlinien in Bezug auf Geschlecht, Alter, Beeinträchtigung (psychischer oder körperlicher Verfasstheit), Aussehen, Sprache, soziale Herkunft, Klasse, geografische Herkunft, Gender/Queer, sexuelles Begehren, Religion oder Säkularität/Konfessionsfreiheit etc. beschrieben. Deshalb werden im Folgenden die Inhalte und Fokussierungen der pluralen Richtung von Queer Studies detailliert skizziert (siehe ausführlich Perko 2005; 2006; 2014).

Welche Kritiken machen Queer Studies in ihrer pluralen Variante öffentlich? Welche Alternativen stellen sie vor, welche gesellschaftspolitischen Bedeutungen und Konsequenzen für die Soziale Arbeit haben diese Ansätze? Diese Fragen sollen im Kontext der Queer Studies in ihrer pluralen Variante anhand von drei Bereichen veranschaulicht werden.

Queere Kritik an	Queere Ansätze/Alternativen in Bezug auf
(1) Heterosexualität und Heteronormativität	(1) Geschlechtervielfältigkeit und vielfältige Alchemie des Begehrens, Antinormativität
(2) Begrenzung der Analysen auf Sex/Gender	(2) Verknüpfung von Sex/Gender mit anderen Diversitykategorien als gesellschaftlichen Regulativa
(3) Eindeutige Identitäten, Bildung abgeschlossener Gruppen und Identitätspolitiken	(3) Cross-Trans-Nicht-Identität in ihrer Mehrdimensionalität, Unbestimmtheit, Unabgeschlossenheit; Gruppen ohne kollektiven Identitätsbegriff; Pluralitätsmodell

(vgl. Perko 2005)

Im Folgenden skizzieren wir diese Kritiken und die dazugehörigen Alternativen queerer Ansätze.

(1) Queer Studies kritisieren Heterosexualität in den Kategorien Mann/Frau als vermeintlich natürliche Setzung und damit verbundene Heteronormativität in ihrer gesellschaftlichen Verankerung.

Queere Alternativen/Ansätze: Über Sozialisation haben die einen wie die anderen gelernt, zu handeln wie ein Mann und wie eine Frau. Und sie haben gelernt, dass ein Mann eine Frau begehrt und umgekehrt. Dieses Wissen stellt einen gesellschaftlichen Code dar, in den Menschen jeweils hineingeboren werden und der von vielen verinnerlicht ist. Alles, was dieser Form nicht entspricht, gilt als Abweichung, als krank. Das hat etwa zur Folge, dass intergeschlechtliche Säuglinge einer chirurgischen Modifikation hin zu *einem* Geschlecht (männlich oder weiblich) unterzogen werden (vgl. Holzleithner/Danielcyk 2004). Queere Analysen entlarven jene Vorstellungen als normativ abgesicherte, die Menschen auf ihr biologisches Geschlecht und ihr Begehren festschreiben. Heterosexualität in den Kategorien Mann/Frau als normative und vermeintlich natürliche Setzung verknüpft sich dabei mit Heteronormativität. Diese bezieht sich nicht nur auf genitale Akte, sondern bestimmt, was überhaupt als („normale“) Sexualität gilt und ist Bestandteil von Normen, Strukturen und Vorstellungen über Geschlecht, Körper, Familie, Identität u. a. Die Konstruiertheit der Kategorie heterosexueller Mann/heterosexuelle Frau (heute wird auch der Begriff Cis verwendet) als einzig gültige Lebensweise schreibt aus queerer Perspektive eine Eindimensionalität fest, die der de facto menschlichen Vielfalt nicht gerecht wird. Queere Kritik richtet sich in diesem Sinne gegen die normative Setzung von Heterosexualität, die zur Privilegierung der einen, zu Ausgrenzung, Nicht-Anerkennung, Pathologisierung, Verfolgung und Tötung der anderen (Transgender, Lesben, Schwule, Intergeschlechtliche Menschen, Pansexuelle Personen, Non-Binary Personen etc.) führt. Von diesen Kritiken ausgehend, werden angebliche Wahrheiten und essentialistische Vorstellungen im Kontext der Heterosexualität und Heteronormativität zugunsten der Geschlechtervielfältigkeit und der vielfältigen Alchemie des Begehrens dekonstruiert, d. h. verschoben, verrückt, transformiert und andere Relationen hergestellt. Sex und Gender werden als soziales und kulturelles Konstrukt, Heterosexualität als von Menschen hergestellte Kategorie, d. h. als nicht naturgegeben, entlarvt. Herkömmliche Rollennormativität wird gebrochen. Geschlecht wird als eine sich verändernde und veränderbare Variable gedacht. Es wird in Anlehnung an Butler als diskursive Herstellung aufgefasst, d. h. eine Herstellung, die durch die Macht der Diskurse in permanenter Wiederholung geschieht. Butler verwendet dafür den Begriff Performativität (vgl. Butler 1995). Als Alternative richten Queer Studies ihr Augenmerk auf jene Schnittstellen, wo das biologische Geschlecht (Sex), das soziale Geschlecht (Gender) und das Begehren nicht zusammenpassen. Von da aus untersuchen Queer Studies Wirkungsweisen von Queerness selbst, d.h. von nicht-normativen sexuellen Identitäten, Praktiken und Begehren und beschreiben Lebensmodelle, die Brüche im vermeintlich stabilen Verhältnis zwischen Geschlecht und sexuellem Begehren hervorheben: Cross-Identifikation, Transgender, Drag, Lesben, Schwule u. a. Als Tenor gilt dabei, was Sandy Stone, eine der Hauptprotagonistin in der Filmdokumentation *Gendernauts,* ausdrückt: „Gender nimmt viele Formen an. Wir sehen nur zwei von ihnen, weil wir gelernt haben, nur zwei von ihnen zu sehen (…)“ (vgl. Treut 2002: o. S.).

Bedeutung des queeren Ansatzes für die Soziale Arbeit: Die Dekonstruktion der eindeutigen Geschlechter Mann und Frau im heterosexuellen Schema erschüttert das bisherige Selbstverständnis von Geschlecht in seiner Eindimensionalität. Orientiert sich Soziale Arbeit als gender/queergerechte Soziale Arbeit auf die Vielfalt von Genderformen (Genderpluralität, Genderdiversity), so anerkennt sie Menschen in ihren unterschiedlichen Seins- und Daseinsformen, ohne Differenzen auszulöschen und ohne eine Bewertung dieser vorzunehmen. Damit würde die Einteilung der Geschlechter in Mann oder Frau zugunsten von Adressat:innen der Sozialen Arbeit, die eine andere Genderidentität leben, erweitert. Die Erkenntnis und Wahrnehmung der Vielfalt verschiedener menschlicher Existenzformen, die geschlechtliche Variabilität und seine mannigfaltigen Variationen mit ihren jeweiligen Selbstdefinitionen fordert Soziarbeiter*innen heraus, ihre oftmals verinnerlichten Bilder und Vorstellungen von Gender kritisch zu reflektieren und zu hinterfragen. Sie fordert aber auch Soziale Arbeit heraus, ihre Angebote und Maßnahmen für mehrere Geschlechter zu konzipieren.

(2) Queer Studies kritisieren den begrenzten Blick auf Sex und Gender und verknüpfen diese Kategorien mit anderen Diversitykategorien als gesellschaftliche Regulativa

Queere Alternativen/Ansätze: Queer Theory im deutschsprachigen Raum wurde zu Beginn kritisiert, rassistische Strukturen nicht zu bedenken, Schwarze Transgender auszuklammern, schwul-lesbische und transgender Migrant*innen bzw. geflüchtete Menschen in den Reflexionen auszusparen, also einen Diskurs und eine Politik zu führen, der von Weißen geführt wird, die selbst ihr Weiß-Sein nicht reflektieren (vgl. Castro Varela/Rodriguez 2000; Ferreira 2002). Als Alternative kann der plural-queere Ansatz als eine Richtung von Queer Studies verstanden werden, der mehrere Diversitykategorien wie Alter, Beeinträchtigung (psychischer oder körperlicher Verfasstheit), Aussehen, Sprache, soziale

Herkunft, Klasse, geografische Herkunft, Geschlecht/Gender/Queer, sexuelles Begehren, Religion oder Säkularität/Konfessionsfreiheit etc. einbezieht, über die der Status eines Menschen in der Gesellschaft bestimmt wird. Gegen diese Bestimmung tritt er für die Abschaffung der Hierarchien als Teilung der jeweiligen Gesellschaft in Macht und Nicht-Macht, in „höhere" und „niedere" Statusgruppen, in mit Rechten und nicht mit Rechten ausgestattete Menschen u. v. m. ein und plädiert im ethischen und politischen Sinn für die gleichberechtigte Anerkennung aller Menschen, die gleichen Rechte, die gleichen Möglichkeiten und den gleichberechtigten Zugang zu gesellschaftlichen Ressourcen sowie Partizipationsmöglichkeiten. Erste Konkretisierungen fanden sich in Konzepten wie z. B. „Queer und Migration" (vgl. Frketić 2008; Diskursiv 2008).

Bedeutung des queeren Ansatzes für die Soziale Arbeit: Queer Studies, die jene Kritiken selbstkritisch aufgenommen haben, wie der plurale Ansatz (Perko 2005; 2014), nehmen mehrere Diskriminierungsformen wahr, die nicht hierarchisch geordnet oder additiv aufgerechnet werden. Soziale Arbeit hat es oft mit Menschen zu tun, die von Struktureller Diskriminierung getroffen sind, also individuellen, institutionellen und kulturellen Diskriminierungspraxen ausgesetzt sind. In Anlehnung an Young (1996) sind diese stark verknüpft mit den Charakteristika von Diskriminierung: „(…) der Anwendung von Gewalt, der Erzeugung von Machtlosigkeit, der Durchsetzung hegemonialer Kulturvorstellungen, Praxen von Ausbeutung und Marginalisierung und, so fügen wir hinzu, anhand von Prozessen der Exklusion." (Czollek/Perko/Kaszner/Czollek 2019: 25 f.; vgl. 2. Lehreinheit). Die Auffassung, dass es keine objektive Messbarkeit von Diskriminierungsgründen gibt, bedeutet Menschen, mit denen Sozialarbeiter_innen arbeiten, in ihren jeweiligen Erlebnissen wahr- und ernst zu nehmen. So gilt es in der Sozialen Arbeit folgende Aussage in der Praxis anzuwenden: (…) die Kriterien, mithilfe derer Strukturelle Diskriminierung und soziale Ungerechtigkeit stattfinden, hängen miteinander zusammen und sind wie in der Ungleichbehandlung von Männern und Frauen mit den daraus folgenden Diskriminierungsstrukturen verwoben (vgl. Czollek 2005). Hier zeigen sich Queer Studies als intersektionaler Ansatz, dessen Hintergrund die Idee von Social Justice steht (vgl. 2. Lehreinheit).

(3) Queer Studies kritisieren (eindeutige) Identitäten, die Bildung abgeschlossener Gruppen und grundsätzlich Identitätspolitiken als Strukturen und Mechanismen einer mit Identität operierenden Ordnung, in der die einen eingeschlossen, die anderen ausgegrenzt sind.

Queere Alternativen/Ansätze: Als Basis gilt der Ausgangspunkt, dass Identität gesellschaftlich konstruiert ist, es das Subjekt als eine mit sich selbst identische

Einheit nicht gibt. Damit intendieren Queer Studies, kategoriale und identitätspolitische Einschränkungen zu überschreiten. Sie zeigen Identität als gesellschaftliches Konstrukt, also als von Menschen Institutionalisiertes und als Kulturiertes auf. Wesentlich ist dabei nicht die Frage, ob ein einzelnes Subjekt ohne Identität sein kann, d.h. ohne eine mit sich selbst identische Einheit oder vom Selbst erlebte innere Einheit einer Person. Wesentlich ist vielmehr, dass Identität nie ohne Gesellschaft existiert: Vorstellungen von Identität sind in einer Gesellschaft institutionalisiert (vgl. Castoriadis 1984), von vielen internalisiert und werden schließlich überlebensnotwendig. Entgegen der Auffassung, das Subjekt sei eine mit sich selbst identische Einheit, wird im pluralen Queer-Ansatz das Subjekt in seiner Mehrdimensionalität, Unbestimmtheit, Unabgeschlossenheit und vielschichtigen Dimensionen beschrieben. In diesem Sinne wird die Vorstellung von einem abgeschlossenen, authentischen Ich, einem statisch Identitären als Illusion entlarvt. In Anlehnung an verschiedene Theorierichtungen zeigen sich in plural-queeren Ansätzen die Kategorien wie Alter, Beeinträchtigung (psychischer oder körperlicher Verfasstheit), Aussehen, Sprache, soziale Herkunft, Klasse, geografische Herkunft, Geschlecht/Gender/Queer, sexuelles Begehren, Religion oder Säkularität/Konfessionsfreiheit nicht als Identitätsmix, sondern führen zu Konzepten der Trans-, Cross-, Nicht-Identität etc. als Aufhebung vermeintlich natürlicher oder eindeutiger Identitäten. Gegen eine Gruppenkonstituierung, die im identitätspolitischen Denken bestimmte Menschen einschließt und andere ausgrenzt, setzt die plural-queere Richtung die Möglichkeit der Teilnahme und Partizipation an gesellschaftlichen Bereichen jener, die teilnehmen und partizipieren wollen, mit dem Hauptaugenmerk der Selbstbestimmung. Das bedeutet, es wird nicht bestimmt, wer Queer ist und es wird nicht eingegrenzt oder beschränkt, wer berechtigt wäre, sich Queer zu nennen. Auf der Ebene des Handelns gilt demgemäß, dass Menschen sich für die Rechte von Queers einsetzen können, wenn sie es wollen, dass Queer-Sein also nicht als identitäre Voraussetzung angesehen wird, und umgekehrt, dass Queers sich nicht nur für „queere Belange" einsetzen. Im Bereich des Handelns drückt das Hakan Gürses aus: „Ich handle, und in diesem Moment bin ich ein Subjekt: Subjekt der Handlung. Ich stehe als Individuum hinter meiner Tat, ich *bin* der/die TäterIn hinter der Tat – ohne dafür einen kollektiven Namen annehmen zu müssen. Und ohne nur *eine* Anzeige (ein kollektives Subjekt) als Handlungsgrundlage wählen zu müssen. Ich *muss* mich nicht als schwul, Migrant oder Schwarzer bezeichnen, um als Individuum gemeinsam (…) mit anderen Individuen gegen die Macht (die im Subjekt der Repräsentation angezeigt wird) zu kämpfen: unabhängig davon, ob die anderen Individuen, die MitkämpferInnen, sich als schwul, MigrantIn oder Schwarze bezeichnen (bezeichnet werden)" (Gürses 2004: 151). Die Handelnden stellen so „weder eine ontologische noch eine epistemologische Grundlage für

‚Einheit' dar" (Gürses 2004: 151). Kein Mensch gleicht dem anderen, weder in der Motivation noch der Intention des Handelns, weder in der Art und Weise des Handelns noch in der Art und Weise der Reflexion darüber.

Bedeutung des queeren Ansatzes für die Soziale Arbeit: Queer Studies in ihrer pluralen Variante richten den Blick auf Grundstrukturen und Wurzeln einer mit Identität operierenden Ordnung und formulieren Kritik gegen *alle* eindeutigen und vermeintlich natürlichen Identitäten und Identitätspolitiken. Für die Soziale Arbeit bedeutet das, sich gegen Ausschlussverfahren, Ausschlussstrukturen und -mechanismen zu richten, die eine mit Identität operierende gesellschaftliche Ordnung birgt. Im Konkreten liegt darin Kritik gegen und die Veränderungsintention von Herrschaftsverhältnissen und Machtstrukturen, die sich immer wieder auch auf Adressat*innen der Sozialen Arbeit richten. Gleichzeitig bedeutet diese Haltung für Soziarbeiter*innen die eigene Position als Repräsentant_innen einer Institution und damit einer Gesellschaft in Bezug auf das asymmetrische Machtverhältnis zu reflektieren.

3.3 Exkurs: Abgrenzung von queer-feministischen BDS-Anhängerinnen

Teile der westeuropäischen (autonomen) Frauenbewegung und feministischen Theoriebildung wurden in den 1980er und noch 1990er Jahren mit Kritiken konfrontiert. Zum einen damit, rassistische Denk- und Handlungsschemata zu (re)produzieren und zum anderen antisemitisch zu sein, antisemitische Stereotype und Denkfiguren zu (re)reproduzieren (zur Geschichte, siehe 6. Lehreinheit).

Gegenwärtig wird in queer-feministischen Kontexten und Postkolonialen Studies Rassismus (in diesem Zusammenhang vor allem mit dem Anti-Schwarzen Rassismus) im Zuge auch der Auseinandersetzung mit Critical Whiteness kritisch in den Blick genommen. Anders verhält es sich bei manchen Vertreter:innen des Queer-Feminismus mit dem Thema Antisemitismus. Bei ihnen geht es nicht mehr nur um das Aussparen (selbst)reflexiver Auseinandersetzung mit Antisemitismus, sondern seit 2005 de facto um die (Re)Produktion antisemitischer Stereotypen und Denkfiguren. Eine spezifische Ausprägung finden wir bei den Begründerinnen und Anhängerinnen des BDS (Boykott, Desinvestitionen und Sanktionen gegen Israel) und des Pinkwashing. (Vgl. u. a. Czollek 2017; Czollek/Perko 2017; Vulkadinović 2018; Haug 2018; Internationales Institut für Bildung, Sozial- und Antisemitismusforschung e. V. 2018)

Der BDS, der den Boykottaufruf auch gegen kulturelle und wissenschaftliche Zusammenarbeit mit israelischen Institutionen einschließt, muss auch Aktionen verantworten, wenn etwa auf einer Veranstaltung an der Humboldt Universität in

Berlin eine über 90jährige Frau, die den Holocaust überlebt hat, von jungen Menschen der BDS Bewegung niedergebrüllt wird, weil sie für die Diskriminierung von Palästinenser*innen in Israel verantwortlich sei. Verantwortlich gemacht werden Juden_Jüdinnen, ungeachtet, ob sie israelische Staatsbürger*innen sind. Die prominentesten Vertreter*innen der BDS Kampagne im queerfeministischen Kontext sind Judith Butler, Jasbir Puar und Angela Davis (vgl. https://lizaswelt.net/2016/01/30/eine-verschwoerungstheorie-namens-pinkwashing/). Im Namen von Pinkwashing wird Israel vorgeworfen, im internationalen Tourismus dafür zu werben, dass Lesben, Schwule, Transpersonen und Queers willkommen sind, um von Menschenrechtsverletzungen gegen Palästinenser*innen abzulenken. (Vgl. Czollek 2017; Czollek/Perko 2017)

In der Wissenschaft werden Maßnahmen der BDS als Israel bezogener Antisemitismus aufgefasst (vgl. u. a. Haug 2018). Der Bundestag verurteilt die BDS im Mai 2019: Die Organisation soll keine öffentlichen Gelder mehr erhalten. Für eine gender/queergerechte Soziale Arbeit bedeutet das, sich auch mit dem Thema Antisemitismus und antisemitismuskritischer Sozialer Arbeit zu beschäftigen (siehe dazu u. a. Perko 2020; Perko/Czollek/Eifler 2021).

3.4 Bedeutung in der Sozialen Arbeit

Queer Studies in ihrer pluralen Variante gilt jene gesellschaftliche Wirklichkeit als Ausgangspunkt, in der Menschen nicht anerkannt werden, mit Gewalt konfrontiert sind, verfolgt, geschlagen, getötet werden, weil sie nicht der gesellschaftlichen Norm entsprechen, weil sie – im Geschlechterbereich – nicht der heterosexuellen Norm bzw. der Heteronormativität entsprechen oder entsprechen wollen: Lesben, Schwule, Trans Personen, Intergeschlechtliche Personen, Pansexuelle Personen, Non-Binary Gender etc. Ausgangspunkt queerer Analysen ist die kritische Bezugnahme auf eine gesellschaftliche Wirklichkeit, in der nicht allen Menschen die gleichen Rechte, die gleichen Möglichkeiten und die gleichberechtigte Partizipation an gesellschaftlichen (d. h. sozialen, materiellen, politischen, kulturellen …) Ressourcen zukommt. Unter Rekurs auf Menschenrechte und Gerechtigkeit beanspruchen queere Menschen diese Ressourcen, stellen instituierte Hierarchien infrage und evozieren so Fragen nach Macht-, Herrschafts- und Diskriminierungsverhältnissen, deren Abschaffung sie intendieren. Als Instrumentarien dafür fungieren Theorie, Kunst und Kultur ebenso wie verschiedene Formen der politischen Praxis. Trotz ähnlicher Gesellschaftskritiken unterscheiden sich queere politische Projekte und wissenschaftliche Beiträge in ihren Schwerpunkten. Zusammengefasst geht es in Queer Studies um folgende Kernaussagen, u. a.:

- Sein-Lassen verschiedener und mehrdimensionaler Identitäten, Nicht-Identitäten bzw. Trans- und Crossidentitäten.
- Bemühung um die Aufhebung aller eindeutigen und vermeintlich natürlichen Identitäten.
- Mehrdeutigkeit zulassen, die sich auf nichts notwendigerweise bezieht.
- Möglichkeit der Selbstdefinition aller Subjekte, so sie sich definieren wollen.
- Eröffnung vielfältiger Räume für vielfältige Ausdrucksformen von Geschlecht und Sexualität.
- Aufhebung von Ausschlussverfahren.
- Feld von Möglichkeiten mit dem Charakter der Unbestimmtheit dasein lassen und die Strategie der Unbestimmtheit.
- Anerkennung von Vielfältigkeit, Ambiguität und Pluralität.

Diese Kernaussagen verdeutlichen die Haltung, gegen jede Art von Diskriminierung zu sein. Das meint in der Sozialen Arbeit anzuerkennen, dass das Sein der Einen um nichts besser ist als das Sein der Anderen und insofern keine Maßstäbe gesetzt werden, wer als „normaler" Mensch gilt und wer nicht, wessen Identität, Trans-Identität oder Cross-Identität oder wessen Geschichte in das gesellschaftliche Mainstream institutionalisierter Identität(en) passt, und wessen nicht. Eine queergerechte Soziale Arbeit zeigt sich hier als kritische und anerkennende Soziale Arbeit, die der Zielsetzung der Sozialen Arbeit Rechnung trägt, Gerechtigkeit herzustellen. Sie geht davon aus, dass „(…) die Sichtweisen der Mitarbeiter/innen direkten Einfluss haben auf die (pädagogische) Praxis (…). Wo etwa die Annahme einer rigiden Zweigeschlechtlichkeit das Denken und die Wahrnehmung der Mitarbeiter/innen strukturiert, wird sie auf das pädagogische Handeln zurückwirken." (Meyer 2008: 37). Das zielt, wie wir es bezeichnen, auf eine queere Soziale Arbeit oder eine Soziale Arbeit der Vielfalt ab (siehe auch „Pädagogik der Vielfalt", Tuider 2000).

4. Begriffe im Kontext von Gender/Queer

Wie in der Einleitung beschrieben, verändern sich Begriffe immer wieder, weshalb es für eine gender/queergerechte Soziale Arbeit zentral ist, sich damit auseinanderzusetzen. Die Bedeutungen der derzeit verwendeten Begriffe im Kontext von Gender/Queer werden hier exemplarisch wiedergegeben – wissend, dass sie sich im Laufe der Zeit wieder verändern können.

Der Begriff **Gender** meint das kulturell-gesellschaftlich konstruierte Geschlecht, Geschlechterrollen und -funktionen. Er wurde im Deutschen beibehalten, weil durch die mit ihm einhergehende Unterscheidungsmöglichkeit von Sex und Gender eine Unterscheidung zwischen dem biologischen Geschlecht und dem sozialen, gesellschaftlich-kulturell hergestellten Geschlecht getroffen werden konnte (betrifft z. B.: Geschlechterrollen in Familie und Beruf, Ungleichbezahlung). Hierzu existieren unterschiedliche Auffassungen: In den Gender Studies ist die Differenzierung zwischen biologischem Geschlecht und dem sozialen Geschlecht verankert, während in Queer Studies dem so genannten biologischem Geschlecht ebenfalls eine Konstruiertheit zugewiesen wird.

Sex: Unter Sex wird das biologische Geschlecht verstanden. Während Geschlecht in den Gender Studies als biologische Gegebenheit aufgefasst wird, zeigen Queer Studies Sex und Gender als kulturell-gesellschaftlich konstruiert auf.

Genderkonstruktion: Die Konstruktion von Gender bedeutet die gesellschaftlich-kulturelle Herstellung bestimmter Rollen, Rollenbilder und Funktionen von Frauen und Männern. Es geht um die Erzeugung bzw. Herstellung von bestimmten Bedeutungen und Klassifikationen der Geschlechter, um bestimmte Zuordnungen und Zuweisungen der Geschlechter „Mann" und „Frau" sowie um die Bestimmung ihres Verhältnisses.

Doing Gender: Doing Gender verweist auf die permanenten Interaktionen der Ein- und Anpassung von Menschen in zweigeschlechtliche, heteronormative, durch Auf- und Abwertung strukturierte, hierarchische Geschlechterverhältnisse in der Schule, am Arbeitsplatz, in der Familie, im politischen Raum etc.

Undoing Gender: Undoing Gender bezeichnet eine Praxis, die Zuschreibung stereotyper Geschlechterrollen zu erkennen, zu problematisieren und schließlich zugunsten von pluralen Genderformen aufzubrechen. Verbunden damit ist der Begriff **Genderdekonstruktion:** Die Auffassung, dass Gender konstruiert ist, bedeutet, das Geschlecht und die Rolle der Geschlechter variabel und veränderbar sind und damit auch die Beziehung der Geschlechter, die keiner stereotypen Form aus ‚natürlichen' Gründen folgt. Männer können dieselben Funktionen und Rollen einnehmen wie Frauen und umgekehrt. Genderdekonstruktion meint, stereotype Auffassungen von Gender zu verschieben, zu transformieren, mehrere Variablen aufzuzeigen.

Feminismus: Feminismus ist ein Oberbegriff für soziale und politische Bewegungen (untermauert durch feministische Theorien), dessen Hauptziel es ist, die Diskriminierung und Unterdrückung der Frauen sowie u. a. Sexismus gegen

Frauen zu beenden und ihre rechtliche, soziale und politische Gleichstellung zu verankern (zu den unterscheidlichen Richtungen, siehe 6. Lehreinheit).

Queer Studies bzw. Queer Theory: Queer Studies erweitern den Begriff Gender (Mann, Frau) hin zur Vielfältigkeit von Genderformen (Intergeschlechtliche Menschen, Trans*Personen, Lesben, Schwule, Pansexuelle Personen, Non-Binary Personen) und verfolgen die Infragestellung von festgelegten, stereotypen Identitäten und Normativitäten mit der Zielsetzung der gleichen Möglichkeiten und gleichberechtigten Partizipation an gesellschaftlichen (d.h. sozialen, materiellen, politischen, kulturellen) Ressourcen für queere Menschen. Plural ausgerichtete Queer-Theorien vertreten einen intersektionalen Ansatz und fokussieren so nicht nur die Kategorien Gender, Sex, Begehren, sondern beziehen auch intersektionale Verschränkungen mit anderen Diskriminierungsformen (z.B. Anti-Schwarzer Rassismus, Antisemitismus, Ableismus, Klassismus) mit ein.

Queerfeministisch: Als queerfeministisch werden jene Ansätze bezeichnet, die sich sowohl auf feministische Theorien und Feminismus als auch auf Queer Studies beziehen und beides miteinander verbinden.5

Als **Queers** bezeichnen sich manche Menschen, die u.a. trans*gender, intergeschlechtlich, poly-, pan-, asexuell, non-binary, lesbisch oder schwul sind und dafür den politisch-strategischen Oberbegriff Queer heranziehen. Gleichzeitig gilt der Begriff Queer ungeachtet eines spezifischen So-Seins von Personen auch als politische Haltung, die sich als anti-normativ und als neue Lebensentwürfe konzipierend beschreiben lässt.

Drag: Als Drag King bezeichnen sich Menschen mit verschiedenen Geschlechteridentitäten, die traditionelle Männlichkeit in traditioneller Männerkleidung inszenieren und parodieren. Als Drag Queen bezeichnen sich Menschen mit verschiedenen Geschlechteridentitäten, die traditionelle Weiblichkeit in traditioneller Frauenkleidung inszenieren und parodieren.

FLINTA: FLINTA steht für Frauen, Lesben, inter-, nicht-binärer, trans- und agender Personen.

---

5 Einige Vertreter*innen des Queerfeminismus initiierten die Boykottbewegung gegen Israel (BDS) und Pinkwashing mit oder schlossen sich diesen an, andere Queertheroretiker*innen lehnen das jedoch strikt ab (siehe dazu Czollek 2017; Czollek/Perko 2017).

Intergeschlechtliche Menschen: Als intergeschlechtlich benennen sich Menschen, deren Körper männliche und weibliche (sichtbare und nicht sichtbare) Geschlechtsmerkmale aufweisen.

Pansexuelle Personen: Als pansexuell bezeichnen sich Menschen im Hinblick darauf, dass sie andere Menschen ungeachtet ihres Gender und ihrer sexuellen Vorliebe lieben und begehren (altgr. *pan:* „alles, umfassend, gesamt").

Transgender Personen: Als Transgender bezeichnen sich Menschen, die ihre Geschlechtsidentität jenseits binärer Geschlechterordnungen (Frau/Mann) leben. Transgender wird auch als Oberbegriff für Menschen verstanden, für die das gelebte Geschlecht keine zwingende Folge aus dem bei der Geburt zugewiesenen Geschlecht ist.

Non-Binary Gender: Als nichtbinär bezeichnen sich Menschen, die sich außerhalb einer zweigeteilten (binären) Geschlechterordnung verorten. Teilweise wird auch der Begriff *gender-nonkonform* verwendet

Mit **Heteronormativität** wird ein binäres Geschlechtersystem beschrieben, in dem zwei Geschlechter (Mann/Frau) als vermeintliche Norm anerkannt werden, und in dem Geschlecht aus einer Matrix von Körper-, Verhaltens- und Sexualitätsnormen hervorgeht. Heteronormativität bestimmt, was als vermeintlich normale Sexualität gilt und ist gleichzeitig Bestandteil von gesellschaftlich verankerten und von vielen verinnerlichten Normen und Vorstellungen von Geschlecht, Körper, Familie, Identität, Verhaltensweisen (betrifft z. B.: Binarität weiblicher/männlicher Körper, medizinische Herstellung von Geschlecht, Familien- und Beziehungskonzepte, Ehe/Lebenspartner:innenschaft, Lebensentwürfe).

Heterosexismus ist ein Denk- und Verhaltenssystem, das Heterosexualität als die einzig vermeintlich normale Form sexuellen Begehrens und sexueller Beziehungen festschreibt. Dabei werden andere Identitäten, Verhaltensweisen oder Beziehungen, die dieser Norm nicht entsprechen, als abweichend dargestellt, verleugnet oder als krank stigmatisiert.

Sexismus: Unter Sexismus wird die Strukturelle Diskriminierung von Menschen aufgrund ihres (zugeschriebenen) Geschlechts verstanden. Unter Sexismus, etwa gegen Frauen, wird die Strukturelle Diskriminierung verstanden, die u. a. sexualisierte Belästigung, aber auch Vergewaltigung, Ausbeutung, Beherrschung, Verfolgung, Verstümmelung, Vernichtung (Femizide) betrifft. (Ad. Strukturelle Diskriminierung und Charakteristika von Diskriminierung, vgl. 2. Lehreinheit)

Homomiseoismus: Homomiseoismus bezeichnet die Feindseligkeit und Hass gegen Lesben und Schwule, die Struktureller Diskriminierung ausgesetzt sind. Trotzdem in der Bundesrepublik die „Ehe für Alle“ verankert wurde, hat Homomiseoismus nicht abgenommen (vgl. BGB, § 1353) (Ad. Strukturelle Diskriminierung und Charakteristika von Diskriminierung, vgl. 2. Lehreinheit)

Transmiseoismus: Transmiseoismus bezeichnet den Hass auf und die Feindseligkeit gegenüber Transgender Personen, die Struktureller Diskriminierung ausgesetzt sind. (Ad. Strukturelle Diskriminierung und Charakteristika von Diskriminierung, vgl. 2. Lehreinheit)

Bei den Beschreibungen der Personen (wie z. B. Queers) handelt es sich jeweils um Selbstbezeichnungen. Begriffe, die soziale und politische Praxen (wie z. B. Undoing Gender) sowie Begriffe in Bezug auf Diskriminierungsformen (wie z. B. Homomiseoismus), sind in Zusammenhang politischer Bewegungen, jeweiligen Communities und wissenschaftlichen Ausarbeitungen entstanden. Die genannten Diskriminierungsformen (wie Homo- und Transmiseoismus oder Sexismus) sind eingebettet in Macht- und Herrschaftsverhältnisse. Zwar ist es erstrebenswert und notwendig, dass dabei jene, die von Struktureller Diskriminierung getroffen werden, sich verbünden und Allianzen bilden, doch zeigt die Realität immer wieder auch, dass es Feindschaften untereinander gibt: So bezeichnen *manche* Transgender Personen Lesben als „TERF“ (Trans*-Exclusionary Radical Feminist) und werfen ihnen Transfeindlichkeit vor; und umgekehrt bezeichnen *manche* Lesben Transgender Personen als „militante Trans*“, die mit „männlichen Verhaltensweisen“ gegen Lesben vorgehen. Diese Spirale der Gewalt, die verbal, aber zuweilen auch mit körperlichen Angriffen ausgetragen wird, lässt außen vor, dass sowohl Lesben als auch Transgender Personen und allgemein Menschen, die der heteronormativen und heterosexuellen Lebensform nicht entsprechen (Genderpluralität) Struktureller Diskriminierung (vgl. 2. Lehreinheit) ausgesetzt sind. Welche Auswirkungen das haben kann, zeigen etwa Orte in Polen, wo 80 Städte 2019 zu „LGBTQ-freie Zonen“ erklärt wurden (vgl. Hume 2020), oder Ungarn, in dem 2021 ein „Gesetz zur Beschränkung der Information über Homo- und Transsexualität“ in Kraft getreten ist, das LGBTQ+ Personen staatlich diskriminiert.

Die Wichtigkeit von Allianzen und Bündnissen – auch gegen rechtsextremistische oder islamistische Anfeindungen – liegt auf der Hand und muss sich auf alle von Struktureller Diskriminierung getroffener Menschen sowie auf Menschen beziehen, die sich gegen Diskriminierung einsetzen (vgl. Perko 2020). Sozialarbeiter_innen werden dazu im (inter)nationalen Ethikkodex aufgerufen (vgl. 8. Lehreinheit). Hierzu gehört auch, sich gegen diffamierende Äußerungen zu richten, wie sie mit den Bezeichnungen „Genderwahn", „Genderideologie", oder „Gender Gaga" vorgebracht werden. Sie richten sich nicht nur gegen eine Sprache, mit der die Genderpluralität angezeigt wird, sondern auch gegen das Gender Mainstreaming und gegen Bestrebungen, eine soziale und politische Geschlechtergleichheit zu verankern. Dass die diffamierenden Begriffe zunächst von einem Mitglied der FPÖ verwendet und dann in Deutschland durch Mitglieder der AFD übernommen wurden, mögen Viele nicht wissen. Es ist daher für Sozialarbeiter_innen wichtig, sich damit auseinanderzusetzen, dass solche Begriffe zunächst in rechten bzw. rechtsextremistischen Kontexten verwendet werden und in diesem Fall sehr rasch durch Medien und Einzelpersonen ihre Verbreitung fanden/finden, die an sich mit solchen Kontexten nichts zu tun haben. Eine detaillierte Auseinandersetzung damit findet sich in „Sagbarkeitserweiterung und Sprach/Handlungen. Affirmative Sprache" (Perko 2020).

5. Verankerung von Gender/Queer in der Ausbildung der Sozialen Arbeit

Mittlerweile existieren Genderstudiengänge, in denen Gender Studies und Queer Studies ein eigenes Hauptfach sind, die zugänglich sind für Studierende der Sozialen Arbeit. Im Studium der Sozialen Arbeit gibt es vermehrt die curriculare Verankerung von Gender/Queer als Gegenstand, der in der Lehre vermittelt werden muss. Hier werden Gender Studies, aber mittlerweile auch Queer Studies sowie Feministische Theorien und zunehmend auch Diversity Studies einbezogen. Gleichzeitig gibt es einige Publikationen zu Gender in Bezug auf die Soziale Arbeit, die das Thema Gender hinsichtlich verschiedener Praxisfelder und unterschiedlichen Inhalten der Sozialen Arbeit diskutieren (vgl. u. a. Brandes/Roemheld 1998; Gruber/Fröschl 2001; Rohleder/Hasenjürgen 2005; Zander/Hartwig/Jansen 2006; Rose 2007; Ehlert 2012; Sabla/Plößer 2013; Rose/May 2014).

Als Lehrinhalte in der Sozialen Arbeit finden sich in den Modulhandbüchern folgende Bereiche, u. a.:[6]

- Feministische Theorien
- Gender-, Queertheorien
- Kritische Männerforschung

6 Hier werden keine einzelnen (Fach)Hochschulen der Sozialen Arbeit genannt, da die curriculare Implementierung von Gender- und Queerstudies (zuweilen verbunden mit Diversitystudies an manchen (Fach)Hochschulen der Sozialen Arbeit) bereits stattgefunden hat, an anderen der Implementierungsprozess gerade in Gang ist.

- Geschichte der Frauenbewegung
- Geschichte der Schwulen- und Lesbenbewegung und LGBTQ
- Geschichte der Queer Politics
- Geschichte der Sexualität
- Sozialisation, Identitätsentwicklung
- Verschiedene Schwerpunkte wie: Sexualisierte Gewalt, Ausbeutung, Femizide, Pornographie, Frauenhandel, Sexarbeiter*innen, wohnungs- bzw. obdachlose Frauen

Als damit verbundene Lernziele werden fachbezogene und fachübergreifende Kompetenzen genannt, u. a.:

Kenntnisse über:

- Gechlechterverhältnisse
- Auswirkungen klassisch-traditioneller Geschlechterrollen
- Geschlechtervielfalt/Genderpluralität
- Diskriminierungsrealitäten im Hinblick auf Frauen, Transgender Personen, Lesben etc.
- Rechtliche und soziale Lage diskriminierter Minderheiten
- Menschenrechte als Orientierungsrahmen (Soziale Arbeit als Menschenrechtsprofession)
- Gerechtigkeitstheorien (Soziale Arbeit als Gerechtigkeitsprofession)
- Prozesse des Othering (Konstruktionen von Andersheit)

Analyse der:

- Mechanismen und Dynamiken von Diskriminierungsprozessen in Bezug auf Gender/Queer
- Etablierung von Dominanzpositionen: individuelle, institutionell, kulturelle Ebene
- Intersektionalität: Wechselwirkungen der verschiedenen Diskriminierungsformen (Antisemitismus, Rassismus, Klassismus, Ableismus etc.)
- Empowermentstrategien von Angehörigen diskriminierter Gruppen

Sensibilisierung für:

- Dominanzverhältnisse
- Verschiede Werte, Normen, Normalitätsstandards
- Gender/queergerechte Kommunikations- und Handlungskompetenzen
- Anerkennung der Vielfalt von Menschen
- Selbstreflexion gegenüber eigenen normativen Prägungen und Abwehrmustern

- Ambiguitäts- und Unsicherheitstoleranz
- Kompetenzen zur Durchsetzung von Geschlechterdemokratie und interkultureller Öffnung der sozialen Dienste sowie der Etablierung einer pluralen Perspektive in den Feldern der Sozialen Arbeit
- Diversity Kompetenzen

Im Studium der Sozialen geht es gemäß der Modulhandbücher einerseits um eigene Gender/Queerseminare, andererseits um Gender/Queer als Querschnittsthema, das in verschiedenen Seminaren oder Vorlesungen aufgegriffen werden soll. Nicht alle diese Seminare greifen das Thema Queer auf, das aber für die Soziale Arbeit im Hinblick auf die Arbeit mit queeren Menschen wesentlich ist. Was nur selten direkt benannt ist, ist das Thema Sexismus. Als Diskriminierung aufgrund des Geschlechts, ist es jedoch eine Thematik, mit der sich Soziale Arbeit auseinandersetzen muss (vgl. Perko/Czollek 2021: www.youtube.com/watch?v=RgLKOQip1l8).

6. Herausforderungen für die Soziale Arbeit

Soziale Arbeit hat es in Bezug auf Gender und Queer mit gesellschaftlichen Gegebenheiten zu tun und im Konkreten mit Menschen, die diesen Gegebenheiten im Hinblick auf diskriminierende Praxen ausgesetzt sind. Gleichzeitig ist Soziale Arbeit selbst eine gesellschaftliche Institution, in der sich vorhandene Strukturen und Mechanismen widerspiegeln. Deshalb sind Kenntnisse und Wissen, Sensibilisierung und Vertiefungen etc. um Gender Studies, Kritische Männerforschung und Queer Studies zentraler Bestandteil professioneller Sozialer Arbeit. Insofern sind Herausforderungen in der Gegenwart und damit mögliche Auswirkungen auf die Zukunft auf mehreren Ebenen anzusiedeln: Auf der subjektiv-professionellen Ebene im analytischen und selbstreflexiven Sinne (einzelne Sozialarbeiter_innen), auf der intersubjektiv-professionellen Ebene (im Team), auf der institutionellen Ebene (der Institution, dem Träger) sowie auf der kulturellen-gesellschaftlichen Ebene (Einmischen in gesellschaftliche Belange). Diese sind nicht strikt voneinander zu trennen, denn Institutionen sind getragen von einzelnen Akteur:innen, die sie repräsentieren.

Im analytischen Sinne liegt die Herausforderung für die einzelnen Sozialarbeiter*innen darin, Kenntnisse über folgende Bereiche in Bezug auch auf die Soziale Arbeit zu gewinnen, u. a.:

- Was ist eine geschlechterspezifische Sozialisation?
- Welche Normen und Werte (z. B. Heteronormativität) bestimmen unsere Gesellschaft?
- Wie geschieht die Konstruktion der Geschlechter?
- Welche genderspezifischen Verteilungen von Ressourcen (kulturelle, politische, soziale, ökonomische) sind in der Sozialen Arbeit vorhanden?
- Inwieweit sind Macht- und Herrschaftsstrukturen genderspezifisch?
- Was bedeutet die Vielfältigkeit von Geschlechtsidentitäten (Genderpluralität)?
- Welche Geschlechterstereotypen gibt es?
- Was meint Intersektionalität, d. h. Wechselwirkung zwischen Gender und anderen gesellschaftlichen Differenzmerkmalen: wie Alter, Beeinträchtigung (psychischer oder körperlicher Verfasstheit), Aussehen, Sprache, soziale Herkunft, Klasse, geografische Herkunft, Geschlecht/Gender/Queer, sexuelles Begehren, Religion oder Säkularität/Konfessionsfreiheit?
- Welche Unterschiede existieren zwischen Angehörigen des gleichen Geschlechts in Bezug auf andere Diversitykategorien?
- Was meint Doing Gender und Undoing Gender?

Diese Kenntnisse sind nicht nur theoretischer Art. Sie beziehen sich auch auf Sensibilisierungsarbeit und Vertiefungen, wie sie über Gender/Queer-Trainings vermittelt, erworben und in den Praxisfeldern der Sozialen Arbeit angewandt werden können.

Die analytische Dimension verbindet sich mit der selbstreflexiven Dimension. Diese liegt in der Reflexion folgender Momente, u. a.:

- Was sind meine eigenen kulturellen Werte, Normen?
- Wie zeigt sich meine eigene Geschlechterrolle?
- Wie praktiziere ich selbst *Doing Gender?*
- Wo und wie handle ich im Sinne des *Undoing Gender?*

Zu reflektieren gilt hierbei, wie wir selbst – als Mann, als Frau, als Queer – agieren, sprechen und handeln und wie wir dabei auf andere wirken, was wir auf der Genderebene vermitteln. Wesentlich dabei ist der berufliche Kontext: Wie handle, agiere, spreche Ich als Sozialarbeiter*in? Theorie und Praxis ist hier eng miteinander verknüpft: Einerseits benötigt Soziale Arbeit als gender/queergerechte Soziale Arbeit theoretische Auseinandersetzungen, andererseits sind der Erwerb bzw. die Vertiefung von Gender- und Queerkompetenzen notwendig. Voraussetzung ist eine Reflexionsbereitschaft, aber auch eine „(…) Offenheit und Neugierde gegenüber neuen Denkbewegungen (…).“ (Meyer 2008: 38) Gefragt ist eine allen Menschen zugewandte und anerkennende Haltung.

Neben der je individuellen Reflexion, ist ein reflexives Handeln auch auf der intersubjektiv-professionellen Ebene (im Team) notwendig: Welche Haltung hat das Team zu Gender/Queer? Inwiefern vermittelt es eine affirmative Haltung jenen Menschen gegenüber, mit denen das Team arbeitet? Herausforderungen liegen auch auf der institutionellen Ebene: Soziale Arbeit ist eine gesellschaftliche Institution, in der die Chancengleichheit der Geschlechter umgesetzt werden soll. Ist diese Umsetzung bereits vollzogen? Dieser Frage kann beispielhaft in Bezug auf die Geschlechterverteilungen in beruflichen Positionen in der Sozialen Arbeit und ihren möglichen Auswirkungen auf Adressat_innen der Sozialen Arbeit nachgegangen werden. Für die Institution Soziale Arbeit liegt die gegenwärtige Herausforderung darin, folgende Momente weitgehend zu analysieren und zu reflektieren.

- Gender/Queeranalysen in der Struktur und Institution der Sozialen Arbeit.
- Gender/Queer als Querschnittsthema in der Sozialen Arbeit.
- Berücksichtigung von Geschlechterunterschieden ohne Festschreibungen und Verallgemeinerungen.
- Analysen struktureller Geschlechterverhältnisse.
- Umsetzung von Gender Mainstreaming (vgl. 4. Lehreinheit) in seiner Erweiterung hin zur Geschlechterpluralität.

Dass diese Maßnahmen nicht nur kurzfristig umgesetzt werden können, sondern mittel- und langfristig anzulegen sind, ist evident. Zielsetzung wäre dabei, die Pluralität von Menschen in der Gesellschaft in der Sozialen Arbeit (Sozialen Institutionen, aber auch Hochschulen der Sozialen Arbeit) widerzuspiegeln. Politisch und juristisch wird das durch Gender Mainstreaming und das Allgemeine Gleichbehandlungsgesetz untermauert (vgl. 4. Lehreinheit).

7. Übungen

1. Recherchieren Sie, wie viele Frauen, wie viele Männer, wie viele Queers in den einzelnen Berufsfeldern der Sozialen Arbeit arbeiten: Welchen beruflichen Status nimmt welches Geschlecht ein?
2. Reflektieren Sie die Bilder von „Weiblichkeit“ und „Männlichkeit“, die Ihnen in der Werbung, in den Medien, in Alltagsgesprächen begegnen: Welche Normen werden hier erzeugt; welche Personen können sich durch diese Bilder

verletzt, ausgegrenzt und unangenehm berührt fühlen oder diskriminiert sein?

3. Reflektieren Sie in einem Essay den Begriff Queer und queere Lebensformen: Was bedeuten die drei Richtungen von Queer Studies für sozialarbeiterisches Handeln?

8. Zur Vertiefung

Doppe, Blu/Holtermann, Daniel (Hg.): Vom Scheitern, Zweifeln und Ändern. Kritische Reflexionen von Männlichkeiten. Münster 2020

Sozialmagazin: „Queerfeldein durch die Soziale Arbeit". 39. Jg. H. 3-4. 2014

Perko, Gudrun: Queer Theorien. Ethische, politische und logische Dimensionen plural-queeren Denkens. Köln 2005

2. Lehreinheit „Social Justice und Diversity" als handlungsleitendes Prinzip

Mit Diversity werden im deutschsprachigen Raum zwar verschiedene Konzepte beschrieben. Für die Soziale Arbeit ist jedoch das Konzept „Social Justice und Diversity" (Czollek/Perko/Kaszner/Czollek 2019) in den verschiedenen Praxisbereichen ein handlungsleitendes Prinzip. Es beschreibt u.a. das Ziel und den Prozess hin zu einer gerechten Gesesellschaft, in der alle Menschen in ihrer radikalen Verschiedenheit leben können und nicht aufgrund bestimmter Diversitykategorien von Diskriminierung getroffen sind. Es beschreibt ferner das Ziel einer Gesellschaft, in der Alle materiell abgesichert leben können, sich wechselseitig helfen, sich als jeweils besondere Individuen anerkennen und Konflikte im Zusammenleben gewaltfrei und konstruktiv lösen. Hier wird unter Diversity die Anerkennung der Vielfalt und Verschiedenheit unter Menschen verstanden – auch mit der Intention, dass (soziale) Institutionen die Diversitäten von Menschen in einer Gesellschaft widerspiegeln. Ein zentraler Begriff ist im Zusammenhang von „Social Justice und Diversity" der Begriff Systemische Intersektionalität: Er bezieht sich auf das breite Feld der Überschneidungen von Diskriminierungsformen (z.B. von Rassismus, Antisemitismus, Ableismus, Klassismus, Sexismus).

Die Anwendungen dieses Konzept in der Sozialen Arbeit als diskriminierungskritische Soziale Arbeit sind vielfältig: Sie reichen von der Diversityimplementierung in sozialarbeiterischen Einrichtungen, Institutionen und Projekten, zu intersektionalen Zugängen im Umgang mit Menschen bis hin zu heterogenisierenden Diversitystrategien. Eine diskriminierungskritische Soziale Arbeit korrespondiert mit dem (inter)nationalen Ethikkodex der Sozialen Arbeit.

1. Historische Entwicklungen: „Ausländerpädagogik" – Interkulturellen Öffnung – Diversity

Nichts ist geschichtslos. So sind auch gegenwärtige Diversitykonzepte eingebettet in historische Entwicklungen, wie folgende Grafik veranschaulicht.

Abb. 1: Czollek/Perko 2021

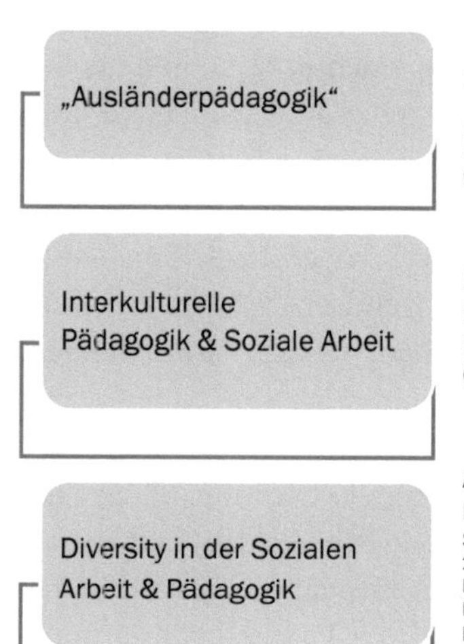

1970er Jahre:
„Gastarbeiter_innen“/Arbeitsmigrant*innen;
Fokussierung: Integration/Defizitorientiert
(Vgl. u. a. Mecheril 2010)

1980er Jahre:
Fokussierung: Differenzen/Ressourcenorientiert
1990er Jahre: Interkulturelle Öffnung
(Vgl. u. a. Auernheimer 2003; Rommelspacher 2004; Gaitanides 2004)

Ab 2000er Jahre:
Fokussierung: Inklusion/Partizipation, Gesellschaftsorientiert
Social Justice und diskriminierungskritisches Diversity (vgl. u. v. a. Czollek/Perko 2007; 2012; Czollek/Perko/Weinbach 2012)
Diskriminierungskritische Sozialen Arbeit (vgl. Czollek 2016; Perko 2016)
Rassismuskritische Soziale Arbeit (vgl. Melter 2006; Melter/Mecheril 2009; Mecheril 2010)
Antisemitismuskritische Soziale Arbeit (vgl. Perko 2020; Perko/Czollek/Eifler 2021)
Weiterbestehend: Interkulturelle Soziale Arbeit.

Die so genannte „Ausländerpädagogik“ entwickelte sich im Zusammenhang mit dem Migrationsprozess in den 1970er Jahren. Sowohl die pädagogische Praxis als auch die pädagogische Theoriebildung musste sich in den Bildungseinrichtungen, insbesondere im schulischen Bereich, darauf einstellen, den spezifischen Anforderungen zu stellen, die sich aufgrund der Arbeitsmigration ergaben. Ihre Zielsetzung bestand darin, die Kinder von Gastarbeiter:innen im schulischen und außerschulischen Kontexten zu betreuen. Dabei hatte die „Ausländerpädagogik“ Lernschwierigkeiten im Blick, deren Gründe sie in der Sozialisation sahen. Schulische Leistungen sollten verbessert werden. Mit Blick darauf, dass die „Rückkehrfähigkeit“ der Gastarbeiter_innen und deren Kinder gewährleistet sein sollte, wurde von der Kultusminister-Konferenz (KMK) im Jahre 1971 beschlossen, neben der Fokussierung auf den Erwerb der deutschen Sprache Wert auf die Beibehaltung der eigenen Sprache und Kultur der Schüler*innen zur Sprache und Kultur ihrer Heimat zu legen. Vorbereitungsklassen wurden eingerichtet. (Vgl. KMK-Beschluß 1971). Die Etablierung von Studiengängen bzw. Schwerpunkten im Bereich „Ausländerpädagogik“ an Hochschulen sollten dabei Sozialarbeiter*innen und Sozialpädagog:innen für diese Arbeit adäquat ausbilden. Die „Ausländerpädagogik“ war insgesamt in ihre Arbeit v. a. im schulischen Bereich darauf ausrichtet, Kinder von Gastarbeiter*innen in die Gesellschaft zu integrieren und verfolgte dabei einen defizitorientierten Ansatz.

Nicht zuletzt aufgrund interner Kritik an die „Ausländerpädagogik“ entstand in den 1980er Jahren die Interkulturelle Pädagogik. Sie war ressourcenorientiert und legte den Blick auf Differenzen. Bereits aus dieser Perspektive kann auch der Begriff Integration kritisiert werden, insofern er nicht darauf ausgerichtet war, eine plurale Gesellschaft im Blick zu haben, sondern einen Prozess, in dem sich Migrant_innen in gesellschaftliche Bereiche integrieren sollten. Im Zuge ihrer Ausdifferenzierung kam es in den 1990er Jahren zu Forderungen der Interkulturellen Öffnung (vgl. u.v.a. Kalpaka 1998; Borde/Davis 2003; Büttner 2004; Rommelspacher 2004; Gaitanides 2004; Hanschuck/Schröer 2004; Boos-Nünning/Karakaşoğlu 2005; Fleßner 2006; Melter 2006; Bundschuh 2008). Interkulturelle Öffnung bedeutet die Öffnung von Institutionen, sozialen Einrichtungen, soziale Dienste etc. für Migrant*innen: Sowohl im Hinblick auf ihre Nutzung von Sozialen Diensten (Barrierenabbau) als auch hinsichtlich ihrer beruflichen Möglichkeit (Veränderung der Personalpolitik). Interkulturelle Öffnung gilt als „Erfüllung des grundgesetzlichen Auftrages, sich für Chancengleichheit und soziale Gerechtigkeit einzusetzen – also als ein politisches Anliegen, (…) als Kernstück der Qualitätsentwicklung von Institutionen (…), als ein Professionalisierungsprozess (…).“ (Rommelspacher 2004: 2)

In der Praxis steht die Verwirklichung der Interkulturellen Öffnung weitgehend noch aus. In der Theorie wurden Konzepte der Interkulturellen Öffnung bereits hin zu Diversitykonzepten ausgearbeitet (vgl. u.a. Czollek/Perko 2007; 2012). Im Zuge dessen wurde das Konzept „Social Justice und Diversity“ (vgl. die neueste Fassung in Czollek/Perko/Kaszner/Czollek 2019) ausgearbeitet, der Begriff diskriminierungskritische Soziale Arbeit etabliert und in seinen Spezifizierungen wie rassismuskritische oder antisemitismuskritische Soziale Arbeit aufgegriffen. In wissenschaftlichen Auseinandersetzungen wurden Diversity Studies aufgenommen (vgl. Krell/Riedmüller 2007). Die Reflexionen über Diversity betreffen in erster Linie die Erweiterung der Analysen: Welche Menschen werden in einer Gesellschaft strukturell diskriminiert, ausgegrenzt oder marginalisiert? Für welche Menschen müssen sich Institutionen öffnen? Und erweitert gedacht: Welche Inhalte müssen Institutionen aufgreifen, um gegen die Eindimensionalität dominanzkultureller Inhalte der Pluralität von Menschen gerecht zu werden? Dabei geht es auch um Migrant_innen, aber gleichzeitig um Menschen im Hinblick auf verschiedene Diversitykategorien wie psychische oder körperliche Verfasstheit (Beeinträchtigung), Alter, Aussehen, Sprache, soziale Herkunft, Klasse, geografische Herkunft, Gender/Queer, sexuelles Begehren, Religion etc. Im Zentrum steht die Gesellschaftsorientiertheit und die Fokussierung auf inklusive und partizipative Praxen (vgl. 2. Lehreinheit, Kap. 4). Gegenwärtig existieren unterschiedliche Diversity Ansätze bzw. Konzepte.

2. Gegenwärtige Diversity Konzepte

Der Begriff Diversity wird im deutschsprachigen Raum im Hinblick auf vier unterschiedliche Weisen verwendet:

- *Managing Diversity:* ein Konzept für Unternehmen der Wirtschaft
- *Organisationsentwicklungsmodell:* ein Konzept zur Realisierung von Diversity in Institutionen
- *Diversity bewusste soziale Praxis:* Beiträge für Organisationen institutioneller Erziehung und Bildung
- *Social Justice und Diversity:* ein Konzept gegen strukturelle Diskriminierung zugunsten von Inklusion und Partizipation in der sozialen Praxis

Um Unterschiede und Ähnlichkeiten zu veranschaulichen, werden diese hier kurz skizziert. In einem zweiten Schritt stellen wir das von uns entwickelte Konzept „Social Justice und Diversity" detaillierter vor.

2.1 Managing Diversity: ein Konzept für Unternehmen der Wirtschaft

Managing Diversity (Management der Vielfalt) wird in der Wirtschaft als Anerkennung und Nutzbarmachung der Vielfalt von Menschen für Unternehmen definiert (vgl. Gabler Wirtschaftslexikon 2017; Thomas/Ely 1996; Aretz/Hansen 2002; Becker/Seidel 2006; Fereidooni/Zeoli 2016). Dabei geht es in erster Linie um die Bindung von Arbeitskräften an das Unternehmen und die Schaffung neuer Absatzfelder durch das Ansprechen von neuen Zielgruppen. Nicht selten wird zwischen primären und sekundären Diversitydimensionen unterschieden und damit suggeriert, die einen seien wichtiger als die anderen: Als primäre Dimensionen werden Geschlecht, ethnische Herkunft, Alter, sexuelle Orientierung und körperliche sowie geistige Fähigkeiten angegeben; als sekundäre Dimensionen sind es Sprachkenntnisse, Familienstand, geografische Lage, Einkommen, Gewohnheiten, Freizeitverhalten, Religion/Weltanschauung, Ausbildung, Berufserfahrung, Auftreten und andere Unterschiede (vgl. Loden 1996).

Das Diversity Konzept für Unternehmen der Wirtschaft kann aus sozialarbeiterischer und sozialwissenschaftlicher Perspektive kritisch betrachtet werden, wie hier anhand einiger Aspekte gezeigt wird:

- Menschen erhalten zwar Chancen in Bezug auf Arbeitsstellen, die sie vorher nicht innehaben konnten, doch steht die Profitmaximierung von Unternehmen und damit die Nützlichkeit und Leistung in der Vielfaltsverwaltung von

Menschen als „Humankapital" im Vordergrund. Hier ein Beispiel: Die thailändische Fluglinie PC-Air setzt auf Transgender Personen als Flugbegleitende. In einem Videoclip erzählen diese, dass sie erstmals die Chance haben, hier zu arbeiten und darauf hoffen, dass dies ein Start sein könnte, auch in anderen Berufszweigen Chancen zu haben. Vertreter der Airline begründen die Entscheidung damit, dass „transgeschlechtliche" Menschen besser geeignet seien als Frauen und Männer, weil sie die Bedürfnisse der männlichen und weiblichen Fluggäste zugleich verstehen würden (www.spiegel.de/video/mann-oder-frau-thai-airline-setzt-auf-transsexuelle-flugbegleiter-video-1167654.html [letzter Zugriff: 28.8.2021]). Diese Vorstellung zeigt einerseits eine verallgemeinernde Zuschreibung von Fähigkeiten, die mit Transgender Personen per se nichts zu tun hat, und sie zeigt die Verwechslung von Transgender Personen und Intergeschlechtlichen Personen, denen aber wiederum mit Stereotypen begegnet wird.
- Die Vielfalt von Menschen wird als besondere Chance für Menschen begriffen. Doch basiert diese Auffassung auf Stereotypen als verallgemeinernde Vorstellung, dass Menschen gemäß ihrer angeblichen sozialen Gruppenzugehörigkeit jeweils bestimmte Perspektiven und Qualitäten mit sich bringen: So hätten Frauen, Männer, Transgender Personen, Menschen aus Deutschland, China, Japan, USA etc. als vereinheitlichte soziale Gruppe jeweils bestimmte Eigenschaften und Qualitäten. Doch vergisst eine solche Auffassung – um bei dem obigen Beispiel zu bleiben – dass Transgender Personen und Intergeschlechtliche Personen keine Kombination von Frau und Mann sind, sondern ein je eigenes Geschlecht und daher nicht zwangsläufig in ihrem Gefühlsleben und ihren lebensweltlichen Bezügen weibliche und männliche Eigenschaften besitzen müssen – was immer auch diese sein mögen.
- Innerbetrieblich geht es beim *Managing Diversity* zwar auch um das Wohlbefinden der Mitarbeiter*innen, doch werden Hierarchien, Verteilung von Ressourcen und Gerechtigkeit, soweit sie Profitinteressen negativ berühren, nicht infrage gestellt.

Im Konzept *Managing Diversity* geht es nicht grundlegend um Fragen der Gerechtigkeit und Chancengleichheit. Der in diesem Zusammenhang häufig verwendete Slogan „Vielfalt bereichert" verdeutlicht, dass es um die Bereicherung jener geht, die den gesellschaftlichen Normen und Vorstellungen entsprechen.

2.2 Organisationsentwicklungsmodell: ein Konzept zur Realisierung von Diversity in Institutionen

Bei der Realisierung von Diversity in sozialen Institutionen und Organisationen geht es nicht um die Verwaltung von Menschen als „Humankapital" und Profitmaximierung. Vielmehr stehen hier Fragen danach im Mittelpunkt, wie eine Institution oder eine Organisation Diversity zugunsten von Chancengleichheit realisieren kann. Hubertus Schröer (2006), der dieses Modell etablierte, betont sieben Elemente, die in Praxen sozialer Institutionen und Organisationen berücksichtigen werden können: Bestandsaufnahme, Zielentwicklung, Strategieentwicklung, Qualitätsentwicklung, Personalentwicklung, Prozessmanagement, rechtliche Rahmenbedingungen (vgl. Schröer 2006). Kurz zusammengefasst bedeutet das:

- Der Ausgangspunkt einer Institution oder Organisation wird im Hinblick darauf analysiert, ob Menschen mit unterschiedlichen Diversitätskategorien (Alter, Geschlecht, kulturelle Herkunft, soziale Herkunft etc.) als Leitungskräfte, als Mitarbeiter:innen die Vielfalt von Menschen in einer Gesellschaft repräsentieren, und ob die Zielgruppe einer Institution in ihrer jeweiligen Vielfalt adäquat angesprochen wird.
- Im Hinblick auf diese Analyse werden Maßnahmen auf allen Ebenen der Institution oder Organisation gesetzt, die kurz-, mittel- und langfristig zur Umsetzung von Diversity führen. Analog zum klassischen Gender Mainstreaming (vgl. 3. Lehreinheit) und zur interkulturellen Öffnung (als Öffnung von Institutionen für Menschen mit Migrationsgeschichte) liegt dem Organisationskonzept der Gedanke zugrunde, Vielfalt als Mainstream in einer Institution zu verstehen.
- Das Diversity Organisationsentwicklungskonzept folgt einer stringenten Logik, doch ist es breiter gefasst als nur im Sinne eines Optimierungsschemas.

Das Organisationsentwicklungsmodell ist hilfreich für die Realisierung von Diversity in sozialen Institutionen, Organisationen und sozialarbeiterischen Einrichtungen. Mittlerweile wurde es für verschiedene Bereiche (z. B. Institutionen, Hochschulen) spezifiziert (vgl. u. a. De Ridder/Jorzik 2012; Perko 2016) und kommt immer wieder zur Anwendung, wobei es bei der Umsetzung von Diversity immer um das Top-down- und Bottom-up-Prinzip geht. Studien zeigen in Bezug auf die Realisierung von Diversity mithilfe von Organisationsentwicklungsmodellen Erfolge, verweisen aber auch auf Tendenzen, Diversity von Fragen existierender Diskriminierung abzukoppeln (vgl. Antidiskriminierungsstelle des Bundes 2013). Nur selten greifen Publikationen das auf, in dem sie das Organisationsentwicklungskonzept Diversity heranziehen und um die antidiskriminierungskritische bzw. diskriminierungskritische Dimension erweitern (vgl. Perko 2016). Das Organisationsmodell beinhaltet eine Methode zur Implementierung von Diversity, das 8-Schritte-Modell (vgl. dazu, 7. Lehreinheit).

2.3 Diversity bewusste soziale Praxis: Beiträge für Organisationen der institutionellen Erziehung und Bildung

Diversity *bewusste* Soziale Praxis ist kein einheitliches Konzept, sondern betrifft verschiedene Beiträge von Autor*innen insbesondere im Kontext der Sozialen Arbeit, wie es etwa der Sammelband „Diversitätsbewusste Soziale Arbeit“ zeigt (vgl. Leiprecht 2011). Hier greifen wir ein paar Aspekte heraus:

Diversity bewusste Soziale Praxis, wie sie Leiprecht (2011) beschreibt, grenzt sich vom *Managing Diversity* ab und schließt u. a. am Organisationsentwicklungsmodell (Schröer 2006) an. Mit ihr wird ein Modell für Organisationen der institutionellen Erziehung und Bildung mit den Zielen der Chancengleichheit und Sozialen Gerechtigkeit beschrieben. So formuliert Leiprecht: „Es steht zunächst für sich selbst, einerlei, ob es direkte oder vermittelte Gewinne für eine Organisation verspricht, und es muss notwendig ein nachhaltiges und langfristiges Projekt sein, das nicht durch eine negative Gewinnentwicklung oder durch Kursverluste an den Börsen gestoppt werden darf.“ (Leiprecht, 2011: 18). Trotz der Abgrenzung ist hierbei die Rede von *Managing Diversity*, das aber anderen Prämissen folgt:

- Es geht um ein inhaltliches Prinzip, das eng in Anlehnung an Appelbaum (2002) verknüpft ist mit *Diversity Education*. In der sozialen Praxis der Sozialen Arbeit oder der Sozialpädagogik werden in diesem Konzept drei Differenzlinien hervorgehoben – „Geschlecht, Ethnizität und Klasse –, die durch „Generation/Alter“ und „Behinderung/Gesundheit“ ergänzt werden. Diese zu reflektieren und bewusst damit umzugehen, ist Aufgabe der Sozialen Praxis, denn entlang dieser Differenzlinien laufen „(…) soziale Ungleichheiten, Benachteiligung, Diskriminierungen und Ausgrenzung (…)“ (Leiprecht, 2011: 19).
- Im Konzept der diversitätsbewussten Soziale Arbeit und Sozialpädagogik wird Antidiskriminierung als eine tragende Säule beschrieben, die – neben der Intersektionalität als „Verschränkung der Differenzlinien“ (Leiprecht, 2011: 30) und der Subjektorientierung – im Zentrum steht.

Scherr (2011) hebt mit Rekurs auf die angelsächsische Diskussion jene diversitätsbezogene Perspektive hervor, die „(…) die Verschränkung sozialer Klassifikationen mit sozioökonomischen Ungleichheiten sowie politischen Macht- und Herrschaftsbeziehungen in den Blick rückt" (Scherr 2011: 84). Anders als im Beitrag von Leiprecht (2011) werden bei Scherr (2011) und bei Thiersch (2011) weitere Differenzlinien beschrieben wie u. a. Nationalität. Thiersch wiederum fokussiert Diversity im Kontext der Lebensweltorientierung und betont, dass „(…) die Frage nach Vielfältigkeit die Frage nach dem Kampf um Anerkennung der Vielfalt im Anspruch auf Gleichheit" ist (Thiersch, 2011: 52). Die Praxis des reflexiven Umgangs mit Unterschieden sieht Thiersch im Verstehen „als Fähigkeit, das Anderssein des Anderen nachzuvollziehen, also ihn von sich selbst her zu sehen (…)" (Thiersch, 2011: 56), das mit einem Nichtverstehen und der Anerkennung des Anderen einhergeht.

Diese und andere Beiträge (vgl. u. a. Mecheril 2014; Mecheril/Kourabas 2015; Schmitt/Tuider/Witte 2015) sind immer wieder wichtige Reflexionen im Kontext von Diversity und Soziale Arbeit, doch bieten sie keine umfängliche Theorie oder Konzeption, wie das folgend Beschriebene.

2.4 „Social Justice und Diversity": ein Konzept gegen Strukturelle Diskriminierung zugunsten von Inklusion und Partizipation

2001 entwickelten Leah Carola Czollek, Gudrun Perko und Heike Weinbach – angeregt durch Adams/Bell/Griffin (1997) – das diskriminierungskritische Bildungskonzept *Social Justice und Diversity* und veröffentlichten dazu 2012 das Praxishandbuch (Czollek/Perko/Weinbach 2012). Mit 2019 erschien die stark und vollständig überarbeitete Neuauflage *Praxishandbuch Social Justice und Diversity. Theorien, Training, Methoden, Übungen* (Czollek/Perko/Kaszner/Czollek 2019), die sich durch ein eigenständiges Konzept für den deutschsprachigen Raum auszeichnet. „Social Justice und Diversity" gilt für eine gender/queer- und diversity*gerechte* Soziale Arbeit als handlungsleitendes Prinzip. Ausgangspunkt ist eine macht- und herrschaftskritische sowie diskriminierungskritische Perspektive, die mit Pluralitätstheorien und eigenen Theoriebildungen untermauert ist. Gleichzeitig bietet dieses Konzept gruppenbezogene Methoden, die in der Sozialen Arbeit aufgegriffen werden, und Handlungsstrategien, die auf die Veränderung gesellschaftlicher Macht- und Herrschaftsverhältnisse und die darin verankerten Diskriminierungsrealitäten abzielen (vgl. dazu 7. Lehreinheit).

Im Folgenden wird dieses Konzept, das sich in seiner Gesamtheit in dem Buch *Praxishandbuch Social Justice und Diversity. Theorien, Training, Methoden, Übungen* (Czollek/Perko/Kaszner/Czollek 2019) findet, beschrieben. Um einen guten Einblick in dieses Konzept zu erhalten, werden zunächst die zehn Besonderheiten des Konzeptes abgebildet, wie sie sich in dem Praxishandbuch selbst finden. Dies geschieht selbstredend mit Erlaubnis der Autor*innen (Czollek/Perko/Kaszner/Czollek 2019: 15–21).

Die zehn Besonderheiten

1 Spezifische Theoriebezüge und eigene Theoriebildung

Das Konzept Social Justice und Diversity basiert auf unterschiedlichen theoretischen Traditionen: auf Gerechtigkeitstheorien (Iris Marion Young, Martha C. Nussbaum), auf Pluralitäts- und Handlungstheorien (Hannah Arendt, Cornelius Castoriadis), auf Feld- und Habitustheorien (Pierre Bourdieu), auf Theorien des Dialogischen (Martin Buber, Emmanuel Levinas, Franz Rosenzweig) sowie auf philosophischen und sozialwissenschaftlichen Zugängen, die Gegenwärtiges auch in seinem historischen Gewordensein begreifen (Cornelius Castoriadis). Gleichzeitig beziehen wir uns in jedem Trainingsmodul auf spezifische thematische Fachliteratur, die wir am Ende der jeweiligen Abschnitte exemplarisch anführen. Das Training beruht außerdem auf eigenen Theoriebildungen zu den Themen Diversity, Diskriminierung, Intersektionalität, Verbündet-Sein und zur Methode der Mahloquet. Dies betrifft auch die Theoriebildung für einzelne thematische Module wie Antisemitismus oder Gender/Queer. Dialogische Auseinandersetzungen mit Theorien und Texten bilden einen wichtigen Baustein des Trainings. Der Bezug auf theoretische Traditionen bedeutet dabei jedoch nicht, dass wir einzelne Theorien heiligsprechen. Vielmehr verstehen wir Theoriebezüge als Angebote zum vertiefenden Verständnis der jeweiligen Themenbereiche – sie dienen der weiterführenden Reflexion. Wir gehen davon aus, dass jede Person sich auf ihre Weise einer Theorie oder einem Text nähern kann; die Beschäftigung mit Theorie ist für uns also nicht an ein bestimmtes Vorwissen oder einen bestimmten Bildungsgrad geknüpft, sondern stellt eine Möglichkeit des reflektierenden und dialogischen Zugangs zur Welt dar (…).

2 Fokus auf Strukturelle Diskriminierung und Begriff der Diskriminierungsmatrix

Im Konzept Social Justice und Diversity richten wir den Blick auf Strukturelle Diskriminierung. Das Adjektiv *strukturell* bezeichnet die Verwobenheit individueller, institutioneller und kultureller Dimensionen von Diskriminierung: Die individuelle Ebene von Diskriminierung verweist auf diskriminierendes Sprechen und Handeln von Einzelpersonen. Die institutionelle Ebene verweist auf diskriminierende Politiken und Gesetze, rechtlich verankerte Praxen sowie Regeln, Normen und Sitten, die von Institutionen durchgesetzt und durchgeführt werden. Die kulturelle Ebene verweist auf diskursive und epistemische Aspekte, d. h. Wissen,

Normen, Werte und Sprach-/Bilder, die in öffentlichen Diskursen sowie in Musik, Literatur, bildender Kunst (und anderen Künsten) vermittelt werden und in denen sich ausdrückt, dass eine soziale Gruppe über einer anderen steht, in denen bestimmte Positionen sichtbar und hörbar sind und andere nicht. Diese drei Dimensionen von Diskriminierung – individuell, institutionell und kulturell – sind ineinander verwoben und stabilisieren sich gegenseitig (…). Strukturelle Diskriminierung entsteht nicht ‚aus dem Nichts' oder auf Grundlage sich willkürlich ausbildender Diskriminierungsformen. Vielmehr basiert sie auf einer historisch gewordenen und gesellschaftlich tief verankerten Diskriminierungsmatrix, die das Koordinatenfeld bereitstellt, innerhalb dessen Diskriminierungsformen reproduziert und aktualisiert werden (können). Die Diskriminierungsmatrix bildet damit die Grundlage für die Herausbildung gegenwärtiger Diskriminierungsformen und deren *Systemische Intersektionalität,* also ihre Verschränkung und wechselseitige Stabilisierung (…). Im Konzept Social Justice und Diversity werden Diskriminierungsformen nicht hierarchisiert und bei der Analyse der Komplexität von Diskriminierung geht es nicht um die Addition von Diskriminierungserfahrungen. Der Fokus der Analyse liegt darauf, die historische Verankerung, gegenwärtige Phänomene und die Verwobenheit Struktureller Diskriminierung zu verstehen und die damit verbundenen *Stereotype* (verstanden als vereinfachende Verallgemeinerung, die Menschen und sozialen Gruppen bestimmte Eigenschaften, Verhaltensweisen und Fähigkeiten zuweisen) zu reflektieren (…).

3 Verständnis von Diversity als Diskriminierungskritisches Diversity
Mit dem Diskriminierungskritischen Diversity (…) formulieren wir eine Perspektive, aus der gesellschaftliche Realitäten im Hinblick auf Strukturelle Diskriminierung im Kontext von Macht- und Herrschaftsverhältnissen (…) wahrgenommen werden. Hintergrund dieser Perspektive ist – gegen jede Form von Struktureller Diskriminierung – die Betonung der grundlegenden gesellschaftlichen Pluralität und radikalen Verschiedenheit von Menschen. Wir verstehen Diversity im Kontext des Diskriminierungskritischen Diversity nicht als ‚die Vielfalt, die mich bereichert', sondern als Antwort auf Strukturelle Diskriminierung, die es zugunsten einer Vision des *Radical Diversity* – der konkreten Utopie einer für alle Menschen in ihrer radikalen Verschiedenheit offenen Gesellschaft – zu überwinden gilt (…). Diversity wird im Konzept Social Justice und Diversity nicht romantisiert im Sinne einer Suche nach Möglichkeiten der optimalen Verwertbarkeit von Menschen oder einer Leistungssteigerung in Institutionen und Organisationen. Diversity wird erst dann zu einem relevanten Gegenstand diskriminierungskritischer Praxis, wenn Menschen aufgrund bestimmter Eigenschaften von gesellschaftlicher Partizipation ausgeschlossen werden. Im Sinne von Social Justice und Diversity bezieht sich dies immer auf die Frage, wie wir in einer pluralen Ge-

sellschaft inklusiv, partizipativ und diskriminierungsfrei miteinander leben können. Pluralität ist dabei nicht beliebig, sondern bewegt sich innerhalb eines normativen Referenzrahmens: der Allgemeinen Erklärung der Menschenrechte (UN-Menschenrechtscharta; unter anderem Freiheit und Gleichheit aller Menschen an Würde und Rechten) und der Gewaltfreiheit.

4 Systemische Intersektionalität als spezifischer Intersektionalitätsbegriff

Diskriminierungsformen haben ihre je eigenen Geschichten und Erscheinungsweisen. Gleichzeitig wirken sie zusammen und sind miteinander verwoben. Systemische Intersektionalität bedeutet, dass sich sowohl innerhalb der verschiedenen Diskriminierungsformen als auch zwischen ihnen ähnliche Mechanismen und Prozesse aufzeigen lassen, die zu einer Stabilisierung gegenwärtiger Diskriminierungsrealitäten beitragen. Ein Beispiel hierfür ist der Prozess des *Othering*, bei dem Menschen mittels Stereotypisierung zu Anderen gemacht werden. Die Stereotype wiederum gewinnen ihre konkreten Inhalte im Koordinatenfeld der Diskriminierungsmatrix. Sie haben mit den tatsächlichen Verhaltensweisen, Eigenschaften und Fähigkeiten jener Menschen, die mit Stereotypen belegt werden, nichts zu tun, sondern sind verallgemeinernde Zuweisungen und Zuschreibungen. Systemische Intersektionalität im Sinne von Social Justice und Diversity erfordert, das Zusammenwirken von Diskriminierungsformen als Gleichzeitigkeit und Verschränkung wahrzunehmen: So wird eine Person nicht als Frau (Sexismus) *und* als Lesbe (Homomiseoismus) diskriminiert, denn sie bewegt sich in der Welt nicht einmal als Frau, ein anderes Mal als Lesbe. Vielmehr liegt die Diskriminierungserfahrung gerade in der Verschränkung des Frau- und Lesbe-Seins, in der das eine vom anderen nicht getrennt werden kann, und beruht auf Bildern und Zuschreibungen, die sich für jede intersektionale Verschränkung spezifisch ergeben (…). Zugleich richtet ein Verständnis von Systemischer Intersektionalität den Blick darauf, dass von Diskriminierung getroffene Menschen wiederum diskriminierende Mechanismen, wie z. B. den Mechanismus des Othering, verinnerlicht haben (können), insofern sie nicht außerhalb einer Gesellschaft sozialisiert wurden. Im Sinne von Social Justice und Diversity kann man also von Struktureller Diskriminierung auf einer Ebene getroffen sein und sie auf einer anderen Ebene mit herstellen. Vor dem Hintergrund der Analyse der Systemischen Intersektionalität von Diskriminierungsformen ergibt sich folglich ein Bild des Individuums, das auf komplexe Weise in Diskriminierungsrealitäten verortet ist.

5 Radical Diversity als konkrete Utopie einer inklusiven und partizipativen Gesellschaft

Radical Diversity bezeichnet die konkrete Utopie, in der Social Justice (als Anerkennungs-, Verteilungs-, Befähigungs- und Verwirklichungsgerechtigkeit) gesellschaftlich realisiert wäre – ein Entwurf also einer inklusiven und partizipativen, für alle Menschen in ihrer radikalen Verschiedenheit offenen Gesellschaft. Während das oben ausgeführte Diskriminierungskritische Diversity unterstreicht, dass gesellschaftliche Pluralität durch Strukturelle Diskriminierung erheblich eingeschränkt ist, verweist der Begriff des Radical Diversity auf die Realisierbarkeit einer Gesellschaft ohne Diskriminierung. Mit Radical Diversity beschreiben wir die Zielsetzung (…) als eine kritische Praxis, der es um die Veränderung homogener Institutionen und Praxen hin zu einem Mainstream der radikalen Verschiedenheit und gesellschaftlichen Pluralität geht (…). Diese konkret utopische Praxis wird (…) nicht zuletzt durch das Ausloten von Handlungsoptionen immer wieder in den Blick genommen, bei denen für unterschiedliche Arbeits- und Lebensbereiche Projekte und Handlungen gegen Diskriminierung erarbeitet werden können. Ansatzpunkte dafür bilden wie bei der Analyse von Diskriminierung die individuelle, institutionelle und kulturelle Ebene als mögliche Handlungsfelder.

6 Die Mahloquet als eigens entwickelte Methode und zugrunde liegende Haltung

Mahloquet bedeutet ‚dialogisches Streitgespräch‘ und liegt dem Social Justice und Diversity Training als Methode zugrunde. Die Mahloquet basiert auf einer spezifischen ethisch-dialogischen Haltung, die in ihrem Kern darauf gerichtet ist, dass im dialogischen Gespräch mit Menschen nicht das Eigene gesucht wird, sondern das Andere, das Ich nicht bin. Fragend und zuhörend wird die Perspektive der Anderen dabei nicht innerhalb des Schemas der eigenen Erfahrungen interpretiert, sondern ein Raum für die Andersheit der Anderen eröffnet. In ihrer Anwendung ermöglicht die Mahloquet, die Unterschiedlichkeit von Perspektiven wahrzunehmen und damit Abstand zu gewinnen von einem Denken, das die je eigene Meinung als die einzig richtige setzt. Sie verlangsamt den Dialog bewusst, um Denkraume zu eröffnen, die die Auseinandersetzung als nachdenkliches und themenbezogenes Reflektieren ermöglichen. Wie für das gesamte Training gelten als Referenzrahmen dieser vielperspektivischen Gespräche die UN-Menschenrechtscharta und die Gewaltfreiheit.

7 Verbündet-Sein als spezifische Form von Solidarität

Verbündet-Sein ist eine spezifische Form der Solidarität, eine Art der politischen Freundschaft, bei der die Anliegen der Anderen zu den je eigenen Anliegen werden. Wie in der Mahloquet stellen Verbündete nicht das eigene Ich ins Zentrum, sondern jene Menschen, die von Struktureller Diskriminierung getroffen sind. Verbündet-Sein meint also, sich im Hinblick auf eigene Privilegien und vorhandene Ressourcen für diskriminierte Menschen einzusetzen, ohne dabei paternalistisch zu sein oder identitätspolitische Homogenität vorauszusetzen.

8 Positionierung in der Nicht-Positionierung: ein Konzept gegen eindeutige Identitätsmodelle
Die Positionierung in der Nicht-Positionierung entzieht sich identitätspolitischen Zu- und Festschreibungen. Sie ist eine Haltung, die ihre Berechtigung, über Strukturelle Diskriminierung zu sprechen, nicht von identitätspolitischen Merkmalen abhängig macht, sondern von einer grundlegenden Ablehnung jeder Form von Diskriminierung. Die Betonung dieser Haltung ist auch eine Reaktion darauf, dass eine identitätspolitische Positionierung selbst noch nicht auf die ethisch-politische Perspektive der jeweils Sprechenden schließen lässt. Die Positionierung in der Nicht-Positionierung verabschiedet sich also von der Annahme, ich könne nur ‚als Frau‘ gegen Diskriminierung von Frauen aktiv eintreten; zugleich impliziert diese Haltung nicht, dass ich damit *für* Menschen spreche, so als könne ich ihre Situation als von Diskriminierung Getroffene nachempfinden. Vielmehr verweist sie direkt auf das Konzept des Verbündet-Seins als Form der nicht-identitätslogisch fundierten Solidarität (…). Im Training wird die Positionierung in der Nicht-Positionierung aufgenommen, insofern es bei der Analyse von Diskriminierungsformen stets um den Bezug auf das Thema und nicht um die eigene identitätspolitische Positionierung geht.

9 Einbezug historischer und ideengeschichtlicher Kontexte
Gegenwärtige Diskriminierungsphänomene lassen sich ohne den Einbezug historischer und ideengeschichtlicher Kontexte kaum angemessen analysieren. Ein gesellschaftlich-geschichtlicher Blick vergegenwärtigt Kontinuitäten, Paradigmenwechsel oder Veränderungen von Diskriminierungsformen und hat damit zugleich die Beständigkeit und Dynamik diskriminierender Praxen im Blick. Auf diese Weise können außerdem Stereotype und diskriminierende Sprach-/Bilder und ihre Veränderungen, Re-/Produktionen und Verfestigungen in unterschiedlichen historischen Kontexten nachvollzogen werden. Im Training werden historische und ideengeschichtliche Vertiefungen zu den einzelnen Modulen in Form von eigens ausgearbeiteten Inputs oder unter Rückgriff auf Filme und Texte vermittelt und diskutiert (…).

10 Anschließen an exiliert-marginalisierte Perspektiven
Das Konzept Social Justice und Diversity rekurriert in vielfacher Hinsicht auf exiliert-marginalisierte Perspektiven. So beziehen wir uns auf Theorien, die territorial gesehen oftmals aus den USA kommen, aber von Menschen entwickelt wurden, die aus vielen verschiedenen Ländern, nicht zuletzt im Zuge der Flucht vor dem Nationalsozialismus, emigriert waren und an eine jüdische Denktraditionen anknüpften. Die jüdischen Denktraditionen waren in ihren Ursprüngen (auch im Hinblick auf Pluralitätsansätze) im arabischen Raum angesiedelt. Auch die für

das Bildungs- und Trainingskonzept entwickelte Methode der Mahloquet greift auf Dialogtraditionen zurück, die wesentlich von jüdischen Autor_innen geprägt worden sind. Die Vertreibung und Vernichtung von Juden_Jüdinnen während des Nationalsozialismus hat dazu beigetragen, dass diese Denktraditionen in der Bundesrepublik Deutschland wenig rezipiert wurden. Und auch heute noch wird der jüdische ideengeschichtliche Hintergrund zahlreicher Theorien und Methoden oft übergangen.

(...) Neben jüdischen exilierten Perspektiven werden in allen thematischen Modulen weitere marginalisierte Perspektiven mit einbezogen (...). Dabei legen wir nicht zuletzt Wert darauf, neben akademisch-wissenschaftlicher Literatur auch marginalisierte wissenschaftliche Literatur einzubeziehen, also jene, die außerhalb des akademischen Betriebes auf Blogs, in Magazinen etc. veröffentlicht wird. Gleichermaßen werden im Training Perspektiven sozial-politischer Bewegungen und Diskurse jeweils themenbezogen aufgegriffen.
(Czollek/Perko/Kaszner/Czollek 2019: 15–21).

In dem Praxishandbuch werden diese zehn Besonderheiten jeweils detailliert beschrieben, die genannten Theoretiker*innen diskutiert, Methoden und Module ausgearbeitet, weshalb wir an dieser Stelle auf das Buch selbst verweisen.

Neben den Methoden, die das Konzept „Social Justice und Diversity“ für die Soziale Gruppenarbeit und kritische Bildungsarbeit bietet (vgl. dazu 7. Lehreinheit), ist es auf der Metaebene ein politisches Konzept, das Handlungs- und Veränderungsstrategien gegen Macht- und Herrschaftsverhältnissen in einer postnationalsozialistischen und postkolonialen Gesellschaft (vgl. auch Messerschmidt 2007, 2008) bereithält – zugunsten der Pluralisierung und zugunsten der pluralen Demokratie. Hierbei geht es explizit um die Realisierung von Social Justice als Verteilungs- *und* Anerkennungsgerechtigkeit, Befähigungs- *und* Verwirklichungsgerechtigkeit mit dem Ziel der konkreten Gesellschaftsutopie des Radical Diversity.

Verteilungsgerechtigkeit bedeutet hierbei, dass alle Menschen in Bezug auf das physische und psychische Leben in Sicherheit und Wohlbefinden leben können, wobei es um die Verteilung von Geld und Gütern, aber auch anderer Ressourcen, die in der Sozialen Arbeit vorhanden sind, wie z. B. Zeit und Aufmerksamkeit geht. Anerkennungsgerechtigkeit betrifft die Möglichkeit der Teilhabe *und* der Partizipation als aktive Mitgestaltung in Bezug auf gesellschaftliche Felder und Belange. Befähigungsgerechtigkeit bedeutet, dass Institutionen den Menschen nicht nur etwas zur Verfügung stellen, sondern sie auch dazu befähigen, das zur Verfügung Gestellte anwenden zu können. So sollten beispielsweise in Jugendzentren nicht nur Computer und Internetzugang gewährleistet, sondern die Jugendlichen zugleich in Medienkompetenz geschult werden. Verwirklichungsgerechtigkeit meint, dass Menschen einen Anspruch auf die Verwirklichung ihrer Befähigungen bzw. Vermögen *(Capabilities)* haben, wie z. B. körperliche Integrität (Bewegungsfreiheit, Sicherheit vor Gewalt) oder politische Partizipation. (Vgl. Czollek/Perko/Kaszner/Czollek 2019, vgl. dazu: Young 1990, 2000; Nussbaum 1999, 2010)

Diversity (Vielfalt, Verschiedenheit von Menschen) wird im Konzept „Social Justice und Diversity" im Kontext von Privilegierung und Diskriminierung ins Zentrum gesetzt, wobei Diversitykategorien (wie Alter, psychische oder körperliche Verfasstheit (Beeinträchtigung), Aussehen, Sprache, soziale Herkunft, Klasse, geografische Herkunft, Gender/Queer, sexuelles Begehren, Religion oder Säkularität/Konfessionsfreiheit etc.) als gesellschaftliche Regulativa aufgefasst werden, aufgrund dessen Menschen von Diskriminierung (wie Antisemitismus, Antiromaismus/Antisinitismus, Anti-Schwarzer-Rassismus, Antimuslimismus bzw. Anti-Muslimischer Rassismus, Sexismus, Klassismus, Ableismus etc.) getroffen oder privilegiert sind. Es sind also genau diese Differenzlinien, um die es im Hinblick auf Diversity geht. Dabei werden keine Unterscheidungen zwischen primären und sekundären Dimensionen vollzogen, insofern die einen Differenzlinien um nichts weniger wichtig sind als andere. Der Ausdruck „von Diskriminierung getroffen" anstelle von „betroffen" wurde hier neu in den wissenschaftlichen Diskurs eingeführt und basiert auf dem Bild des spitzen, verletzenden Pfeiles, der durch diskriminierende Praxen mitten ins Herz trifft.

Diskriminierung ist nicht beliebig: Nicht alles, was verletzend ist, ist Diskriminierung. Sie wird in „Social Justice und Diversity" unter Rekurs auf Iris Marion Young (1996), wie bereits erwähnt, durch ihre Charakteristika definiert: „(…) der Anwendung von Gewalt, der Erzeugung von Machtlosigkeit, der Durchsetzung hegemonialer Kulturvorstellungen, Praxen von Ausbeutung und Marginalisierung und, so fügen wir hinzu, anhand von Prozessen der Exklusion." (Czollek/Perko/Kaszner/Czollek 2019: 25 f.; vgl. 2. Lehreinheit). Diesen sind Adressat:innen der Sozialen Arbeit immer wieder aufgrund ihrer Diversitykategorien wie Alter, Religion, geografische Herkunft, Klasse, Beeinträchtigung etc. ausgesetzt und so von Struktureller Diskriminierung betroffen. Sie basiert – neben den oben genannten Charakteristika – auf bestimmte Mechanismen: So etwa auf Prozessen des *Otherings,* bei denen Menschen mittels Stereotypisierung zu Anderen gemacht, als Projektionsfläche imaginiert und dadurch gleichsam entsubjektiviert werden; sowie auf bestimmten Denkschemata und Vorstellungen, die sich nicht zuletzt aus historisch überlieferten Reinheits- und Homogenitätsfantasien speisen. (Vgl. Czollek/Perko/Kaszner/Czollek 2019: 25 ff.)

In dem Konzept werden Diskriminierungsformen nicht hierarchisch bewertet, also nicht dahingehend bewertet, welche Form die Schrecklichste seien. Vielmehr geht es um die Abschaffung jeder Form von Diskriminierung, die für

Menschen, die sie erfahren, immer furchtbar ist. Zentral ist ferner, alle Diversitykategorien und Formen von Diskriminierung zu benennen: „Dieser Ansatz geht davon aus, dass eine Reduzierung auf der Ebene der Grundkategorien von Diversity entweder eine Subsummierung (z. B. von Antisemitismus unter Rassismus) verlangt, die inhaltlich nicht zutreffend wäre oder durch die Nichtbenennung von anderen Grundkategorien spezifische Diskriminierungsformen auf der phänomenologischen Ebene unsichtbar gemacht werden können." (Perko/Czollek 2012: 7) Die Benennung von Diskriminierungsformen intendiert, sie explizit sichtbar zu machen, um gegen sie aufbegehren zu können, mit der Intention, sie letztlich abzuschaffen.[7]

In der Soziale Arbeit wird das Konzept „Social Justice und Diversity" auch dahingehend herangezogen als es nicht von einem Modell der Diskriminierten einerseits und Diskriminierenden andererseits ausgeht: So erfahren wir in der sozialarbeiterischen Praxis immer wieder, dass eine Person diskriminierend sein und gleichzeitig in anderen Kontexten von Diskriminierung getroffen sein kann. Die Auflösung einer einfachen Dichotomisierung zeigt sich auch in entpersonalisierter Form: Institutionen, Organisationen oder gesellschaftliche Felder (vgl. Bourdieu 1982) wie Wirtschaft, Politik, Wissenschaft, Recht, aber auch Soziale Arbeit können strukturell gegen bestimmte Menschen diskriminierend sein und gleichzeitig für bestimmte soziale Gruppen Förderprogramme und Gesetze erlassen. Ein gutes Beispiel ist das Allgemeine Gleichbehandlungsgesetz (vgl. 3. Lehreinheit).

Ein für die Ausbildung zum Konzept „Social Justice und Diversity" entwickelter und geprägter Begriff ist der Terminus *Perspektivenverschiebung*, der die Begriffe Perspektivenwechsel und Perspektivenvielfalt (vgl. Arendt 1967; 1986) erweitert. Hier wird mit der Bezeichnung „Perspektivenverschiebung und Empowermentstrategien" auf Strategien und Handlungsoptionen gegen Strukturelle Diskriminierung eingegangen (vgl. 7. Lehreinheit), die ebenfalls in einer gender/queer- und diversitygerechte Sozialen Arbeit im Hinblick auf das Empowerment der Adressat*innen eine zentrale Rolle spielt.

In den Studiengängen Soziale Arbeit und Sozialpädagogik in der Bundesrepublik sind Sozialphilosophie, Ethik und Politische Philosophie in der Regel Ausbildungsgegenstände. Das in diesen Fächern u. a. erarbeitete Wissen zu Gerechtigkeits- und Anerkennungstheorien überschneidet sich in vielen Punkten mit Gender- und Queerinhalten in der Sozialen Arbeit. Ein wesentlicher Aspekt ist Social Justice als spezifische Gerechtigkeitstheorie. Die amerikanische Ge-

---

7 In der klassischen Triade ging es um Gender, Class, Race (Crenshaw, 1998; hooks, 2000; Knapp/Wetterer 1999; Klinger 2003), die später durch die Kategorie Körper (Alter, körperliche Verfassung, Gesundheit und Attraktivität) erweitert wurde (Winker/Degele 2009).

rechtigkeitsdiskussion wurde lange Zeit durch die in den 1970er Jahren verfasste liberale Theorie von John Rawls (1971) beherrscht, in den 1980er Jahren wurden Michael Walzer (1983), Charles Taylor (1993), MacIntyre (2001) international verbreitete Impulsgeber für die Gerechtigkeitsdiskurse. Feministische Kritiker:innen, wie Iris Marion Young, Martha Nussbaum und Nancy Fraser sahen bei allen diesen Philosophien Versäumnisse in der Thematisierung von Macht und Herrschaft und deren realen Folgen für das Leben von Menschen. Seit Ende der 1980er Jahre richten feministische Philosoph*innen Gerechtigkeitsdiskurse neu aus. Sie tun dies von unterschiedlichen Sichtweisen aus: Martha Nussbaum (1999, 2004) verteidigt einen universalen Gerechtigkeitsansatz, mit dem sie nach der Befriedigung von Grundbedürfnissen aller Menschen und den Mechanismen ihrer Verweigerung fragt. Nancy Fraser (2001, 2003) verfolgt das Projekt, „eine Politik der Anerkennung mit einer Umverteilungspolitik zusammenzubringen“ (Fraser 2001: 262). Iris Marion Young (1990; 1996) kritisiert, dass sich marxistische Konzepte von Gerechtigkeit auf die Ökonomie fixiert hätten, eine neue Theorie von Social Justice hingegen setze bei Unterdrückung und Herrschaft an, und zwar auf allen gesellschaftlichen Ebenen. Und sie formuliert das Ziel dieses Gerechtigkeitsdenkens: Die Beseitigung jeder Form institutioneller und anderer Herrschaft. Der Ausgangspunkt von Young ist also nicht nur die Verteilung und Teilhabe von und an Gütern in der Gesellschaft, sondern eine Erweiterung dieser Aspekte um die Frage, wer an welchen Stellen aus welchen Gründen über Entscheidungsvermögen und Anweisungsmacht verfügt, wie die Arbeit aufgeteilt ist und welche kulturellen Reproduktionsmechanismen dabei eine Rolle spielen. Dabei geht es immer auch um die Veränderung der Gesellschaft im Sinne der Abschaffung von Diskriminierung, und damit verbunden von Macht- und Herrschaftsverhältnissen. Das setzt eine Neu- und Umverteilung von ökonomischen und aller anderen Ressourcen (kultureller, institutioneller, sozialer etc.) voraus. Zugleich wird die Veränderung der kulturellen Muster, der Vorstellungen und Stereotype intendiert, die einzelne Gruppen immer wieder als Überlegene, „Richtige“ oder „Normale“ und andere als „Abweichende“, „Nicht-Normale“ konstruieren und erscheinen lassen. Es setzt aber auch eine Veränderung dahingehend voraus, dass keine Gruppe eine Gruppe oder ein Individuum und kein Individuum ein anderes Individuum oder eine Gruppe stigmatisiert und diskriminiert, sondern immer Alternativen im (politischen) Dialog, der Akzeptanz und Beteiligung gesucht werden (vgl. Czollek/Perko 2003; 2006). Eine solche politische Kultur muss politisch aktiv hergestellt, das heißt mobilisiert und organisiert werden. Im Zusammenhang mit der Sozialen Arbeit wurde hierfür in US-amerikanischen Kontexten die Methode des Community Organizing entwickelt, mit der Menschen in ihren Rechten gestärkt und zur Selbstveränderung über politisches Handeln angeregt werden sollen. Andere Methoden, wie Policy Practice und Social Justice und Diversity-Veränderungs- und Handlungsstrategien wurden mittlerweile ebenfalls etabliert. (Vgl. 7. Lehreinheit)

Im Konzept „Social Justice und Diversity" wurden die oben beschriebenen Social Justice Gerechtigkeitstheorien im deutschsprachigen Raum aufgenommen und weiterentwickelt. Wie oben gezeigt wurde, werden diese in Verbindung mit Diversity und Struktureller Diskriminierung beschrieben, die die Ausführung von Young, Nussbaum und Fraser nicht beinhalten. Zentral ist, dass Begriffe und ihre Definitionen wie diskriminierungskritisch, Diskriminierungskritisches Diversity, Radical Diversity, Radikale Vielfalt, Strukturelle Diskriminierung, Systemische Intersektionalität oder Perspektivenverschiebung, Pluralisierung und Verbündet-Sein im Zuge der Entwicklung dieses Konzeptes kreiert und in den wissenschaftlichen Diskurs neu eingeführt wurden. Mittlerweile wird der eine oder andere Begriff, insbesondere aber der Terminus „diskriminierungskritisch" und in seinen Spezifizierungen wie antisemitismuskritisch, rassismuskritisch etc. von vielen Autor_innen verwendet. (Vgl. detailliert Czollek/Perko/Kaszner/Czollek 2019)

2.5 Welches Konzept ist für die Soziale Arbeit sinnvoll?

Wie die bisherigen Ausführungen gezeigt haben, beinhalten Publikationen zu Diversity keine einheitliche Auffassung, was Diversity bedeutet. So ist für die Soziale Arbeit wichtig, zu unterscheiden: Welches Konzept ist wofür geeignet; wie kann welche Richtung sinnvoll herangezogen werden; gibt es Möglichkeiten, die unterschiedlichen Konzeptionen miteinander zu verbinden? Diese und mehr Fragen können hilfreich sein für die Überlegung zugunsten der Umsetzung von Diversity in sozialarbeiterischen Einrichtungen und zugunsten eines anerkennenden (nicht-diskriminierenden) Umgangs mit Menschen in ihrer Radikalen Vielfalt in der Praxis. Sie können aber auch darin unterstützen, auszuloten, welches Selbstverständnis wir von der Sozialen Arbeit haben: Im Hinblick auf die sozialarbeiterische Berufsethik geht dieses über die Individualisierung sozialer Probleme und ihrer Kontextualisierung (z. B. der Sozialraumorientierung) hinaus – hin auch zu einem politisierten Selbstverständnis von Sozialer Arbeit, die sich bei gesellschaftlichen Ungerechtigkeiten und Diskriminierung einmischt (vgl. Perko 2013; 2015).

3. „Social Justice und Diversity": Anwendungen in der Sozialen Arbeit

Anders als in den USA, wo das Projekt Social Justice aus sozialen Bewegungen heraus entstanden und dort u. a. eng mit Gewerkschafts- und Antirassismusbewegungen und Sozialer Arbeit verbunden ist, rekurriert die Soziale Arbeit im deutschsprachigen Raum auf Theorien und Methoden, wie sie weiter oben mit dem Konzept „Social Justice und Diversity" beschrieben wurden. Auch hier kann – wie in den USA, Großbritannien und anderen Ländern – der Terminus Social Justice für unterschiedliche gesellschaftliche Felder verwendet werden (Politik, Justiz, Ökonomie, Kunst, Menschenrechte, Frauenbewegungen, Jugendarbeit, Antirassismusarbeit, Soziale Arbeit u. v. a.), gesellschaftliche Diskriminierungen jedweder Art thematisiert, kritisiert und an alternativen, partizipativen, auch ökologisch gerechten Gesellschaftskonzepten gearbeitet werden (vgl. Capeheart/Milovanovic 2007). Insofern verbindet der Begriff „Social Justice" ein plurales Feld von unterschiedlichen, miteinander verbundenen Akteur_innen (Individuen, Gruppen, Communities) für ein umfassendes Gerechtigkeitsmodell. Soziale Arbeit ist ein Teil dieses Feldes.

3.1 Diskriminierungskritische Soziale Arbeit und Diversitystrategien

Das Konzept der *Diskriminierungskritischen Sozialen Arbeit* wurde von Gudrun Perko (2017) und im Speziellen als *Diskriminierungskritische Beratung* von Leah Carola Czollek (2018) etabliert und beschrieben. Sie rekurrieren beide auf den Auftrag des (inter)nationalen Ethikkodex und das Konzept „Social Justice und Diversity", d. h.:

- Eine diskriminierungskritische Soziale Arbeit handelt gemäß den Aufforderungen des (inter)nationalen Ethikkodex der Sozialen Arbeit in Bezug auf die Prinzipien der Menschenrechte und Menschenwürde sowie die Prinzipien von Social Justice (IFSW/IASSW 2004). (Vgl. 8. Lehreinheit)
- In der Bedeutung von Social Justice greift sie dabei zurück auf das Konzept „Social Justice und Diversity" (Czollek/Perko/Kaszner/Czollek 2019) und wendet sich gegen jede Form von Struktureller Diskriminierung zugunsten von inklusiven und partizipativen Praxen. (Vgl. 2. Lehreinheit)

Diese Zusammenführung macht deshalb Sinn, weil der Ethikkodex der Sozialen Arbeit zwar anführt, dass Sozialarbeiter:innen sich gegen jede Art von Diskriminierung einsetzen und Social Justice[8] bezogen auf die Gesellschaft und im Besonderen im Hinblick auf Adressat*innen der Sozialen Arbeit fördern sollen, nicht aber ausführt, was Diskriminierung und Social Justice bedeutet. Zudem fordert der Ethikkodex Sozialarbeiter_innen dazu auf, Verschiedenheit und Vielfalt von Menschen (Diversity) anzuerkennen, Ressourcen gerecht zu verteilen, ungerechte Politiken und Praktiken zurückzuweisen und solidarisch zu arbeiten. Um auch diese Begrifflichkeiten zu verdeutlichen, ist ein Rekurs auf das Konzept „Social Justice und Diversity" geeignet, zumal sie auch in den Ausführungen der Berufsethik des DBSH (2014) ausgespart sind.

Aus der Perspektive der Diskriminierungskritischen Soziale Arbeit können Macht- und Herrschaftsstrukturen und Formen von Diskriminierungen kritisch betrachtet, ihre geschichtlichen und gegenwärtigen Phänomene sowie ihre Zusammenhänge (Systemische Intersektionalität) erkannt werden. Sie ermöglicht darüber hinaus, zu erkennen, um welche Diversitätskategorien es sich handelt, aufgrund derer Menschen Diskriminierung ausgesetzt sind. In der Zusammenführung mit dem ethischen Kodex der Sozialen Arbeit können die im Kodex verankerten Aufforderungen in ihrer tieferen Bedeutung reflektiert werden: In Bezug auf Diversity, Strukturelle Diskriminierung, Social Justice etc. Hierbei geht es letztlich auch darum, jene Grenzen aufzulösen, mit denen viele Adressat_innen der Sozialen Arbeit konfrontiert sind: „Soziale Arbeit bezieht sich auf höchst unterschiedliche Grenzen: Es sind die Grenzen, an die Menschen in der Gesellschaft stoßen, die ihnen ein Weitergehen nicht möglich machen oder es doch an bestimmte Bedingungen – des Wohlerhaltens, der Anpassung oder der ‚Normalität' – knüpfen; es sind die Strukturen und Verhältnisse, an denen Menschen sich reiben; es sind bestimmte Lebensmöglichkeiten, die als begrenzt und Lebenssituationen, die als begrenzend erfahren werden." (Kessl/Maurer 2009: 94). Diese Lebensumstände sind jedoch nicht als individuelle Probleme anzusehen; vielmehr sind sie eingebettet in Macht- und Herrschaftsverhältnisse sowie Diskriminierungsverhältnisse, die diese bergen.

Für Sozialarbeiter*innen gilt es, auszuloten, in welchen Bereichen sich Soziale Arbeit konkret zugunsten von Social Justice verhalten kann. In diesen Kontexten können Sozialarbeiter*innen aus der Perspektive einer Diskriminierungskritischen Soziale Arbeit Praxen hegemonialer Macht und Herrschaft kritisch thematisieren, nach Alternativen und Handlungsoptionen zugunsten von Pluralität respektive Diversity der Adressat_innen suchen und die jeweiligen Anderen im Zeichen des Verbündet-Seins ins Zentrum ihrer Arbeit stellen (vgl. 7. Lehrein-

8 Im deutschsprachigen Ethikkodex wird der Begriff Soziale Gerechtigkeit verwendet. Aufgrund dessen, dass Social Justice (im englischsprachigen Ethikkodex verwendet) weit mehr umfasst, bleiben wir bei dem englischen Begriff.

heit). Sie können ferner ihre eigene Verstricktheit bzw. die Verstricktheit der Sozialen Arbeit in Macht- und Herrschaftsverhältnisses, ihr asymmetrisches Machtverhältnis den Adressat:innen gegenüber sowie ihre Repräsentationsfunktion reflektieren.

Der Begriff *diskriminierungskritisch* (anstelle von antidiskriminierend) ist dabei bewusst gewählt, um zu betonen, dass der Blick auf Strukturelle Diskriminierung (vgl. 2. Lehreinheit/4) und nicht ausschließlich auf Alltagsdiskriminierung gerichtet ist. Im Kontext der Diskriminierungskritischen Sozialen Arbeit geht es u. a. auch um heterogenisierende Diversitystrategien.

Was bedeutet die heterogenisierende Diversitystrategie?
Diversity wird in diesem Sinne nicht als gegeben betrachtet, sondern muss hergestellt werden, indem innerhalb der strukturell definierten und damit zugleich begrenzenden Kategorien andere Differenzen sichtbar werden können: Die Vielfalt von Gender/Queer, die Vielfalt von Alter, die Vielfalt von Migrant*innen etc. kann sichtbar gemacht werden. Adressat*innen der Sozialen Arbeit sollen in diesem Verständnis gerade dort unterstützt werden, wo das soziale System und die Bürokratie sie kategorisieren und homogenisieren wollen. Sozialarbeitstheorien können die Dichotomien auflösen, Kategorien enteisen und schmelzen lassen (vgl. auch Orme 2003).

An diesem Punkt fließen Diversity- und Queerstrategien zusammen. Queer als disziplinenübergreifender Ansatz der Infragestellung von festgelegten, normalisierenden, stereotypen Identitäten favorisiert gerade „das Prekäre der Identität" und die Vielfalt. Denn jene Queer-Theorien, die plurale und intersektionale Ansätze fokussieren (vgl. 1. Lehreinheit), stellen den Versuch in Frage, Identität zu normalisieren oder festzuschreiben. Für Sozialarbeiter:innen bedeutet das, keine Identitäten oder Kategorien zuzuschreiben, sondern Adressat*innen selbst die Definition zu überlassen, die eine je eigene Vorstellung davon haben, was es für sie heißt, eine „Frau" oder „Nicht-Frau" oder „jüdisch" oder „migrantisch" oder „alt" etc. zu sein. Ist dieses Wissen in der Sozialen Arbeit von Belang, dann können Adressat_innen in individuellen Gesprächen und Gruppengesprächen gefragt werden. Narrative, biografische Methoden können hierbei hilfreich sein (vgl. 7. Lehreinheit). Dabei ist es möglich, politisch und pädagogisch Diversity als Diversität von subjektiven Erfahrungen zu begreifen und gleichzeitig herauszufinden, wie die Erfahrungen sozial, historisch und politisch hergestellt werden und wie in diesen Prozessen Diversity sowohl als Möglichkeit für Gruppenzugehörigkeiten wie auch als Individualitätsform immer wieder eingefroren und aufgelöst werden können.

3.2 Radical Diversity und seine institutionellen Realisierungsmöglichkeiten

Ist im Konzept „Social Justice und Diversity“ (vgl. Czollek/Perko/Kaszner/Czollek 2019) von Radical Diversity die Rede als eine konkrete Gesellschaftutopie *und* eine kritische Praxis, der es um die Veränderung homogener Institutionen und Praxen hin zu einem Mainstream der radikalen Verschiedenheit und gesellschaftlichen Pluralität geht, so grenzt es sich ab von Diversity und Managing Diversity eines wirtschaftlichen Konzeptes, in dessen Zentrum der Wettbewerbsvorteil und die Produktivmachung von Unternehmen stehen (vgl. u. a. Obermeier 2002; Vedder 2003; Krell u. a. 2007). Die Idee von Diversity ist keine, die aus dem wirtschaftlichen Kontext generiert wurde: Wissenschaftliche, philosophische Konzeptionen, aber auch politische Bewegungen forcierten bereits vor dem Managing Diversity partizipative Anerkennung zugunsten der Diversitäten von Menschen.

Auch die Soziale Arbeit hat weit länger schon mit Diversity zu tun: Mädchen/Jungenarbeit, Arbeit mit Frauen, Männern, mit Migrant*innen, Menschen mit Beeinträchtigungen etc. sind ebenso Inhalte Sozialer Arbeit wie Auseinandersetzungen um jung/alt, arm/reich, gesund/krank in Bezug auf die Gesellschaft, auf den Arbeitsmarkt und den sozialen Status von Menschen, die nicht die gleichen Chancen an Teilhabe oder Partizipationsmöglichkeiten an gesellschaftlichen Feldern haben. Kulturelle Übersetzungsarbeit – wie es Staub-Bernasconi (1995) bezeichnet – ist wesentlich. Soziale Arbeit legt seit geraumer Zeit den Focus nicht auf „Minderheitenkulturen als Sonderproblem“ der Gesellschaft (Defizitprogramme der 1970er Jahre), sondern fokussiert ein Verständnis z. B. als gender/queer und diversitygerechte Soziale Arbeit. Zudem geht es in der Sozialen Arbeit immer um einzelne Menschen in ihren jeweiligen Gleichheiten, aber auch Unterschieden, d. h. unterschiedlichen Erfahrungen, Anliegen und Bedürfnissen. Insofern kann gesagt werden, dass gerade Soziale Arbeit ein Diversityansatz ist. Trotzdem stimmen Theorien in folgender Aussage überein: „Soziale Arbeit nimmt zwar das Thema Vielfalt auf, beantwortet es aber organisatorisch wie inhaltlich mit jeweils isolierten Ansätzen“ (vgl. Schröer 2006: 8). Damit wird verdeutlicht, dass in der Bundesrepublik Deutschland eine „durchgängige Organisationsphilosophie“ als strategisches Gesamtkonzept von Diversity in der Sozialen Arbeit noch nicht umfänglich entwickelt wurde.

In diesem Sinne wird hier ein Konzept gedacht, in dem es um die Umsetzung von Diversity, um die Veränderung von Institutionen und Praxen hin zur anerkannten Verschiedenheit, Vielfalt und Heterogenität von Menschen geht. Diversity zielt so auf die demokratische Öffnung aller gesellschaftlichen Räume für alle Menschen ab: Unabhängig von dem jeweiligen Alter, Gender, Religion, geografische Herkunft, Klasse, körperliche Verfasstheit etc. und unabhängig von der „Nützlichkeit“ oder der Leistung des jeweiligen Menschen.

Wie kann eine solche kritische Praxis als Radical Diversity in einer Institution vorgestellt werden?

In erster Linie geht es darum, ein Konzept vorzustellen, das auf die Radikale Vielfalt von Menschen abzielt, und dabei bestehende Theorien, Konzepte und Handlungsansätze aufnimmt, ohne in wechselseitigen Konkurrenzen zu verharren. Eine grafische Darstellung soll diesen Gedankengang anhand von einigen Ansätzen veranschaulichen.

Abb. 2: Czollek/Perko 2008 (grafische Gestaltung: Barbara Weingartshofer)

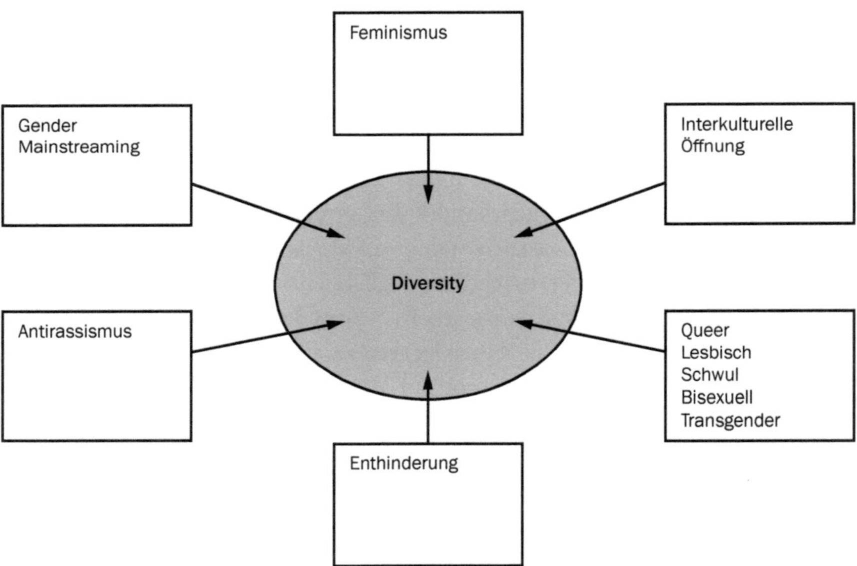

In dieser Grafik setzt sich das Diversitykonzept aus verschiedenen Richtungen, Konzeptionen und Projekten zusammen: u. a. Feminismus, Gender Mainstreaming, Interkulturelle Öffnung, Antirassismus Konzeptionen, Konzepte der Enthinderung sowie Lesbisch-Schwul-Bi-Transgender und Queer Konzeptionen. Je für sich allein weisen diese Richtungen ein (Haupt)Merkmal auf, durch das sie einer Veränderung der Homogenität zugunsten der Heterogenität in Institutionen in einem umfassenden Sinne nicht gerecht werden können: Feminismus bezieht sich auf Frauen, das klassische Gender Mainstreaming auf Frauen und Männer, Interkulturelle Öffnung auf Migrant*innen. Andere Differenzierungsmerkmale werden, auch wenn der Hinweis oft zu lesen ist, sie seien mit gemeint, realiter außer Acht gelassen.

Eine kritische Praxis, der es um die Veränderung homogener Institutionen und Praxen hin zu einem Mainstream der Radikalen Vielfalt mit Blick auf die plurale Gesellschaft geht, enthält sowohl politische Inhalte, Orientierungen und Ziele der einzelnen Ansätze, wäre aber nie nur die Summe aller Teile, sondern ein eigenes Projekt, nicht eingebunden in Profitmaximierung, sondern mit politischer Veränderungskraft zugunsten der Partizipationsmöglichkeiten aller Menschen an Institutionen. In der Verbindung mit Social Justice wird hier ein gesellschaftliches Phänomen und eine Praxis beschrieben, in der es um die Veränderung von Institutionen und Praxen hin zu einem komplexen Verständnis von Verschiedenheit, Vielfalt, Heterogenität geht. Inhaltlich setzt dieser Entwurf bei bestehenden Gesellschaftsanalysen an und nimmt jene Ansätze auf, denen es um die Aufhebung von Hierarchien und Teilung der Gesellschaft in Macht und Nicht-Macht, in Chancen-Haben und Chancen-Nicht-Haben (vgl. Castoriadis 1984) etc. geht.

Welche Realisierungsmöglichkeiten gibt es für dieses Diversitykonzept?
Diversity umzusetzen bedeutet, dass sich Institutionen, sozialarbeiterische Einrichtungen und Projekte fragen, was sie mit der Umsetzung erreichen, welche internen bzw. externen Ziele sie verfolgen wollen. Zwei grafische Darstellungen sollen in der exemplarischen Gegenüberstellung von Gender Mainstreaming und Diversity mehrere Möglichkeiten aufzeigen.

Abb 3: Reformierung einer Institution gemäß des Diversity (Czollek/Perko 2008)

Reformierung der Institution gemäß Implementierung von Diversity und Gender Mainstreaming

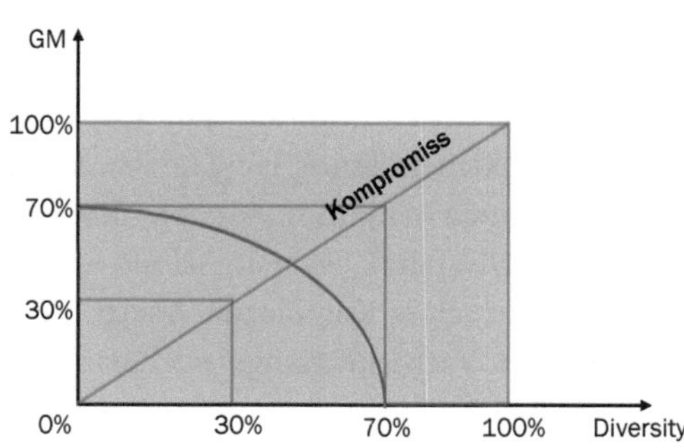

In dieser Grafik wird die Implementierung von Gender Mainstreaming und Diversity in einer sozialen Institution gezeigt. Die Variationen sind mannigfaltig: Je nach Intention kann Gender Mainstreaming oder Diversity bevorzugt oder

beides prozentual gleichermaßen umgesetzt werden. Welche Verankerung auch stattfindet, sie bleibt hier innerhalb des Koordinatensystems und zeigt damit die graduelle Reformierung der Homogenität einer Institution. Der skizzierte Halbkreis zwischen 70 % Gender Mainstreaming und 70 % Diversity verweist auf den möglichen Kipppunkt, an dem die Homogenität durch die Implementierung von Gender Mainstreaming und Diversity in dem Sinne umschlagen kann, so dass der bisherige institutionelle Mainstream nicht weiter Mainstream wäre.

Abb. 4: Radikale Veränderung einer Institution gemäß des Diversity (Czollek/Perko 2008)

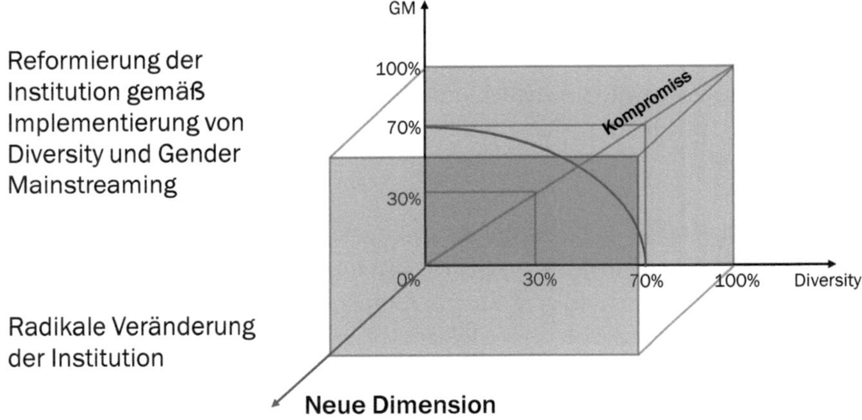

Die zweite Grafik führt eine neue Dimension ein. Die nach unten zeigende Linie geht über das Koordinatensystem hinaus und verweist damit auf eine radikale Veränderung einer Institution. Zur Verhandlung steht hier nicht mehr die prozentuale Implementierung von Gender Mainstreaming und Diversity innerhalb der bestehenden Institution, sondern ihre Neugestaltung im Zeichen von „Social Justice und Diversity“. Diversity selbst würde so zum Mainstream. Diese Variante entspräche in seiner Komplexität Social Justice als Verteilungs-, Anerkennungsgerechtigkeit, Verwirklichungs- und Befähigungsgerechtigkeit.

3.3 Intersektionale Zugänge im Umgang mit der Vielfalt von Menschen

Der Begriff „intersectionality“ (Intersektionalität) bzw. „intersectional oppression“ (sich überschneidende Unterdrückung) hat seine politischen und wissenschaftlichen Wurzeln im amerikanischen „Black Feminism". Er wurde auf der wissenschaftlich-analytischen Ebene von Kimberle Crenshaw (Crenshaw 1991) eingeführt und Patricia Hill Collins (Collins 1998) und Anderen (u.a. Knapp/Wetterer 1999) weitergedacht. Kimberlé Crenshaw thematisierte die Zusammenhänge von *race* und *gender* in den Kontexten von Diskriminierung und Gewalt. Ihre Erfahrung war, dass die Justiz außer Stande war, Gewalt gegenüber Frauen anzuerkennen, wenn nicht „eindeutig" war, ob sie diese Gewalt als Frau oder als Schwarze erfahren haben. Wie das Konzept der Intersektionalität entstanden ist, verdeutlicht Crenshaw mit einem Bild: „Es ist aus dem Versuch entstanden, konzeptionell zu erfassen, wie im Recht mit Themen umgegangen wird, in denen sowohl ‚Hautfarbe' (race) als auch ‚Geschlecht' (gender) eine Rolle spielen. Was geschah, stellte sich wie das Bild eines Unfalls, einer Kollision dar. Intersektionalität entstand ganz einfach aus der Idee, dass du mittendrin von multiplen Formen von Ausgrenzung stehst und von beiden verletzt wirst. Diese Frauen sind verwundet, aber wenn die race-Ambulanz und die gender-Ambulanz am gleichen Ort eintreffen, sehen sie diese Frauen (of color) im intersektionellen Raum liegen und sie sagen: Wir können nicht erkennen, ob es sich hier um einen Fall von Rassismus oder Sexismus handelt und wenn sie uns das nicht sagen können, können wir nichts tun." (Crenshaw im Interview, 2004, Übers. d. A.). Sie intendiert damit, die „Achsen der Differenz" (gender, race, class) in ihrer Verknüpfung zu denken und spricht von „Kreuzung" als Überlagerung unterschiedlicher Formen von Diskriminierung (vgl. Crenshaw 1998). Collins beschreibt, wie die verschiedenen Diskriminierungssysteme sich wechselseitig konstruieren und stabilisieren. Bell hooks thematisiert die Zusammenhänge von *race, class* und *gender* (vgl. hooks 2000). Die Idee, die mit dem Konzept verbunden ist, liegt auch darin, zu erkennen, dass Diskriminierungsstrukturen nicht immer eindeutig zu bestimmen sind, dass sie ineinander übergehen.

Die Diskussion, ob die Berücksichtigung von Differenzlinien in einer Triade – *gender, race, class* – ausreichen, oder ob andere Kategorien hinzugezogen werden müssten, ist für die Soziale Arbeit in Bezug auf die Diversitäten der Adressat:innen der Sozialen Arbeit klar zu beantworten: Gender/Queer, sexuelle Begehren, geografische Herkunft, Alter, soziale Herkunft/Klasse, körperliche Vefasstheit etc. erfordern die Erweiterung jener Triade. Diese Kategorien zeigen in Erweiterung zu den „Personen bezogenen Merkmalen" im Allgemeinen Gleichbehandlungsgesetz (vgl. 5. Lehreinheit) jene Differenzlinien, über die der Status von Menschen bestimmt wird (vgl. Czollek/Perko/Kaszner/Czollek 2019). In einer gender/queer- und diversitygerechten Sozialen Arbeit können sie dahin gehend reflektiert und berücksichtigt werden, ob Maßnahmen, Angebote etc. allen Unterschieden von Adressat*innen der Sozialen Arbeit gerecht werden. Wenn beispielsweise eine HIV betroffene Person in die soziale Beratung kommt, so gilt es hier professionelles Wissen über die multiplen gesellschaftlichen Ausgrenzungsstrukturen zu haben. Die Person macht nicht nur aufgrund ihrer chronischen Erkrankung Diskriminierungserfahrungen, sondern möglicherweise auch aufgrund von Klassismus oder von Heterosexismus oder von Geschlecht oder von Rassismus etc. Nicht immer werden in jeder Beratungssituation oder professionellen Situation alle Aspekte eine Rolle spielen, doch es bedarf eines professionellen Wissens um die Möglichkeiten, die von den Adressat_innen Sozialer Arbeit formuliert und von Sozialarbeiter*innen aufgenommen werden können. Tatsächlich lassen sich die einzelnen Erfahrungen nicht additiv begreifen, sondern als gleichzeitig und ineinandergreifende Erfahrungen, die durch strukturelle und kulturelle Mechanismen in der Gesellschaft mit Folgen für das Individuum hervorgebracht werden. So geht es bei intersektionalen Zugängen immer auch darum, Verbindung und Verbündete zu konstruieren. Auch wenn eine Person scheinbar von einer Diskriminierungsform zunächst nicht getroffen ist, kann die Struktur, die ihr zugrunde liegt, an anderer Stelle wieder auftauchen.

Im Rahmen der intersektionalen Analysen werden mittlerweile drei Zugangsweisen diskutiert, die in verschiedensten Bereichen der Sozialen Arbeit zum Tragen kommen.

- Inter-kategoriale Zugangsweise.
- Intra-kategoriale Zugangsweise.
- Anti-kategoriale Zugangsweise.

Vgl. McCall 2001

Diese Zugangsweisen gehen davon aus, dass die Kriterien, mithilfe derer Ungleichbehandlung und Diskriminierung stattfinden, miteinander zusammenhängen und mit den daraus folgenden Diskriminierungsstrukturen verwoben sind (vgl. Czollek 2007; Czollek/Perko/Kaszner/Czollek 2019). Eine gender/queer- und diversitygerechte Soziale Arbeit bewegt sich stets im Spannungsfeld dieser drei Zugangsweisen.

Was bedeutet die inter-kategoriale Zugangsweise?

Mit einem inter-kategorialen Zugang werden die Verhältnisse und Wechselwirkungen zwischen Kategorien insbesondere in Bezug auf Gruppen analysiert. Realisierbar ist er am ehesten, wird bei einer Adressat*innengruppe der Sozialen Arbeit von einer Basiskategorie ausgegangen und gefragt, wie diese mit anderen „Differenzkategorien" zusammenhängt, d. h. welche Wechselwirkung es z. B. zwischen Gender und anderen Kategorien gibt. Folgende Grafik zeigt das.

Abb. 5: Czollek/Perko 2021

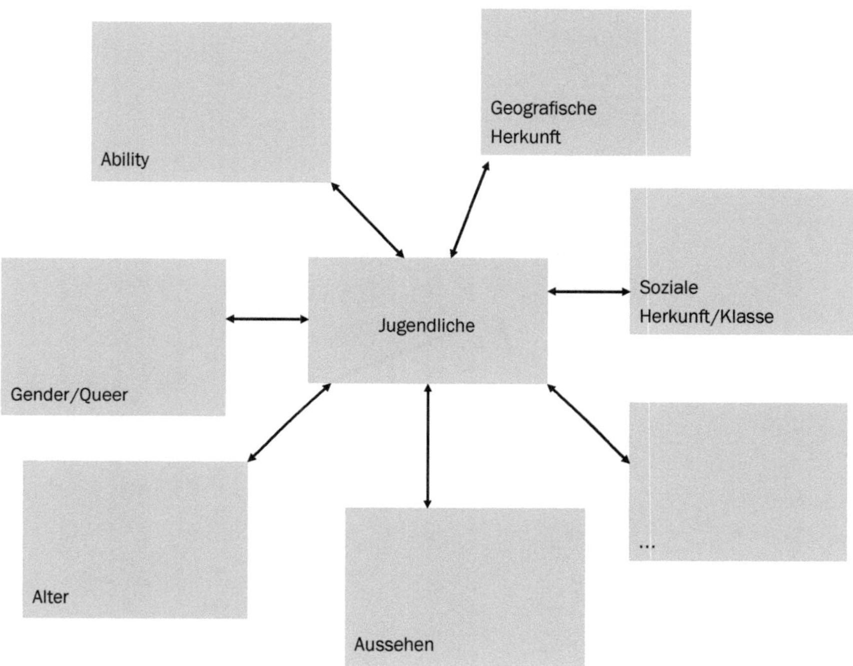

Als Basiskategorie könnte, je nach Kontext der sozialarbeiterischen Einrichtung oder des Projektes, jede Kategorie herangezogen werden. Doch macht das Heranziehen von Gender/Queer aus zwei Gründen Sinn: Einerseits, weil Nutzer*innen der Sozialen Arbeit zumeist verschiedenen Geschlechts sind, und andererseits, weil das Verhältnis der Geschlechter in den meisten Gesellschaften als Basis der Unterscheidung sowie der Macht- und Herrschaftsverhältnisse zwischen Menschen fungiert. Gender wird hier in seiner Erweiterung im Hinblick auf Queer Studies gedacht.

Was fokussiert die intra-kategoriale Zugangweise?

Mit einem intra-kategorialen Zugang werden Fragen von Differenz und Vielfalt innerhalb einer Kategorie in Bezug zumeist auf ein Individuum in den Blick genommen. Für eine gender/queer- und diversitygerechte Soziale Arbeit hieße das, z. B. in der Kategorie Gender/Queer interne Differenzen oder in der Kategorie Frau etc. interne Unterschiede wahrzunehmen und zu berücksichtigen, wie die nächste Grafik zeigt.

Abb. 6: Czollek/Perko 2021

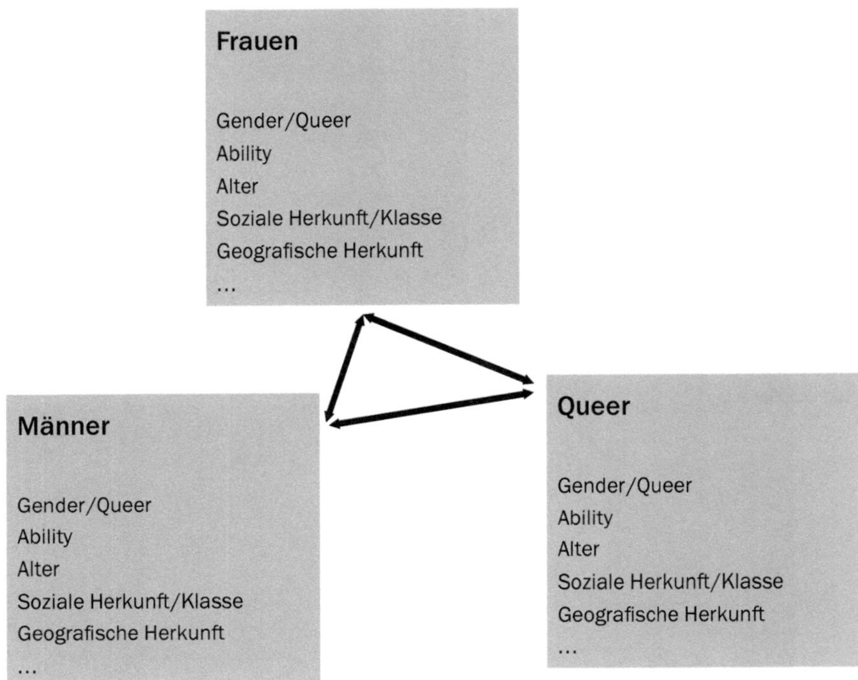

In dieser Grafik ist die intra-kategoriale Zugangsweise exemplarisch am Beispiel Gender in Bezug auf Frauen, Queers und Männer dargestellt, die jeweils wiederum in sich Unterschiede aufweisen. Dabei ist evident, dass es noch viel mehr Unterschiede gibt.

Welche Intentionen hat die anti-kategoriale Zugangsweise?

Mit einem anti-kategorialen Zugang wird die Konstruktion der Kategorien thematisiert und gegebenenfalls eine Dekonstruktion, aber vor allem, eine Pluralisierung dieser angestrebt. Für eine gender/queer- und diversitygerechte Soziale Arbeit könnte diese Zugangsweise bedeuten, aufzuzeigen, wie z.B. Geschlechterrollen als Stereotype von Frauen, Queers und Männern gesellschaftlich hergestellt werden. Gleichzeitig geht es darum, Stereotype zu dekonstruieren, d.h. aufzubrechen, zu transformieren und neue (Selbst)Entwürfe in ihren Vielfältigkeiten zu zeigen, also zu pluralisieren. Die nachstehende Grafik zeigt diese Zugangsweise am Beispiel des Lernverhaltens von Frauen und Männer.

Abb. 7: Czollek/Perko 2021

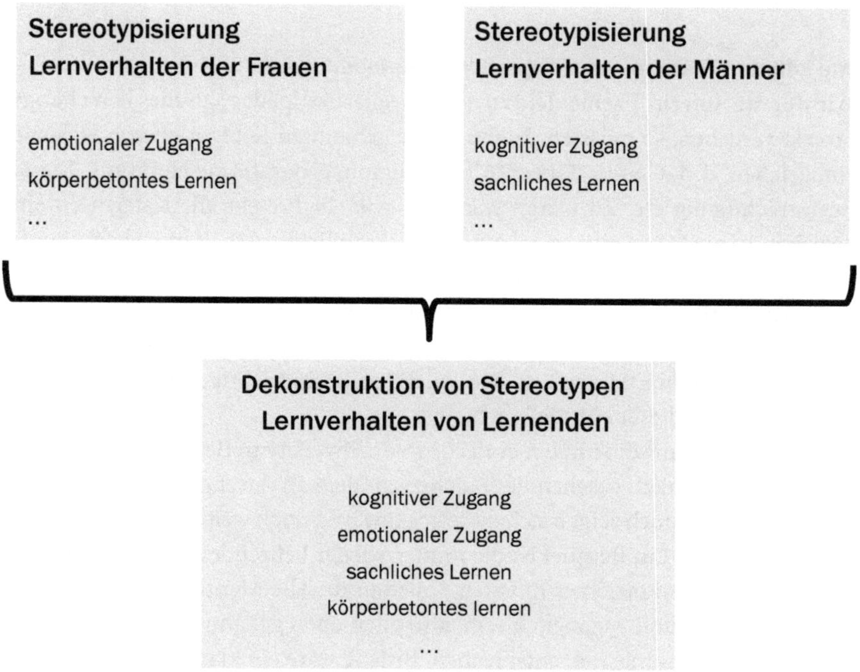

Stereotypisierung Lernverhalten der Frauen	**Stereotypisierung Lernverhalten der Männer**
emotionaler Zugang	kognitiver Zugang
körperbetontes Lernen	sachliches Lernen
…	…

Dekonstruktion von Stereotypen Lernverhalten von Lernenden

kognitiver Zugang
emotionaler Zugang
sachliches Lernen
körperbetontes lernen
…

Diese Zugangsweise spricht ein Dilemma an: Denn einerseits geht es in einer gender/queer- und diversitygerechten Sozialen Arbeit um ein Aufmerksam-Sein auf Differenzen von Menschen und gleichzeitig darum, Adressat:innen der Sozialen Arbeit gerade nicht auf bestimmte Merkmale, Verhaltensweisen oder Zugänge verallgemeinernd festzuschreiben.

3.4 Veränderungen der Themen- und Arbeitsfelder im gesellschaftlichen Spannungsfeld

Soll Diversity zur Querschnittsaufgabe werden, dann würden Institutionen – auch bei einer graduellen Implementierung – neben pragmatischen Überlegungen wie Zeitplanung (welche Ziele sollen kurzfristig, mittelfristig und längerfristig erreicht werden?) bei der Analyse und Reflexion von Differenzlinien zwischen Menschen ansetzen und Implikationen im Sinne einer Reformierung oder radikalen Veränderung von Institutionen reflektieren. Sie würden aber auch Themen- und Arbeitsfelder (inklusive Personalpolitik) verändern und bei dieser Veränderung zugunsten von Diversity das gesellschaftliche Spannungsfeld bedenken.

Wie könnten Themen- und Arbeitsfelder verändert werden?

Würde etwa, um ein Themenfeld zu nennen, ein sozialpädagogisches Forschungsprojekt vergeben, so müssten Analysen alle genannten Kategorien von Diversity einbeziehen, d. h. Gender/Queer, Alter, Religion, geografische Herkunft, Klasse, Beeinträchtigung etc. Zu klären wäre u. a. wie ein Projekt alle Kategorien einbeziehen könnte, wie eine inter- und transdisziplinäre Arbeit aussehen könnte, wie die Durchführung von Projekten personell bestückt werden könnte, um von der Partikularität bzw. der Betrachtung einer Dimension wegzukommen – hin zu einer Perspektivenvielfalt. Ein Projekt, das ausschließlich Geschlechterverhältnisse, ausschließlich Migration, ausschließlich Beeinträchtigung etc. erforschen würde, reicht in diesem Modell nicht aus.

Komplexer wird die Implementierung von Diversity in Bezug auf interne Arbeitsfelder: Räumlich gesehen ließe sich zwar auch an durchgeführten Maßnahmen anknüpfen, doch zeigen sich diese gegenwärtig noch weit entfernt von einem Diversityprojekt. Ein Beispiel ist die immer wieder kehrende Toilettenfrage: Gemäß des Diversitykonzeptes müssten Toiletten für alle Menschen barriere- und diskriminierungsfrei zugänglich sein, also allen oben genannten Kategorien, soweit sie dafür relevant sind, entsprechen. Bislang wäre ein klassisches „Behinderten-WC" diesem nicht entsprechend, das zwar für Menschen mit Rollstuhl konzipiert, nicht aber für Menschen mit einer bestimmten Größe erreichbar ist und ebenso unbequem ist für Menschen mit Gehhilfen, Corsagen etc. Bislang wären getrennte „Frauen-und-Männer-Toiletten" dem nicht entsprechend, insofern sie keinen geschützten Ort für Intergeschlechtliche Personen oder Transgender Personen bieten. Die „Toilettenfrage" lässt sich auf alle internen Arbeitsbereiche und externen Veranstaltungsräume übertragen.

Die Implementierung von Diversity betrifft ferner die Personalpolitik. Soziale Institutionen würden hier fragen, ob das vorhandene Personal mit seinen Diversitäten intern gemanagt wird oder eine personale Öffnung zugunsten der Heterogenität erfolgen soll. Bei beiden Dimensionen kommen Institutionen nicht umhin, die Problematik des Outens zu bedenken, d. h. inwiefern werden Menschen gezwungen, sich z. B. als Transgender Person, als Jude:Jüdin, als Person mit nicht sichtbarer Beeinträchtigung, als Lesbe erkennbar zu machen, um im Namen von Diversity eingestellt zu werden oder innerhalb der Institution zu agieren? Gleichzeitig wären Personalschulungen anzubieten, etwa auf die jeweilige Institution angepasste „Social Justice und Diversity-Trainings" (vgl. Czollek/Perko/Kaszner/Czollek 2019) für alle Mitarbeiter*innen.

Ein gutes Beispiel wäre die Realisierung der inklusiven und partizipativen

Schule: Hier kann der *Index für Inklusion: Lernen und Teilhabe in der Schule der Vielfalt entwickeln,* entwickelt von Tony Booth und Mel Ainscow (2003) und mittlerweile in viele Sprachen übersetzt, unterstützend sein. Kurzgefasst geht es im Wesentlichen um drei Aspekte: (A) Inklusive Kulturen schaffen (Gemeinschaft bilden und inklusive Werte schaffen – gegen Hindernisse für Lernen und Partizipation und gegen institutionelle Diskriminierung; (B) Inklusive Strukturen etablieren (eine Schule für Alle schaffen und Unterstützung für Vielfalt organisieren); (C) Inklusive Praktiken entwickeln (Lernarrangements organisieren und Ressourcen mobilisieren). Dabei werden im Inklusionsindex verschiedene Diversitykategorien beachtet, Inklusion als in einem erweiterten Sinne verwendet. Mit Unterstützung des Inklusionsindex kann eine Schule in einem umfänglichen Sinne diversitygerecht gestaltet, Themen- und Arbeitsfelder der Schule zugunsten von Teilhabe und Partizipation verändert werden. (Vgl. Booth/Ainscow 2003) Dazu kann die Schulsozialarbeit einen wesentlichen Beitrag leisten.

Was gilt es in Bezug auf Institutionen im gesellschaftlichen Spannungsfeld zu bedenken?

Eine Institution existiert niemals in einem gesellschaftlichen Leerraum. Sie ist eingebettet in rechtliche Rahmenbedingungen, aufgebaut in Hierarchien, die sich auch aus dem Satzungs- und Vereinsrecht ergeben, und konfrontiert mit Anforderungen sind, immer effizienter bei knapper werdenden Mitteln zu arbeiten (dass die Implementierung von Diversity finanzielle Mitteln erfordert, ist evident). Soziale Arbeit als Institution ist Bestandteil der Gesellschaft und damit immer auch Spiegel gesellschaftlicher Bedingungen. Mag sie noch so sehr in kritischer Distanz dazu stehen, sind ihr gesellschaftlich verankerte Denkstrukturen und Normalitäts- und Wertvorstellungen inhärent. Diese zeigen sich im (bewussten oder unbewussten) individuellen und institutionellen Umgang mit Konflikten, in Praxen von Stellenbesetzungen, im Umgang mit Menschenrechten, in Vorurteilsmustern sowie im Hinblick auf Diskriminierungsrealitäten. So wie es interne Maßnahmen dagegen geben muss, so ist es hilfreich, wenn Institutionen ihr Umfeld mit reflektieren und Ressourcen zur Verfügung stellen, die allen den Zugang zu ihr ermöglichen. Hierbei geht es nicht nur darum, dass sich Menschen institutionsintern barriere- und diskriminierungsfrei bewegen können. Es geht auch um Überlegungen, wie Menschen zu Institutionen kommen, ohne mit Gewalt konfrontiert zu sein.

4. Anerkennende (nicht-diskriminierende) Sprache

Sprache ist immer Ausdruck unseres Denkens, Fühlens, Empfindens. „Sprache“ bedeutet Äußerung von etwas Gedachtem, Gefühltem etc. Sprache ist wie Tun und Handeln nie nur (bewusste oder unbewusste) wirkungslose Äußerung, sondern hat immer auch eine Wirkung, kann immer auch für andere Menschen verletzend und diskriminierend oder wertschätzend und anerkennend sein. Dafür wurde der Begriff Sprach/Handlungen etabliert.

„Sprache war und ist nirgends und zu keiner Zeit ein unpolitisches Gehege, denn sie lässt sich von dem, was einer dem anderen tut, nicht trennen. (…) Man muss ihr jedes Mal aufs neue ablauschen, was sie im Sinn hat. (…) In jeder Sprache, das heißt in jeder Art des Sprechens sitzen andere Augen.“ (Müller 2003: 39) Was Herta Müller so treffend für die Sprache formuliert, bedeutet eine Sensibilität dafür zu entwickeln, wie das von einem jeweiligen Ich (bewusst oder unbewusst) Geäußerten auf andere Menschen wirken kann. Denn: „Der Gebrauch unserer Sprache kann (…) nicht nur der Vorbereitung von Gewalttaten dienen, sondern kann (…) selbst eine Form von Gewalt sein“ (vgl. Krämer 2005: 5). Das Sprechen ist also immer zugleich auch ein Tun. Sprache kann diskriminierend oder anerkennend sein.

Eine Sprachhandlung wird dabei umso wirksamer, als Sprechende mit Macht ausgestattet sind (vgl. Bourdieu 2005). In der Sozialen Arbeit haben wir es immer mit einem asymmetrischen Machtverhältnis in Bezug auf die Menschen, mit denen wir arbeiten, zu tun. Deshalb gilt es bei einer gender/queer- und diversitygerechten Sozialen Arbeit auch, mögliche Auswirkungen des Gesprochenen zu reflektieren und verwendete Begriffe und Bezeichnungen gegebenenfalls zu verändern. Ein paar Beispiele sollen das hier verdeutlichen, in denen diskriminierende Begriffe nicht genannt werden, sondern nicht-diskriminierende Ausdrücke verwendet werden.

Antiklassistische Sprache:
Bildungsbenachteiligte Jugendlichen sollen Chancen zur Bildung erhalten.

Antirassistische Sprache:
Manchmal ist das Fahren ohne Fahrschein die einzige Möglichkeit für Menschen, an andere Orte zu gelangen.

Gender/queergerechte Sprache:
Sozialarbeiter*innen oder Sozialarbeiter_innen oder Sozialarbeiter:innen sind in der Sozialen Arbeit als Profession tätig.

Inklusionsgerechte (nicht-ableistische) Sprache:
Eine Enthinderungskommission setzt sich für Menschen ein, die keinen Zugang zur Hochschule haben.

Sprache kann diskriminierend sein: verbal, nonverbal, symbolisch etc. Sie findet immer in einem gesellschaftlichen Kontext statt. Die Wirksamkeit der Sprache hat ihre Gründe u. a. in den „sozialen Bedingungen unserer Sprachlichkeit, die darauf hinauslaufen, dass das miteinander Sprechen eine Situation ist, in der unsere Personalität sowohl anerkannt aber auch aberkannt werden kann. Andererseits sind es die verbalen Bedingungen in der Sprache, die ineinandergreifen und die Möglichkeit eröffnen, dass Worte (…) uns verletzen können, in unseren ‚sozialen Körper' einschneiden". (Krämer 2005: 12) Sprache ist immer mit bestimmten Denkschemata verbunden und durch zwei Momente charakterisiert: Einerseit durch ihre identitäts- und mengenlogische Dimension, andererseits durch ihre magmalogische (mehrlogische) Dimension (Castoriadis 1984). Ersteres bedeutet, dass Sprache so strukturiert ist, dass ihr durch Bestimmungen und Kategorisierungen exkludierende Momente inhärent sind, insofern aus A notwendigerweise B folgt (normative Logik). Daraus ergeben sich bewertend-hierarchisierende Polarisierungen, die nicht selten die Basis diskriminierender Äußerungen bilden (beispielsweise gründen Rassismen in der deutschen Sprache auf derartigen Polarisierungen). Zweiteres bedeutet, dass Sprache immer über diese normative Logik hinausgeht, einen Bedeutungsüberschuss produziert, offen ist für neue Bedeutungen und Bedeutungskreationen. Dies birgt das Potential, Sprache zu verändern und zu einem kritischen Instrument gegen Diskriminierung zu machen. Zugleich findet Sprache immer in einem gesellschaftlichen Kontext statt, also innerhalb von Macht- und Herrschaftsverhältnissen. Die Reflexion dieses Eingebundenseins ist Grundlage dafür, wie wir mit Sprachhandlungen im Sinne eines Handelns gegen Strukturelle Diskriminierung umgehen.

Nicht selten geht es um die Grenzen des Wissens und die Ungewissheit des Verstehens: Das, was ich meine oder nicht so meine, können Andere völlig anders auffassen. Umso mehr ist hier Reflexion hilfreich, als sich Menschen durch Äußerungen verletzt und diskriminiert fühlen (können), auch wenn ich das Geäußerte nicht als solches verstehe, verstanden wissen möchte und es nicht „böse" meine. Für Personen, die sprachlich diskriminiert werden, ist es nicht von Belang, ob ich absichtlich oder aufgrund meiner Unwissenheit unbeabsichtigt diskriminiere. Dabei erhält diskriminierendes Sprechen einmal mehr eine Verschärfung, wenn ich die Wahrnehmung und das Empfinden der Angesprochenen, diskriminiert worden zu sein, abspreche. In diesem Zusammenhang ist Achtsamkeit auch geboten, wenn Sozialarbeiter*innen den Anspruch haben, alles „authentisch" sagen zu wollen. Der Begriff „authentisch", von Authentizität (altgriechisch *authentikós* „echt"; spätlateinisch *authenticus* „verbürgt", „zuverlässig"), bedeutet Echtheit im Sinne von „als Original befunden". So wäre aber eine Person auch dann „authentisch", wenn sie gemäß einer eventuell vorhandenen eigenen Befindlichkeit, andere Menschen beschimpft, verbal verletzt, seine möglichen verinnerlichten und unreflektierten Stereotypen mit der vermeintlichen Gewissheit recht zu haben äußert. Doch wäre diese „authentische Rede" verletzend und eine „diskriminierende Rede". Dem steht eine dem Sprechen zugrunde liegende ethische Haltung entgegen, die auch sprachlich anerkennend mit den Adressat:innen der Sozialen Arbeit umgeht (vgl. 8. Lehreinheit).

Hier geht es nicht um *political correctnes* als politisches Schlagwort, sondern um ein tiefes Verständnis dafür, dass Sprache ausgrenzend und diskriminierend sein kann. Dagegen zeichnet sich eine anerkennende Sprache durch zuhörende und fragende Aufmerksamkeit aus, wodurch sich die je Anderen selbst äußern können, so sie wollen. Sind die sprachlich Adressierten nicht anwesend, d.h. sprechen Sozialarbeiter_innen unter sich über die Menschen, mit denen sie arbeiten, gilt es ebenfalls anerkennend über die Personen zu sprechen. Hier greift der Perspektivenwechsel und die Perspektivenverschiebung, in dem wir uns vorstellen können, wie sich Adressat*innen der Sozialen Arbeit fühlen würden, würden sie uns diskriminierend über sie sprechen hören.

Es gibt keine Garantie, niemals verbal zu diskriminieren. Doch kann das – durch Zuhören, Fragen, Perspektivenverschiebung und Nachdenken im Innehalten eines Denkraumes – reflektierende Sprechen beitragen, eine Sprache zu etablieren, die verbale Diskriminierung nicht als gegeben akzeptiert.

5. Herausforderungen für die Soziale Arbeit

Diversity im Zeichen von Social Justice innerhalb der Institutionen und Organisationen Sozialer Arbeit im Blick zu haben, bedarf nicht nur der Umsetzung von Gesetzen (wie das Allgemeine Gleichbehandlungsgesetz), sondern explizit einen öffentlich artikulierten politischen Willen. Gefragt ist hierbei auch das Engagement der einzelnen Sozialarbeiter_innen und des Umfeldes Sozialer Arbeit. Dieses kann im Konzept des Verbündet-Seins seine Kraft erhalten (vgl. Perko/Czollek 2017; Czollek/Perko/Kaszner/Czollek 2019). So etwa in der Praxis im Community Organizing oder im Kontext der Diskriminierungskritischen Sozialen Arbeit, in dem Sozialarbeiter:innen sich für Rechte und Gerechtigkeit einsetzen, ihre eigenen Privilegien reflektieren und bereit sind, Veränderungen in Kauf zu nehmen und sich für solche einzusetzen – auch auf das Risiko hin, dass sich ihr eigener privilegierter Status verändert.

Wertevielfalt und Pluralismus sind dafür grundlegende Prinzipien. Wenn das Moment der Wertevielfalt und Pluralität in den Köpfen und Herzen der Menschen einer Gesellschaft Eingang gefunden hat, werden Migrant_innen, geflüchtete Menschen, Menschen mit Beeinträchtigungen, Lesben und Schwule, Transgender Personen und Intergeschlechtliche Personen u. v. m. nicht zu von Diskriminierung getroffenen Menschen gehören. Juden:Jüdinnen, Roma:Romnija u. a. werden nicht mehr „Mitbürger_innen" sein, sondern Menschen mit gleichen Rechten zur Teilhabe und Partizipation und mit Schutz vor Diskriminierung – zugunsten einer de facto pluralen Gesellschaft. Adressat*innen der Sozialen Arbeit werden nicht zu Kunden_innen im Dienstleistungsangebot, sondern in ihren jeweiligen Differenzen, in ihrer Vielfalt und in ihren einzelnen Bedarfen und Anliegen wahr- und ernstgenommen.

In der Umsetzung von Diversity bleibt jedoch folgendes Dilemma immer wieder kritisch zu hinterfragen: Einerseits geht es um ein Aufmerksam-Sein auf Differenzen und gleichzeitig darum, Menschen nicht auf bestimmte Merkmale oder Verhaltensweisen verallgemeinernd festzuschreiben. Analog zum Undoing Gender schlagen wir vor, hier von Undoing Identity zu sprechen (vgl. Czollek/Perko 2007).

6. Übungen

1. Reflektieren Sie Ihre gesellschaftlich bestimmten Zugehörigkeiten: Wo sind Sie privilegiert, wo sind sie Strukturell diskriminiert; was bedeutet das für ihre Professionalität in der Sozialen Arbeit? Diskutieren Sie diese Fragen mit anderen Kommiliton*innen.
2. Welche Gerechtigkeitsideen beinhaltet das Konzept „Social Justice und Diversity"? Nehmen Sie dazu Stellung und untersuchen Sie die Systemische Intersektionalität an Beispielen aus der Praxis Sozialer Arbeit.
3. Recherchieren und analysieren Sie vorhandene Konzepte der Umsetzung von Diversity in sozialarbeiterischen Einrichtungen: Wo wurde Diversity bereits implementiert, in welcher Form?

7. Zur Vertiefung

Institut Social Justice und Radical Diversity: https://institut-social-justice.org

Czollek, Leah Carola/Perko, Gudrun/Kaszner, Corinne/Czollek, Max: Praxishandbuch Social Justice und Diversity. Theorien, Training, Methoden, Übungen. Weinheim/Basel 2019

Perko, Gudrun Social Justice im Zeichen von Diversity, Pluralität und Perspektivenvielfalt: Philosophische Grundlagen für eine *diskriminierungskritische* Soziale Arbeit. In: Gudrun Perko (Hg.), Die Bedeutung der Philosophie in der Sozialen Arbeit. München/Weinheim 2017

II. Rechtliche Grundlagen

Gesetze stellen den Referenzrahmen für sozialarbeiterisches Handeln dar. Sozialarbeiter_innen haben gemäß des Rechtsdienstleistungsgesetzes (RDG), in Kraft getreten am 12. Dezember 2007, im gewissen Sinne Befugnis zur Rechtsberatung. In diesem Abschnitt wird Einblick in jene Gesetzesverankerungen gegeben, die in Bezug auf Gender und Queer einerseits stehen und andererseits Diversitykategorien nennen.

Wie wichtig Gesetzgebungen sind, die auf Antidiskriminierung abzielen, und welche historischen gesehen Errungenschaften sie sind, zeigt ihre Brüchigkeit. So kann es immer wieder zu neuen Gesetzen kommen, in denen staatliche Diskriminierung verankert ist, wie es das Beispiel Ungarn zeigt, in dem 2021 ein „Gesetz zur Beschränkung der Information über Homo- und Transsexualität" in Kraft getreten ist, das LGBTQ-Personen diskriminiert. Soziale Arbeit muss sich, wo es möglich ist, einmischen in die Veränderung und Etablierung von Gesetzesgrundlagen.

Insgesamt fällt bei den gesetzlichen Verankerungen auf, dass Gender als binäres Mann-Frau-Konzept gedacht wird. Gleichzeitig fällt auf, dass in manchen Gesetzten diskriminierende Begriffe immer noch verwendet werden, worauf in wissenschaftlichen Diskursen seit geraumer Zeit aufmerksam gemacht wird. Der politische Wille, Gesetze zu verändern, ist nicht immer gegeben. Das zeigt sich beispielsweise auch darin, dass am 20. Mai 2021 vom Bundestag die Reform des Transsexuellengesetzes abgelehnt wurde.

3. Lehreinheit
Ausgewählte Rechte zu Gender, Queer, Diversity

Die „Menschen- und Sozialrechte geben der Sozialen Arbeit die Möglichkeit zurück, in größter Radikalität vom Menschen, seinen Bedürfnissen und Nöten, seiner Lern-, Reflexions- und Handlungsfähigkeit und damit der Fähigkeit zur Veränderung seiner selbst wie seiner Umwelt her zu denken" (Staub-Bernasconi 2003: 25). Menschenrechte und Sozialrechte inkludieren die Würde, Achtung und politisch-rechtliche Gleichheit von Menschen in ihrer Vielfalt und beziehen sich so auf Diversitykategorien wie Alter, psychische oder körperliche Verfasstheit (Beeinträchtigung), Aussehen, Sprache, soziale Herkunft, Klasse, geografische Herkunft, Gender/Queer, sexuelles Begehren, Religion oder Säkularität/Konfessionsfreiheit etc.

In dieser Lehreinheit werden ausgewählte Gesetze wiedergegeben, die für eine gender/queer- und diversitygerechte Soziale Arbeit wichtig sind.

1. UN-Menschenrechtscharta, Deklaration zur Beseitigung jeder Form von Diskriminierung der Frau, Istanbul-Konvention

Als Menschenrechtsprofession (Staub-Bernasconi 1997) bezieht sich Soziale Arbeit in seiner Zielsetzung auf die UN-Menschenrechtscharta aus dem Jahr 1948. Darauf verweisen Berufsverbände in der Bundesrepublik, aber auch ethische Standards und Prämissen der Sozialen Arbeit, die von vielen Hochschulen Sozialer Arbeit und Berufsverbänden der Sozialen Arbeit als Rahmen anerkannt werden. Mit Bezug auf die UN-Menschenrechtscharta und viele andere daran anschließende Erklärungen, unter anderem die „Deklaration zur Beseitigung jeder Form von Diskriminierung der Frau" von 1979/1980, wird nicht nur Gender oder sexuelle Orientierung genannt, sondern auch die Ziele Sozialer Arbeit in Anlehnung an Social Justice und Diversity formuliert: „Social workers have a responsibility to promote social justice, in relation to society generally, and in relation to the people with whom they work".[9]

9 „Sozialarbeiter*innen haben die Verantwortung, Social Justice zu fördern, bezogen auf die Gesellschaft im Allgemeinen und in Bezug auf die Menschen, mit denen sie arbeiten" (Übers. d. A.).

Die *Charta der Vereinten Nationen und die Allgemeine Erklärung der Menschenrechte* sind Grundlage eines breiten Spektrums an international anerkannten Rechten – einschließlich wirtschaftlicher, sozialer, kultureller, politischer und ziviler Rechte. Seit ihrer Verankerung haben die Vereinten Nationen den Menschenrechtskatalog schrittweise erweitert und spezifische Standards für Frauen, Kinder, Menschen mit Beeinträchtigungen, Minderheiten und andere Gruppen eingeführt. Eingerichtet wurden ferner Mechanismen, um diese Rechte zu fördern und zu schützen sowie Unterstützungen für die Regierungen bei der Ausübung ihrer Pflichten.

Die Menschenrechte werden als das „(...) von allen Völkern und Nationen zu erreichende gemeinsame Ideal (verkündet, Anm. d. A.), damit jeder einzelne und alle Organe der Gesellschaft sich diese Erklärung stets gegenwärtig halten und sich bemühen, durch Unterricht und Erziehung die Achtung vor diesen Rechten und Freiheiten zu fördern und durch fortschreitende nationale und internationale Maßnahmen ihre allgemeine und tatsächliche Anerkennung und Einhaltung durch die Bevölkerung der Mitgliedstaaten selbst wie auch durch die Bevölkerung der ihrer Hoheitsgewalt unterstehenden Gebiete zu gewährleisten." (Präambel, Charta der Vereinten Nationen und die Allgemeine Erklärung der Menschenrechte) Hintergrund der Menschenrechtsformulierung sind u. a. die Würde und der Wert der menschlichen Person und die Gleichberechtigung von Mann und Frau (Präambel, Charta der Vereinten Nationen und die Allgemeine Erklärung der Menschenrechte).

Gender wird als Geschlecht mit Mann und Frau benannt; Diversitykategorien werden wie folgt aufgezählt.

> Artikel 2: „Jeder hat Anspruch auf alle in dieser Erklärung verkündeten Rechte und Freiheiten, ohne irgendeinen Unterschied, etwa nach „Rasse"[10], „Hautfarbe", Geschlecht, Sprache, Religion, politischer oder sonstiger Anschauung, nationaler oder sozialer Herkunft, Vermögen, Geburt oder sonstigem Stand."

Menschenrechtskonventionen sind als Ideal formuliert. Inwieweit es immer wieder auch zu Verletzungen der UN-Menschenrechtscharta kommt, zeigen NGO-Schattenberichte und Amnesty International in Bezug auf einzelne Länder auf.

---

10 Der Begriff „Rasse" wird in den Menschenrechtskonventionen verwendet. Wir zitieren den Begriff gemäß dieser Vorlage, stellen ihn aber unter Anführungszeichen und richten uns damit gegen die Verwendung dieses Begriffes, weil er eine rassistische Bezeichnung ist und eine hergestellte Hierarchie von Menschen anzeigt, indem er Unterschiede im negativen Sinne konstruiert. Umstritten ist auch der Begriff „Hautfarbe", der im Zusammenhang mit z. B. dem Anti-Schwarzen Rassismus als diskriminierende Bezeichnung aufgefasst wird.

Die *Deklaration zur Beseitigung jeder Form von Diskriminierung der Frau* (CEDAW, Convention on the Elimination of All Forms of Discrimination Against Women) ist ein internationales Übereinkommen der Vereinten Nationen zu Frauenrechten. Sie wurde am 18. Dezember 1979 verfasst, trat am 3. September 1980 in Kraft und definiert die Diskriminierung von Frauen.

Artikel 1: „Jede mit dem Geschlecht begründete Unterscheidung, Ausschließung oder Beschränkung, die zur Folge oder zum Ziel hat, dass die auf die Gleichberechtigung von Mann und Frau gegründete Anerkennung, Inanspruchnahme oder Ausübung der Menschenrechte und Grundfreiheiten durch die Frau – ungeachtet ihres Familienstands – im politischen, wirtschaftlichen, sozialen, kulturellen, staatsbürgerlichen oder jedem sonstigen Bereich beeinträchtigt oder vereitelt wird."

Die Deklaration zur Beseitigung jeder Form von Diskriminierung der Frau, in der die Vertragsstaaten jede Form von Diskriminierung der Frauen verurteilen und sich verpflichten, eine Politik zur Beseitigung der Diskriminierung der Frau zu verfolgen (Artikel 2), stellt gegenüber der Gleichheitsverankerung in den UN-Menschenrechtscharta eine Erneuerung dar. Die Verantwortlichkeit der Vertragsstaaten für Rechtsverletzungen wird hier auf nicht-staatliche Akteur*innen erweitert. Das ist insofern wichtig, als Diskriminierungen und Rechtsverletzungen an Frauen oftmals nicht von staatlicher Seite erfolgen, sondern sich in der „Privatsphäre" abspielen.

Die Istanbul-Konvention (Übereinkommen des Europarats zur Verhütung und zur Bekämpfung von Gewalt gegen Frauen und häusliche Gewalt) ist ein völkerrechtlicher Menschenrechtsvertrag und wurde nach mehrjährigen Verhandlungen der Staaten des Europarates am 11. Mai 2011 in Istanbul beschlossen. Durch die Konvention sind die Vertragsstaaten verpflichtet, umfassende Maßnahmen zur Prävention, Intervention, Schutz und zu rechtlichen Sanktionen gegen geschlechterspezifische Gewalt zu ergreifen. Die Konvention ist das weltweit erste verbindliche Abkommen gegen Gewalt an Frauen, von Vergewaltigung in der Ehe über häusliche Gewalt bis zur weiblichen Genitalverstümmelung. In der Umsetzung der Konvention muss es immer wieder um die Weiterentwicklung von Beratungs- und Schutzangebote für Frauen geben, die von Gewalt getroffen sind. Maßnahmen müssen für geflüchtete Frauen, Frauen mit Beeinträchtigungen, wohnungslose und obdachlose Frauen u. v. m. geben, etabliert müssen Frauenhäuser und Beratungsstellen werden (vgl. www.institut-fuer-menschenrechte.de). Deutschland ist an die Istanbul-Konvention gebunden, die von 45 Staaten und der Europäischen Union (EU) unterzeichnet wurde. Dass die Türkei 2021 aus der Istanbul-Konvention ausgetreten ist, sorgt für große Empörung, und verdeutlicht einmal mehr, dass Gesetzesverankerungen und der mit ihnen verbundene Schutz von Menschenrechten und Menschenwürde keine Garantie bietet.

2. Grundgesetz der Bundesrepublik (GG)

Das Grundgesetz (GG) ist die Verfassung der Bundesrepublik Deutschland und wurde vom Parlamentarischen Rat am 8. Mai 1949 beschlossen und von den Alliierten genehmigt. Zuletzt wurde das Grundgesetz verändert am 28. August 2006 (BGBl. I S. 2034). Die in den Artikeln 1 und 20 des Grundgesetzes niedergelegten Grundsätze sind unabänderlich (Artikel 1 garantiert die Menschenwürde und unterstreicht die Rechtsverbindlichkeit der Grundrechte; Artikel 20 beschreibt Staatsprinzipien wie Demokratie, Rechtsstaat und Sozialstaat). Das Grundgesetz besteht aus einer Präambel, den Grundrechten und einem organisatorischen Teil. Im Grundgesetz sind die wesentlichen staatlichen System- und Werteentscheidungen festgelegt. Es steht im Rang über allen anderen deutschen Rechtsnormen. Analog zur UN-Menschenrechtscharta wird auch im Grundgesetz der Bundesrepublik von der unantastbaren Würde der Menschen ausgegangen, die zu achten und zu schützen Verpflichtung des Staates ist (Artikel 1).

Nachfolgend greifen wir die gender-, queer und diversityrelevanten Gesetzespassagen heraus.

Artikel 3

„(1) Alle Menschen sind vor dem Gesetz gleich.

(2) Männer und Frauen sind gleichberechtigt. Der Staat fördert die tatsächliche Durchsetzung der Gleichberechtigung von Frauen und Männern und wirkt auf die Beseitigung bestehender Nachteile hin.

(3) Niemand darf wegen seines Geschlechtes, seiner Abstammung, seiner „Rasse“[11], seiner Sprache, seiner Heimat und Herkunft, seines Glaubens, seiner religiösen oder politischen Anschauungen benachteiligt oder bevorzugt werden. Niemand darf wegen seiner Behinderung benachteiligt werden.“

Analog zur UN-Menschenrechtscharta sind Sozialarbeiter*innen verpflichtet, sich an die Richtlinien des Grundgesetzes zu halten.

---

11 Der Begriff „Rasse“ wird auch im Grundgesetz der Bundesrepublik verwendet. Abermals zitieren wir den Begriff gemäß dieser Vorlage, stellen ihn aber unter Anführungszeichen und richten uns damit gegen die Verwendung dieses Begriffes, weil er als rassistischer Begriff eine hergestellte Hierarchie von Menschen anzeigt, indem er Unterschiede im negativen Sinne konstruiert.

3. Ausgewählte Sozialgesetzgebungen

Soziale Arbeit orientiert sich in den verschiedenen Praxisfeldern an den Sozialgesetzgebungen. Das Sozialgesetzbuch zielt auf die Verwirklichung sozialer Gerechtigkeit für Menschen ab und dient in der Sozialen Arbeit als Unterstützung bei dieser Verwirklichung. Einige Auszüge sollen hier in Erinnerung gerufen werden.

Sozialgesetzbuch (SGB), Erstes Buch (I), Allgemeiner Teil (Stand: zuletzt geändert durch Art. 2 G v. 19. 12. 2007 I 3024)

> SGB I § 1 Aufgaben des Sozialgesetzbuchs:
> (1) „Das Recht des Sozialgesetzbuchs soll zur Verwirklichung sozialer Gerechtigkeit und sozialer Sicherheit Sozialleistungen einschließlich sozialer und erzieherischer Hilfen gestalten. Es soll dazu beitragen,
> - ein menschenwürdiges Dasein zu sichern,
> - gleiche Voraussetzungen für die freie Entfaltung der Persönlichkeit, insbesondere auch für junge Menschen, zu schaffen,
> - die Familie zu schützen und zu fördern,
> - den Erwerb des Lebensunterhalts durch eine frei gewählte Tätigkeit zu ermöglichen – und besondere Belastungen des Lebens, auch durch Hilfe zur Selbsthilfe, abzuwenden oder auszugleichen.
>
> (2) Das Recht des Sozialgesetzbuchs soll auch dazu beitragen, dass die zur Erfüllung der in Absatz 1 genannten Aufgaben erforderlichen sozialen Dienste und Einrichtungen rechtzeitig und ausreichend zur Verfügung stehen."

Sozialgesetzbuch (SGB III, § 1) Arbeitsförderung

> „Die Leistungen der Arbeitsförderung sollen dazu beitragen, dass ein hoher Beschäftigungsstand erreicht und die Beschäftigungsstruktur ständig verbessert wird. Sie sind insbesondere darauf auszurichten, das Entstehen von Arbeitslosigkeit zu vermeiden oder die Dauer der Arbeitslosigkeit zu verkürzen. Dabei ist die Gleichstellung von Frauen und Männern als durchgängiges Prinzip zu verfolgen."

Sozialgesetzbuch (SGB), Achtes Buch (VIII), Kinder- und Jugendhilfe (Stand: zuletzt geändert durch Art. 2 Abs. 23 G v. 19. 2. 2007 I 122)

> SGB VIII § 9 Grundrichtung der Erziehung, Gleichberechtigung von Mädchen und Jungen:
> „Bei der Ausgestaltung der Leistungen und der Erfüllung der Aufgaben sind

1. die von den Personensorgeberechtigten bestimmte Grundrichtung der Erziehung sowie die Rechte der Personensorgeberechtigten und des Kindes oder des Jugendlichen bei der Bestimmung der religiösen Erziehung zu beachten,
2. die wachsende Fähigkeit und das wachsende Bedürfnis des Kindes oder des Jugendlichen zu selbständigem, verantwortungsbewusstem Handeln sowie die jeweiligen besonderen sozialen und kulturellen Bedürfnisse und Eigenarten junger Menschen und ihrer Familien zu berücksichtigen,
3. die unterschiedlichen Lebenslagen von Mädchen und Jungen zu berücksichtigen, Benachteiligungen abzubauen und die Gleichberechtigung von Mädchen und Jungen zu fördern."

Sozialgesetzbuch (SGB), Neuntes Buch (IX): Rehabilitation und Teilhabe behinderter Menschen (Stand: zuletzt geändert durch Art. 8 Abs. 2 G v. 18.12.2007 I 2984)

SGB IX § 1 Selbstbestimmung und Teilhabe am Leben in der Gesellschaft
„Behinderte oder von Behinderung bedrohte Menschen erhalten Leistungen nach diesem Buch und den für die Rehabilitationsträger geltenden Leistungsgesetzen, um ihre Selbstbestimmung und gleichberechtigte Teilhabe am Leben in der Gesellschaft zu fördern, Benachteiligungen zu vermeiden oder ihnen entgegenzuwirken. Dabei wird den besonderen Bedürfnissen behinderter und von Behinderung bedrohter Frauen und Kinder Rechnung getragen".

Eine eigene Gesetzesgrundlage stellen die *UN-Behindertenrechtskonvention* und das *Bundesteilhabegesetz* (BTHG) dar (vgl. dazu 9. Lehreinheit/2).

4. Herausforderungen für die Soziale Arbeit

Menschenrechte und Sozialrechte unterstützen Sozialarbeiter:innen in ihrem sozialarbeiterischen Handeln und ihren Interaktionen. Sie verpflichten dazu, die Würde und die Rechte von Menschen in ihrer Vielfalt und Verschiedenheit als Prämisse der Sozialen Arbeit aufzufassen. Sie leiten die politische Zielsetzung der Sozialen Arbeit als Verwirklichung von Social Justice. Gleichzeitig zeigen diese Gesetzesverankerungen auch die Verbindung zur Ethik der Sozialen Arbeit, in der es ebenso um die Verwirklichung von Social Justice geht. Soziale Arbeit steht hier, wie es Adorno ausdrückte – im „(…) Verhältnis zwischen dem *Besonderen,* den besonderen Interessen, den Verhaltensweisen des einzelnen, besonderen Menschen und dem *Allgemeinen,* das dem gegenübersteht" (Adorno 1996: 33) und hat damit immer auch eine – nicht selten konfliktuale – Vermittlungsfunktion in einem zu reflektierenden asymmetrischen Machtverhältnis zwischen Sozialarbeiter*innen und Gesetzgebung einerseits und zwischen Sozialarbeiter_innen und Adressat:innen der Sozialen Arbeit andererseits. In dieser Verbindung von Recht (hier als Manifestation des demokratisch-politischen Willens) und Ethik ist es auch Aufgabe der Sozialen Arbeit, die Gesetzgebung und seine Verwirklichung zugunsten der Vielfalt und vielfältigen Lebensweisen von Menschen immer wieder zu reflektieren.

Werden die ausgewählten Rechtsgrundlagen der Bundesrepublik herangezogen, so fällt u. a. auf, dass in den einzelnen Grundlagen unterschiedliche Diversitykategorien genannt werden, dass sexuelle Orientierung zuweilen angeführt, zuweilen ausgespart bleibt, dass Gender nicht spezifiziert wird, sondern im binären Schema von Mann-Frau bleibt. Insofern muss Soziale Arbeit in ihren Theorien und Soziale Arbeit in ihren Praxisfeldern einerseits immer mehrere Gesetzesgrundlagen heranziehen, andererseits aber immer auch einen kritischen Blick von außen darauf werfen und auch aus der Perspektive von Gender Studies, Queer Studies und Diversity Studies die Begriffe da füllen, wo ihre Spezifizierung zugunsten der verschiedenen Lebensweisen und Bedürfnisse von Adressat*innen der Sozialen Arbeit erforderlich ist.

5. Übungen

1. Recherchieren Sie die Geschichte der Menschenrechtsentwicklung und reflektieren sie diese im Hinblick auf das Thema „Rechte von Menschen mit Beeinträchtigungen sind Menschenrechte".
2. In welchem sozialarbeiterischen Handeln werden Sozialarbeiter:innen konkret durch die Sozialgesetzgebung unterstützt, eine gender/queer- und diversitygerechte Soziale Arbeit umzusetzen? Beschreiben Sie dabei eine Fallgeschichte aus der Praxis der Sozialen Arbeit.
3. Welche Adressat_innen Sozialer Arbeit haben welche gesetzlich verankerten Rechte?

6. Zur Vertiefung

Falterbaum, Johannes: Rechtliche Grundlagen Sozialer Arbeit. Eine praxisorientierte Einführung. Bern 2020

4. Lehreinheit
Gender Mainstreaming (GM)

Gender Mainstreaming ist eine gesetzliche Verankerung und zugleich eine Strategie sowie eine Methode, die darauf abzielt, Ungleichheiten zwischen den Geschlechtern aufzuheben und auf die Herstellung der tatsächlichen Gleichstellung von Frauen und Männern, von Mädchen und Jungen hinzuwirken. Ziel von Gender Mainstreaming ist Gender Equality, d. h. gleiche Sichtbarkeit, gleiche Macht und Partizipation von Frauen und Männern, von Mädchen und Jungen in allen Bereichen des öffentlichen und privaten Lebens. Die Berücksichtigung und Implementierung von Gender Mainstreaming wird dabei als Querschnittsaufgabe verstanden.

Zu Gender Mainstreaming gibt es zahlreiche Publikationen (u. v. a. Blickhäuser/Henning von 2006; Weinbach 2008) und einen wissenschaftlichen Diskurs, in dem auch argumentiert wird, inwiefern Gender Mainstreaming eine gesetzliche Verankerung ist. In Bezug auf die Soziale Arbeit sind diese Beiträge immer auch praxisbezogen und werden oftmals in Sammelpublikationen veröffentlicht (vgl. u. v. a. Scherr 2001; Nohr/Veth 2002; Bothfeld/Gronbach 2002; Döge 2002; Flösser 2002; Böhnisch/Funk 2002; Jansen/Röming 2003; Netzwerk Gender Training 2004; Aschenbach 2005; Lichtenecker/Salmhofer 2006; Klein 2006; Meyer 2008). Mittlerweile existieren zahlreiche Internetportale, in denen die Bedeutung von Gender Mainstreaming erklärt werden und Beispiele auch für die Soziale Arbeit gegeben werden. Bis heute wird aber nur selten in wissenschaftlichen Publikationen Gender Mainstreaming erweitert hin zu Queer und Diversity bedacht (vgl. Czollek 2004; 2008).

1. Geschichte und Bedeutung von Gender Mainstreaming

Der Begriff des Gender Mainstreaming tauchte 1985 bei der dritten Weltfrauenkonferenz in Nairobi zum ersten Mal auf. Ausgangspunkt für die Initiative war die Weltfrauenkonferenz in Beijing 1995. Auf der Vierten UN-Weltfrauenkonferenz und dem NGO-Forum, das im September 1995 parallel dazu stattfand, nahmen 47 000 Teilnehmerinnen, darunter 6 000 offizielle Delegierte aus 189 Ländern teil. Die Konferenz stand unter dem Motto „Handeln für Gleichberechtigung, Entwicklung und Frieden“. Diskutiert wurde das kulturell und traditionell unterschiedliche Verständnis von Frauenrechten. Das Ergebnis der Diskussionen ist ein

Forderungskatalog, der mit Hilfe von NGOs ausgearbeitet und von 189 Staaten ratifiziert wurde. Darin verpflichteten sich die unterzeichnenden Staaten, u. a.:

- die Gleichstellung der Geschlechter in allen Bereichen der Gesellschaft (d. h. Politik, Wirtschaft und Gesellschaft) zu fördern.
- die Rechte der Frauen zu schützen.
- die Armut von Frauen zu bekämpfen.
- Gewalt gegen Frauen als Menschenrechtsverletzung zu verfolgen.
- Geschlechterspezifische Unterschiede in der Gesundheitsversorgung und im Bildungssystem abzubauen.

Um die Umsetzung der Aktionsplattform zu garantieren, richtet die UNO die *Division for the Advancement of Women* ein. Umgesetzt wurde Gender Mainstreaming zuerst in entwicklungspolitischen Organisationen und auf UN-Ebene (UNDP, OECD, ILO, WHO, IOM u. a.), dann folgte ab 1996 die Umsetzungsstrategie auf EU-Ebene, zunächst in den skandinavischen Ländern und den Niederlanden (vgl. Weinbach 2001).

Der Begriff Gender Mainstreaming bezeichnet den Prozess und die Vorgehensweise, Geschlechterperspektiven in das gesamte Spektrum politischer Entscheidungsprozesse aufzunehmen. Das bedeutet für die Soziale Arbeit:

Abb. 8: Czollek/Perko 2008; 2015 (grafische Gestaltung: Barbara Weingartshofer)

Gender Mainstreaming
ist als neue Strategie der Gleichstellungspolitik und
als Querschnittsaufgabe in den Institutionen zu verstehen.

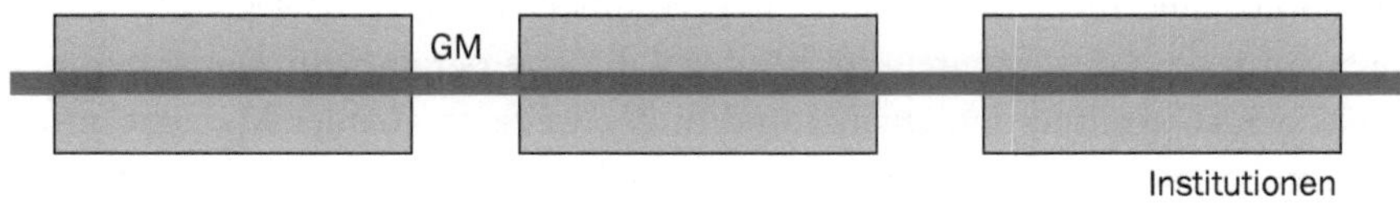

Die • Entwicklung,
• Organisation und
• Evaluierung

von Entscheidungsprozessen und Maßnahmen

so zu betreiben, dass – in jedem Bereich und
– auf allen Ebenen

die Ausgangsbedingungen der und Auswirkungen auf die Geschlechter berücksichtigt werden, um auf das Ziel einer **tatsächlichen Gleichstellung von Frauen und Männern** hinwirken zu können.

Dieser Prozess muss Bestandteil alltäglicher Praxen und Handlungsmuster aller Ressorts und Organisationen werden. Damit sind soziale Institutionen, Ausbildungsorte für Soziale Arbeit ebenso angesprochen wie sozialarbeiterische Projekte.

Der gesetzliche Weg von Gender Mainstreaming beginnt 1993 mit der Reform des EU-Sozialstrukturfonds zur Durchsetzung der Zielvorgabe „Chancengleichheit für Frauen und Männer". 1994 wird im Art. 3 Abs. 2 des Grundgesetzes der BRD die Maxime der Gleichberechtigung verankert. Demzufolge sind Männer und Frauen gleichberechtigt und der Staat ist verpflichtet, dies durchzusetzen. Auf der Weltfrauenkonferenz in Beijing wird 1995 der Begriff Gender Mainstreaming entwickelt und stand in Verbindung auch mit feministischen Forderungen und Theorien. Es folgt 1996 das 4. Aktionsprogramm des EU-Sozialstrukturfonds, in dem die Einbindung der Chancengleichheit in allen politischen Konzepten und Maßnahmen der Gemeinschaft formuliert wird. 1997 wird die Entschließung des EU-Parlaments verabschiedet, in der die Mitgliedstaaten aufgefordert wurden, Gender Mainstreaming in ihre lokale, regionale und nationale Politik einzubinden. 1999 wird der Amsterdamer Vertrag ratifiziert und damit gesetzliche Verpflichtung für alle Mitgliedsstaaten. In Art. 2 des Vertrages heißt es: „Aufgabe der Gemeinschaft ist es, durch die Errichtung eines gemeinsamen Marktes und einer Wirtschafts- und Währungsunion sowie durch die Durchführung der in den Artikeln 3 und 4 genannten gemeinsamen Politiken und Maßnahmen der ganzen Gemeinschaft (…) die Gleichstellung von Männern und Frauen (…) zu fördern. Bei allen in diesem Artikel genannten Tätigkeiten wirkt die Gemeinschaft daraufhin, Ungleichheiten zu beseitigen und die Gleichstellung von Männern und Frauen zu fördern".

Antidiskriminierungsdebatten und die europäischen Antidiskriminierungsrichtlinien sind nicht spurlos an Gender Mainstreaming vorbeigegangen. Denn hier wurde das Konzept bereits im zweiten Rahmenprogramm um den Aspekt der Mehrfachdiskriminierung ergänzt und in der weiteren Gender Mainstreaming Politik ansatzweise (bezogen z. B. auf Migrant*innen oder Frauen mit Beeinträchtigungen) umgesetzt (vgl. Weinbach 2004). Für das Rahmenprogramm bis 2010 hat die EU folgende Projektschwerpunkte für Gender Mainstreaming festgelegt.

- Gleiche wirtschaftliche Unabhängigkeit für Frauen und Männer.
- Vereinbarkeit von Beruf und Privatleben.
- Ausgewogene Repräsentanz in Entscheidungsprozessen.
- Beseitigung aller Formen geschlechterbezogener Gewalt.
- Beseitigung von Geschlechterstereotypen.
- Förderung der Gleichstellung in Außen- und Entwicklungspolitik.

Vgl. http://ec.europa.eu/employment*social/gender*equality/gender*mainstreaming/roadmap*de.html

1999 ist ein Beschluss des Bundeskabinetts zu Gender Mainstreaming als durchgängiges Leitprinzip der Bundesregierung ergangen. Der Beschluss der Bundesregierung zu Gender Mainstreaming gilt für alle Institutionen. So muss Gender Mainstreaming in der Sozialen Arbeit insgesamt als Querschnittsaufgabe verstanden und umgesetzt werden. Bis heute aber ist eine Leerstelle wahrzunehmen: Beim klassischen Gender Mainstreaming fehlt es in Bezug auf die bislang gesetzten Maßnahmen, dass die Geschlechterpluralität und Diversity einbezogen werden. Der Beitrag „Gender Mainstreaming aus queerer und interkultureller Perspektive – eine konkrete Utopie" (vgl. Czollek 2004) verdeutlicht, wie lange innovative Perspektiven eine Utopie bleiben können.

2. Instrumente der Umsetzung

Zur konkreten Umsetzung des klassischen Gender Mainstreaming werden Instrumente ausgewiesen, mittels derer die Zielsetzung des Gender Mainstreaming in der Praxis erreicht werden kann. Die wesentlichen Instrumente der Umsetzung sind: Forschung, Evaluierung, Gleichstellungsprüfung, Gender Statement, Genderexpertise, Gender Impact Assesment, Förderpolitik, Genderbudgeting, Gendertraining/Bildungsarbeit.

Forschung: Die Forschung soll sich verstärkt darauf orientieren, Geschlechter- und Gleichstellungspolitik zu analysieren und zu reflektieren. Wissenschaftliche Begleitforschung und die Erhebung von Daten (Herstellung von Transparenz durch harte und weiche Daten, wie Statistik auf der einen und Befragungen auf der anderen Seite) sind gendergerecht auszurichten.

Evaluierung: Alle Maßnahmen und Angebote der Sozialen Arbeit werden im Hinblick auf die Zielsetzung von Gender Mainstreaming evaluiert. Qualitätssicherung, Erstellung, Einhaltung und Kontrolle von Ziel- und Zeitplänen sind dabei notwendig.

Gleichstellungsprüfung (SMART – simple method to assess the relevance of policies to gender): Hier wird geprüft, an welche Zielgruppe sich die vorgeschlagene Maßnahme oder Angebote der Sozialen Arbeit richtet und ob es unterschiedliche Folgen für Männer und Frauen, für Mädchen und Jungen gibt. Geprüft wird, ob es in dem vorgeschlagenen Handlungsbereich Unterschiede bezüglich Rechte, Ressourcen usw. zwischen Frauen und Männern, Mädchen und Jungen gibt. Hierbei werden die gleichstellungspolitischen Ziele definiert und die Probleme und die betroffenen Zielgruppen analysiert. In allen Bereichen der Sozialen Arbeit sind Optionen zur Veränderung in Bezug auf die Zielsetzung des Gender Mainstreaming zu entwickeln und Lösungsvorschläge zu erarbeiten. Daraus resultierende Entscheidungen werden umgesetzt. Damit geht eine fortlaufende Evaluierung des Prozesses einher. Gender Mainstreaming weitergedacht, würde diese Maßnahmen auch auf queere Menschen beziehen und Differenzen im Hinblick auf Diversitykategorien einbeziehen.

Gender Statement, Genderexpertise, Gender Impact Assessment: (GIA – Gleichstellungsverträglichkeitsprüfung): Hierbei wird die geschlechterbezogene Relevanz von Entscheidungen bewertet und die aktuelle und zukünftige Situation hinsichtlich der Entscheidung für die Betroffenen beschrieben. Dabei werden die Strukturen und Prozesse analysiert und die Auswirkungen darauf erhellt. Nach erfolgter Umsetzung der Maßnahme erfolgt eine kritische (positive/negative) Beurteilung.

Förderpolitik: Es gibt einen Unterschied zwischen spezieller Förderung und Gender Mainstreaming. Spezielle Förderung zielt u. a. darauf ab, Angebote an flexiblen Arbeitszeiten und an Teilzeitarbeit für Frauen auszuweiten. Wird Gender Mainstreaming weitergedacht, dann ging es auch darum, Stellen mit bestimmten Personen verschiedener kultureller Herkünfte zu besetzen, Arbeitsplätze für Menschen mit Beeinträchtigungen bereitzustellen oder queere Menschen diesbezüglich zu fördern. Gender Mainstreaming ist darauf gerichtet, dass mehr Männer oder mehr Frauen als bisher diese Angebote nutzen und dass sich eine ungleichgewichtige Verteilung von Betreuungspflichten zwischen Frauen und Männern verändert, dass es eine Selbstverständlichkeit wird, dass Menschen verschiedener Kulturen und Herkünfte gleiche Chancen auf dem Arbeitsmarkt haben (ohne Ausschluss und ohne „gönnerhafte“ Quotierung), dass alle öffentlichen Räume, Betriebe und Institutionen für alle gleichermaßen nutzbar werden (Abbau von baulichen Barrieren und Vorurteilen).

Genderbudgeting: Hierbei geht es um die Kontrolle des Haushaltes in Bezug auf genderorientierte Ressourcenverteilung.

Gendertraining/Bildungsarbeit: Bei diesen Trainings geht es um Bewusstseinsherstellung, Instrumentenvermittlung, Wissensvermittlung und die Herstellung von Genderkompetenzen. Der Ausgangspunkt ist dabei, dass theoretische Kenntnisse und Analysen notwendig sind, in den Trainings aber eine vertiefende Vermittlung geschieht.

Weitere Instrumente: Weitere Instrumente zur Umsetzung von Gender Mainstreaming in der Sozialen Arbeit (in der Wissenschaft, Praxis und Ausbildung) sind Öffentlichkeits- und Aufklärungsarbeit: Kampagnen, Publikationen, Broschüren etc., Netzwerkarbeit: NGOs, Wirtschaftskontakte, Projektvernetzung, internationale Kooperationen. Spezielle Programme: Ausschreibungen für Projekte, EU, Bund, Land, Kommune, Schaffung von Haushaltstiteln.

Die Umsetzung von Gender Mainstreaming in der Sozialen Arbeit findet auf drei Ebenen statt: Auf der Ebene der Organisation/Institution, der Ebene der Personalentwicklung und auf der Ebene der Praxis (vgl. Flösser 2002).

Gender Mainstreaming ist ein Top-Down-Prinzip. Das bedeutet, dass es nur durch ein erkennbares Engagement auf der Leitungsebene der Sozialen Arbeit bzw. Sozialer Institutionen durchgesetzt werden kann. Vorbildcharakter, Verantwortlichkeit und Schulungen sollen hier beginnen. Die Wege zur Umsetzung von Gender Mainstreaming sollen durchgängig transparent und nachvollziehbar gemacht werden. Dabei ist es wichtig, Koordinierungs- und Kontrollstrukturen zu schaffen. Die Installierung von Gender Mainstreaming Beauftragte und/oder einer Gender Mainstreaming Kommission sind hierbei hilfreich und unterstützen die Ernsthaftigkeit des Anliegens. Zumeist haben diese Aufgaben Frauenbeauftragte oder Gleichstellungsbeauftragte inne. Das Thema Gender Mainstreaming und seine Umsetzung muss regelmäßig auf die Tagesordnung der Gremien, Arbeitsgemeinschaften, Teambesprechungen etc. einer Institution oder sozialarbeiterischen Einrichtung genommen werden. Gleichzeitig zum Top-Down-Prinzip ist das Bottom-Up-Prinzip zu fördern: Einzelne Sozialarbeiter:innen werden befähigt, Gender Mainstreaming auch von der Basis ausgehend umzusetzen.

3. Gender Mainstreaming in der Praxis Sozialer Arbeit

Seit geraumer Zeit finden sich Beiträge zur Umsetzung von Gender Mainstreaming in der Praxis der Sozialen Arbeit, vorrangig im Bereich der Jugendarbeit und Jugendhilfe (u. v. a. Flösser 2002; Nohr/Veth 2002; Scherr 2001; Meyer/Ginsheim von 2002; Rätz-Heinisch 2005, Zander/Hartwig 2006). Sie betonen nicht nur, dass Soziale Arbeit Gender Mainstreaming in der Praxis umsetzen muss, sondern zeigen auch auf, wo es bereits geschieht. Zusätzlich wird der Zusammenhang zwischen Gender Mainstreaming, Männerarbeit und Männerforschung von Sozialarbeitsforscher_innen thematisiert (vgl. Höyng 2002).

In Bezug auf die praxisbezogenen Ebenen der Umsetzung ist „(…) die Frage zu stellen, inwieweit die unterschiedlichen Projekte und Einrichtungen der jeweiligen Organisationen die Geschlechterperspektive in ihre Konzeptionen, die

Ausgangspunkte, Standards und Ziele der jeweiligen Arbeit festlegen, integrieren und wie diese tatsächlich in der konkreten Umsetzung Einzug erhält in die jeweilige Praxis. Damit ist gleichfalls zu überprüfen, in welcher Art und Weise, mögliche Geschlechterdifferenzen auf Seiten der Adressaten/innen der jeweiligen Einrichtungen und Projekte in den Blick gerückt werden und in welcher Form die Geschlechterdimension in der jeweiligen konkreten Praxis berücksichtigt wird" (Meyer 2008: 37) Dabei soll die Kategorie Gender und Queer in allen Maßnahmen aller sozialarbeiterischen Projekte systematisch berücksichtigt werden und eine intersektionale Erweiterung hin zu den verschiedenen Diversitykategorien erfolgen, um der Vielfalt gerecht zu werden (vgl. 2. Lehreinheit).

4. Herausforderungen für die Soziale Arbeit

In der Debatte um Gender Mainstreaming werden sowohl mögliche innovative Folgen als auch mögliche negativen Folgen diskutiert. Sie zu berücksichtigen ist auch für die Soziale Arbeit relevant.

Zu den möglichen innovativen Folgen gehört die radikale Veränderung in Bezug auf die Gleichstellung von Frauen und Männern, Mädchen und Jungen, insbesondere die Veränderung von Rollenvorstellungen und -praxen. Bei der Implementierung von Gender Mainstreaming werden Entscheidungen sowie deren Zustandekommen und Folgen als auch Ungleichverhältnisse z. B. in Bezug auf die Verteilung von gesellschaftlichen Gütern etc. transparent. Bisher gesellschaftlich verschlossene Bereiche für Frauen, und umgekehrt für Männer, werden geöffnet. Das Verhältnis zwischen Frauen und Männern, Mädchen und Jungen zielt darauf ab, egalitär zu sein. Mit Gender Mainstreaming wird die Durchsetzung und Herstellung von Gleichberechtigung zwischen den Geschlechtern rascher durchgesetzt werden als bisher. Die Implementierung und Verwirklichung von Gender Mainstreaming in den Bereichen Sozialer Arbeit entspricht in ihrer Zielsetzung der Verwirklichung von Gerechtigkeit auf der Ebene der Gendergerechtigkeit. Eine gender/queergerechte Soziale Arbeit geht über diese innovativen Folgen hinaus, indem sie sowohl Queer als auch Diversity einbezieht und sich dabei auf Gender Studies, Kritische Männerforschung, Queer Studies, Diversity Studies etc. bezieht.

Zu möglichen negativen Folgen von Gender Mainstreaming gehören die Gefahr der Festschreibung von Männer- und Frauenrollen und die Verfestigung von Bildern und Vorstellungen darüber, was oder wie eine Frau oder ein Mann sei. Dazu gehören die Festschreibung von „Normalität", die Festschreibung binärer Geschlechterverhältnisse und damit die Festschreibung der so genannten Kleinfamilie Mann – Frau – Kind. Dabei kann es zu Auslassung, Diskriminierung und

Unsichtbarmachung anderer Geschlechter und Lebensentwürfe kommen, wie sie in Queer Studies dargestellt werden. Ebenso könnte es zur ungenügenden Berücksichtigung anderer Diskriminierungsmerkmale wie Alter, Religion, geografische Herkunft, Klasse, Beeinträchtigung etc. kommen, wie sie im Rahmen von Diversitykonzepten wie „Social Justice und Diversity" (vgl. 2. Lehreinheit) diskutiert werden. Damit liegt die Gefahr in der Reproduktion kulturell homogene Institutionen.

5. Übungen

1. Recherchieren Sie, in welchen Projekten der Sozialen Arbeit Gender Mainstreaming umgesetzt wird.
2. Wählen Sie ein Feld der Sozialen Arbeit (z. B. Jugendarbeit) und beschreiben Sie die konkrete Umsetzung von Gender Mainstreaming in diesem Feld.
3. Mit welchen Barrieren und Vorurteilen sind Adressat*innen der Sozialen Arbeit bezüglich ihrer Geschlechterzugehörigkeiten konfrontiert?

6. Zur Vertiefung

Bundeszentrale für politische Bildung: www.bpb.de/gesellschaft/gender/gender-mainstreaming

Czollek, Leah Carola: Gender Mainstreaming aus queerer und interkultureller Perspektive – eine konkrete Utopie. In: Perko/Czollek (Hg.): Lust am Denken: Queeres jenseits kultureller Verortungen. Das Befragen von Queer-Theorien und queerer Praxis hinsichtlich ihrer Übertragbarkeit auf verschiedene gesellschaftspolitische Bereiche. Köln 2004

5. Lehreinheit Allgemeines Gleichbehandlungsgesetz (AGG)

Das Allgemeine Gleichbehandlungsgesetz (AGG), in der Bundesrepublik im August 2006 in Kraft getreten, ist ein Gesetz, das sich gegen mittelbare und unmittelbare Benachteiligung respektive Diskriminierungen sowie Belästigung von Menschen mit, wie es im Gesetz lautet, spezifischen „personenbezogenen Merkmalen" richtet. Es regelt Ansprüche und Rechtsfolgen sowohl für das Arbeitsleben als auch für das Zivilrecht. Das AGG ist sehr komplex und wird hier in Bezug auf die Frage skizziert, was es für (soziale) Institutionen bedeutet.

1. Die vier Rahmenrichtlinien

Mit dem AGG kommt die Bundesrepublik der Verpflichtung zur Umsetzung europäischer Richtlinien nach. Das AGG ist die Umsetzung von vier Richtlinien der EU.

(1) Antirassismus-Richtlinie: Richtlinie 2000/43/EG des Rates vom 29. Juni 2000 zur Anwendung des Gleichbehandlungsgrundsatzes ohne Unterschied der „Rasse"[12] oder der ethnischen Herkunft (ABl. EG Nr. L 180, S. 22).
(2) Rahmenrichtlinie Beschäftigung: Richtlinie 2000/78/EG des Rates vom 27. November 2000 zur Festlegung eines allgemeinen Rahmens für die Verwirklichung der Gleichbehandlung in Beschäftigung und Beruf (ABl. EG Nr. L 303, S. 16).
(3) Gender-Richtlinie: Richtlinie 2002/73/EG des Europäischen Parlaments und des Rates vom 23. September 2002 zur Änderung der Richtlinie 76/207/EWG des Rates zur Verwirklichung des Grundsatzes der Gleichbehandlung von Männern und Frauen hinsichtlich des Zugangs zur Beschäftigung, zur Berufsbil-

12 In dieser Richtlinie wie auch im AGG Deutschland wird der Begriff „Rasse" verwendet. Im AGG wird betont, dass der englische Begriff *race* gemeint sei und dass nicht davon ausgegangen wird, dass es „menschliche Rassen" gibt. Wir zitieren den Begriff gemäß dieser Vorlage, stellen ihn aber unter Anführungszeichen und richten uns damit gegen die Verwendung dieses Begriffes, weil der Begriff als rassistischer Begriff eine hergestellte Hierarchie von Menschen anzeigt, indem er Unterschiede im negativen Sinne konstruiert.

dung und zum beruflichen Aufstieg sowie in Bezug auf die Arbeitsbedingungen (ABl. EG Nr. L 269, S. 15).

(4) Richtlinie zur Gleichstellung der Geschlechter außerhalb des Erwerbslebens: Richtlinie 2004/113/EG des Rates vom 13. Dezember 2004 zur Verwirklichung des Grundsatzes der Gleichbehandlung von Männern und Frauen beim Zugang zu und bei der Versorgung mit Gütern und Dienstleistungen (ABl. Nr. L 373 vom 21/12/2004 S. 37–43).

2. Mittelbare, unmittelbare Diskriminierung und Belästigung

Die oben genannten Richtlinien beziehen sich im AGG auf „personenbezogene Merkmale" dahingehend, dass es keine mittelbare oder unmittelbare Diskriminierung und keine Belästigung (inklusive sexualisierter Belästigung und Mobbing) gegen Personen oder Personengruppen mit jenen „Merkmalen" geben darf, wie die nächste Abbildung zeigt.

Abb. 9: Czollek/Perko 2008; 2015 (grafische Gestaltung: Barbara Weingartshofer)

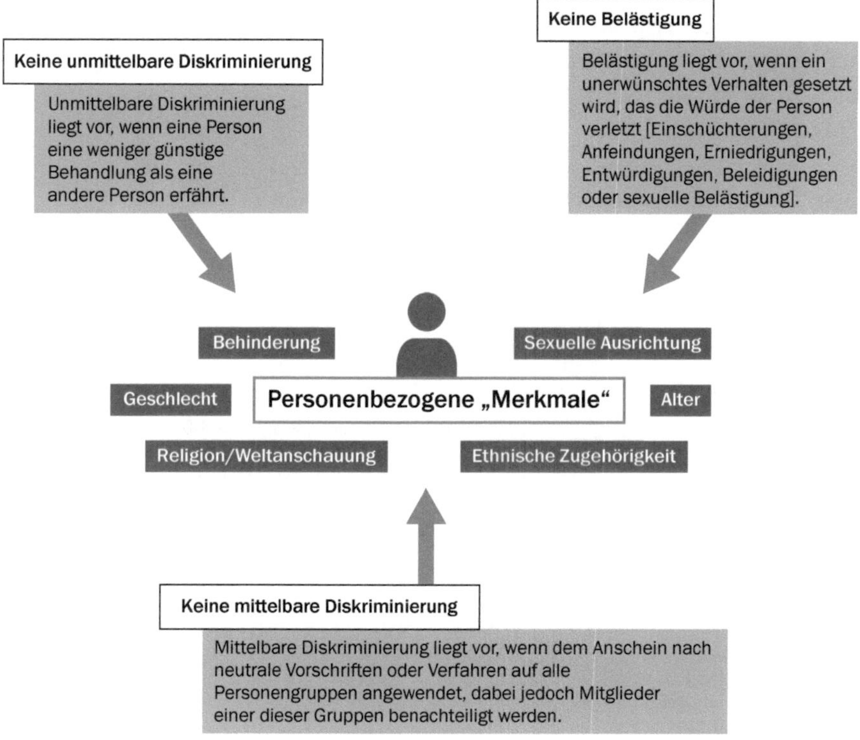

Findet Diskriminierung oder Belästigung statt, so können Personen klagen, die von Diskriminierung getroffen wurden. Dabei ist im AGG die Verlagerung der Beweislast auf die beklagte Partei vorgenommen, d.h. die diskriminierende Institution muss beweisen, dass sie nicht diskriminiert hat. Das AGG ist somit repressiv und präventiv: Es soll gegen bestehende Benachteiligungen wirken und zugleich zukünftige Benachteiligungen verhindern. Gleichzeitig beinhaltet das AGG Ausnahmeregelungen im Hinblick auf Benachteiligungen, die gerechtfertigt sein können, z.B. AGG, § 9: Von der Leitungsstelle der Caritas kann verlangt werden, der katholischen Kirche anzugehören und sich öffentlich dazu zu bekennen (Loyalität); Klagen wären hier aufgrund religiöser Anschauung nicht möglich.

3. Sach- und Anwendungsgebiete

Die Verankerung des AGG richtet sich auf bestimmte sachliche Anwendungsbereiche u.a.: Auf die Bedingungen, einschließlich Auswahlkriterien und Einstellungsbedingungen, für den Zugang zu Erwerbstätigkeit sowie für den beruflichen Aufstieg; auf die Beschäftigungs- und Arbeitsbedingungen einschließlich Arbeitsentgelt und Entlassungsbedingungen; auf den Zugang zu Berufsberatung, Berufsbildung, Berufsausbildung, berufliche Weiterbildung sowie Umschulung und praktische Berufserfahrung; auf den Sozialschutz, einschließlich der sozialen Sicherheit und der Gesundheitsdienste, auf Bildung. Die folgende Grafik veranschaulicht das.

Abb. 10: Czollek/Perko 2008; 2015 (grafische Gestaltung: Barbara Weingartshofer)

Allgemeines Gleichbehandlungsgesetz (AGG)/Antidiskriminierungsgesetz (ADG)

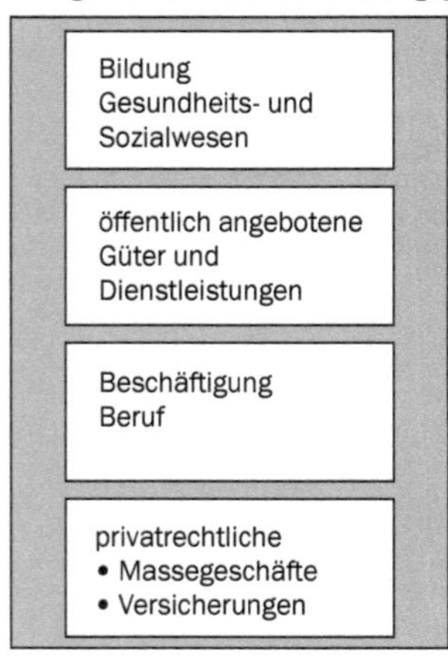

1) Anti-Rassismus-Richtlinie R 2000/43/EG

2) Rahmenrichtlinie Beschäftigung R 2000/78/EG

3) Gender-Richtlinie R 2002/73/EG

4) Richtlinie zur Gleichstellung der Geschlechter außerhalb des Erwerbslebens R 2004/113/EG

Aus dem AGG entstehen Rechte, aber auch folgende Pflichten:

- Aushangpflicht (§ 12 Abs. 5 AGG: Allen Mitarbeitenden muss das AGG zugänglich gemacht werden).
- Schulungspflicht (§ 12 Abs. 2 AGG: Alle Vorgesetzte und Mitarbeitende müssen zum AGG geschult werden.
- Sorgfaltspflicht (§ 12 Abs. 1 AGG: Es müssen vorbeugende Maßnahmen zum Schutz vor Diskriminierung ergriffen werden).

4. Herausforderungen für die Soziale Arbeit

Soziale Arbeit muss das Allgemeine Gleichbehandlungsgesetz in ihren verschiedenen Bereichen (als Institution, in Hochschulen der Sozialen Arbeit, in Projekten etc.) repressiv und präventiv berücksichtigen.

Dabei liegt die Herausforderung für Soziale Arbeit darin, ein Wissen zu erarbeiten, wie es zu Benachteiligungen und Diskriminierungen kommt, und Strategien zu entwickeln, um diese zu beenden. So kann Soziale Arbeit zur Verwirklichung von gesellschaftlicher Teilhabe und Partizipation von Menschen und zur Förderung von Social Justice beitragen (vgl. 2. Lehreinheit).

5. Übungen

1. Recherchieren Sie Klagen, die im Namen des AGG in Bereichen der Sozialen Arbeit eingereicht wurden: Welche Urteile wurden gesprochen?
2. Beschreiben Sie konkrete Beispiele in ausgewählten Feldern der Sozialen Arbeit, in denen das AGG eine Rolle spielt.
3. Inwiefern nützt das AGG Adressat*innen der Sozialen Arbeit?

6. Zur Vertiefung

Dickerhof-Borello, Elisabeth/Nollert-Borasio, Christine/Wenckebach, Johanna: Allgemeines Gleichbehandlungsgesetz: Basiskommentar zum AGG (Basiskommentare). Frankfurt/Main 2019

III. Historische Kontexte: Alte und Neue Frauenbewegung

Im Zeitachsenmodell Geschichte – Gegenwart – Zukunft speist sich Gegenwärtiges immer auch aus Vergangenem und kann über diese Spirale ins Zukünftige führen. Affirmativ aufgefasst kann dieses Denken zu Reflexionen und gegebenenfalls zur Aufnahme von Theorien, Handlungsweisen oder Methoden Sozialer Arbeit führen, die sich bewährt haben. Dazu ist historisches Wissen notwendig. Dieses Wissen dient der Infragestellung angenommener Selbstverständlichkeiten: So etwa, dass Frauen heute studieren oder lehren können, dass Frauen politische Rechte haben etc.

Die Genderperspektive ins Blickfeld der Betrachtung von Geschichte zu rücken, ist eine Forderung, die auch an die Soziale Arbeit gestellt wird: „Die Geschichte Sozialer Arbeit auch gezielt unter der Genderperspektive zu betrachten, wurde abgesehen von Portraits wichtiger Persönlichkeiten bisher eher vernachlässigt" (Kruse 2007: 9). Mittlerweile wurden Frauen als Wegbereiterinnen der Sozialen Arbeit in den Vordergrund gerückt (vgl. Eggemann/Hering 1999; Zeller 1990). Bereits die Festschrift für Sabine Hering „Weibliche und männliche Entwürfe des Sozialen. Wohlfahrtsgeschichte im Spiegel der Genderforschung" (Kruse/Tegeler 2007) bietet ausführliche Beiträge dazu und fokussiert darin u. a. geschlechterspezifische Einflüsse auf die Schaffung beruflicher Strukturen der Sozialen Arbeit, Organisationen und Vereine sowie geschlechterspezifische Einflüsse auf Ausbildung, Theorie und Forschung der Sozialen Arbeit. Die Geschichte der Sozialen Arbeit – auch mit den jeweils verankerten Geschlechterverhältnissen, eingebettet in Macht- und Herrschaftsverhältnisse und Gestaltung weiblicher Angstfiguren (vgl. Perko/Pechriggl 1996) – beginnt in der griechischen Antike. Hier einen umfassenden Einblick aller historischen Epochen in ihrer Bedeutung für die Soziale Arbeit zu geben, ist nicht möglich. So werden in dieser Lehreinheit ausschließlich die Alte Frauenbewegung und die Neue Frauenbewegung in ihren Bezügen zur Sozialen Arbeit ins Blickfeld genommen.

6. Lehreinheit
Alte und Neue Frauenbewegung als Wegbereiter in der Theorieentwicklung feministischer Sozialarbeitstheorien im deutschsprachigen Raum

Mit den Frauenbewegungen westeuropäischer Länder werden drei Phasen bezeichnet, die unterschiedliche inhaltliche Schwerpunkte aufweisen. Die erste Phase betrifft die Alte Frauenbewegung und ihre Forderung nach gesellschaftlicher und politischer Gleichheit zwischen Frauen und Männern. Sie wird mit Mitte des 19. Jahrhunderts bis Anfang des 20. Jahrhunderts datiert. Die zweite Phase bezeichnet die Neue Frauenbewegung und die Hervorbringung Feministischer Theorien. Dabei wird in der Neuen Frauenbewegung zwischen den 1970er, 1980er und 1990er Jahren differenziert: Die 1970er Jahre mit dem „Postulat der Geschlechterdifferenz, verbunden mit der (…) Annahme einer Gleichheit zwischen Frauen im Sinne universaler Schwesterlichkeit (‚global sisterhood')"; die 1980er Jahre mit der „Debatte um Differenzen zwischen Frauen, wobei das Verhältnis zwischen Frauen und Männern im Wesentlichen außer Betracht bleibt" (Klinger 2003: 14). Die dritte Phase beginnt mit den 1990er Jahren, in der es zu Ausdifferenzierungen wie Gender und Queer Studies, Kritische Männerforschung kam (vgl. 1. Lehreinheit).

In dieser Lehreinheit müssen Einschränkungen vorgenommen werden, insofern Feministische Theorien eine Vielfalt unterschiedlicher Richtungen aufweisen. Gleichzeitig wird die Alte Frauenbewegung Deutschlands und die Neue Frauenbewegung der Bundesrepublik als Schwerpunkt gesetzt. Die DDR-Frauenpolitik wird eigens skizziert.

1. Die Alte Frauenbewegung und frauenorientierte Soziale Arbeit

Vertreterinnen der Alten Frauenbewegung setzten sich für eine Gesellschaft auf neuer moralischer Grundlage und vor allem für politische und bürgerliche Rechte der Frauen ein. Sie forderten Gleichheit und Gerechtigkeit für Frauen. Diese Forderung war keine, die auf eine essentialistische Gleichheit abzielte. Sie bezog sich vielmehr auf die gesellschaftliche (ökonomische, politische, rechtliche) Stellung der Frauen. Hintergrund jener Forderung waren ökonomische und rechtliche Ungerechtigkeiten sowie der weitgehende Ausschluss von Frauen aus öffentlich-politischen Bereichen und Bildungsbereichen. Bestimmte Themen und soziales sowie politisches Engagement der Alten Frauenbewegung beeinflussten feministische und genderbasierte Theorien und Handlungsansätze der Sozialen Arbeit.

Hauptanliegen der Alten Frauenbewegung waren folgende Forderungen, u.a.:

- Frauenwahlrecht (in Deutschland erst 1919 rechtlich verankert).
- Menschenrechte für Frauen (die „Deklaration zur Beseitigung jeder Form von Diskriminierung der Frau" wurde 1979/1980 verabschiedet).
- Recht auf Erwerbstätigkeit von Frauen ohne Genehmigung durch den Ehemann (in Deutschland rechtlich verankert 1977).
- Recht auf Bildung und Zugang zu Hochschulen (mit wenigen Ausnahmen einzelner Frauen wie 1754 Christiana Dorothea Erxleben, wurde der Zugang für Frauen an deutschen Universitäten erst Ende des 19. Jahrhunderts erlaubt).

Insgesamt ging es der Alten Frauenbewegung um die gesellschaftliche Gleichberechtigung der Frauen. Diese Forderungen standen nicht explizit im Zeichen der Wohlfahrt oder Fürsorge, doch basieren genderorientierte Theorien und Praxen der Sozialen Arbeit auf der Grundlage der Forderung nach gleicher Partizipation von Frauen an gesellschaftlichen Ressourcen. Gleichzeitig standen einige Vertreter*innen der Alten Frauenbewegung explizit in Zusammenhang mit Fragen der Wohlfahrt, Mädchenbildung und Frauenarbeit etc., oder waren Wegbereiter:innen der professionellen Sozialen Arbeit, wie etwa Alice Salomon. Insofern kann keine scharfe Trennung gemacht werden zwischen jenen, die sich für die gesellschaftliche Gleichberechtigung der Frauen und jenen, die sich in Wohlfahrt und Sozialarbeit engagierten. Das Projekt „Internationale Soziale Arbeit als Geschichte der Theorie- und Methodenbildung von Frauen" (vgl. Hering 2002) gibt einen Überblick über Frauen in vielen Ländern der Welt und macht deutlich, dass der Zusammenhang zwischen Frauenbewegung bzw. Gleichberechtigungszielen und Begründung der Sozialen Arbeit gleichermaßen eine Rolle gespielt hat.

1.1 Sozialistische, bürgerlich-gemäßigte und bürgerlich-radikale Vertreterinnen

Der Ursprung der deutschen Frauenbewegung wird als organisierte Frauenbewegung mit 1865 datiert. Im Zusammenhang mit der sozialen und demokratischen Bewegung in Deutschland um die 1848er Revolution wurden Forderungen öffentlich, wie sie etwa Louise Otto-Peters (1819–1895) 1843 formulierte: „Die Teilnahme der Frauen an den Interessen des Staates ist nicht ein Recht, sondern eine Pflicht" (Otto-Peters 1843, zit. n. Nave Herz 1997: 7). Otto-Peters gehört in der Mitte des 19. Jahrhunderts der ersten Generation der Alten Frauenbewegung an, die beeinflusst vom Gedanken der Aufklärung, die Gleichheit aller Menschen und Menschenrechte für Frauen forderte. Damit zeigt sie eine inhaltliche Anbindung u. a. an Olympe de Gouges Forderungen nach den Menschenrechten von Frauen (vgl. Nave Herz 1997).

Eine zentrale Figur war ferner Marianne Adelaide Hedwig Dohm (1831–1919). Sie gilt als eine der ersten – nach Louise Otto-Peters und noch vor August Bebel und Clara Zetkin –, die in Deutschland politische Rechte für Frauen, die völlige rechtliche, soziale und ökonomische Gleichberechtigung von Frauen und Männern forderte. Auch das Stimmrecht für Frauen forderte sie bereits 1873, als eine der ersten in Deutschland. Mit diesen radikalen Forderungen erntete sie heftige Kritik auch in den Reihen der damaligen bürgerlichen Frauenbewegung. Dohm gilt als eine der ersten Theoretiker_innen, die geschlechterspezifischen Verhaltensweisen nicht auf biologische Determination, sondern auf kulturelle Prägungen zurückführte. Besonderes Anliegen neben politischen Rechten waren ihr die Verbesserung der Mädchenbildung und die Zulassung der Frauen zum Studium an den Universitäten (vgl. Twellmann 1992).

Vertreter*innen der zweiten und dritten Generation der Alten Frauenbewegung werden eingeteilt in sozialistische Frauen, in den bürgerlich-gemäßigter Flügel und den bürgerlich-radikaler Flügel. Vor allem der bürgerlich-radikale Flügel strebte das Frauenwahlrecht auf nationaler Ebene und das Recht auf Zugang zu den Universitäten an, teilweise auch gemeinsam mit den Sozialist:innen. Der bürgerlich-gemäßigte Flügel trat vorrangig für das Kommunalwahlrecht und für eine Verbesserung der Bildungsmöglichkeiten für Frauen ein sowie für die Anerkennung der Erwerbsarbeit von Frauen. 1919 erhielten die Frauen durch den Rat der Volksbeauftragten das aktive und passive Wahlrecht. Seine Durchsetzung war das Ergebnis eines langen Kampfes, in dem hauptsächlich die Sozialdemokrat_innen – insbesondere August Bebel und Clara Zetkin – und der linke Flügel der bürgerlichen Frauenbewegung beteiligt waren. (Vgl. Nave Herz 1997)

Zu den sozialistischen Frauen zählt Clara Zetkin (1857–1933), die 1889 auf dem Gründungskongress der Zweiten Internationale in Paris, den sie mit vorbereitet hat, über die proletarische Frauenbewegung referiert und die vollständige berufliche und gesellschaftliche Gleichberechtigung der Frau sowie ihre aktive Teilnahme am Klassenkampf fordert. (Vgl. Hervé 2007)

Den bürgerlich-gemäßigten Frauen gehört Helene Lange (1848–1930) an, die sich für gleiche Bildungs- und Berufschancen für Frauen einsetzte, die Verschiedenheit der Geschlechter betonte und durch den Einfluss der Frauen die männlich geprägte Welt verändern wollte. Sie hielt die Mütterlichkeit (nicht die Mutterschaft) für das zentrale Moment der Weiblichkeit. Diesem Flügel der Frauenbewegung gehörte auch Gertrud Bäumer (1873–1954) an, die sich als Vorsitzende des „Bundes Deutscher Frauenvereine" dem „International Council of Women" („Weltbund der Frauen") engagierte und sich für die Lösung sozialer Fragen und für die Gleichberechtigung der Frau einsetzte, wobei sie dem „weiblichen Prinzip" die Aufgabe zuschrieb, zur Humanisierung des Lebens beizutragen. (Vgl. Schaser 2000; Matthes/Hopf 2001; 2003)

Zum bürgerlich-radikalen Flügel zählen u.a. Wilhelmine Minna Theodore Marie Cauer (1841–1922), Anita Augspurg (1857–1943) und Lida Gustava Heymann (1868–1943). Cauer war vehemente Streiter*in für das Frauenstimmrecht, die Unterstützung lediger Mütter und für die freie Berufswahl der Frauen. Sie gehörte ab 1892 zur „Deutschen Friedensgesellschaft", die von Bertha von Suttner gegründet wurde. Im Jahr 1908 schloss sie sich der neu gegründeten „demokratischen Vereinigung" an, die als bürgerliche Partei in Deutschland das uneingeschränkte Wahlrecht für Frauen forderte. 1895 gründete sie die Zeitung „Die Frauenbewegung", die sie bis 1919 herausgab. Anita Augspurg, die erste promovierte Juristin des Deutschen Kaiserreichs, engagierte sich für die Rechte der Frau im Bürgerlichen Gesetzbuch und versuchte das aus ihrer Sicht patriarchale Ehe- und Familienrecht zu verändern. Lida Gustava Heymann gehörte gemeinsam mit Augspurg zu den prominentesten Vertreter_innen der bürgerlichen Frauenbewegung. Zusammen mit Augspurg gründete sie 1902 in Hamburg den ersten deutschen Verein für Frauenstimmrecht, gab mit Augspurg von 1919 bis 1933 in Deutschland die Zeitschrift „Frau im Staat" heraus. Heymann intendierte, die Frauen von männlicher Herrschaft zu befreien. Sie richtete ein Frauenzentrum ein, das berufstätigen Frauen einen Mittagstisch anbot sowie einen Kinderhort und eine Beratungsstelle. Ferner gründete sie ein koedukatives Gymnasium, Berufsverbände für weibliche kaufmännische Angestellte und für Bühnenkünstlerinnen. In Hamburg kam sie mit dem Gesetz in Konflikt, als sie die Abschaffung der staatlichen Reglementierung der Prostitution forderte. (Vgl. Nave-Herz 1997)

Eine herausragende Person war auch Helene Stöcker (1869–1943), Frauenrechtler:in, Sexualreformer*in, Pazifist_in, Publizist:in und in späteren Jahren aktiv in der Friedensbewegung. Sie setzte sich besonders für das Frauenstudium ein, promovierte selbst 1901 an der Universität Bern und engagierte sich für die sexuelle Befreiung der Frauen. So forderte sie in ihrer Zeitschrift „Die neue Generation", dass Frauen ihre Sexualität auch außerhalb der Ehe frei leben dürfen, und plädierte für die Straffreiheit der Abtreibung und der männlichen Homosexualität. Ihre liberale Einstellung gegenüber Sexualität und Homosexualität war vielen Frauenrechtler*innen der damaligen Zeit zu radikal. Trotzdem gelang es ihr, die Forderung nach der Selbstbestimmung über den eigenen Körper und die eigene Sexualität auf die Tagesordnung der großen Frauenorganisationen zu bringen. (Vgl. Wickert 1991)

Eine explizite Verbindung von Frauenrechtsbewegung und Sozialer Arbeit zeigt sich bei Alice Salomon (1872–1948). Als liberale Sozialreformer*in in der deutschen Frauenbewegung gilt sie als zentrale Wegbereiterin der Sozialen Arbeit als Profession und als Wissenschaft. Sie selbst zählt sich zur dritten Generation der Alten Frauenbewegung, die auf den Erfolgen der ersten und zweiten Generation aufbaute (vgl. Kuhlmann 2000). Neben Salomon waren Frauen wie Bertha Pappenheim (1859–1936), Jeanette Schwerin (1852–1899) und andere bedeutend.

Für Frauen, die emanzipatorisch und im Bereich der Sozialen Arbeit engagiert waren, galt die Fürsorge als weiblicher Beruf. Helfen, Heilen, Unterstützen etc. wurde als eine Art der Mütterlichkeit angesehen. Frauen wollten eine gerechtere soziale Ordnung herstellen und garantierten so gleichzeitig die Möglichkeit, sich im öffentlichen Bereich zu betätigen.

Themen und soziales sowie politisches Engagement und Errungenschaften der Alten Frauenbewegung beeinflussten feministische und genderbasierte Theorien und Handlungsansätze der Sozialen Arbeit. Wie affirmativ die Alte Frauenbewegung in Bezug darauf auch reflektiert werden kann, ist dennoch deutlich die Frage nach ihren Bezügen zum Nationalsozialismus zu stellen. Hierbei zeigt sich kein einheitliches Bild: Einige der Frauen standen der Ideologie des Nationalsozialismus nahe, waren selbst Nationalsozialist*innen oder Mitläufer_innen, andere waren Gegner:innen und wurden von den Nationalsozialist*innen verfolgt. Bäumer beispielsweise wird von der Forschung mittlerweile zwiespältig beurteilt: Das hängt mit ihrer uneindeutigen Haltung der Ideologie des Nationalsozialismus gegenüber zusammen. Sie selbst definierte sich als Gegner*in des Antisemitismus, zählte sich zur Fraktion der „inneren Emigration", die sie dem politischen Widerstand zuordnete. Einige Zeitgenoss:innen hielten sie jedoch für eine Antisemit_in. Bekanntlich verhinderte Bäumer 1919 die Wahl von Alice Salomon als Vorsitzende des „Bundes Deutscher Frauen". Offiziell unterband sie Salomons Kandidatur mit dem Hinweis auf die antisemitische Grundstimmung in der Öffentlichkeit. Außenpolitisch unterstützte Bäumer die Nationalsozialist*innen und befürwortete den Traum von einem „Großdeutschen Reich" (vgl. Schaser 2000; Matthes/Hopf 2001; 2003). Stöcker hingegen war Gegner:in der Nationalsozialist_innen, floh über die Schweiz und Schweden in die USA. Augspurg musste 1933 ins Schweizer Exil, weil sie 1923 gemeinsam mit Heymann beim bayerischen Innenminister die Ausweisung von Hitler aus Österreich wegen Volksverhetzung beantragt hatte; ihr Besitz wurde beschlagnahmt, ihre Aufzeichnungen gingen verloren; sie lebte bis zu ihrem Tod im Schweizer Exil.

Salomon wurde 1933 von den Nationalsozialisten_innen aus allen öffentlichen Ämtern verdrängt und sechs Jahre später nach Verhören durch die Gestapo zur Emigration gezwungen; sie emigrierte über England in die USA und starb 1948 in New York.

Im Zuge der Neuen Frauenbewegung wurden viele Schriften und Reden von Frauen der Alten Frauenbewegung wieder in die Öffentlichkeit gebracht. Zunächst war dabei die Tendenz verbreitet, sie alle als feministische Vorbilder in die Öffentlichkeit zu stellen; erst spät setzte eine kritische Analyse ein. So können wir nicht allgemein Vertreter*innen der Alten Frauenbewegung verherrlichen, sondern müssen immer einen kritischen Blick darauf haben, ob sie die menschenverachtende Ideologie des Nationalsozialismus vertreten haben und Nationalsozialist*innen waren.

1.2 Jüdische Wohlfahrt, Mädchenbildung, Frauenarbeit als Wegbereitung professioneller Sozialer Arbeit

Relativ spät widmete sich die Frauenforschung und Feministische Forschung der jüdischen Wohlfahrt, Mädchenbildung und Frauenarbeit (vgl. Malleier 2003). Doch gilt sie heute als Pionierarbeit auch für Soziale Arbeit.

In Deutschland wurde der Jüdische Frauenbund (JFB) 1904 von Bertha Pappenheim (1859–1936) und Sidonie Werner (1860–1932) gegründet, der sich als Teil der bürgerlichen Frauenbewegung verstand (vgl. Carlebach 1993). Neben seinem Interesse für jüdische Kultur und Tradition war das Verständnis der Wohltätigkeit und Gerechtigkeit (Zedaka) das wesentliche Anliegen, aus der eine professionelle Sozialarbeit entstand (vgl. Kaplan 1981; Zeller 2001). Im Zuge dieser Sozialarbeit wurde 1917 die Zentralwohlfahrtstelle der Juden in Deutschland (ZWST) gegründet. Hauptanliegen des Frauenbundes war neben der Sozialarbeit, die Bindungen innerhalb des Judentums zu stärken und den Kampf gegen den Antisemitismus, der verstärkt seit den 1920er Jahren auftrat, aufzunehmen. Eine wesentliche Aufgabe des Jüdischen Frauenbunds war die Bekämpfung des Mädchenhandels (vgl. Kaplan 1981), denn häufig wurden jüdische osteuropäische Mädchen an Bordelle westlicher Großstädte verkauft. Bertha Pappenheim nahm 1902 erstmalig an einer Konferenz zur Frage des Mädchenhandels teil (vgl. Kaplan 1997). Da sich der Jüdische Frauenbund um osteuropäische Jüdinnen kümmerte, war er viel stärker mit dem Problem konfrontiert als christlich-deutsche Frauenverbände, die sich mehr um nationale Frauenprobleme kümmerten. Zu den ersten Maßnahmen des Jüdischen Frauenbundes gehörten Übergangsheime für Mädchen, die Schutz benötigten, und die Vermittlung von Arbeitsmöglichkeiten. Den wirksamsten Schutz für diese Mädchen sah der Frauenbund

Bertha Pappenheims in einer Berufsausbildung, womit sie ihren Lebensunterhalt sichern konnten (vgl. Kaplan 1981).

Mädchenklubs, Wohnheime, eine Frühehe-Kasse und die Beth-Jakob-Schulen wurden für jüdische Mädchen in Deutschland aus den sozial benachteiligten Klassen eingerichtet (vgl. Kaplan 1997). Auf diese Zeit geht auch die Einrichtung des Mädchenwohnheims Neu-Isenburg zurück, das von Pappenheim 1907 gegründet, bis zu ihrem Tod 1936 geleitet, und in den Novemberprognomen 1938 in Brand gesetzt wurde. 1942 wurden zusammen mit den verbliebenen Juden_Jüdinnen Neu-Isenburgs auch die letzten Bewohner_innen deportiert und ermordet; das Heim wurde zwangsweise aufgelöst (vgl. Kaplan 1997). Seit 1933 wurde die Vorbereitung der Frauen auf die Emigration zur Hauptaufgabe, bis der Frauenbund von den Nationalsozialist*innen 1938 zwangsweise aufgelöst wurde (vgl. Jüdischer Frauenbund in Deutschland 2008).

Der Frauenbund wurde 1953 durch Jeanette Wolff (1888–1976) und Ruth Galinski (1921–2014) neu gegründet. In einem Interview, geführt von Dagmar Schwermer, untermauert Galinski: „Wir mußten die Zurückgekommen aus den Lagern, aus den KZs einbinden, denn alle waren verzweifelt, waren kaputt. Deswegen haben wir eine Frauengruppe errichtet, um diesen Menschen etwas Halt und Wärme zu geben. (…) damals war von Feminismus noch gar keine Rede. Wir mußten überleben und wir mußten aufbauen“ (vgl. www.bet-debora.de/2001/juedische-familie/schwermer.htm). Seit der Neugründung „haben sich die Schwerpunkte der Arbeit in den Frauenvereinen verlagert: Es gilt nicht mehr so sehr, materielle Not zu lindern als vielmehr, soziale Kontakte zu knüpfen, Kranke zu besuchen, Alte aus der Isolation herauszuführen“ (ebd.). Eine besondere Aufgabe ist die Hilfe zur Integration der vielen Neueinwanderinnen aus den ehemaligen GUS-Staaten.

Auch in Österreich waren im Zeitraum von 1816 und 1938 Wohltätigkeitsvereine (z. B. „Leopoldstädter Frauen-Wohltätigkeitsverein“), Lehrmädchenhorte (z. B. „Kaiserin Elisabeth-Lehrmädchenhort“), Mädchenwaisenhäuser und Kinderfürsorgevereine Schwerpunkt jüdischer Wohlfahrteinrichtungen. Namen wie Charlotte Merores-Itzeles, Elise Herz-Lämel (1788–1868), Henriette von Wertheimer, Bertha Kohn oder Therese Babion (1896–1942), sind nur wenige, die hier genannt werden (vgl. Duizend-Jensen 2002; Malleier 2003). Es entstand die erste „Bildungsanstalt für Kindergärtnerinnen“, akademische Frauenvereine, Frauenverbände im Kontext der österreichischen Frauenbewegungsgeschichte, eingebettet in die Geschichte der Jüdischen Gemeinde in Wien. Hier deckten die dort arbeitenden Frauen das gesamte Spektrum von konservativ bis radikal ab: Sie finden sich etwa im Rahmen der Arbeiter:innenbewegung als Sozialist_innen, als Sozialdemokrat:innen, Kommunist_innen oder als Anarchist:innen. Auch diese Einrichtungen bekämpften die vorhandene Not. Gleichzeitig sahen sie sich mit dem vorhandenen Antisemitismus konfrontiert, der sich zu dieser Zeit in den Schulen, in der Berufswelt und im Alltag, aber auch in den frühen christlichen Frauenvereinen zeigte. Im Nationalsozialismus wurden jene Einrichtungen zerstört, Juden und Jüdinnen deportiert und ermordet. (Vgl. Malleier 2003)

1.3 Zedaka – Gerechtigkeit als Pflicht

In der Darstellung der Geschichte der Sozialen Arbeit wird zeitlich zumeist mit dem Mittelalter begonnen. Doch zeugen Texte aus der Antike bereits von Fürsorgemaßnahmen. So sind soziale Maßnahmen im antiken israelitischen Gemeinwesen für Witwen, Waisen, Untergebene, Unterprivilegierte, Sklaven und Gefangene etc. für Juden und Jüdinnen, aber auch für Nicht-Juden und Nicht-Jüdinnen bekannt. Die Bevölkerung wurde aufgefordert, angesichts des Elends die „Hand nicht (zu) verschließen", das „Herz nicht (zu) verhärten" (5. Mose 15: 7–11). Armenpflegerische, landwirtschaftliche und ökonomische (Umverteilungs-) Maßnahmen von existentiellen Mindestabsicherungen für Bedürftige waren: Zum Beispiel das tägliche Aufsammeln von Nahrungsmitteln, die Verpflichtung, in jedem dritten Jahr zehn Prozent der Jahresernte den Armen zu überlassen, die Forderung nach einem wöchentlichen Ruhetag für alle, die Überlassung der Ernte an Bedürftige im siebten Jahr, die Freilassung und Versorgung von jüdischen Sklaven, die Vergabe von stützenden Darlehen für in Not Geratene und das Zinsverbot, Schuldenerlaß – und Lohnregelungen sowie das Prinzip der Unparteilichkeit bei Gerichtsverfahren (vgl. Zeller 1998). Die Formen erster durchorganisierter Hilfsstrukturen im antiken israelitischen Gemeinwesen existierten etwa seit 538 v. u. Z. (vgl. Zeller 2001).

Die jüdische Wohlfahrtspflege wird mit *Zedaka* (Almosenspenden, Wohltätigkeit) bezeichnet. Dieser Begriff bedeutete ursprünglich Gerechtigkeit als Erfüllung einer von G'tt auferlegten Pflicht. Die Verankerung von Zedaka betraf so keine Mildtätigkeit, sondern war eine Verpflichtung: „Nach talmudischer Vorstellung muß eine soziale Dienstleistung auch qualitativen Ansprüchen genügen. Und diese Qualität ist erst dann erreicht, wenn der sozial Schwache künftig dauerhaft von Hilfe nicht mehr abhängig ist" (vgl. Zeller 2001: 3).

Die jüdische Wohlfahrtspflege und die im Talmud genannte Mindestleistungen für Bedürftige, wurde von Moses Maimonides (1135–1204) im 12. Jahrhundert in systematischer Form folgenderweise zusammenfasst.

Die Sicherstellung von Nahrung und Kleidung.
Bereitstellung von Wohnraum, Hausrat und Möbeln.
Sicherstellung der Lebensgrundlagen.

Rechtsschutz für Kinder und Waisen.
Lebensunterhalt für die alten Eltern.
Pflege und medizinische Versorgung von verarmten Kranken.
Mittel für Armenbegräbnisse.
Finanzielle Hilfen für die Durchführung einer Hochzeit.
Vorsorge für eine mögliche Witwenschaft.
Aufnahme und Versorgung von (durch-)reisenden Armen.
Die Befreiung von gefangenen Gemeindemitgliedern.
Vgl. Zeller 2001: 3

In die jüdische Wohlfahrtspflege selbst lässt sich keine explizierte gender/queergerechte Sozialarbeit hineininterpretieren. Doch zieht sich der Gerechtigkeitsgedanke nicht zuletzt durch die Weitertradierung von Maimonides durch die jüdische Tradition weiter und beeinflusste die Konzeption der „Theorie bzw. Kunst des Helfens“ von Alice Salomon.

1.4 Gegen normierte Geschlechtervorstellungen: die zwanziger Jahre

Parallel zu den verschiedenen Richtungen der Alten Frauenbewegung waren die 1920er Jahre wichtig. London, Paris, Berlin galten als Metropolen nicht normierter Genderformen. Dass diese Subkulturen, eingebunden in eine aktive Kulturszene, auch Denunziationen und Schikanen ausgesetzt waren, ist belegt (vgl. Schröter 2002). Doch war es hier möglich, Werte und Prinzipien zu leben, die nicht mit den gängigen gesellschaftlichen Vorstellungen und Normen übereinstimmten. Die Anonymität der Stadt bot, wie Magnus Hirschfeld beschreibt, die Möglichkeit, nicht normierte Lebensweisen zu führen (vgl. Hirschfeld 1907). Mit der Aufklärungsbroschüre „Was soll das Volk vom dritten Geschlecht wissen“, die 1902 vom „Wissenschaftlich-humanitären Komitee (WhK)“ herausgegeben wurde, wurde die Haltung öffentlich, dass „Geschlecht keine Dualität zweier vollkommen differenter Typen von Männern und Frauen ist, sondern aus einer Reihe von Abstufungen besteht, bei denen Personen in unterschiedlicher Qualität männliche und weibliche Merkmale in sich vereinigen“ (Schröter 2002: 171).

Die Rede vom „dritten Geschlecht“ meint in diesem Zusammenhang in erster Linie Lesben und Schwule (vgl. Hirschfeld 1907). Dass sich aber weder der damalige Diskurs noch jene Subkulturen auf schwule und lesbische Lebensweisen beschränkten, sondern auch Bisexuelle, Intergeschlechtliche, Transgender Menschen etc. betrafen, ist überliefert (vgl. Rieder/Voigt 2000). Über lesbische und schwule Lebensweisen hinausgehend zeigte Käthe Kollwitz die Verbindung von Kultur und nicht normierter Lebensweise, insofern sie die Meinung vertrat, dass Bisexualität die Grundlage für künstlerisches Schaffen bilde (vgl. Kokula 1984).

In den zwanziger Jahren lassen sich hinsichtlich Sex, Gender und der Alchemie des Begehrens queere Spuren in der Metropole Berlin in einer kulturgeprägten Szene aufzeigen (der Begriff Queer wurde allerdings nicht verwendet). Mit dem Nationalsozialismus fand diese Zeit ihr schnelles und brutales Ende.

1.5 Alice Salomon: Theorie des Helfens und genderorientierte Soziale Arbeit

Alice Salomon gilt als eine liberale Sozialreformerin in der deutschen Frauenbewegung und als zentrale Wegbereiterin der Sozialen Arbeit als Profession und Wissenschaft (vgl. u. v. a. Feustl 1997, 2001).

Was sind die Errungenschaften Salomons in der sozialen Praxis?
Salomon war es, wie vielen Mädchen aus wohlhabenden Familien nicht erlaubt, eine Ausbildung zu absolvieren. So formulierte sie selbst, dass ihr Leben erst richtig anfing, als sie „21 Jahre alt war“ (Salomon 1928: 8). Mit 21 wurde sie Mitglied und 1899 Vorsitzende der von Jeanette Schwerin gegründeten „Mädchen- und Frauengruppen für soziale Hilfsarbeit“. Diese Einrichtung organisierte ehrenamtliche Mitarbeit in, u. a.: Kindergärten, Waisenhäusern, Volksküchen, Krankenhäusern, hilfebedürftigen Familien. Die praktische Arbeit wurde unterstützt durch inhaltliche Auseinandersetzungen über wirtschaftliche und soziale Verhältnisse. Im Zuge der „Mädchen- und Frauengruppen für soziale Hilfsarbeit“ gründete Salomon:

- einen neuen Mädchenhort.
- das erste Arbeiter_innenheim nach dem Vorbild von Toynbee Hall.
- bzw. organisierte Kurse, bei denen Kenntnisse über „Soziale Hilfstätigkeit“, „gesellschaftliche Entwicklung“, „Grundzüge der Hygiene“ vermittelt wurden.

Vgl. Kuhlmann 2000

Im Jahr 1900 trat Salomon dem „Bund Deutscher Frauenvereine“ bei, wurde stellvertretende Vorsitzende bis 1920 (Vorsitzende war zuvor Gertrud Bäumer). Von 1902 bis 1906 studierte Salomon Nationalökonomie in Berlin, obwohl sie kein Abitur hatte. Ihre Publikationen wurden als Voraussetzung für den Besuch der Universität anerkannt. Sie promovierte 1908 zum Doktor der Philosophie. Ihre

Dissertation wurde unter dem Titel „Die Ursachen der ungleichen Entlohnung von Männer- und Frauenarbeit“ veröffentlicht.

Die Intention Salomons, Frauen für soziale Hilfstätigkeiten zu gewinnen, praktische Arbeit mit sachlichem Wissen und Kenntnissen zu verbinden, mündete im selben Jahr ihrer Promotion in der Gründung der ersten interkonfessionellen „Sozialen Frauenschule“ in Berlin-Schöneberg. Die Soziale Frauenschule hat, so Alice Salomon in ihrer Eröffnungsrede, die Aufgaben, „den Mädchen und Frauen unserer Stadt, unseres Landes Arbeit zu geben. Arbeit, das heißt nicht Beschäftigung, nicht Zeitvertreib, sondern eine Tätigkeit, die nicht nur ihre Zeit – sondern auch ihre Gedanken, ihr Interesse in Anspruch nimmt; die zunächst für einige Jahre den Inhalt ihres Lebens ausmachen soll, um den herum alles andere, was das Leben ihnen an Freuden, Genüssen, Anregungen bietet, sich nur – gleichsam wie eine schmückende Arabeske – als Beiwerk gruppiert“ (Salomon 1908, zit. n. Peyser 1958: 59). Die Schule galt Salomon als ein Ort „moderner Bildung“, an dem die weibliche Jugend für die „Nutzbarmachung der Pflichten und Rechte erzogen wird, die die Frauenbewegung für sie erkämpft hat“ (Salomon 1908: 42).

1909 wurde Salomon Schriftführer:in im „Internationalen Frauenbund“; 1917 Vorsitzende der von ihr gegründeten „Konferenz sozialer Frauenschulen Deutschlands“, der 1919 sechzehn Schulen angehörten. 1920 kam es zum Rücktritt aus dem Vorstand „Bund Deutscher Frauenvereine“, nachdem Salomon aus Angst vor antisemitischer Propaganda vom Vorsitz des „Bund Deutscher Frauenvereine“ übergangen und an ihrer Stelle Marianne Weber zur Vorsitzenden gewählt wurde. Wie erwähnt spielte Gertrud Bäumer eine spezifische Rolle dabei. In ihrer Autobiografie formuliert Salomon: „Gertrud Bäumer, die Präsidentin des deutschen Frauenbundes, hatte mir in den ersten Kriegsjahren gesagt, dass ich ihre Nachfolgerin sein soll (…). Zu jener Zeit wäre ein ziemlich einmütiges Votum sicher gewesen. Wir verschoben jedoch die Wahl bis nach Kriegsende; nun aber informierten mich meine Kolleginnen darüber, dass die Mitglieder zögerten, jemanden mit jüdischem Namen und jüdischen Vorfahren zur Vorsitzenden zu machen, da die Haltung der Bevölkerung in dieser Hinsicht nicht mehr zuverlässig sei“ (Salomon 1983: 186 f.).

Fünf Jahre danach gründete Alice Salomon in den Räumen des Pestalozzi-Fröbel-Hauses in Berlin die „Deutsche Akademie für soziale und pädagogische Frauenarbeit“. Die Akademie galt als Weiterbildungseinrichtung für Frauen in sozialen Berufen, aber auch für ausgebildete Akademiker_innen mit Berufserfahrung zur Weiterqualifizierung in der Sozialen Arbeit. Der Institution wurde unter Leitung Salomons eine Forschungsabteilung angegliedert, die später zu einem Institut für sozialwissenschaftliche Forschungen ausgebaut wurde. 1929 rief Salomon die „International Association of Schools of Social Work“ (Internationale Vereinigung der Schulen für Sozialarbeit) ins Leben, der sie viele Jahre als Vorsitzende vorstand. 1932 stand Alice Salomon auf dem Höhepunkt ihrer Karriere. Zu ihrem 60. Geburtstag erhielt sie vom Preußischen Staatsministerium die Silberne Staatsmedaille, die Berliner Universität verlieh ihr die Ehrendoktorwürde.

1933 wurde die international bekannte Wegbereiterin der Sozialen Arbeit als Jüdin von den Nationalsozialist*innen aus allen öffentlichen Ämtern verdrängt. Nach Verhören durch die Gestapo wurde Salomon sechs Jahre später zur Emigration gezwungen. Sie verabschiedete sich in einem Rundbrief von ihren Freunden mit folgenden Worten: „Ich sage Ihnen schriftlich Lebewohl. Wenn dies in Ihre Hände kommt, habe ich Deutschland für immer verlassen. Aber ich gehe nicht ohne Abschiedswort. Es ist mir offiziell mitgeteilt worden, dass ‚Juden' – also in meinem Fall Christen jüdischen Blutes – die sich oft und lange im Ausland aufhalten, zur Vermeidung der Überweisung in ein Schulungslager, auszuwandern haben, und es sind mir 3 Wochen Zeit für die Liquidierung meines Lebens in Deutschland belassen worden. Ich gehe zunächst zu den englischen Freunden und werde versuchen, bis zum Herbst ein Einwanderungsvisum für die Vereinigten Staaten zu erhalten. Ihr alle wisst, dass ich nie etwas getan habe, was Deutschland schaden kann. Ihr wisst, dass ich schon vor Antritt meiner Amerikareise den amerikanischen Freunden geschrieben habe, dass ich weder öffentlich noch inoffiziell über Deutschland reden werde, einerseits, weil ich nicht mehr befugt bin, deutsche Kulturbelange zu vertreten und andererseits, weil ich nichts Nachteiliges über das Land, in dem meine Familie 225 Jahre gelebt hat, aussprechen kann. Ihr wisst, dass ich immer unerschütterlich an den Sieg des Guten in der menschlichen Natur geglaubt und dafür gelebt habe. Ich werde das alles auch weiter so halten nach dem Gesetz, nach dem ich angetreten. (…) Ich gehe in ein Leben des Kampfes um Brot – aber guten Mutes in froher Zuversicht – völlig ungebrochen in geistiger und sittlicher Kraft, in meinem Wertgefühl, das nicht von außen beeinträchtigt werden kann. Das Eine, wozu meine Kraft nicht reicht, ist zum persönlichen Abschiednehmen. Ihr werdet verstehen. Ich bitte Euch, mir auch vorläufig nicht zu schreiben. Später, sobald ich weiß, wo ich bleibe, könnt Ihr durch meine engeren Freunde meine Adresse erfahren. Ich bleibe auch in der Ferne die Euere. Immer in Leiden wie auch in Freude. Getreu Alice" (Salomon 1983: 305).

Bis zu ihrer Vertreibung hatte Alice Salomon in einem Hilfskomitee für jüdische Emigrant_innen gearbeitet. Sie emigrierte über England in die USA und lebte in New York. 1939 wurden ihr die deutsche Staatsangehörigkeit und die beiden Doktortitel aberkannt. 1944 erwarb sie die amerikanische Staatsbürgerschaft. Ein Jahr darauf wurde Alice Salomon Ehrenpräsident:in des „Internationalen Frauenbundes" und der „Internationalen Vereinigung der Schulen für Sozialarbeit". Sie schrieb ihre Memoiren, die in Deutschland erst 1983, in den

USA 2004 veröffentlicht wurden. Aus der von Salomon gegründeten „Sozialen Frauenschule“ in Berlin-Schöneberg entwickelte sich die Fachhochschule für Soziale Arbeit und Sozialpädagogik, die ab 1993 in Erinnerung an Alice Salomon und ihre wesentliche Rolle als Wegbereiterin der Sozialen Arbeit in „Alice-Salomon-Fachhochschule für Sozialarbeit und Sozialpädagogik Berlin“ umbenannt wurde. Ein Alice-Salomon-Archiv wurde eingerichtet. An Alice Salomon erinnert zudem eine Gedenktafel, die an der Alice-Salomon-Hochschule 2008 angebracht wurde.

Was sind die theoretischen Implikationen von Alice Salomon?

Parallel zu den beschriebenen Tätigkeiten widmete sich Alice Salomon intensiv der theoretischen Entwicklung der Sozialen Arbeit. Ihre „Theorie bzw. Kunst des Helfens“ galt nicht nur für die damalige Zeit als innovativ und wegbereitend, sondern ist heute noch eine höchst relevante Theorie der Sozialen Arbeit. Dabei wird sie hervorgehoben als „Pionierin der Wissenschaft der Sozialen Arbeit“, deren Beitrag vor allem darin besteht, „Perspektiven und Fragestellungen“ zu eröffnen (Kuhlmann 2000: 223). So benennt sie wesentliche Themen der Sozialen Arbeit, nämlich die Frage nach:

- den Ursachen sozialer Not.
- dem Gegenstand Sozialer Arbeit.
- den Zielen und Methoden Sozialer Arbeit.

Die Ursachen sozialer Not sah Salomon in Klassenverhältnissen, wobei bereits sie Klasse intersektional mit Gender verbindet. Dieser Zusammenhang wird gegenwärtig verstärkt aufgenommen (vgl. u. a. Mayr 2020; Seeck/Theißl 2020).

Salomon nutzte die wissenschaftlichen Disziplinen der Geschichte, Philosophie, Pädagogik oder Soziologie, um das Handlungsfeld der Sozialen Arbeit aufzuklären und kam darüber zu einer politischen Auffassung von Sozialer Arbeit (vgl. Kuhlmann 2000). Menschen zu unterstützen ist nach Salomon eine Pflicht, die sich aus dem Wohlstand ergibt: „(…) Pflicht eines jeden, der Not und Sorge nicht kennt, nie zu vergessen, dass jeder seiner Atemzüge nur möglich ist, solange tausend Hände sich für ihn regen; dass unsere Kultur aufgebaut ist auf den Opfern von Millionen Menschen, zu denen unsere Gedankenlosigkeit in sozialen Dingen täglich neue trägt“ (Salomon 1907: 15). Im Hintergrund dieser Auffassung steht der Gedanke der sozialen Gerechtigkeit (Zedaka). So formuliert Salomon: „Philosophisch gedacht, soll die Wohlfahrtspflege das Reich der sozialen Gerechtigkeit schaffen helfen, einer Gerechtigkeit, die nicht nur jedem nach seiner Leistung gibt, sondern dem Schwachen Schutz und Hilfe bietet; die sich auf den Grundsatz stützt, dass die Maxime unseres Handelns zum allgemeinen

Gesetz werden kann" (Salomon 1921: 199). Gekoppelt mit der Kritik am Wirtschaftsliberalismus, der Profitorientierung, die zu einem „Kampf um die Menschenseele" führte (vgl. Salomon 1916), betont Salomon, dass sich im Zeichen der Gerechtigkeit die Aufgaben verschoben haben: „(…) von der Barmherzigkeit zur Gerechtigkeit; von der Armenpflege zur sozialen Hilfe (…). Die Not unserer Zeit ist weniger eine Not des einzelnen als eine Not ganzer Klassen." (Salomon 1908: 7). Diese Haltung sollte zukünftigen Sozialarbeiter*innen weitergegeben werden: Wir müssen, schreibt Salomon, die Sozialen Arbeiter_innen lehren, „(…) daß unser Wirtschaftsleben nicht auf dem Gefühl der Nächstenliebe aufbaut, sondern (…) den Schwachen zu Tode hetzt. Vielleicht wird dann in ihnen das Gefühl (…) der Hilfsbereitschaft lebendiger werden, als wenn man ihnen ausschließlich ‚Werke der Nächstenliebe' zeigt und an ihre Barmherzigkeit appelliert, wo sie Bürgerpflichten zu erfüllen haben." (Salomon 1909: 945). Insofern verfolgte Salomon gesellschaftliche Reformen durch die Verbindung von Bürger*innenpflichten und Professionalisierung mit dem Ziel der Verwirklichung sozialer Gerechtigkeit.

Die Professionalisierung Sozialer Arbeit in Theorie und Praxis ist bei Alice Salomon mit einer patriarchatskritischen Haltung verknüpft: Soziale Arbeit hat es nicht nur mit den Folgen des Kapitalismus, sondern auch mit den Folgen des Patriarchats zu tun. So sind die meisten Adressat*innen der Sozialen Arbeit Frauen, weswegen ihr zufolge die Professionellen ebenfalls Frauen sein sollten, da sie spezifische Notlagen von Frauen besser erkennen können. In ihrer Analyse des Schicksals der Frauen zeigt Salomon, u. a. die:

- Unterdrückung der Arbeiter*innen und die Brutalität, der sie häufig ausgesetzt sind.
- Abhängigkeit der Frauen von ihren Männern.
- Armut, in denen viele Frauen lebten.

Dazu schrieb Salomon: „Abseits der großen Strasse (…) stehen die nicht erwerbstätigen Ehefrauen der Arbeiter, ein Heer von Frauen, deren Leben ein stummes Matyrium sei" (zit. n. Kuhlmann 2000: 262). Den Kern der Frauenfrage sah Salomon darin, dass Frauen die Fähigkeit der Selbstbehauptung lernen müssen.

Ihrer Haltung, Frauen eigneten sich mehr als Sozialarbeiter*innen als Männer, liegt die Auffassung zu Grunde, Männer und Frauen seien in ihren Fähigkeiten und Qualitäten grundlegend verschieden. Dieses Differenzmodell der Geschlechter begründet Salomon u. a. damit, dass sie der dritten Generation der Alten Frauenbewegung angehöre, die bereits studieren durfte, und nicht zuletzt dadurch die Erfahrung machten, dass Frauen und Männer intellektuell und seelisch verschieden seien: „Nicht weil sie (die Frauen, Anm. d. A.) gleichartig sind, sondern weil sie gleichwertige Leistungen für die Kultur einzusetzen haben; nicht, weil sie die Arbeit des Mannes verdoppeln, sondern weil sie sie ergänzen wollen, verlangen die Frauen nach neuen Rechten" (Salomon 1906a: 233). Gleichzeitig weist Salomon auf Differenzen unter Frauen hin, etwa wenn sie jene Differenz hervorhebt, dass die Not der besitzlosen Frauen anders aussieht als die der Frauen des Mittelstandes oder der besitzenden Klasse – Differenzen auf die die Frauenbewegung, so Salomon, ebenso eingehen muss, wie darauf, dass sie nicht nur ein Programm für unverheiratete und kinderlose Frauen sein kann, sondern die Vereinbarkeit von Mutterschaft und Beruf forcieren muss. Die politische und gesellschaftliche Verankerung der Gleichberechtigung von Frauen galt Salomon als unumgänglich für die Wahrnehmung und Durchsetzung spezifischer Fraueninteressen (vgl. Kuhlmann 200: 270). Gleichzeitig warnt sie vor dem Gleichheitspostulat insofern „(…) die Frau im Streben nach Einordnung in das öffentliche Leben und das Berufsleben die Maßstäbe und Methoden des Mannes zu sehr zu den ihren macht (…)" (Salomon 1931: 313). Voraussetzung für die Emanzipation der Frauen ist „(…) eine Gleichberechtigung, die nicht nur mit Buchstaben in der Verfassung geschrieben (steht, Anm. d. A.), sondern in die Gedanken und Gefühle der durchschnittlichen Männer aufgenommen wird" (Salomon 1931: 313).

2. Die Neue Frauenbewegung und Feministische Theorien

Bereits vor der Neuen Frauenbewegung westeuropäischer Länder sind Geschlecht und Geschlechterverhältnisse in der Sozialen Arbeit relevant, wie u. a. das Beispiel von Alice Salomon zeigt. Doch ab der Konstituierung der Neuen Frauenbewegung der 1970er Jahre gewann die Frage des Geschlechts und der Geschlechterverhältnisse auch in diesem Praxisfeld und seinen Theorien neue Bedeutungen. In Zusammenhang damit etablierten sich einige Bereiche der Sozialen Arbeit als feministische Sozialarbeit. Die Intention war auch, „(…) das Erbe der geistigen Mütterlichkeit (…) aus der Welt zu schaffen (…)." (Glaser 1998: 269) Dabei galt als Zielsetzung, „(…) nicht in der reibungslosen Anpassung an herrschende Verhältnisse (zu verharren, Anm. d. A.), sondern deren strukturelle Veränderung" (Glaser 1998: 270) herbeizuführen.

Die Neue Frauenbewegung wird zwischen den 1970er, 1980er und 1990er Jahren differenziert. Diese Einteilung ist hier aufrechterhalten, auch wenn es immer wieder inhaltliche Überschneidungen – gerade in der Theoriebildung – gab. Dabei wird die autonome Frauenbewegung fokussiert und skizziert (zur Differenzierung zwischen Frauen- und Lesbenbewegung, vgl. Dennert/Leidinger/Rauchgut 2007).

2.1 Der Begriff Feminismus und Feministische Theorien

Ist von der Neuen Frauenbewegung westeuropäischer Länder die Rede, so werden in einem Atemzug Feminismus und Feministische Theorien genannt. Denn mit der Neuen Frauenbewegung etabliert sich der Begriff Feminismus und mit ihm Feministische Theorien.

Was bedeuten diese Begriffe?

Feministische Theorien sind keine einheitliche Theorie. Sie umfassen nahezu alle Wissenschaftsdisziplinen (vgl. Birkhan/Mixa 1999). Die verschiedenen theoretischen Richtungen weisen einerseits unterschiedliche Schwerpunktsetzungen, andererseits Bezugnahmen auf unterschiedliche Theorien und Philosophien auf. Gleichzeitig waren Feministische Theorien im deutschsprachigen Raum immer auch stark von Theoretiker*innen und theoretischen Strömungen anderer Länder beeinflusst.

Eine grafische Darstellung kann hier die verschiedenen Fokussierungen Feministischer Theorien im Kontext der Neuen Frauenbewegung nur andeuten. Sie beziehen sich auf den Gleichheitsfeminismus (Annahme der Gleichheit/Universalismus der Geschlechter; bestehende Unterschiede wurden auf gesellschaftliche Machtstrukturen und Sozialisation zurückgeführt) und den Differenzfeminismus (Annahme der Verschiedenheit der Geschlechter).

Felder Feministischer Theorien, u. v. a.

- Feministische Matriarchatsforschung
- Feministisch marxistische/sozialistische Orientierung
- Psychoanalytische Orientierung
- Feministische Sprachforschung
- Feministische Kritische Theorie
- Feministisch postmoderne und poststrukturalistische Orientierung
- Feministische Gerechtigkeitstheorien
- Feministische Ethik
- Feministische Postkoloniale Studien
- Feministisch orientierte Gender Studies
- Cyberfeminismus
- Feministisch orientierte Queer Theory (Queerfeminismus)

Innerhalb dieser Felder, die je unterschiedlich in den 1970er, 1980er und ab den 1990er bzw. 2000er Jahren existier(t)en, sind die inhaltlichen Schwerpunkte der einzelnen Theoretiker:innen wiederum verschieden.

Würde man Feministische Theorie auf einen Punkt bringen wollen, so wäre die Definition zutreffend, wie sie Herta Nagl-Docekal in Bezug auf Feministische Philosophie formulierte: Sie als jene Theorien zu bezeichnen, die am Leitfaden feministischen Interesses theoretisieren bzw. Wissenschaft betreiben (vgl. Nagl-Docekal 1990). Politisch orientierte feministische Interessen lassen sich dabei in vier Schritten pointieren.

1. Kritiken gegen verschiedene historische Epochen, Theorien und Philosophien zu formulieren, die sich explizit durch misogyne, d. h. frauenfeindliche und -verachtende Haltungen charakterisieren oder implizit diese enthalten (d. h. anscheinend geschlechterneutrale Konzeptionen, die aber in dieser vermeintlichen Neutralität Männliches als Maßstab setzen).
2. Macht-, Herrschaftsanalysen und Gesellschaftsanalysen durchzuführen: Je nach Wissenschaftsdisziplin und je nach inhaltlichen Orientierungen.
3. Auslassungen weiblicher Geschichte wieder in die Öffentlichkeit zu bringen: So wurden Frauen in Wissenschaft, Philosophinnen, Theoretikerinnen, Medizinerinnen während der verschiedenen historischen Epochen, die in der männlichen Tradition nicht mehr aufschienen, wieder in die Öffentlichkeit gebracht.
4. Eigene Alternativen und Entwürfe zur Diskussion zu stellen: Diese betreffen nahezu alle Wissenschaftsdisziplinen und beziehen sich auf unterschiedlichste inhaltliche Gebiete.

Vgl. Nagl-Docekal 1990

Im Kontext der Neuen Frauenbewegung bezieht sich der Begriff politisch orientierter Feminismus „(…) explizit auf eine politische Praxis, auf ein – in die zumeist basisdemokratisch organisierte Neue (autonome) Frauenbewegung eingebettetes – Handeln, dessen Ziel die Aufhebung der Diskriminierungen ist, denen Frauen ausgesetzt sind, sowie deren Befreiung (…).“ (Perko 1999: 44).

2.2 Die 1970er Jahre: Postulat der Geschlechterdifferenz und „global sisterhood“

Die Neue (autonome) Frauenbewegung westeuropäischer Länder, die sich aktiv für die Beseitigung der Diskriminierung von Frauen im gesellschaftspolitischen Bereich einsetzte, begann mit der Abgrenzung der 1968er Student*innenbewegung: Frauen kritisierten, dass auch im Rahmen dieser Bewegung Diskriminierung gegen Frauen stattfand und dass nicht explizit für die Rechte und Forderungen der Frauen eingestanden wurde (vgl. Kätzel 2002). Die Neue Frauenbewegung der 1970er Jahre veränderte Einiges auf der Ebene des Politischen und der Sozialen Arbeit und etablierte gleichzeitig neue wissenschaftlich-theoretische Zugänge (Frauenforschung und Feministische Theorie).

Allgemein standen die 1970er Jahre im Zeichen:

- des Postulats der Geschlechterdifferenz von Männern und Frauen,
- verbunden mit der Annahme einer Gleichheit zwischen Frauen im Sinne universaler Schwesterlichkeit, ‚global sisterhood'.
- Differenzen zwischen Frauen wurden im Wesentlichen nicht reflektiert.

Vgl. Klinger 2003

Das Gemeinsame der Frauen wurde in einer gemeinsamen Gewaltgeschichte gesehen, wie Thürmer-Rohr pointiert: „In den späten sechziger und den siebziger Jahren basierte die autonome feministische Bewegung auf der These einer radikalen Differenz. Alle Frauen hatten demnach – jenseits der Biologie – etwas gemeinsam, nämlich eine Gewaltgeschichte, die sie als minderwertige Menschen definiert, in die öffentliche Randständigkeit gedrängt und alltäglichen Verletzungen ausgeliefert hat – eine Geschichte, der Unterdrückung, die Frauen über die Klassen- und Kulturunterschiede hinweg verbinde." (Thürmer-Rohr 2003: 12) Durch die Auffassung einer gemeinsamen Gewaltgeschichte der Frauen etablierte sich feministisch orientierte Soziale Arbeit im Bereich der Arbeit mit von Gewalt getroffenen Frauen, im Zuge derer die Entstehung der Frauenhäuser und Frauenberatungsstellen zu verankern ist.

Parallel zur Frage der Gewalt entstand die Neue Frauenbewegung in den 1970er Jahren als Befreiungsbewegung, die das Ziel verfolgte, Geschichte als Schädigungs- und Ausschlussgeschichte der Frau zu definieren. „Die Frau" als Singular galt als Neuentdeckung, mit der die Gemeinsamkeit aller Frauen betont wurde. Die vorgestellte Gemeinsamkeit bestand in der Vereinnahmung der Frau durch Männer durch das Patriarchat als Gewaltsystem ohne Frauen gegen Frauen. Im Zuge dessen wurde die provokant gemeinte These untermauert, Frauen seien unschuldig, machtlos und Opfer. Das Patriarchat verursache die prinzipielle Entmenschlichung der Frau: Weltweit, klassen- und kulturübergreifend. (Vgl. Schrader-Klebert 1969) Das Patriarchat galt als Ursache von allem Unrecht; Frauen galten als Opfer; Männer als Täter. Gleichzeitig sahen sich die Frauen als Einheit im Sinne des „revolutionären Subjektes", deren Intention in der „Veränderung der monogeschlechtlichen Welt" lag (Thürmer-Rohr 2003: 12). Diese Opfer-Täter-Polarisierung bedeutete auch, dass Frauen per se unschuldig an der Gestaltung der Gesellschaft und damit auch an Gewaltverhältnissen und jeglichem man-made-disaster wie dem Nationalsozialismus seien: Eine Annahme, die in den 1980er Jahren im Zusammenhang mit der Auseinandersetzung mit dem Nationalsozialismus vehemente Kritik erfährt.

Die Frauenbewegung der 1970er Jahre agierte in Bereichen des Politischen sowie Theoretischen und Wissenschaftlichen.

Welche Implikationen gab es in den Bereichen des Politischen?

Durch Proteste gegen den Abtreibungsparagraphen 218 erfährt die Frauenbewegung Anfang der 1970er Jahre in der Bundesrepublik eine enorme Ausweitung, wurde zur politischen Bewegung, deren Stimmung mit Parolen wie „frauenbewegte Aufbrüche vielerorts", „lila Fahnen, allen Hexen ein Fest" und „mit uns ist kein Staat zu machen" etc. erinnerbar wird (vgl. Geiger/Hacker 1989). Mit Kampagnen wie der Unterschriftenaktion „Ich habe abgetrieben" im Stern vom Juni 1971, von zahlreichen Frauen, aber auch im Sinne der Komplizenschaft – „ich war Komplize einer Abtreibung" – von Männern unterschrieben, oder mit Parolen wie „mein Bauch gehört mir", forderten die Frauen ihr Selbstbestimmungsrecht und die Streichung des § 218 StGB. Mit diesen Protesten entstanden zahlreiche Gruppierungen und Aktionsgruppen. So auch der „Aktionsrat zur Befreiung der Frau", der 1968 von Frauen des „Sozialistischen Deutschen Studentenbundes" gegründet wurde. Erste Zusammenschlüsse zur Abschaffung des § 218 StGB erfolgten 1970 durch z. B. die „Aktion 218". Die Auseinandersetzungen um die Reform des § 218 StGB bestimmten bis 1975 wesentlich das Bild der Neuen Frauenbewegung. In der Folge der § 218-Aktionen wurden seit 1973 zahlreiche Frauenzentren als Versammlungsorte gegründet, überregionale Konferenzen zu Frauenthemen abgehalten, ein feministisches Bewusstsein begann sich in der Bewegung durchzusetzen (vgl. u. a. Menschik 1977; Lerner 1993). Immer deutlicher wurde die Forderung, den Einfluss und die Position der Frau im gesellschaftlichen Leben zu stärken: Beispielsweise durch die Forderung nach gleichem Lohn für gleiche Arbeit.

In den Bereichen des Politischen wurden zudem Mechanismen des „patriarchalischen Prinzips" offengelegt und die tabuisierte weibliche Sexualität öffentlich thematisiert. Eine hohe Auflage hatte das Buch „Der kleine Unterschied und seine großen Folgen. Frauen über sich. Beginn einer Befreiung" von Alice Schwarzer 1975). Ebenso zentral war das Thema (struktureller) Gewalt: So war „(…) die Anprangerung der historischen Geschlechterordnung als Gewaltakt ein Politikum sondergleichen. Sie war geeignet, einen fraglosen und ungerechten sozialen Konsens aufzustören. Sie deckte den flächendeckenden Skandal normaler Frauenverachtung auf. Sie zeigte den Riß zwischen den Geschlechtern. Sie lieferte plausible Erklärungen für die Gewaltgeschichte der eigenen Kultur, ebenso für die Gewalterfahrungen der persönlichen Alltage, für persönliches Leid und politisches Unbehagen." (Thürmer-Rohr 2003: 12) Insbesondere die Diskussion über Gewalt gegen Frauen beeinflusste Bereiche der Sozialen Arbeit. Sie führten nicht zuletzt zur Gründung autonomer Frauenhäuser, die als Beispiel dafür galten, dass aus einer politischen Analyse der Neuen Frauenbewegung eine konkrete Praxis wurde.

Mit den Aktionen und Forderungen der Neuen Frauenbewegung entstanden:

- Frauencafés, Frauenkneipen, Frauenferienhäuser, die sich explizit als Orte von und für Frauen verstanden.
- Frauenzentren, Frauenbuchläden, Frauenverlage, Frauenzeitschriften, Frauenforschung, Frauenwerkstätten, Frauenbands und ähnliche Initiativen, die sich mit Aufklärung, Weiterbildung, Selbstverwirklichung, feministischer Gegenkultur und der Politisierung von Frauen befassen. So wurde z.B. 1972 das erste Frauenzentrum in Berlin eröffnet; 1974 wurde der erste Frauenbuchverlag „Frauenoffensive" gegründet und etwa ein Jahr später der erste Frauenbuchladen eröffnet. 1967 erschien die Zeitschrift Courage, 1977 die Zeitschrift Emma.
- Einrichtungen, die sich gegen „Gewalt gegen Frauen" richten, z.B. Frauenhäuser für misshandelte Frauen sowie Notruf-Büros, Frauengruppen und Beratungsstellen für vergewaltigte Frauen und Mädchen. In Berlin-West wurde 1976 das erste Frauenhaus für misshandelte Frauen gegründet.

Was waren die theoretischen Orientierungen?

Auf wissenschaftlichem Gebiet kam es zu Vereinsgründungen (1977 „Sozialwissenschaftliche Forschung und Praxis e.V."; 1979 „Sektion Frauenforschung in der Deutschen Gesellschaft für Soziologie"). Besondere Bedeutung besaß die „Sommeruniversität für Frauen", die an der Freien Universität Berlin (West) erstmals 1976 durchgeführt wurde, und an der jedes Jahr mehrere tausend Frauen teilnahmen. Unter anderem wurden folgende Themen behandelt: Frauen und Wissenschaft (1976), Frauen als unbezahlte und bezahlte Arbeitskräfte (1977), Frauen und Mütter (1978).

Von wesentlicher Bedeutung war die Frauenforschung: Sie galt primär als historische Forschung im Sinne der Rekonstruktion der Geschichte von Frauen, ihres Lebens, ihrer oftmals nicht tradierten Werke. Mit der Frauenforschung wurden die Schriften historischer Frauen (nicht nur der Alten Frauenbewegung) wieder öffentlich zugänglich gemacht. In den 1970er Jahren galt sie den meisten nicht nur als Forschung über Frauen, sondern auch als Forschung von Frauen. Die Intention ging jedoch über ein bloßes Aufzeigen hinaus. Im Wesentlichen ging es um Folgendes:

- Weibliche Perspektiven in eine als männlich charakterisierte Wissenschaft und androzentrische Geschichte einzuführen.

- Vermeintlich geschlechterneutrale Konzeptionen als geschlechtlich aufzudecken.
- Wissenschaft dahinzuführen, tatsächlich allgemein menschliche Aussagen zu formulieren und nicht nur das Männliche als Norm für alle Menschen zu etablieren.

Feministische Theorien im deutschsprachigen Raum waren stark geprägt durch Werke aus anderen Ländern, zwei Vertreter:innen sollen hier herausgegriffen werden: Simone de Beauvoir und Kate Millett.

Das Werk von Simone de Beauvoir (1908–1986) „Le Deuxième Sexe" 1949 (dt. Das andere Geschlecht. Sitte und Sexus der Frau) beeinflusste feministisches Denken vehement. In diesem Werk vertrat sie die These, dass die Unterdrückung der Frau gesellschaftlich bedingt sei und formuliert den später in Queer Theory zentral gewordenen Konstruktionsgedanken: Man wird nicht als Frau geboren, man wird es. Dieser Kernsatz wurde Ende der 1960er Jahre in der Frauenbewegung auch im deutschsprachigen Raum als Referenzrahmen aufgegriffen. Mit dem Werk schuf Beauvoir eine theoretische Grundlage für die Analyse der Unterdrückung der Frauen im Patriarchat. Frauen werden, so Beauvoir, von den Männern zum „Anderen Geschlecht" gemacht – eine Konstruktion, in der „der Mann" als das Absolute, das Essentielle, das Subjekt einnimmt, während „der Frau" die Rolle der Anderen, des Objekts zugewiesen wird. Würden die Frauen ihrer konstruierten Weiblichkeit gerecht werden wollen, so müssten sie sich mit der Rolle der Passivität begnügen. Doch steht dies, so Beauvoir, dem Wunsch entgegen, sich als freies Subjekt durch Aktivität selbst zu entwerfen. (Vgl. Beauvoir 1951)

Als ein Klassiker der feministischen Literatur, das den deutschsprachigen Raum lange Zeit beeinflusste, gilt das 1969 verfasste Buch „Sexual Politics" (dt. Sexus und Herrschaft) von Kate Millett, US-amerikanische Feminist_in. Sie formuliert hier die „Theorie der Sexualpolitik", die dem gängigen Politikverständnis eine „Politik der ersten Person" als politisches Konzept gegenüberstellt, das eine Stellvertreter*innenpolitik ablehnt, die Trennlinie zwischen „privat" und „öffentlich" zurückweist und die Politisierung der Privatsphäre beinhaltet (vgl. Millett 1974).

2.3 Die 1980erJahre: Mittäterschaft von und Differenzen zwischen Frauen

Die autonome Frauenbewegung westeuropäischer Länder der 1980er Jahre knüpfte an die 1970er Jahre an. Doch veränderten sich in den 1980er Jahren die inhaltlichen und theoretischen Auseinandersetzungen wesentlich.

Im Zentrum dieser Auseinandersetzung stand die Debatte über Differenzen zwischen Frauen. Differenztheorien waren sehr von postmodernen Theorien aus dem französischen Raum beeinflusst (vgl. u. a. Derrida 1972; Lyotard 2006; Cixous 1980; Irigaray 1980; Kristeva 2001). Die Anerkennung von Differenzen zwischen Frauen wurde in den 1980er Jahren über mehrere Diskussions- bzw. Kritikstränge eingefordert, z. B.:

- These der Mittäterschaft von Frauen.
- Kritik des Antijudaismus und des Antisemitismus gegen Teile der Frauenbewegung und Feministische Theoriebildung.
- Kritik des Rassismus gegen Teile der Frauenbewegung und Feministische Theoriebildung.

Was besagt die „These der Mittäterschaft von Frauen"?

Die Annahme der Frauenunterdrückung, der Frauen als Opfer des Patriarchats etc., verband Frauen im Sinne einer „global sisterhood". Im Gegenzug zu dieser Auffassung der 1970er Jahre entstand in den frühen 1980er Jahren die „These der Mittäterschaft" von Frauen, mit der Frauen als Mitgestalter*innen jeglicher Kulturbildung und jeglicher menschlicher (Un-)Taten entlarvt wurden. Damit kam es zur Veränderung der Vorstellung eines einheitlichen Feminismus und gleichzeitig wurde auch die bipolare Einteilung „Frauen = Opfer, Männer = Täter" aufgegeben.

Als bedeutend für die These der „Mittäterschaft der Frauen" gelten bis heute die Publikationen von Christina Thürmer-Rohr, die in der Bezeichnung „Mittäterschaft" einen Doppelbegriff fasst: Einerseits verweist er mit den Fragen nach der „Mittäterschaft der Frauen" an den historischen Gesamthandlungen der „Männerkultur" auf die gesellschaftsanalytische Seite; andererseits auf eine subjektiv-moralische Seite im Hinblick auf die persönliche Verwobenheit der einzelnen Frauen in der patriarchalen Ordnung. Frauen werden in der „These der Mittäterschaft" als (mit-)verantwortlich für die Produktion von Herrschafts- und Gewaltverhältnissen beschrieben. Gleichzeitig wird ihnen zugestanden, Motor und Ausgang für gesellschaftliche Veränderungen zu sein. (Vgl. Thürmer-Rohr 1989).

Im Zentrum feministischer Auseinandersetzungen um die Mittäterschaft von

Frauen standen Historiker_innen, die aufzeigten, dass nicht verfolgte deutsche Frauen keinesfalls nur Opfer des Nationalsozialismus, sondern auch Täter*innen waren. Diese Auseinandersetzung ging als „Historikerinnenstreit" in die Geschichte ein (vgl. Koonz 1991). Einen Überblick, inwiefern die These der Mittäterschaft v.a. in der Bundesrepublik Deutschland diskutiert wurde, gibt Karin Windhaus-Walser (1988). Forschungen zur Rolle der Frauen im Nationalsozialismus im Sinne ihres Mittuns und Mittragens der NS-Ideologie, im Sinne ihrer Täter:innenschaft, erschienen erst ab den 1990er Jahren (vgl. u.a. Wagner 1996; Böltken 1995; Schwarz 1992; Sigmund 1998; Rommelspacher 1996). Auch hier zeigt sich die Relevanz zur Sozialen Arbeit, insofern die Mittäterschaft von Frauen auch als Fürsorger*innen und Pädagog*innen im Nationalsozialismus öffentlich wurde (vgl. Knüppel-Dähne/Mitrovic 1989).

Was meint die Kritik des Antijudaismus und Antisemitismus?

Die Kritiken des Antijudaismus und des Antisemitismus richteten sich nicht nur gegen christliche Feminist*innen, wie zuweilen hervorgehoben wird. Sie richteten sich auch gegen den Umgang von (nicht-christlichen) Feminist:innen u.a. mit dem Holocaust oder mit der Gleichsetzung von Israel mit allen Juden und Jüdinnen. Eine – in feministischen Kontexten zwar bekannte, doch kaum zitierte – Publikation, „Der feministische ‚Sündenfall'. Antisemitische Vorurteile in der Frauenbewegung" (Kohn-Ley/Korotin 1994) gibt umfassend Einblick in die Thematik. Publikationen von Maria Baader (1993), Leah Carola Czollek (1998), Susannah Heschel (1994), Jessica Jacoby (1990), Gotlinde Magiriba Lwanga (1990), Charlotte Kohn-Ley (1994) u.v.m. machen jene Kritiken heute gut nachvollziehbar.

So resümmiert z.B. Baader den Umgang der Westberliner Frauenszene im Herbst 1989: Die Teilnehmenden „reagierten abwehrend und aggressiv zugleich (…); das Stichwort ‚jüdisch' war offenbar geeignet, ein ganzes Spektrum von Schuldgefühlen, Verdrängungswünschen, Lebenslügen und Aggressionen zu mobilisieren. Und dann wagten wir, den Umgang der modernen Frauenbewegung mit dem Nationalsozialismus zu hinterfragen". (Baader 1993: 83f.) Und es wird ferner festgehalten: „Für mich gilt, dass ich es müde bin, mich im deutschen Kontext aufzureiben. Ich will es nicht mehr aushalten müssen, hier jüdisch zu sein." (Baader 1993: 93) Charlotte Kohn-Ley pointiert für die BRD und für Österreich: „Es ist für eine jüdische Frau unmöglich, sich ohne Selbstverleugnung feministischen Gruppierungen in Deutschland und Österreich anzuschließen." (Kohn-Ley 1994: 229)

Worin bestand die Kritik gegen christliche Feminist_innen?

Einige christliche Feministinnen eruierten die Ursprünge des Patriarchats in der hebräischen Bibel. Sie schrieben den Juden die Erfindung des Patriarchats zu, das das Matriarchat abgelöst hätte und folgerten daraus, die Juden seien selbst Schuld am Holocaust. Jesus galt ihnen als Überwinder und als weibliche Figur – ein Sieg nicht nur des Christentums, sondern der Frauen über Männer, so die Vorstellung. Ein Auseinandersetzungsforum dafür bot die Zeitschrift „Schlangenbrut" (1987). Mulack verdeutlicht jene makabre Haltung, indem sie darauf beharrt, dass „die Vernichtung der Juden nichts anderes [ist] als die späte logische Folge von deren früherer Ausrottung matriarchaler Kulturen (und [dass] das) Patriarchat, von den Juden verschuldet, letztlich zurückgeschlagen und im Nationalsozialismus seine destruktive Kraft gegen seine Stifter gewendet [habe]." (Mulack, zit. nach Heine 1994: 17)

Worin bestand die Kritik gegen (nicht-christliche) Feminist*innen und feministische Theorien?

Im Rahmen feministischer Theoriebildungen findet sich immer wieder die Formulierung des „Holocaust gegen Frauen" bzw. „Holocaust der Frauen". Diese Formulierung wurde insbesondere in Bezug auf Analysen des christlichen Hexenimaginären in den Vordergrund gerückt. Die Verwendung des Begriffes „Holocaust" evozierte die Vorstellung, Frauen seien während des Nationalsozialismus mehr Opfer als Juden_Jüdinnen. Der Begriff Opfer wird, resümieren Jacoby und Lwanga, in der Frauenbewegung inflationär gebraucht. Die Konkurrenz um die Erstrangigkeit des Opferstatus nimmt dabei vielfach makabre Züge an, vor allem wenn das Stichwort ‚Jüdinnen im Nationalsozialismus' falle: „Ein Dauerrenner sind z. B. die Hexen. Mit neun Millionen, so die feministische Vox populi, verbrannter Hexen, auf die frau sich als Vorfahrinnen beruft und die sich Lesben gern als Lesben denken, werden sechs Millionen verbrannter Juden doch glatt um drei Millionen überboten." (Jacoby/Lwanga 1990: 99) Historisch noch näher ist die Vorstellung, so Jacoby und Lwanga, „(...) alle Frauen seien Opfer des NS gewesen. Eine Zuspitzung dieser These ist die Behauptung, Lesben wären im NS genauso systematisch verfolgt worden wie Jüdinnen und Juden. (...) Sie brauchen auch die historische Absicherung ihres Opferstatus über die Shoa." (Jacoby/Magiriba Lwanga 1990: 99) In diesem Zusammenhang ist auch folgende Aussage von Alice Schwarzer zu verstehen: „Wir Frauen wissen alle, wovon Jean Améry da redet. Auch wir sind die Anderen. (...) Auch wir sind die Minderen, auch wir sind die Untermenschen, mit denen man es machen kann. Uns aber ist Amérys Schock im Erwachsenenleben erspart geblieben. Wir sind von Geburt an die Anderen. Die meisten von uns haben gar nicht erst die Chance, ihr Urvertrauen zu verlieren – sie haben es nie gehabt." (Schwarzer 1999: 22)[13] Hier wer-

---

13 Jean Améry, Schriftsteller, war seit 1938 auf der Flucht vor den Nationalsozialisten, wurde durch die Gestapo verhaftet und nach Auschwitz, Buchenwald und Bergen-Belsen depor-

den Frauen als erstrangiges Opfer zementiert, das keine Konkurrenz neben sich duldet. Gleichzeitig spricht diese Haltung gegen die oben beschriebene „These der Mittäterschaft von Frauen".

Eine weitere Kritik richtete sich gegen die Gleichsetzung von Israel mit allen Juden, wie Charlotte Kohn Ley hervorhebt: „Schuld wird den Juden (Synonym für Israel) nun als besonders verwerfliche zugeschrieben, denn ‚gerade sie hätten alles besser machen müssen'" (Jacoby/Lwanga 1990: 104).

Die Kritik des Antijudaismus und Antisemitismus gegen Teile der Frauenbewegung und feministischen Theoriebildung fand nach den 1980er Jahren bis heute in feministischen Kontexten kaum eine selbstreflexive Aufnahme (zur gegenwärtigen Reproduktion von Antisemitismus bei einigen queer-feministischen Vertreterinnen, siehe 1. Lehreinheit). Einzelne Autor_innen setzen sich später kritisch damit auseinander, wie es das Buch *Der feministische ‚Sündenfall'. Antisemitische Vorurteile in der Frauenbewegung* verdeutlicht (Kohn-Ley/Korotin 1994).

Was bedeutet die Kritik der rassistischen Denk- und Handlungsschemata?

Die Kritik galt allgemein dem von Teilen der westeuropäischen Frauenbewegung und feministischen Theorien formulierten Anspruch auf Allgemeingültigkeit, Universalismus und Eurozentrismus, in dem Bedingungen Schwarzer Menschen, Schwarzer Frauen und Rassismus nicht reflektiert wurden. Publikationen von bell hooks (1996), Avtar Brah (1996), Gloria Joseph (1993), Kader Konuk (1996), Trinht Minh-Ha (1996), Nira Yuval-Davis (1996), Ika Hügel-Marshall (1998), Audre Lorde (1986) u. a. machen diese Kritik heute gut nachvollziehbar.

So pointiert etwa Gloria Joseph die bestehenden Differenzen zwischen Schwarzen Frauen und der Frauenbewegung: „Die Debatte, ob Rasse oder Geschlecht das zentrale Moment der Unterdrückung sei, hat Schwarze und weiße Frauen in den aktuellen wie in den früheren Befreiungskämpfen getrennt. Feministinnen wenden sich nicht gegen Rassismus und die Folgen von Rassismus. Feministinnen haben nicht die Bedingungen Schwarzer Menschen oder Schwarzer Frauen untersucht (…), die sogenannten weiblichen Eigenschaften, die Feministinnen proklamieren, sind bei weißen Frauen nicht dasselbe wie bei Schwarzen Frauen (…), der Feminismus ist eine weiße Mittelschichtbewegung (…)." (Joseph 1993: 113 ff.) Ika Hügel-Marshall erinnert an die ehemalige Parole „das Persönliche ist politisch" als eine der weißen Frauenbewegung. Sie vergegenwärtigt die Zeit der Entstehung von Frauencafés, Frauenkneipen, Wohngemeinschaften und Frauenhäusern in Berlin, den gemeinsamen politischen Kampf

---

tiert. Er überlebte und war danach als Journalist und Korrespondent für Schweizer Zeitungen sowie als Schriftsteller tätig.

gegen Unterdrückung und Gleichberechtigung und hält fest: „Meine weißen Mitstreiterinnen, die gesamte weiße Frauenbewegung, hat kein Interesse daran, sich auch mit der Geschichte Schwarzer Frauen vertraut zu machen. Sie wollen sich nicht klarmachen, dass unsere Gesellschaft sowohl sexistisch als auch rassistisch ist. Weiße Feministinnen erkennen nicht, dass auch sie Nutznießerinnen des existierenden Rassismus sind. Dass Rassismus ihnen erlaubt zu ignorieren, wie unterschiedlich weiße Hautfarbe und schwarze Hautfarbe bewertet werden." (Hügel-Marshall 1998: 82 ff.).

Kritiken richteten sich gegen die Bestimmung spezifischer Identitätsmerkmale (z. B. Mittelschichtszugehörigkeit, Weißsein) in der Frauenbewegung. Diese diente der Stabilisierung einer bestimmten und westeuropäisch eingebundenen Gruppe von Frauen und blendete Differenzen zwischen Schwarzen Frauen und weißen Frauen aus. Feminist*innen wandten sich nicht gegen die Folgen von Rassismus, reflektierten die Bedingungen Schwarzer Menschen und Schwarzer Frauen nicht und analysierten Geschlecht als das zentrale Moment der Unterdrückung von Frauen. In der Zeit des politischen Kampfes gegen Unterdrückung und Gleichberechtigung von Frauen verdeutlichten kritische Stimmen, dass Feminismus in Theorie und Praxis auf dem Ausschluss von Schwarzen Frauen und ihrer Geschichte basierte: Ausgeklammert wurde, dass die Gesellschaft sowohl sexistisch als auch rassistisch ist. Ausgeklammert wurde außerdem, dass weiße Feminist:innen auch Nutznießer_innen des existierenden Rassismus sind. (Vgl. u. a. Brah 1996; hooks 1996; Hügel-Marshall 1998; Joseph 1993; Konduk 1996; Minh-ha 1996; Lorde 1986; Yuval-Davis 1996) Später entstandene Postkoloniale Studies, in denen von einer postkolonialen Gesellschaft die Rede ist, können in die Tradition dieser Auseinandersetzung gesehen werden (vgl. u. v. a. Castro Varela/Dhawan 2020).

Mit der Veränderung der Analyse von Gewalt, der „These der Mittäterschaft von Frauen" und mit Kritiken gegen Teile der westeuropäischen Frauenbewegung und feministischen Theorie im Hinblick auf Rassismus veränderte sich so nach und nach auch die feministisch orientierte Soziale Arbeit. So stand z. B. im Bereich der Frauenhausarbeit und der mit ihr einhergehenden Theoretisierung von Gewalt das Erkennen im Zentrum, dass Konzepte auf die Bedürfnisse der „deutschen Frauen" zugeschnitten waren und neue Orientierungen sowie Kompetenzen notwendig wurden. Die oben skizzierten Kritiken des Antisemitismus wurde dabei nicht aufgegriffen. Im Kontext der Sozialen Arbeit existieren mittlerweile allerdings Auseinandersetzungen mit dem gegenwärtigen Antisemitismus in seinen verschiedenen Formen, wobei auch von einer postnationalsozialistischen Gesellschaft gesprochen wird (vgl. Perko 2020; Czollek/Perko/Eifler 2021).

2.4 Die 1990er Jahre: Ausdifferenzierungen

Die Frauenbewegung galt in den 1990er Jahren als Frauenprojektbewegung, im Rahmen derer einzelne Projekte als sozialarbeiterische Projekte etabliert wurden (z. B. Frauenhäuser, Lesben/Schwulen Beratungsstellen).

Die Einforderung des feministisch(-lesbischen) Subjektes „Frau" war lange Zeit verbunden mit feministisch-politischen Strategien von (Selbst-)Entwürfen und (Selbst-)Gestaltungen weiblicher (lesbischer) Liebes-, Arbeits- und Denkformen. Im Zuge der postmodernen Kritik wurde auch in feministischen Kontexten die Kategorie „Frau" beanstandet. So charakterisiert Monique Wittig diese Kategorie in ihrer ausschließlichen Bedeutung im heterosexuellen System des Denkens und in heterosexuellen ökonomischen Systemen (die Kategorie „Frau" gibt es nur in Relation zur Kategorie „Mann"). Sie strebt an, die Kategorien des Geschlechts obsolet zu machen. In diesem Zusammenhang formuliert Wittig, dass „Lesben keine Frauen" seien (vgl. Wittig 1985). Judith Butler[14] formuliert zu dieser Frage: „Das Subjekt des Feminismus dekonstruieren heißt nicht, den Gebrauch des Begriffes ‚Frauen' zensieren, sondern ihn in eine Zukunft vielfältiger Bedeutungen entlassen, ihn von maternalen oder rassischen Ontologien befreien und ihm freies Spiel geben" (vgl. Butler 1993: 50). Feministische Theoretiker_innen wandten sich zunächst vehement gegen die Auffassung von Judith Butler, dass nicht nur Gender (das gesellschaftlich konstruierte Geschlecht), sondern auch Sex (das biologische Geschlecht) eine Konstruktion ist. Die Einwände dagegen veränderten sich erst Mitte der 1990er Jahre und wurden erst im Kontext von Queer Studies positiv aufgenommen. (Vgl. 1. Lehreinheit)

Die Radikalisierung der Analysen von Gewalt über postmoderne Kritik „(...) kennzeichnete die gewohnten Einteilungen mit den ihnen innewohnenden Identitätsvorstellungen, den Ordnungswahn von Unterscheidungen mit ihren qualifizierenden und hierarchisierenden Absichten als immer ausschließenden Gewaltakt" (Thürmer-Rohr 2003: 17). Zentral waren dabei u. a. auch feministische Analysen der (Zwangs)Heterosexualität als Institution und nicht hinterfragten Norm, als System der Zweigeschlechtlichkeit in der Verknüpfung von Herrschaftsform, persönlicher Eigenschaft und sexueller Praxis (vgl. Rich 1983; Hagemann-White 1984).

Insgesamt ging es in den 1990er Jahren im feministischen Kontext immer mehr dahin, Differenzen differenter zu denken. In Bezug auf Theorierichtun-

---

14 Wir zitieren Judith Butler als eine Autorin, die historisch viel zum Diskurs Gender und Queer beigetragen hat, distanzieren uns aber ausdrücklich von ihr in Bezug darauf, dass sie BDS Vertreterin ist (BDS, Boykott, Desinvestitionen und Sanktionen gegen Israel) ist. (Siehe 1. Lehreinheit/Exkurs und Czollek 2017; Czollek/Perko 2017).

gen kam es ab den 1990er Jahren zur Etablierung verschiedener Richtungen im deutschsprachigen Raum: u. a. Gender Studies, Kritische Männerforschung, Queer Studies. Diese Richtungen stehen zuweilen im Kontext feministischen Denkens, grenzen sich zuweilen vom feministischen Denken ab und sind insgesamt als je eigene Richtungen anzusehen; gleichzeitig blieben Feministische Theorien als eigene Richtung bestehen. Die sich etablierenden genderorientierten Sozialarbeitstheorien basieren darauf. (Vgl. 1. Lehreinheit)

2.5 Frauenpolitik in der DDR

Immer wieder wird betont, dass es in der ehemaligen DDR keine Frauenbewegung, keinen Feminismus oder keine Lesbenbewegung gab. Von Interesse ist hier nicht, ob die Frauenpolitik der ehemaligen DDR mit dem Terminus „Feminismus" bezeichnet werden kann, vielmehr ist es wichtig zu erinnern, womit sie sich auseinandersetzte (vgl. u. a. Friedrich-Ebert-Stiftung 1987). Wird diese Auseinandersetzung hier kurz erinnert, so keinesfalls mit dem Vergessen, dass es sich um eine Diktatur mit all ihren gewalttätigen Auswirkungen auf bestimmte Menschen handelte.

Neben Gesetzesverankerungen zeigen Publikationen aus der ehemaligen DDR Auseinandersetzungen mit der gesetzlichen, beruflichen, gesellschaftlichen und familiären Stellung der Frauen (vgl. u. v. a. Bruhm-Schlegel/Kabat vel Job 1981; Grandke 1968; Kuhrig/Speigner 1978; Kuhrig/Speigner 1979; Hörz 1986; Bertram 1989). Publikationen beschreiben die Lesbenbewegung auch als Widerstandbewegung in der DDR in ihren verschiedenen Facetten (vgl. u. a. Bettels 2007; Kenawi 2007; Körzendörfer 2007; Sillge 2007).

In den Auseinandersetzungen in der DDR wurden folgende Inhalte, Forderungen und Haltungen thematisiert.

- Rechte der Frauen auf Arbeit und Bildung
- Entwicklung von Ehe und Familie
- Entwicklung von Kindereinrichtungen
- Möglichkeiten der Verringerung der Hausarbeit durch Frauen
- Gesundheit und Leistungsfähigkeit von Frauen und Müttern

Vgl. Kuhrig/Speigner 1978

Gleichzeitig stehen wissenschaftliche Auseinandersetzungen zur Diskussion, u. a.:

- Aufgabe der pädagogischen Forschung im Hinblick auf Mädchen
- Rolle von Frauen in der Landwirtschaft
- Soziologische Stellung von Frauen
- Frauenheilkunde/Medizin
- Frau in Geschichte und Gegenwart

Vgl. Grandke 1968

Die Publikation von Helga Hörz, „Die Frau als Persönlichkeit" (1986) gibt Zeugnis über die Auseinandersetzung mit Sex und Gender (die Begriffe selbst wurden nicht verwendet). Gleichzeitig zeigt sie die kritische Bezugnahme auf Vertreter*innen der Alten Frauenbewegung wie Lida Gustava Heymann, Marianne Adelaide Hedwig Dohm, Clara Zetkin oder auf Denkerinnen wie Simone de Beauvoir.

In dem Buch wird betont, dass die „soziale Gleichstellung von Mann und Frau" in der DDR garantiert und „Ausbeutung beseitigt" ist. Gleichzeitig werden Problematiken behandelt, insofern „(…) bei der vollen Verwirklichung der Gleichstellung der Frau in unserer Gesellschaft (…) eine Reihe von Problemen" auftreten. Diese Problematiken werden benannt mit „objektive Schwierigkeiten" (z. B. Frauen leiden mehr oder weniger unter der Belastung durch die Hausarbeit), „ideologische Vorbehalte bzw. Hemmnisse", die ihre Grundlage in (…) falschen Vorstellungen vom Menschen, speziell vom Verhalten der Frau" haben, indem sie von der „Unwandelbarkeit des menschlichen Charakters" ausgehen. (Hörz 1986: 7) Gegen diese Auffassung formuliert Hörz einer ihrer Grundthesen folgenderweise: „Physiologische und psychologische Eigenschaften, die geschlechtsspezifisch sind aufgrund der biologischen Konstitution der Menschen, müssen von solchen ‚Geschlechtsmerkmalen' unterschieden werden, die sich in Abhängigkeit von den gesellschaftlichen Verhältnissen verändern." (Hörz 1986: 9) Hervorgehoben wird, dass sowohl die Beziehung zwischen den Geschlechtern (Männer und Frauen) als auch Verhaltensweisen von Frauen und Männern nicht naturgegeben, sondern historisch entstanden sind. Insofern sind Auffassungen über Frauen (auch über Männer) veränderbar.

In einem Gespräch zwischen Herta Kuhrig und Christina Thürmer-Rohr, veranschaulicht Kuhrig die DDR-Frauenpolitik insbesondere im Zusammenhang mit der Gesetzgebung. Das Gesetz zum „Schutz von Mutter und Kind und für die Rechte der Frau" (1950) inkludierte z. B. die Anzahl der zu schaffenden Kinderkrippen und Kindergärten, berufliche Qualifizierungsmaßnahmen für Frauen, aber auch die Aufgabe der „geistig-kulturellen Auseinandersetzung mit den Traditionen des Geschlechterverhältnisses" (Kuhrig/Thürmer-Rohr 2003: 67). Im Familiengesetz von 1964 wurden u. a. die gleiche Verantwortung von Frauen und Männer für Ehe, Familie, Kindererziehung und Haushaltszuständigkeit festgeschrieben. In der DDR wurde, so Kuhrig, „Acht darauf gegeben, dass berufliche Qualifizierung erforderlich ist und dass Anstrengungen erforderlich sind, damit die Frauen auch in Leitungsfunktionen vordringen können. Empfohlen wurde, dass für Frauen Sonderlehrgänge durchgeführt werden“ (Kuhrig/Thürmer-Rohr 2003: 67).

Die Kluft zwischen der Verwirklichung und gesetzlichen Verankerung der DDR-Frauenpolitik pointiert Kuhrig folgenderweise: „Man muss zwischen dem, wie es gedacht war, und dem, was dann gelaufen ist, unterscheiden“ (Kuhrig/Thürmer-Rohr 2003: 68).

3. Feministisch orientierte Soziale Arbeit im Zeichen der Frauenbewegung

Die Alte Frauenbewegung und die Neue (autonome) Frauenbewegung westeuropäischer Länder und mit ihr Feministische Theorien brachten nicht nur allgemein Veränderungen mit sich. Sie führten zum Aufzeigen von Geschlechterverhältnissen und Gesellschaftsverhältnissen als Macht- und Herrschaftsverhältnisse. Dabei kam es auch zu zahlreichen empirischen Studien zu Gewalt, aber auch zu Studien über Frauen in technischen Berufen etc. (vgl. Spitzy/Pelz/Wagner 1986), die bis heute in den Veranstaltungen von „Girl's day“ und „Boy's day“ auch im Kontext von Hochschulen der Sozialen Arbeit reichen, deren Intention die Auflösung von Vorstellungen frauentypischer oder männertypischer Professionen ist. Darüber hinaus führte sie zu neuen Erkenntnissen für die Soziale Arbeit: „Frauen sind in der Gesellschaft durch den herrschenden Sexismus benachteiligt, sie leisten mehr (unbezahlte) Arbeit, verdienen weniger und sind durch die gesellschaftliche Abwertung sowohl in ihrer physischen als auch psychischen Integrität bedroht. Aufgrund dieser Benachteiligungen werden mehr Frauen Klientinnen der Sozialarbeit als Männer. Frauen haben ganz spezifische soziale Probleme, auf die die Sozialarbeit bisher nicht adäquat reagiert hat (männliche Gewalt gegen Frauen, sexuelle Gewalt gegen Kinder, psychische Probleme von Frauen usw.)“ (Fröschl/Gruber 2006: 2). Davon ausgehend galt es in der Sozialen Arbeit, „(...) Frauen sichtbar zu machen und der jeweils spezifisch weiblichen Position Geltung zu verschaffen, um nicht unausgesprochen Frauen dem männlichen Standpunkt unterzuordnen“ (Szemeredy 1996: 69).

In der Verknüpfung von Sozialer Arbeit und Feminismus (vgl. u. a. Cremer 1975, 1990) war die Etablierung einer feministischen Sozialen Arbeit zentral: „Insgesamt sollten sie (die Sozialarbeiterinnen, Anm. d. A.) versuchen, die Eigenkräfte der KlientInnen (...) zu mobilisieren, ohne der Versuchung eines moralisch nahegelegten Helfens – im Sinne von ‚sich für die KlientInnen zu opfern‘ –

zu erliegen. Die KlientInnen würden dadurch nicht in Abhängigkeit und tiefere Unselbständigkeit ‚gestürzt' und die SozialarbeiterInnen könnten sich des Erbes der geistigen Mütterlichkeit entledigen" (Schmidbauer 1994: 29). Die Loslösung davon führte schließlich hin zur „neuen" Sozialarbeiter*in: „Helfen im traditionellen Sinn erinnert an die klassische Form der Mütterlichkeit, wo die Mutter weiß, was das beste für ihr Kind ist. (...) Nicht so die heutige Sozialarbeiterin. Sie sieht ihr eigenes Bedürfnis nach einem befriedigenden Lebensentwurf. Sie ist in ihrer Arbeit auch auf der Suche nach ihrem eigenen Selbst. Damit begreift sie sich selbst als Suchende, als bedürftig, und legt so die Überlegenheitspose der unfehlbaren Mütterlichkeit ab" (Rommelspacher 1991: 126).

Wichtig war ferner die Aufnahme feministischer Debatten über Gewalt, die in feministischen Diskursen ausgehend von Johann Galtung aufgenommen und explizit auf Frauen bezogen wurde. Wesentlich waren folgende Inhalte:

- „Erstens hat die Frauenbewegung die alltägliche Gewalt von Männern gegenüber Frauen aufgedeckt (...).
- Zweitens hat die Frauenbewegung auf einer Erweiterung des Gewaltbegriffes (...) bestanden (...).
- Drittens hat die Frauenbewegung die Gewalt im männlichen Sozialcharakter aufgezeigt (...) und somit auch die immaterielle Seite der Gewalt als Gewalt gekennzeichnet (...).
- Viertens hat die Frauenbewegung Gewalt überhaupt als ein strukturelles männliches patriarchales Phänomen deklariert (...)."

Thürmer-Rohr 2003: 11

Im Zusammenhang damit galt es auch in der Sozialen Arbeit das Thema Gewalt zu benennen und ihm entgegenzuwirken sowie auch diesbezüglich Differenzen zwischen Frauen wahrzunehmen. Dabei stand das Erkennen der Gleichzeitigkeit von Betroffenheit als Gleichheit und soziale Differenzen im Vordergrund feministisch geprägter Sozialer Arbeit.

4. Herausforderungen für die Soziale Arbeit

Insbesondere die Neue (autonome) Frauenbewegung und der Feminismus evozierte Auswirkungen auf die Soziale Arbeit. Gleichzeitig haben die Kritiken gegen Teile der Frauenbewegung und feministischen Theoriebildungen Veränderungen in Sozialarbeitstheorien und neuen Ansätze hervorgerufen: Auch hier entwickelte sich das Denken hin zu einem differenzierteren Denken der Differenzen.

Parallel zur Entwicklung Feministischer Theorien rekurrieren Sozialarbeitstheorien seit den 1990er Jahren weniger dezidiert auf Feminismus, sondern verstehen sich als genderorientierte Theorien. Die Einbeziehung von Queer Studies hat mittlerweile stattgefunden. Gender *und* Queer Studies in den Auseinandersetzungen aufzunehmen, kann dabei immer wieder einen Impuls geben, Wissenschaft und Theorie selbst als „Routen der Macht" (vgl. Haraway 1991) zu begreifen, auf denen versucht wird Herrschaftswissen herzustellen. Mittlerweile wurden auch in Kontexten der Sozialen Arbeit Gender Studies und Queer Studies mit Diversity verbunden. Dabei bedeuten Diversitystrategien für die Theorie-Wissenschaft-Praxisverhältnisse in der Kritischen Sozialarbeitstheorie: Keinen Standpunkt über den anderen zu setzen, nicht das eine Wissen als legitimiert und das andere als nicht legitimiert zu betrachten, sondern vielfältige Methoden einzusetzen, um dominante Standpunkte jederzeit aufzubrechen (vgl. Fook 2003). Hier schließt sich der Kreis hin zu den Inhalten, wie sie in der ersten und zweiten Lehreinheit diskutiert werden.

5. Übungen

1. Schreiben Sie einen Essay über Alice Salomon oder eine andere historische Frau der Sozialen Arbeit, die in Zusammenhang mit der Alten Frauenbewegung stand.
2. Lesen Sie einen feministischen Text aus den 1970er Jahren und diskutieren Sie in einer Gruppenarbeit, inwiefern er für gegenwärtige Sozialarbeiterische Theorie und Soziale Arbeit noch relevant sein könnte.
3. Recherchieren Sie, wo sich feministisch geprägte Soziale Arbeit heute in der Praxis zeigt: Welche Bezüge werden zu Feminismus genommen, wie wird argumentiert?

6. Zur Vertiefung

Nave-Herz, Rosemarie: Die Geschichte der Frauenbewegung in Deutschland. Hannover 1989

Kuhlmann, Carola: Alice Salomon. Ihr Lebenswerk als Beitrag zur Entwicklung der Theorie und Praxis Sozialer Arbeit. Weinheim 2000

Kohn-Ley, Charlotte/Korotin, Ilse (Hg.): Der feministische ‚Sündenfall'. Antisemitische Vorurteile in der Frauenbewegung. Wien 1994

IV. Methoden

Die Methodenausarbeitung und Weiterentwicklung geschah und geschieht in enger Auseinandersetzung mit der Praxis der Sozialen Arbeit, ihren sozialen und politischen Handlungsfeldern. Dabei wurden aus der Perspektive von Gender/ Queer und Diversity eigene Methoden entwickelt und gleichzeitig Methoden aus anderen Feldern (politischen Bewegungen, Psychologie, Medizin, Pädagogik, Sozialwissenschaften, Philosophie etc.) angeeignet und sie mit dem fachspezifischen Profil versehen. Erst die Anwendung spezifischer Methoden ermöglicht es im professionellen Sinne von einer gender/queer- und diversitygerechte Soziale Arbeit sprechen.

Mit Methode (griech. *methodos*, einen Weg verfolgen) sind bestimmte Verfahren und Anwendungen (auf potentiell unterschiedlichen Gebieten) zur Realisierung eines begründeten Inhaltes gemeint, oft verbunden mit Zielen und konkreten Handlungsplänen. Deshalb ist in der Sozialen Arbeit im Zusammenhang mit Methode auch von „allgemeinen Handlungskonzepten", „Handlungsarten" und „Handlungsinstrumenten", „Handlungswissenschaft" die Rede (vgl. Staub-Bernasconi 2007). Unter Handlungsmodellen wird zum Beispiel verstanden: Deutung des Problems, Zielrahmen, setzen auf Veränderungswissen, präzises Setting bezüglich Zeit, Ort etc.; Kriterien für Erfolg oder Misserfolg (vgl. Kreuzer 2006). Wenn mit Hilfe von Methoden auf ein bestimmtes Ziel in der Sozialen Arbeit hingearbeitet wird oder Ziele entworfen werden, lassen sich spezifische gender-, queer- und diversitygerechte Methoden anwenden und an konkreten Handlungsfeldern Konsequenzen aufzeigen.

Das Methodenrepertoire betrifft dabei sowohl individuumzentrierte Methoden, gruppen- und gemeinwesenzentrierte Methoden, Methoden zur institutionellen Umsetzung von Gender, Queer und Diversity, Methoden zur Veränderung gesellschaftlicher Macht- und Herrschaftsverhältnisse zugunsten von Social Justice und Diversity als auch Forschungs- und Reflexionsmethoden. Dieses Repertoire basiert darauf, dass das Selbstverständnis der Sozialen Arbeit über die Individualisierung sozialer Probleme oder deren Kontextualisierung (z.B. der Sozialraumorientierung) hinausgeht.

7. Lehreinheit
Gender/queer- und diversityorientierte Methoden in der Sozialen Arbeit

In der Sozialen Arbeit hat sich in Bezug auf die Methodendiskussion und die Handlungsfelder eine Dreiteilung herausgebildet: Einzelfallarbeit, Soziale Gruppenarbeit und Gemeinwesenarbeit. Diese Einteilung wird als tendenziell überholt oder ergänzungsbedürftig angesehen, faktisch ist sie aber in der Beschreibung von Methoden nach wie vor von Bedeutung und wird durch zahlreiche andere Methoden ergänzt (vgl. Galuske 2013). Deshalb wird diese Aufteilung der folgenden Darstellung zugrunde gelegt, an ausgewählten Methoden wird die Gender- und Queerperspektive erläutert und der Blick auf Diversity gerichtet. Methoden aller drei Felder wurden in den Ursprüngen der Sozialen Arbeit von vielen Frauen entwickelt und theoretisiert: Die Einzelfallarbeit u. a. von Mary Richmond (1917), die Soziale Gruppenarbeit u. a. von Gisela Konopka (1994), die Gemeinwesenarbeit u. a. von Jane Addams (2002).

1. Individuumzentrierte Methoden

Während feministische Beratungsarbeit früher in geschlossenen Räumen stattfand und oft eine Zusammenarbeit mit Männern abgelehnt wurde, arbeiten Frauenberatungsstellen heute vernetzt. Es haben sich zudem Beratungsprojekte für Frauen, Mädchen, Männer, Jungen, Queers (Lesben, Schwule, Transgender u. a.) herausgebildet. Innerhalb und außerhalb dieser Projekte werden Schwerpunkte gesetzt, die ein Wissen um Intersektionalität voraussetzt: Interkulturelle Beratungsprojekte, Beratung für Migrant*innen, wohnungslose bzw. obdachlose Menschen, arme Menschen, Menschen mit Beeinträchtigungen, Beratungsstellen für Menschen, die von Antisemitismus oder Rassismus getroffen sind etc. Gearbeitet wird mit unterschiedlichen Beratungsmethoden, wobei gesprächszentrierte, psychosoziale, soziale Beratungsmethoden auch kombiniert werden (vgl. Nestmann/Engel/Sickendieck 2004). Methodenpluralismus, d. h. die Kombination verschiedener Methoden sowie die Anwendung einzelner Methoden, gehören heute zu den Standards der Sozialen Arbeit. Insgesamt ist auch eine individuumzentrierte Beratung in der Sozialen Arbeit heute durch systemische Sichtweisen (Einbeziehung der jeweiligen Kontexte) und ein hohes Maß an Vernetzung gekennzeichnet. Für eine gender/queer- und diversitygerechte Arbeit eröffnet dies Möglichkeiten, weil auf diese Weise der Komplexität von diversen Lebenslagen Rechnung getragen werden kann. Methoden der Gruppenberatung wie zum Beispiel Supervision oder kollegiale Beratung werden hier aufgenommen, weil auch sie mit Erfahrungen von Individuen arbeiten, um mit Hilfe von Gruppenwissen Perspektiven und Lösungen zu finden.

1.1 Beratung

Früh entstanden feministische Beratungsmethoden, zu deren Selbstverständnis Parteilichkeit und eine patriarchatskritische sowie eine politische Haltung (Intervention in der Politik) zugleich gehörten. Die neuen Frauenbewegungen haben in drei Punkten bis dahin gültige Beratungsansätze verschoben und neue Beratungsthemen installiert und formuliert: Bisher tabuisierte Themen, wie sexualisierte Gewalt gegen Kinder, häusliche Gewalt, sexualisierte Belästigung am Arbeitsplatz, Schwangerschaftsabbruch, Gesundheitsberatung u. a. wurden öffentlich gemacht und als Beratungs- und Projektfelder etabliert (vgl. Götze 1998). Die feministische Forschung und Genderforschung arbeitete daran, pathologisierende Sichtweisen auf Frauen (später Männer und Queers) durch neue Sichtweisen zu korrigieren. Damit nahm sie einen paradigmenversetzenden Einfluss auf psychotherapeutische und psychosoziale Beratungsprozesse. Probleme wurden nicht mehr dem Individuum zugeschrieben, sondern es wurde erkannt, dass das Individuum von seiner Umgebung an gesellschaftlichen Normen gemessenen Zuschreibungen zugerichtet wird (vgl. Sickendieck/Engel/Nestmann 1999). Ehemalige Postulate einer feministischen Beratungsarbeit – wie nicht-hierarchisches Arbeiten, Einbeziehung der Klient_innen in die Prozesse, Parteilichkeit sowie Betroffenheit der Sozialarbeiter*in – wurden durch die feministische Kritik selbst verändert und führten zu neuen Sichtweisen (vgl. Tatschmurat 1996; Hartwig/Weber 1999). Die Machtbeziehung zwischen Ratsuchenden und Beratenden wird heute gerade in ihren strukturellen, hierarchischen Voraussetzungen (Zugang zu Ressourcen/Information, Entscheidungsmacht etc.) reflektiert. Gleichzeitig geht es um die Anerkennung von unterschiedlichem Wissen und die Gleichberechtigung der daraus resultierenden Sichtweisen. Ein Verständnis von Gender als Konstruktion geht damit einher, auch die Veränderbarkeit und Flexibilität von Gender zu denken (vgl. Sickendieck/Engel/Nestmann 1999). Veränderbarkeit und das Auffinden von Alternativen sind für die Beratungsarbeit methodisch bedeutsam (vgl. Weinbach 2008). Damit eröffnen sich durch gender/queerorientierte Kompetenzen in der Beratung neue Möglichkeiten, ein breites Vorstellungs- und Handlungsspektrum zu eröffnen. So können sowohl individuelle Ermutigungen produziert werden als auch komplexe Lebenslagen verstanden und nach adäquaten Lösungen gesucht werden (vgl. Griese 2007): „Freiräume für Gedankenspielereien sind gegeben und die Beraterin kann – statt Expertinnenwissen durchsetzen zu wollen – Vorschläge, alternative Sichtweisen und zunächst vielleicht irritierende Deutungen der erlebten Wirklichkeit anbieten oder Klientinnen zu eigenen differenten ‚Geschichten' möglichen Frauenlebens (…)" (Sickendieck/Engel/Nestmann 1999: 80) oder vielfältigen Geschlechterlebens ermutigen.

Anregungen für eine gender/queer- und diversityorientierte Beratung in der Sozialen Arbeit finden sich in den englischsprachigen Ländern (vgl. vgl. Moon 2008). Im deutschsprachigen Raum wurde das Konzept der *diskriminierungskritischen Beratung* von Leah Carola Czollek (2018) entwickelt. Beratung spielt sich nicht in einem diskriminierungsfreien Raum ab: Als Beratungsraum, in dem Beratende diskriminierend sein können und in dem Sinne, dass erlebte Diskriminierung mit in den Beratungsraum gebracht wird. So muss einerseits das asymmetrische Machtverhältnis zwischen Beratende (Machtposition) und jene, die beraten werden (Suche um Unterstützung) reflektiert werden und andererseits über eine bloße Individualisierung der zu Beratenen, deren Erfahrungen, Erlebnisse, Gefühle etc. hinaus, Praxen individueller, institutioneller, institutionalisierte und kultureller Diskriminierung reflektiert werden. Sozialarbeiterische bzw. sozialpädagogische Beratung bedarf also – neben fachlichem Wissen und fachlich-methodischer Herangehensweisen und dafür notwendigen Kompetenzen – einer diskriminierungskritischen Orientierung: Gerade weil Differenzen für Menschen aufgrund bestimmter Diversitätskategorien bedeuten, dass sie mit Alltagsdiskriminierung und mit Struktureller Diskriminierung (vgl. 2. Lehreinheit) konfrontiert sind. So kommen Personen, die beraten werden, nicht selten mit diskriminierungserfahrungsvollen Rucksäcken in den Beratungsraum. Die Beratenden selbst können solche Rucksäcke haben, doch gehört es zu ihrem professionellen Handeln, dass sie die zu Beratenen unterstützen. Eine diskriminierungskritische Beratung ist getragen von Ambiguitäts- und Differenzkompetenzen, die die Autonomie der zu Beratenen im Blick hat und die transparent ist. Wird in der Beratung die Autonomie der zu Beratenen gefördert, dann handelt es sich um eine diskriminierungskritische Beratung, wenn die Beratenden die Kontexte reflektieren und sichtbar machen, in denen Autonomie verhandelt wird. Hier müssen immer wieder selbstreflexive und machtkritische Fragen gestellt werden: Wie autonom darf der zu Beratene tatsächlich sein? Welche Machstrukturen sind erkennbar, aufgrund derer der zu Beratene nicht autonom entscheiden darf, weil seine Spielräume staatlich reglementiert sind? Wo steht hier die Soziale Arbeit selbst? (Vgl. Czollek 2018).

Bausteine einer gender/queer- und diversitygerechten Beratung, die heute auch als Online-Beratung durchgeführt wird, können folgend zusammengefasst werden:

- Transparentmachung des Prozesses (auch der Methoden) der Beratung.
- Reflexion von Machtstrukturen und ihren soziostrukturellen Bedingtheiten (zwischen Beratenden und zu Beratenen hinsichtlich ihrer sozialen Gruppenzugehörigkeiten).
- Wissen der zu Beratenen über Diskriminierungserfahrungen aufgrund bestimmter Diversitykategorien zum Tragen kommen lassen.
- Umgang mit Uneinheitlichkeiten, Ambiguitäten und Differenzen (Ambiguitäts- und Differenzkompetenzen).
- Einbeziehung von erweiterten Netzwerken (z. B. Selbstorganisationen von Intergeschlechtlichen Menschen, Transgender, Migrant*innenselbstorganisationen).
- Reflexion von Sprache und Rede: Dialogische Handlungsmethoden (keine Abwertungen und Stereotypisierungen; vgl. 2. Lehreinheit).
- Biografische Fallarbeit, um die zeitlichen historischen Dimensionen aufzudecken, die Komplexität der Geschichten und Genesen von Problemen sichtbar zu machen: Gender/Queer und Diversityerfahrungen können hier erzählt werden.
- Ermöglichung von alternativen Sichtweisen (u. a. Geschlechtervielfalt, Vielfalt des Begehrens).
- Einbezug von Diversitykategorien (wie Alter, Klasse, geografische Herkunft, Migration etc.).

(Vgl. Czollek 2018)

1.2 Coaching

Als Beratungsfeld, insbesondere zur Förderung individueller, beruflicher Perspektiven hat sich Coaching als Methode etabliert (vgl. Simon-Adorf 2008). Hier wurden auch Konzepte eigens für das Coaching von Frauen entwickelt, unter anderem, um ihre Benachteiligung auf dem Arbeitsmarkt und bei der Karrieremöglichkeit entgegenzuwirken und Berufsperspektiven zu unterstützen und zu entwickeln (vgl. Klinkhammer, Kühne-Eisendle 2004). Coaching von Frauen hat das Ziel, Frauen bei der Entwicklung ihrer Ressourcen zu unterstützen, aber auch die Machtverhältnisse, in denen Frauen sich bewegen, zu reflektieren und Strategien des Umgangs damit zu entwickeln. Coaching für Frauen richtete sich zunächst an Frauen, die bereits im Arbeitsmarkt integriert sind und die sich diese Form der meist hoch bezahlten Beratung leisten konnten oder von Arbeitgeber_innen dabei unterstützt wurden. Dies ist auch heute noch das vorrangige Feld von Coaching. Allerdings haben sich Coachingmethoden als Lern- und Bildungscoaching auch auf die Arbeit mit benachteiligten Menschen auf dem Arbeitsmarkt, in Ausbildung und Schule ausgeweitet und werden seit geraumer Zeit zum Beispiel in Berufsfördermaßnahmen eingesetzt (vgl. Ludwig/Lindemann/Dehnbostel 2007).

Gender-, Queer- und Diversityaspekte im Coaching werden mittlerweile berücksichtigt, die analog oder digital durchgeführt werden. Dabei geht es darum, Coachingprozesse so zu organisieren, dass die strukturellen Gruppenzugehörigkeiten im Hinblick auf Diversitykategorien (zum Beispiel Alter) einbezogen werden und eine Verbindung zwischen individuellen Ressourcen und gesellschaftlichen Realitäten hergestellt wird (vgl. Passmore 2008). Coachingmodelle für queere Menschen (z. B. Transgender) entwerfen ebenfalls eine Beratungsform, in der strukturelle Bedingungen und individuelle Perspektiven miteinander verbunden und auch rechtliche und politische Aspekte einbezogen werden (vgl. Wilhelm 2007). Teilweise wirken diese Konzepte auch auf andere Beratungsfelder zurück und es wird die Verbindung von Individuum und Gesellschaft in Beratung und Coaching wieder stärker in den Vordergrund gerückt.

1.3 Mediation

In der Sozialen Arbeit haben wir es häufig mit Konflikten zu tun: Unter Sozialarbeiter*innen, mit dem Träger, mit den Menschen, mit denen wir arbeiten etc. Mediation, die „Königin" der Konfliktlösungsmethoden, gilt als eine etablierte Methode der Sozialen Arbeit. Dabei können Sozialarbeiter_innen sich als Mediator:innen ausbilden lassen oder, beispielsweise im Studium, Elemente der Mediation erlernen und Konfliktparteien dabei begleiten, ihre Konflikte mit dem Ziel der Win-Win-Lösung konstruktiv zu lösen. Für Konfliktlösungen bedarf es Wissen (Konflikttheorien, systemische Konfliktanalyse etc.), Haltung (Neutralität, nicht polarisierende, anerkennende Zugewandtheit etc.) und Können (professionelle Begleitung der Konfliktparteien), die in allen Konfliktlösungsmethoden eine wichtige Rolle spielen.

Die Klassische Mediationsmethode ist in fünf Phasen eingeteilt, verwendet Kommunikationstechniken wie Aktives Zuhören, Paraphrase und Reframing, die beim Lösen des Konfliktes unterstützend sind (vgl. Besemer 1999). Im Zentrum steht die Haltung der Mediator:in, die allen Konfliktparteien gegenüber neutral ist und ihnen anerkennend begegnet. Ausgehend von der Klassischen Mediation wurde von Leah Carola Czollek und Gudrun Perko eine Diversity orientierte Mediationsmethode mit der Bezeichnung „*Machloketsche Mediation* – ein diskriminierungskritischer Ansatz" entwickelt (vgl. Perko/Czollek 2006). In diesem Konfliktlösungsverfahren werden Elemente der klassischen Mediation beibehalten wie u. a. das Aufgreifen der Sichtweisen der einzelnen Konfliktparteien, die Konflikterhellung, Problemlösung, Übereinkunft sowie Kommunikationstechniken wie Reframing, Aktives Zuhören, Paraphrase und die Prämisse der Freiwilligkeit, an der Mediation teilzunehmen, sowie die Gewaltlosigkeit als Regel. Doch basiert das Mediationsverfahren der Machloketschen Mediation auf der Methode *Machloket,* die einerseits eine spezifische dialogisch-inkludierende und mediatorisch-ethische Haltung und andererseits spezifische Besonderheiten des dialogisch-anerkennenden Umgangs miteinander beinhaltet. Dabei stehen folgende drei P im Zentrum: Der *Perspektivenwechsel* der Konfliktparteien (das gegenseitigen Verstehen der je anderen Perspektiven der Konfliktparteien), die *Perspektivenvielfalt* (dass die Konfliktparteien weitere Sichtweisen einbeziehen als ihre eigenen) und die *Perspektivenverschiebung* (dass mögliche Lebensumstände, Sichtweisen und Bedürfnisse hereingeholt werden, wenn sich ein Konflikt in Bezug auf andere Personen entzündet). Mit Blick auf Diversity als radikale Verschiedenheit von Menschen der Konfliktparteien und gesellschaftliche Gegebenheiten (z. B. Diskriminierungserfahrungen), ist die Rolle der Mediator:innen hier eine vermittelnde, die bei Bedarf aktiv unterstützt, indem sie auch Wissen (beispielsweise in Bezug auf Diskriminierungsrealitäten) zur Verfügung stellt und sowohl den historischen Kontext als auch den gegenwärtigen gesellschaftlichen Kontext in die Mediation hereinholt, in die der Konflikt eingebettet ist. Dadurch soll nicht zuletzt eine Transformation der involvierten Konfliktpersonen ermöglicht und ihre Stärken und die jeweiligen Anerkennungen gefördert werden. Über die Zielsetzung einer Win-Win-Lösung hinaus, intendiert die Machloketsche Mediation das Verbündet-Sein der Konfliktparteien zu erreichen. Mediator*innen bzw. Sozialarbeiter_innen mit mediatorischem Wissen und Können benötigen hierbei Diversity-Kompetenzen und ein Wissen um Diskriminierungsformen (vgl. 2. und 8. Lehreinheit).

Um einen detaillierteren Einblick in die Klassische Mediation und die Diversity orientierte Mediation zu gewinnen, sind hier folgende Mediationslehrfilme empfohlen, die die Soziale Arbeit im Blick haben:

- Klassische Mediation: www.youtube.com/watch?v=m2mWtFH5jEE
- Diversity orientierte Mediation: „Der Fall Sahid und die Machloketsche Mediation“, www.youtube.com/watch?v=ouw2NNABhc8
- Diversity orientierte Mediation: „Ethisch-dialogische Haltung der Mediatior*innen in der Machloketschen Mediation“: www.youtube.com/watch?v=Pvw2fqPDm4w
- Diversity orientierte Mediation: „Maxi in der Schule. Eine systemische und Diversity orientierte Onlinemediation“, www.youtube.com/watch?v=c3US2oLDmao

1.4 Methoden der Ethik: 8-Schritte-Modell

In der Sozialen Arbeit spielt die Berufsethik eine große Rolle, d.h. der von der International Federation of Social Workers und der International Association of Schools of Social Work (2004) verabschiedete Ethikkodex der Sozialen Arbeit. In Bezug darauf entwickelten Czollek/Perko 2013 die *8-Schritte-Methode: Reflektieren – Entscheiden – ethisch begründbares Handeln im Hinblick auf den ethischen Kodex,* die in verschiedenen Arbeits- und Praxisfeldern der Sozialen Arbeit angewendet wird (eine detaillierte Beschreibung findet sich in Perko 2018).

Diese Methode unterstützt Sozialarbeiter*innen, wenn Entscheidungen getroffen werden müssen, um Handeln ethisch argumentieren und begründen zu können. Der (inter)nationale Ethikkodex dient dabei explizit als Referenzrahmen (vgl. 8. Lehreinheit). Hierbei tritt das jeweilige persönliche Wertesystem und das je individuelle Gefühl der Sozialarbeiter_innen in den Hintergrund. Vielmehr werden Überlegungen explizit im Hinblick auf den Ethikkodex getroffen und mögliche Maßnahmen methodisches in unten beschriebenen Schritten reflektiert:

8-Schritte-Methode: Reflektieren, Entscheiden und ethisch begründbar Handeln mit Blick auf den ethischen Kodex der Sozialen Arbeit als Referenzrahmen

Ausgangspunkt: Fallskizze/Beratungsinhalte
Beschreiben Sie hier die Situation.

Schritt 1: Systemische Analyse der Perspektiven aller Beteiligten
Beschreiben Sie hier, wer beteiligt ist.

Schritt 2: Annäherung an das Problem aus ethischer Perspektive
- Was denken Sie, könnte die zentrale ethische Frage sein?

Hilfreiche Fragen, um die zentrale ethische Frage herauszufinden
- Um welche Werte geht es?
- Geht es um Werte, die einander widersprechen?
- Welche Werte sind wichtiger? Weshalb?
- Was sind die Ansichten der Personen? Was wollen sie jeweils?
- Was will der*die Sozialarbeiter*in?
- Welche Aspekte lassen sich an der Situation verändern, welche nicht?
- Was sind die Erwartungen jeder Person bezüglich des Ergebnisses?

Schritt 3: Relationen zum ethischen Kodex – Argumentation und Begründung

- Auf welchen Auftrag im ethischen Kodex der Sozialen Arbeit können Sie sich beziehen?

Hilfreiche Überlegungen dazu:

*Bezogen auf Menschenrechte und Menschenwürde der Adressat*innen, u. a.*

- *Autonomie/Selbstbestimmung:* Wie fördern Sie durch ihre ethische Entscheidung und vorgesehene Handlung das Recht auf Selbstbestimmung des Menschen, mit dem Sie arbeiten?
- *Partizipation/Empowerment:* Inwiefern fördern Sie die Beteiligungsmöglichkeit und unterstützen dabei, die Stärken der Adressat*innen zu entwickeln?
- *Systemischer Ansatz/ganzheitliche Behandlung von Personen:* Inwiefern haben Sie vor, sozialraumorientiert zugunsten der Adressat*innen zu handeln? Was und wen beziehen Sie ein?

*Bezogen auf die Förderung von Social Justice für Adressat*innen, u. a.*

- *Verteilungsgerechtigkeit:* Wie können Sie Ihre Ressourcen (Finanzen, Unterstützungsangebote, Zeit etc.) gerecht verteilen?
- *Partizipative Anerkennungsgerechtigkeit:* Inwiefern weisen Sie mit Ihren Handlungen Diskriminierung zurück zugunsten der Anerkennung der jeweiligen Verschiedenheit (Diversity) der Adressat*innen?
- *Solidaritätsprinzip:* Wie zeigt sich bei Ihrer geplanten Vorgangsweise, dass Sie solidarisch arbeiten im Hinblick u. a. auf Inklusion der Adressat*innen?

*Im Kontext des beruflichen Verhaltens mit Blick auf die Adressat*innen, u. a.*

- *Vertrauen:* Wie zeigt sich in Ihrer geplanten Handlung, dass Sie eine Vertrauensbeziehung nicht missbrauchen, sondern die Vertraulichkeit wahren und die Position nicht für Ihren persönlichen Vorteil oder Gewinn ausnutzen (Ausnahme ist z. B. der Schutz des Lebens)?
- *Empathie und Care:* In welchen Handlungen zeigt es sich, dass Sie die Adressat*innen mit Mitgefühl, Einfühlungsvermögen (Empathie) und Achtsamkeit (Care) behandeln?
- *Perspektivenwechsel:* Wie wird deutlich, dass Sie die Bedürfnisse oder Interessen der Adressat*innen nicht den eigenen Bedürfnissen oder Interessen unterordnen?
- *Verantwortung:* Inwiefern übernehmen Sie Verantwortung für Ihr Handeln – gegenüber den Adressat*innen, den Kolleg*innen, den Arbeitgebenden/der Institution, dem Berufsverband, dem Gesetz?

Schritt 4: Festlegung der zentralen ethischen Frage und Begründung

- Was ist nach Ihrer themen- und handlungsbezogenen Reflexion auf den ethischen Kodex (Schritt 3) Ihrer Meinung nach nun die zentrale ethische Frage?
- Argumentieren Sie hier (nochmals), worauf Sie sich im ethischen Kodex bezogen haben.

Schritt 5: Geplantes Handeln/geplante Maßnahmen nach ethischer Abwägung

- Was soll nun wirklich getan werden?

Hilfreiche Fragen dazu

- Was sind die kurzfristigen oder langfristigen Handlungen?
- Was sind die möglichen Folgen des Vorgehens?

Schritt 6: Realitätscheck – mögliche ethische Dilemmata

- Gesetze: Auf welches Gesetz können Sie sich berufen? Welches spricht, wenn, dagegen?
- Institution/Träger: Spricht vonseiten der Institution, des Trägers etwas gegen Ihre geplante Handlung?
- Ergibt sich hier ein ethisches Dilemma, wenn ja, welches?

Schritt 7: Durchführung der Handlung*

Schritt 8: Auswertung des Handelns*

- Wie bewerten Sie die Handlungen aus ethischer Perspektive?

Hilfreiche Fragen dazu

- Ist die Situation gelöst worden? Wenn nicht, weshalb nicht?
- Wenn Sie noch einmal entscheiden müssten, würden Sie wieder gleich entscheiden und handeln?
- Ist irgendein Aspekt dieser ethischen Entscheidung zu einem universellen Gesetz (Kategorischer Imperativ) geworden, d. h., würden Sie dieselbe Handlung bei einer anderen Situation anwenden?
- Was haben Sie in Ihrer Funktion/Rolle als Sozialarbeiter*in gelernt?

* Schritt 7 und Schritt 8 sind als Schritte in der beruflichen Praxis gedacht.

Die 8-Schritte-Methode konkretisiert mit dem ethischen Kodex als Referenzrahmen sozialarbeiterisches Handelns, worüber sie argumentier- und begründbar und damit professionell wird. Ein wesentlicher Aspekt ist dabei die Diversityorientierung, indem Sozialarbeiter:innen die Verschiedenheit von Menschen anerkennen und sich gegen jede Form von Diskriminierung einsetzen sollen (vgl. IFSW/IASSW 2004/2010). Damit verbunden sind gemäß des Ethikkodex Sozialarbeiter_innen aufgefordert, Social Justice zu fördern, „(...) bezogen auf die Gesellschaft allgemeinen und in Bezug auf die Menschen, mit denen sie arbeiten" (IFSW/IASSW 2004/2010: Abs. 4.2). Sozialarbeiterische Maßnahmen und sozialarbeiterisches Handeln über eine Methode auch ethisch zu begründen, trägt dazu bei (vgl. zu Social Justice, 2. Lehreinheit).

1.5 Selbsthilfegruppen, Kollegiale Beratung (Intervision), Supervision

Methoden der Reflexion des individuellen oder professionellen Handelns in der Gesellschaft und am Arbeitsplatz lassen sich unterteilen in solche, die mit Hilfe von Professionellen über eine neutrale moderierende Form praktiziert werden (Supervision, vgl. auch Coaching), und solche, wo selbst organisiert das Wissen einer Gruppe genutzt und mit wechselnder Zuständigkeit moderiert oder ohne Moderation reflektiert wird (Selbsthilfegruppen, Intervision bzw. Kollegiale Beratung).

Als feministische Methoden galten in den Anfängen der westdeutschen Neuen Frauenbewegungen die aus den USA angeregten Consciousness-Raising-Gruppen, d. h. Selbsterfahrungsgruppen, in denen über die subjektiven, persönlichen Diskriminierungserfahrungen mit Männern gesprochen wurde. Zielgruppe waren hier Frauen und Mädchen. Andere Diskriminierungsformen wie Heterosexismus, Rassismus oder Klassismus wurden in den USA schon in den 1970er Jahren, zum Teil in eigenen Gruppen (Lesbengruppen, Gruppen von Schwarzen Frauen, Gruppen von Frauen mit Beeinträchtigungen) besprochen; in der Bundesrepublik führten sie ebenfalls zur Gründung eigener Gruppen (Lesbengruppen, Gewerkschafter*innengruppen, Gruppen von Frauen mit Beeinträchtigungen). Die selbst organisierte Gruppenarbeit sollte dabei helfen, Wege aus Ohnmachtsgefühlen und Ohnmachtssituationen zu finden hin zu Selbstbestimmung, Empowerment und Emanzipation. Daraus entstandene Methoden für die Soziale Arbeit, die in verschiedenen Praxisstellen umgesetzt wurden: Selbsterfahrungsarbeit (Geschichten erzählen, Gefühle und Erfahrungen teilen); Erinnerungsarbeit (eigene Geschichte und deren Kontexte bewusst machen); geschützte Räume (die von einer Diskriminierungsform getroffene Personen tauschen sich aus); parteiliches Arbeiten; politisches Engagement und Empowerment (selbständiges Eintreten für die eigenen Interessen ermöglichen) (vgl. Miller/Tatschmurat 1996). In den Frauenzentren beispielsweise wurden Selbsthilfegruppen eingerichtet, wobei die Methode Selbsthilfe aus verschiedenen Sozialen Bewegungen heraus entwickelt wurde und nach wie vor in verschiedenen Kontexten der Sozialen Arbeit von Bedeutung ist.

Kollegiale Beratung (Intervision) gilt als eine Methode, Konflikte und Probleme am Arbeitsplatz nach einem strukturierten Ablauf zu bearbeiten. Dabei können alle Teilnehmenden ihr Wissen und ihre Sichtweisen sowie Lösungsvorschläge einbringen. Das Verfahren arbeitet ohne Bewertung und mit einem Höchstmaß an Wertschätzung und Respekt gegenüber denjenigen, die ihre „Fälle" zur Bearbeitung einbringen. Da es sich um eine selbst organisierte Form von Beratung handelt, sind die Teilnehmenden gefordert, ihr Wissen über Gender, Queer und Diversity in Form von Fragen und Anregungen einzubringen.

Supervision als professionell angeleitete Form der beruflichen Reflexion hat sich bereits früh etabliert, insbesondere in Arbeitsfeldern zum Thema Gewalt/Antigewaltarbeit. Mittlerweile ist Supervision (als Einzel- oder als Gruppensupervision) eine etablierte Methode in vielen Feldern der Sozialen Arbeit. Spezialisierungen haben sich herausgebildet: Interkulturelle Supervision (vgl. Forum Supervision 2003), Gender-Supervision (vgl. Blickhäuser 2002), Transgender-Supervision (vgl. Wilhelm 2007) sowie Diversity orientierte Supervision (vgl. Abdul-Hussain/Baig 2009). Das Spezifische dieser Supervisionsansätze ist, dass die Supervisor*innen, sich der Themenfelder (Gender/Queer, Interkulturalität, Diversity u. a.) bewusst sind, ihren eigenen Status reflektiert haben, die Kompetenz besitzen, mit Diskriminierungserfahrungen und besonderen Ressourcen von Menschen zu arbeiten, geschlechterüberschreitende Sichtweisen und respektvolle Dialoge zuzulassen und zu ermöglichen.

1.6 Case/Care Management

Case/Care Management, eine aus dem englischsprachigen Raum übernommene Methode, gilt als Umsetzung einer neuen Dienstleistungsidee der Sozialen Arbeit. Effizienz, Kostenersparnis, Optimierung der Organisation auf der einen Seite, Transparenz, Bedürfnisorientierung, Nutzer_innenorientierung auf der anderen Seite, sollen eine bessere Koordination von Hilfen ermöglichen. Am Anfang steht dabei meist eine Bedarfserhebung, dann folgen strukturell festgelegte Schritte der Umsetzung in fünf oder mehr Phasen: „Im Assessmentverfahren sind Bedarfslagen zu identifizieren (1), darauf aufbauend Leistungspläne zu erstellen (2), erforderliche Dienstleistungen zu organisieren (3), ist der Leistungsprozess zu kontrollieren (4) und schließlich zu evaluieren (5)" (Hansen 2006: 18). Da managementorientierte Verfahren mit hoch standardisierten Kriterien arbeiten, besteht die Möglichkeit, Gender/Queer und Diversity (ähnlich wie bei Gender Mainstreaming) als Kriterium einzuführen und die bereits vorhandenen Standards zu erweitern (vgl. 1. und 2. Lehreinheit). Die Einbeziehung von Gender- und Queerwissen mit Blick auch auf Diversity in das Case/Care Management führt dann zu neuen Handlungsoptionen und Möglichkeiten für die Nutzer_innen. Eine eigene Richtung Case Management stellt das Systemisches Case Management dar, in dem es um Falleinschätzungen und Hilfeplanungen geht (vgl. Kleve/Haye 2021).

Am Beispiel der Beratung von Eltern nach der Geburt eines intergeschlechtlichen Kindes zeigt Holzleithner auf, wie es möglich wird, geschlechterstereotypes Handeln in einem Case/Care Managementprozess zu reflektieren und aufzubrechen (vgl. www.homepage.univie.ac.at/elisabeth.holzleithner/IntersexCaseManagement.pdf). Noch bis vor kurzem wurde Eltern nach der Geburt eines intergeschlechtlichen Kindes dazu geraten, ihr Kind hin zu einem männlichen oder weiblichen Geschlecht operieren zu lassen (in der Regel wurde durch die Operation aus medizintechnischen Gründen ein weibliches Geschlecht hergestellt). Mit dem entsprechenden Gender/Queerwissen kann heute zunächst geklärt werden, ob Eltern überhaupt Beratung wünschen. In die Beratung können verschiedene Netzwerke mit einbezogen werden: Queere und intergeschlechtliche Netzwerke, Selbsthilfegruppen. Die Beratenden können Informationen über das Thema „Geschlecht“ sowie „Doing Gender“ und „Undoing Gender“ weitergeben. Falls sie selbst kein Wissen darüber verfügen, können sie an entsprechende Beratungsstellen verweisen. Die Eltern können sich an Informations- und Trainingsveranstaltungen beteiligen. Die rechtlichen und strukturellen Rahmenbedingungen, die auf Zweigeschlechtlichkeit hin ausgelegt sind, gilt es hierbei zu berücksichtigen und gegebenenfalls auch juristisch und menschenrechtsbezogen in Frage zu stellen. Auf diese Weise wird die Komplexität des Themas deutlich und ein plurales Feld von Sichtweisen eröffnet, in dem die Eltern auch ihr eigenes Wissen und Denken einbringen und hinterfragen können. Gender und queeres Wissen wird dann zu einer elementaren Qualifikation, um eine bestimmte Form des Case/Care Managements zu realisieren.

1.7 Netzwerkarbeit

Netzwerkarbeit spielt sowohl in der individuumbezogenen Arbeit eine Rolle als auch in der gruppen- und gemeinwesenorientierten Arbeit. Sie kann auch als Verbindung zwischen beiden Ansätzen gesehen werden. Soziale Netzwerke haben die Kommunikation zwischen Akteur_innen zum Ziel, denn dadurch werden weitere Ziele realisierbar: Ressourcentausch, wechselseitige Unterstützung auf der Partner*innenebene sowie für die Individuen in den Zielgruppen, Herstellung von Solidariät statt Konkurrenz. Gesellschaftlich betrachtet werden Netzwerke als „kollektives Sozialkapital“ beschrieben. Ihre Stärke liegt auch in der Freiwilligkeit der Assoziation, wobei ökonomische oder soziale Zwänge zu Netzwerkbildungen führen können und die Freiwilligkeit sich teilweise relativiert (vgl. Riedel 2008).

Soziale Netzwerkarbeit hat sich in Frauen- und Genderprojekten erst in den 1980er Jahren verstärkt entwickelt (vgl. Riedel 2008; Frerichs/Wimmer 2002), wenngleich politische Netzwerkarbeit auch in den 1970er Jahren in den Frauenprojekten bereits eine Rolle gespielt hat. Frauennetzwerke sollen Frauen dazu verhelfen, Zugänge zu Ressourcen zu finden, politische Strategien zu entwickeln, aber auch sich wechselseitig bei der Projekt- oder Unternehmensentwicklung zu unterstützen und Wissen über Zugänge und Ressourcen auszutauschen (vgl. Frerichs/Wimmer 2002). Migrant*innennetzwerke, Netzwerke der Antigewaltprojekte u. v. a. verfolgen neben dem fachlichen Austausch auch das Ziel, politisch solidarisch zu handeln. Sie bieten die Möglichkeit, gender/queer und diversitygerechte Soziale Arbeit als intersektionalen Ansatz umzusetzen. Die Antwort auf verwobene, komplexe Lebenslagen bieten vernetzte, also ebenfalls verwobene und differenzierte Kooperationsstrukturen.

Soziale Netzwerke stellen hohe Anforderungen an Koordination und Kommunikation aller Beteiligten, machen diese, wenn sie funktionieren, aber im Ergebnis wieder für alle Netzwerkpartner:innen leichter. Neben Solidarität produzieren Netzwerke auch Differenzen, die nicht unbedingt vorhersehbar sind und sich erst durch das gemeinsame Arbeiten herstellen. Ein Netzwerk umgreift auch Personen und Strukturen, die nicht unmittelbar präsent sind, zugleich erfordert es aber, diese Interessen zu berücksichtigen und hierfür Strukturen der Partizipation zu schaffen. Soziale Differenzlinien (basierend auf Diversitykategorien, vgl. 2. Lehreinheit) und daraus resultierende Wert- und Normvorstellungen strukturieren ein Netzwerk und die Kommunikation mit und fließen in die Interaktionen ein. Wichtig ist hier ein respektvoller Umgang mit Differenzen auf allen Ebenen und eine Politik der Anerkennung, ein diskriminierungsfreier Code. Dabei muss auf allen Ebenen des Netzwerks die Frage der Sprache berücksichtigt werden: Ist gewährleistet oder wie kann gewährleistet werden, dass alle Alles sprachlich verstehen bzw. sprachlich zugänglich gemacht bekommen. Sprache spielt aber auch eine bedeutende Rolle in der Art und Weise des Sprechens: Wie sieht eine respektvolle Sprache und eine Sprache der Anerkennung auf allen Ebenen des Netzwerks aus, von wem wird sie gewünscht, wie kann sie umgesetzt und etabliert werden? (Vgl. 2. Lehreinheit)

Die Kommunikation in Netzwerken sind durch Machtverhältnisse strukturiert: Vorgegebene Strukturen, Autoritäten und Hierarchien, politische Entscheidungen, verwaltungstechnische und juristische Vorgaben, auch die Herausbildung von informellen Hierarchien und Wissenshierarchien. Hier helfen eine transparente Kommunikation und Thematisierung, Verfestigungen und Intransparenz zu verhindern. Virtuelle Netzwerke (vgl. Schachtner 2005) ermöglichen eine schnelle Kommunikation und Informationsaustausch, ihr Einsatz spielt derzeit vorrangig in der Jugendarbeit mit Mädchen, Jungen und Queers eine wichtige Rolle. Damit sich auch hier nicht geschlechterstereotype Denkweisen und Genderdynamiken reproduzieren, bedarf es einer gender-/queer, aber auch diversitygerechten Medienpädagogik (vgl. Stauber 2007).

2. Gruppen- und gemeinwesenzentrierte Methoden

Soziale Arbeit mit Gruppen sowie gemeinwesenorientierte Arbeit mit Individuen, Gruppen, Netzwerken und Institutionen steht vor der Herausforderung, die Diversität und Heterogenität in solchen Settings produktiv zu schätzen, in Konflikten zu vermitteln und Ressourcen für die Adressat*innen der Sozialen Arbeit in ihren Sozialräumen zu erschließen.

2.1 Soziale Gruppenarbeit und Kritische Bildungsarbeit

In den Frauenzentren der 1970er Jahre entwickelte sich eine umfangreiche Beratungs- und Gruppenarbeit zu Schwangerschaft, Sucht, Erziehung, Lebensfragen u. a. Dabei kamen Methoden zum Einsatz, wie z. B. Gesprächsführung, gruppendynamische Methoden, kreative Methoden (Bewegung und Tanz, Malen u. a.), die nicht speziell aus der Frauenbewegung kommen. Die Methoden der feministischen Selbsthilfe- und Selbsterfahrungsgruppen (Consciousness-raising-groups) (vgl. Brownmiller 1999), Biografiearbeit mit einem intersektionalen Ansatz (vgl. Meulenbelt 1988) und Erinnerungsarbeit (vgl. Haug 1999) haben die Methoden der Sozialen Arbeit insbesondere in den 1970er Jahren mitgeprägt.

Diese Methoden erfahren heute im Kontext der Diskussionen um eine gender/queer- und diversitygerechte Arbeit gesellschaftliche Anerkennung. Das durch Diversity in Frage gestellte Universalitätsdenken und der Abschied von allgemein gültigen Aussagen fordern Methoden, mit denen dies realisiert werden kann. Deshalb finden Methoden, in denen das Geschichten-Erzählen, der Austausch über Geschichten und die Erweiterung der Sichtweisen der Professionellen durch das Hören und Wahrnehmen von Geschichten und Erfahrungen in einer gender/queer- und diversitygerechten Sozialen Gruppenarbeit, aber auch in der Einzelberatung und in der Praxisforschung ihre Anwendung. Menschen reflektieren in Gruppen, zum Beispiel in Dialoggruppen mit Eltern, mit suchtkranken Menschen (vgl. Schopp 2005), mit inhaftierten Menschen (vgl. Gronke/Brune 2009) u. a. ihre Perspektiven, ihren Umgang miteinander und mit Anderen, lernen voneinander, während für die Sozialarbeiter*innen Methodenkompetenzen wie Moderation, Mediation- und Konfliktlösungskompetenz, Aushandlungsmethoden (vgl. Voigt-Kehlenbeck 2005) und Dialogkompetenzen (vgl. 8. Lehreinheit) immer bedeutsamer werden. Um diese Kompetenzen ressourcenorientiert und in einer Kultur der Anerkennung umsetzen zu können, bedarf es der Gender-, Queer- und Diversitykompetenzen. Denn in der Sozialen Gruppenarbeit geht es darum, alle Menschen einzubeziehen, stereotpye und abwertende Handlungen zu unterbrechen, Ressourcen von allen zum Tragen zu bringen und Wertschätzung für alle gleichermaßen herzustellen. Gender/Queer und Diversity in der Sozialen Gruppenarbeit kann in allen Feldern der Sozialen Arbeit umgesetzt werden. Im Feld der Kinder- und Jugendarbeit, der Sozialen Gruppenarbeit mit Mädchen und Jungen liegen bereits langjährige Erfahrungen und umfangreiches Material sowie Analysen vor (vgl. u. a. Bruhns 2004, Deinet/Sturzenhecker 2005, Rose 2004, Rose/Schulz 2007), die queer- und diversitygerecht orientiert sind: So bietet etwa das Jugendnetzwerk Lambda e. V. zahlreiche Angebote für diverse Jugendgruppen und queere Jugendliche an (vgl. https://lambda-online.de).

Diskriminierungskritische Methoden einer gender/queer- und diversitygerechten Gruppenarbeit und diskriminierungskritischen Bildungsarbeit finden sich in dem Konzept „Social Justice und Diversity". Diese werden in dem Praxishandbuch detailliert beschrieben (vgl. Czollek/Perko/Kaszner/Czollek 2019) und liegen mittlerweile auch mit einem Kartenset vor (vgl. Czollek/Eifler/Czollek/Kaszner/Perko/Czollek 2021), das in der Praxis gut verwendet werden kann. In einzelne Methoden integriert ist das Konzept des Verbündet-Seins, wo die Anliegen der Anderen zu eigenen Anliegen gemacht wird, ohne paternalistisch zu sein. Davon ausgehend reichen einige im Konzept „Social Justice und Diversity" entwickelten Methoden als Veränderungs- und Handlungsstrategien über die Soziale Gruppenarbeit und Kritische Bildungsarbeit hinaus und wirken in die Gesellschaft (zu den inhaltlichen Intentionen, vgl. 2. Lehreinheit).

2.2 Bildungsarbeit und Soziale Kulturarbeit

Bildungsarbeit war, wie die Arbeit mit Mädchen und Jungen, aber auch mit Queers, Frauen und Männern zeigt, von den Anfängen der Frauenbewegungen über die Gender- und Queerbewegungen bis heute ein wesentlicher Baustein sozialarbeiterischer und sozialpädagogischer Praxis. Bildung gilt als Möglichkeit, unbewusste Verhaltensweisen, eingeübte Denkweisen in das Bewusstsein zu heben, neu zu besetzen, Sichtweisen zu wenden und kreativ an Voraussetzungen für ein gutes Leben oder für politische und soziale Transformation zu arbeiten. Neue Methoden wie Gender/Queer- und Diversitytrainings, interkulturelle Trainings bieten die Möglichkeit, Übungen zu Genderrollen, zu Genderbiografie, zu Genderstrukturen durchzuführen und diese auch in Verknüpfung mit anderen gesellschaftlichen Differenzlinien (der eigenen und der von Anderen) zu reflektieren (vgl. u. a. Blickhäuser 2003, Burbach/Schlottau 2001, Netzwerk Gender Training 2004, Nieden/Veth 2004, Czollek/Weinbach 2008; Czollek/Perko/Kaszner/Czollek 2019).

In solchen Bildungsangeboten geht es darum, andere Sichtweisen, Handlungen, Denkstrukturen zu erlernen, ohne dabei stereotype Vorstellungen zu entwickeln. Die Intention ist, Fähigkeiten zum differenzierenden Handeln zu entwickeln. Hierbei kommen auch kreative Methoden zum Einsatz, zugleich sind diese aber auch durch ein eigenes methodisches Feld, die „Soziale Kulturarbeit", repräsentiert.

Soziale Kulturarbeit in den Bereichen Theater, Musik, Film, Internet, Kunst, Tanz, Kreativem Schreiben u. a. sind gute Möglichkeiten Gender/Queer- und Diversitykompetenzen experimentell und innovativ zu entwickeln und fantasievolle Entwürfe zu machen (vgl. u. a. Josties 2004; Eble/Schuhmacher 2005; Fechner 2008; Oster 2008). Im spielerischen und künstlerischen Erfinden, aber auch in der Darstellung von gesellschaftlichen Verhältnissen in der künstlerischen Reflexion besteht die Möglichkeit der Distanzierung wie auch der Verbindung und Begegnung mit anderen Sichtweisen und Denkstrukturen. Ästhetische Bildung kommt somit im Bereich der Entwicklung von Gender/Queer- und Diversitykompetenzen sowohl auf der Ebene der Ausbildung von Sozialarbeiter*innen als auch in der professionellen Praxis eine wichtige Bedeutung zu, die immer mit einbezogen werden sollte, weil sie Möglichkeiten bietet, die durch andere Methoden nicht ohne Weiteres abgedeckt werden.

2.3 Gemeinwesenarbeit

In der Gemeinwesenarbeit wird Gender/Queer- und Diversitywissen auch als Analyseinstrument verstanden. Damit ist ein wichtiger Punkt angesprochen: Diagnose, Analyse, Ziele, Setting, Evaluation sind Methoden, die in ihrer Umsetzung keineswegs neutral wirken. Diagnostiziert und analysiert werden kann nur, was auch ins Blickfeld tritt und treten darf. Das wiederum ist abhängig von der Bewusstheit der Professionellen und dem strukturellen Rahmen, durch den zum Beispiel Gender/Queer- und Diversitysichtbarmachungen erwünscht und legitimiert sind. Gender/queer- und diversitygerechtes Handeln setzt sowohl bestimmte professionelle Kompetenzen voraus als auch einen strukturellen Rahmen, der es erlaubt, diese zu realisieren.

In Bezug auf Gender pointiert Bitzan: „Die Geschlechterhierarchie gewinnt somit für die GWA-Diskussion auch Bedeutung als Analyseinstrument: Wenn ich davon ausgehe, daß sie in allen gesellschaftlichen Bereichen wirkt, so muß ich Erscheinungsformen der alltäglichen Zusammenhänge ebenso wie jegliche GWA-Maßnahmen daraufhin untersuchen, wie hier verdeckende hierarchische Elemente enthalten sind, wie sich jeweils konkret Auswirkungen auf Frauen und Mädchen zeigen etc. Ich muß also systematisch mit Erscheinungen der Geschlechterhierarchie rechnen. Daraus ergibt sich zwangsläufig die Perspektive, sozialen Raum (z. B. auch Gemeinwesen) als geschlechtsspezifischen Integrations- bzw. Ausschlußfaktor zu analysieren" (Bitzan 1997: 223). Strukturanalysen, Macht- und Interessenanalysen im Sozialraum geben Aufschluss darüber, wie insgesamt eine soziale Inklusionsarbeit von Sozialarbeiter:innen organisiert sein muss: „Wir können in den Gemeinwesen also zwei Dimensionen des Ausschlusses bearbeiten: Ausschluß aus den Orten und Gremien der Öffentlichkeit (Politik) und Ausschluß der Themen und Anliegen, der zentralen Lebensbereiche (und vor allem Konflikte) weiblicher Lebenszusammenhänge aus dem Öffentlichen. Wir brauchen also eine kritische Perspektive, die nicht unhinterfragt diese Bühnen der Öffentlichkeit und die dort präsenten Themen als Maßstab anlegt und Problemdefinitionen und politisierende Lösungsansätze hierauf bezieht. In diesem Sinne zielt die Rede vom weiblichen Gemeinwesen also in erster Linie darauf ab, Frauen sichtbar zu machen als Handelnde, Gestaltende, Aktive, die sich um die Lebensbedingungen im Stadtteil kümmern und als Mieterinnen, Nachbarinnen, Ehrenamtliche etc. erkannt und anerkannt werden wollen" (Bitzan 1997: 224).

Dieser Ansatz wird in einer gender/queer- und diversitygerechten Arbeit um weitere soziale Gruppen und Gruppenzugehörigkeiten respektive Differenzlinien erweitert. Ebenso kann ihre Repräsentanz, Beteiligung und Verortung im Sozialraum bedacht werden, sie selbst einbezogen und somit Repräsentanz und Beteiligung hergestellt werden. Dadurch werden neue Anforderungen an die professionelle Sozialen Arbeit im Gemeinwesen herausgefordert.

- Bedürfnisse und Bedarfe von heterogenen Adressat*innengruppen werden berücksichtigt.
- Exklusion und Inklusionsmechanismen werden auf das Handeln der Professionellen ebenso angewandt wie auf die Adressat_innen, deren Situation und deren Handeln im Sozialen Raum.
- Partizipation von Adressat:innen unterschiedlicher Gruppen, Kooperation heterogener Gruppen; Selbstorganisation von heterogenen Gruppen wird durch Mediation, Moderation der Professionellen vermittelt und unterstützt.

- Gender/queer- und diversitygerechte Soziale Arbeit macht präventive Angebote (Trainings, Bildungsveranstaltungen, Dialoggruppen, Theaterarbeit, Vernetzungstreffen, Forschungsgruppen u. a.).
- Sozialraumanalysen werden gender/queer- und diversitygerecht angelegt und Ungleichheiten sowie Diskriminierungen sichtbar gemacht.

Vgl. Bitzan 1997, modifiziert d. A.

Neue Formen gemeinwesenorientierten Arbeitens, wie Community Organizing oder Community Development, haben Eingang in die Soziale Arbeit der Bundesrepublik gefunden. Die vorrangig aus den USA kommenden Methoden wurden dort schon unter gender/queer- und diversitygerechten Aspekten entwickelt. Von diesen Erfahrungen wurden Anregungen für die Arbeit in der Bundesrepublik aufgenommen.

2.4 Community Organizing

In der US-amerikanischen Communityarbeit der Sozialarbeiter_innen spielt die Tradition des „Organizing" eine wichtige Rolle. Community Organizing setzt bei der direkten Ansprache der Menschen auf ihre Situationen an, motiviert sie, diese zu analysieren und unterstützt dabei, dass daraus gemeinsames Handeln durch soziale Beziehungen und gemeinsame Interessen möglich wird.

„Organizer" sollen Menschen sein, die sich für gesellschaftlichen Wandel einsetzen, aber selbst keine Ideologie haben, sondern politische Relativist*innen sind (vgl. Shragge 2003), das heißt wachsam und aufmerksam für Machtprozesse auf allen Ebenen. Die Aufgabe von Organizing ist in diesem Sinne, den Rahmen und die Instrumente dafür bereitzustellen, damit möglichst viele Menschen sich organisieren und die Ziele und Inhalte selbst definieren (vgl. Shragge 2003). Rubin und Rubin (1986) unterscheiden fünf Formen des Organizing; eine davon ist das „Protest Organizing". Brager u. a. unterscheiden zwischen unterschiedlichen Zielen von Organizing: Integrative Ziele, soziotherapeutische Ziele, Ziele, die auf Veränderung der Umgebung zielen (vgl. Brager u. a. 1987). Eine auf Social Justice (vgl. 2. Lehreinheit) Ziele bezogene Soziale Arbeit handelt auf den unterschiedlichen Ebenen von Organizing, einmal mehr inklusiv, einmal mehr an Widerstand und Erneuerung orientiert. Diese Flexibilität beruht auch auf der Notwendigkeit zur Differenzierung und der Orientierung an unterschiedlichen realen Erfahrungen. Vorteile von organisiertem Handeln für Gleichheit und Gerechtigkeit sind die Entwicklung von Macht, Kontinuität, Expertise, die Fähigkeit schnell zu reagieren (vgl. Rubin/Rubin 1986). Wo einmal Aktivist*innenstrukturen so aufgebaut sind, dass sie am Laufen gehalten werden, kann auf eine Schulschließung ebenso reagiert und mobilisiert werden wie auf die mangelnde gesundheitliche Versorgung oder den Mangel an Bildungschancen oder sexistische, rassistische und antisemitische Übergriffe im Sozialraum. Unterschiedliche Bewegungen und Gruppen sollen dabei nicht nur an ihre eigenen Interessen gekoppelt sein, sondern sich mit anderen verbinden und verbünden. So können sich beispielsweise Lesben mit Transgender Personen verbünden und gegen Übergriffe im Gemeinwesen aktiv werden. Unterschiedliche Aktivist:innengruppen können eine Vielfalt von Solidarität herstellen (vgl. Naples 1998, Swank/Kilty 2002). Es geht darum zu erkennen, dass das Eintreten für die Interessen Anderer und das Verbündet-Sein mit ihnen, auch ihnen selbst nützen kann und zugleich geht es um einen Ethos, sich auch dort zu engagieren, wo kein unmittelbarer Nutzen für einen selbst entsteht. Verbündete auf jenen Feldern zu finden und gemeinsame Aktionen zu organisieren, die bislang vermeintlichen Subkulturen überlassen wurden und dadurch immer als Minderheitsinteressen bestimmt werden konnten, ist eine große Herausforderung für die Soziale Arbeit. Dabei geht es um die Überwindung von „hurtful dogmas" („schmerzhaften Dogmen") und „longstanding prejudices" („lange bestehenden Vorurteilen") gegen bestimmte soziale Gruppen im Gemeinwesen (vgl. Wahbi 2004).

Um Bewusstheit herzustellen, bedarf es nicht nur der Information und der Entwicklung von Wissen, sondern entsprechender Werkzeuge. Hier kommen spezielle Methoden zur Erlernung von kritischem Denken, Perspektivenwechsel, Perspektivenvielfalt und Dialog ins Spiel. Die Bewegung des „critical thinking" zielt auf die Fähigkeit, Texte, Sprache und Rede auf einer Metaebene zu begreifen, den Mut und die Fähigkeit zu haben, alles zu befragen und im Gespräch von unterschiedlichen Perspektiven zu beleuchten, Lücken und Begrenztheiten des Wissens zu erkennen, aber auch die Erfahrung der Erweiterung von kognitiven Fähigkeiten zu machen (vgl. www.criticalthinking.org). Die Methoden des „critical thinking" sind wichtige Kompetenzen für Sozialarbeiter_innen, wenn es darum geht, zu verhindern, dass bestimmte Sichtweisen in ihrem Denken und Handeln absolut gesetzt und die Begrenztheit des eigenen Wissens und Verstehens vergessen wird.

3. Methoden zur institutionellen Umsetzung von Gender, Queer und Diversity

Die hier vorgestellten Methoden können der Unterstützung dienen, Gender/Queer und Diversity in Institutionen bzw. sozialarbeiterischen Projekten umzusetzen. Von einer Analyse ausgehend, können Maßnahmen ergriffen werden, die immer wieder neu zu reflektieren sind.

Gender Mainstreaming und Diversity als Gesamtkonzept in Institutionen der Sozialen Arbeit umzusetzen, bedarf eines institutionellen Willens und des Willens einzelner Mitarbeiter*innen in ihnen. Die Umsetzung kann als Top-Down-Prinzip angeregt werden, bedarf aber immer auch eines Bottom-Up-Prinzips und so den Einbezug aller Mitarbeiter_innen.

3.1 Gender- und Queerimplementierung: 3R-Methode

Zur Analyse des Gleichstellungsfaktors an Institutionen wird exemplarisch die 3R-Methode aus Schweden dargestellt, die sich auf Gender als Gleichstellungsfaktor bezieht. Diese wird hier unter Einbezug von Queer Studies erweitert abgebildet.

3R-Methode

Arbeitsschritte	Anforderungen/Überlegungen
Repräsentation: Wie groß ist der Anteil von Frauen, Männern und Queers? (Quantitative Angaben)	z. B.: Wie ist die Verteilung von Frauen, Männern und Queers in Ausschüssen, in der jeweiligen Behörde, auf den jeweiligen Hierarchiestufen, bei den Nutzer*innen von Angeboten? Wie hoch ist der Anteil von Angelegenheiten, die hauptsächlich Frauen oder Männer betreffen? Wie hoch ist dabei jeweils der Anteil von queeren Menschen? Liegen entsprechende Daten (Statistiken, Befragungen, Untersuchungen etc.) vor?
Ressourcen: Wie werden die verschiedenen Ressourcen zwischen Frauen, Männern und Queers verteilt? (Quantitative Angaben)	z. B.: Wie viel Zeit reden Frauen, Männer und Queers bei Beratungen, Kommissionen, Konferenzen etc.? Wie viel Geld wird für weibliche, männliche und queere Aktivitäten zur Verfügung gestellt? Wie sind Gehälter zwischen Frauen, Männern und Queers verteilt? In welchem Umfang werden Tätigkeiten von Frauen, Männern und Queers subventioniert? Wie verteilen sich die öffentlichen Haushaltsmittel auf Ausgaben für Frauen und Männer? Wie hoch ist jeweils der Anteil für queere Menschen?
Realität: Warum ist die Situation so? (Qualitative Angaben)	Ausgehend von den zwei vorangegangenen Arbeitsschritten wird hier analysiert, z. B.: Wer bekommt was zu welchen Bedingungen? Warum werden Frauen, Männer, Queers unterschiedlich behandelt, beurteilt, beteiligt? Welche Normen und Werte liegen den verschiedenen Tätigkeiten zugrunde? Wird den Interessen der Geschlechter in gleichem Umfang Rechnung getragen?

Vgl. www.gender-mainstreaming.net/gm/aktuelles,did=13564.html (modifiziert und erweitert, d. A.)

Die Gender Implementierung in Institutionen der Sozialen Arbeit stehen bislang im Zeichen des Gender Mainstreaming und zielen auf die Implementierung der Geschlechtergleichheit für Frauen, Männer, Jungen und Mädchen ab. Im Sinne des erweiterten Genderbegriffes, wie er mit Queer Studies vorgestellt wurde, gehen sie über die Kategorien Männer, Frauen, Mädchen, Jungen hinaus. In einer intersektional orientierten gender/queergerechten Sozialen Arbeit kann ein weiterer Schritt hin zu Diversity vollzogen werden (vgl. Czollek 2004; 4. Lehreinheit).

3.2 Diversityimplementierung: 8-Schritte-Modell

Die Implementierung von Diversity bedürfte des Einbezugs verschiedener Menschen in professioneller Weise. Dabei könnte die Bildung einer Arbeitsgruppe, in der Vertreter:innen aller Mitarbeiter_innengruppen, z. B. Frauenvertretung, Enthinderungsvertretung, Lesben-, Schwulen- und Transgendervertretung, Migrationsvertretung, Antidiskriminierungsbeautragte, Betriebsrat etc. präsent sind, ein erster Schritt sein. Ein*e Diversitybeauftragte*r kann dabei zusätzlich die Umsetzung koordinieren und externe Schnittstellen einbeziehen. Insgesamt wären Analysen der Institution bzw. des Projektes gemäß aller Arbeitsbereiche und Themenfelder durchzuführen und es wären jeweils Checklisten zu erstellen, durch die – gegen ein „Vergessen" – interne Räumlichkeiten wie externe Veranstaltungen das Einhalten von Diversity garantieren würden. Die Umsetzung von Diversity gestaltet sich möglicherweise nicht konfliktfrei. So wäre schließlich zu überlegen, ob es ein Konfliktteam gibt, das im Falle von Konflikten in Bezug auf Diversity und im Falle von Diskriminierung ansprechbar ist, um es nicht als je individuelles Problem, sondern in seiner strukturellen Eingebundenheit zu sehen und als solches damit umzugehen.

Bei der Umsetzung bieten Fragen für die Implementierung von Diversity in Institutionen oder Projekte Unterstützung.

Sie können bis zu zwei Bewertungen pro Block anstreichen.

In dieser Organisation

a) gibt es einen Dress-Code.
b) gibt es keinen Dress-Code, die meisten kleiden sich konventionell.
c) gibt es große Vielfalt in der Bekleidung.

In dieser Organisation

a) wird von Neuen erwartet, dass sie sich an die existierenden Normen halten.
b) gibt es etwas Flexibilität in der Anpassung unterschiedlicher Vorlieben.
c) sind die Normen flexibel genug, um andere zu integrieren.

In dieser Organisation
a) wird Diversity negativ gesehen.
b) gibt es eine gewisse Offenheit für Gleichstellung verschiedener Personen.
c) wird Diversity angestrebt und ist auf jeder Ebene zu sehen.

Mit Diversity umzugehen, ist in dieser Organisation
a) kein großes Ziel.
b) die Verantwortung der Personalabteilung/der Institutionsleitung/Projektleitung.
c) eine Querschnittsaufgabe, in der jede Person involviert ist.

Menschen in dieser Organisation
a) ignorieren kulturelle Unterschiede und Bedürfnisse der Mitarbeiter*innen.
b) tolerieren die Unterschiede.
c) bewerten Unterschiede als einen Vorteil.

Die Demographie der Organisation zeigt, dass es
a) Diversität unter den Angestellten auf unterem Level gibt.
b) Diversität unter den Angestellten auf unterem und mittlerem Level gibt.
c) Diversität unter den Angestellten auf allen Levels gibt.

Diese Organisation gibt Geld aus für Trainings, um
a) die Angestellten*innen auf eine Einheitskultur hin zu trainieren.
b) die Diversität zu fördern.
c) fair und effektiv mit den unterschiedlichen Bedürfnissen der Einzelnen umzugehen.
(…)

Es ist ein Vorteil in dieser Organisation
a) ein weißer Mann zu sein.
b) sich wie die „Alten“ zu verhalten.
c) einzigartig zu sein und neue Wege zu gehen.

Wie viele a, b, c Bewertungen haben Sie?
Die Organisation ist
a) monokulturell.
b) nicht diskriminierend.
c) multikulturell.
Vgl. Béatrice Hecht-El Minshawi, www.interkultur.info (modifiziert, d. A.)

Zur Implementierung von Diversity in Institutionen (und Projekten) der Sozialen Arbeit werden in einem anderen Modell 8 Schritte empfohlen.

Bestandsaufnahme
Eine Bestandsaufnahme von Institutionen ist der Ausgangspunkt der Umsetzung eines gesamtheitlichen Diversitykonzeptes und meint u. a.: Die Innenanalyse (statistische Analyse der bestehenden Vielfalt in sozialen Organisationen und Institutionen) und die Außenanalyse (Analyse der (demografischen) Strukturen der Zielgruppen).

Zusammenführung bestehender Handlungs- und Theorieansätze
Handlungs- und Theorieansätze wie Interkulturelle Öffnung, Gender Mainstreaming, Antidiskriminierung, feministische Ansätze, Queer-Studies, Diversity u. v. m. könnten in ihrer Zielsetzung, in ihren Forderungen und Inhalten aufeinander bezogen und miteinander verbunden werden. Ein ganzheitliches Diversitykonzept enthielte sowohl politische Inhalte, Orientierungen und Ziele der einzelnen Ansätze, wäre aber, wie erwähnt, nie nur die Summe aller Teile, sondern wäre ein eigenes Projekt.

Zielentwicklung
Die Zielentwicklung meint die Entwicklung eines Leitbildes im Hinblick auf die Frage, was sein soll. Dabei kann Diversity als Querschnittsaufgabe angesehen werden: Auf der konzeptionellen Ebene, der institutionellen Ebene und der sozialräumlichen Ebene (also in den einzelnen Praxisfeldern). Analog zum Gender Mainstreaming läge dieser Auffassung der Gedanke zugrunde, Vielfalt insgesamt zum Mainstream zu machen, wie auch analog zum Gedanken der interkulturellen Öffnung.

Strategieentwicklung
Strategieentwicklung meint der Frage nachzugehen, wie der Weg zum Ziel aussehen könnte. Hier können verschiedene Modelle (z. B. Kraftfeldanalyse, PromotorInnenenmodelle, Phasenmodelle) herangezogen werden, die Antworten auf die Frage geben, wie die Orientierung hin zur Vielfalt in Institutionen stattfinden könnte: und zwar im Hinblick auf ein Umdenken und im Hinblick auf konkrete Maßnahmen in Institutionen.

Qualitätsentwicklung
Qualitätsentwicklung meint, Leitlinien für alle Bereiche einer Institution zu entwickeln. Bei der Qualitätsentwicklung wäre es – analog zum Gender Mainstreaming – wesentlich, das Top-Down-Prinzip (als Aufgabe der Leitungsebene,

Leitvorstellungen und Handlungskonzepte des Diversity für einzelne Praxisbereiche zu verabschieden) mit dem Bottom-Up-Prinzip (Mitarbeiter_innenebene) zu verknüpfen. Denn so können Erfahrungen und Kenntnisse der Mitarbeiter*innen aus ihren jeweiligen Fachbereichen einbezogen werden. Dafür bedarf es des Dialoges zwischen den einzelnen Mitarbeiter:innen(gruppen).

Personalentwicklung
Zum Qualitätsmanagement gehört auch die Qualifizierung der Mitarbeiter*innen, weil die Orientierung auf Diversity spezifische Kompetenzen im Umgang mit Diversity erforderlich macht, u. a.: Zielgruppenorientierte Kenntnisse auf der individuellen, institutionellen und kulturellen Ebene, interkulturelle Kompetenzen, Gender/Queerkompetenzen, Konfliktkompetenzen, Kommunikations- und Fragekompetenzen, Empathie, Ambiguitätstoleranz, Anerkennung etc.

Prozessmanagement
Wesentlich ist die Reflexion der Umsetzung eines Diversitykonzeptes in seinen einzelnen Schritten, also kurz-, mittel- und langfristig. Auch hier kann bei bestehenden Ansätzen angeknüpft werden: Z. B. Interkulturelles Training, Social Justice und Diversity Training, Gender/Queertraining.

Rahmenbedingungen
u. a. Arbeitsrecht, Sozialhilferecht, Jugendhilferecht, Vereinsrecht, Gender Mainstreaming, Allgemeines Gleichbehandlungsrecht.
Vgl. Schröer 2006 (modifiziert und erweitert, d. A.)

Nicht alle Instrumente und Methoden für die Implementierung von Diversity verbinden das Thema mit Antidiskriminierung, wie es im Konzept „Social Justice und Diversity" explizit erfolgt (siehe 2. Lehreinheit). Einen unterstützenden Leitfaden dafür bietet die Broschüre „Pluralität – Konfliktpotentiale – Maßnahmen. Leitfaden für die Umsetzung von Diversity an Hochschulen, Reihe: Atmosphäre der Anerkennung" (Perko 2016).

Zu fragen gilt immer wieder, welchen Gestaltungsbedarf es konkret im eigenen Berufsfeld (Projekt, Institution) gibt. Dabei sind folgende Fragen hilfreich: Wie werden die Zielgruppen durch ihre Institution angesprochen? Wie spiegelt sich die Pluralität (Diversitykategorien) der Gesellschaft in Ihrer Institution? Welche Maßnahmen gibt es gegen Diskriminierung? Welches Leitbild hat Ihre Institution in Bezug auf Gender Mainstreaming und Diversity? Ist das Leitbild nach außen sichtbar? Welchen Spielraum zur Veränderung zugunsten von Gender Mainstreaming und Diversity haben Sie in Ihrem Berufsfeld?

4. Methoden zur Veränderung gesellschaftlicher Macht- und Herrschaftsverhältnisse

In diesem Kontext beziehen sich Methoden darauf, ein politisiertes Selbstverständnis von Sozialer Arbeit ernst zu nehmen und sich u. a. auf die Prämissen des (inter)nationalen Ethikkodex der Sozialen Arbeit zu beziehen. Sozialarbeiter*innen werden im Ethikkodex aufgefordert, „sich gegen jede Art von Diskriminierung einzusetzen und Social Justice zu fördern, bezogen auf die Gesellschaft und im Besonderen im Hinblick auf die Adressat*innen der Sozialen Arbeit" (IFSW/IASSW 2004: Absatz 2). Der Ethikkodex lässt sich auch als sozialarbeiterische Argumentations- und Handlungsgrundlage für diskriminierungskritische Interventionen verstehen, insofern er auffordert, sich gegen jede menschenfeindliche und diskriminierende (z. B. rassistische, antisemitische oder sexistische) Praxen zu stellen und zu handeln. (Vgl. 8. Lehreinheit)

4.1 Veränderungs- und Handlungsstrategien im Konzept „Social Justice und Diversity"

Strukturelle Diskriminierung ist immer in Macht- und Herrschaftsverhältnisse eingebettet. In dem Konzept „Social Justice und Diversity" geht es um die Veränderung dieser Verhältnisse mit dem Ziel, sie aufzulösen und Social Justice zu fördern und zu realisieren. Dabei ist letztlich die Verwirklichung der konkreten Utopie „Radical Diversity" intendiert, wie sie im Konzept „Social Justice und Diversity" beschrieben wird. In dieser Perspektive würden alle Menschen in ihrer Verschiedenheit anerkannt und allen würde mit gleichem Respekt begegnet werden. Die Menschenrechte, nach denen jeder Mensch auch das Recht auf Nicht-Diskriminierung hat, würden eingehalten. (Vgl. 2. Lehreinheit).

Das Konzept „Social Justice und Diversity" beinhaltet eine Fülle an Veränderungs- und Handlungsstrategien, die auch in der Sozialen Arbeit zum Tragen kommen, u. a.:

- *Konzept des Verbündet-Seins:* Als spezifisches Solidaritätskonzept und eine Art der politischen Freundschaft, bei der die Anliegen der Anderen zu den je eigenen Anliegen werden, ohne paternalistisch zu sein. (Czollek/Perko/Kaszner/Czollek 2019: 19 f.; 37 ff.; 20; 41 f.)
- *Bündnisse:* Gegen polarisierendes Denken, Vereinfachungen und festgezurrte – zumeist von außen bestimmte – (Gruppen-)Identitäten oder ein identitätspolitisches ‚Wir' setzt das Social Justice und Diversity Konzept auf den anerkennenden Umgang miteinander und die Vision neuer Bündnisse

zwischen denjenigen, die von Diskriminierung getroffen sind, und all jenen, die gegen Diskriminierung aufbegehren wollen. In Bezug auf das Konzept Social Justice und Diversity beziehen sich Bündnisse als Veränderungs- und Handlungsstrategien immer auf Strukturelle Diskriminierung und die Intention von Individuen oder Gruppen, gegen diese vorzugehen. Bündnisse (und Verbündet-Sein) ermöglichen auch einen Zugang, um kollektives Handeln über identitätspolitische Grenzen hinaus denken zu können und auf gegenwärtige gesellschaftliche Herausforderungen zu reagieren, Macht- und Herrschaftsverhältnisse aufzulösen. (Czollek/Perko/Kaszner/Czollek 2019: 9f.; 38f.)

- *Desintegration:* Als Strategie, die intendiert, dass marginalisierte Gruppen, sich nicht mehr von außen bestimmen lassen, sondern sich dem entziehen. Desintegration bedeutet gleichzeitig eine Haltung der Selbstbestimmung und eine Initiative zur Handlung und ist so Empowerment marginalisierter Positionen. (Czollek/Perko/Kaszner/Czollek 2019: 189f.) Die Strategie Desintegration wurde ursprünglich von Max Czollek entwickelt (vgl. Czollek 2018).
- *Pluralisierung:* Als Praxis kontextspezifischer Macht- und Herrschaftskritik und das Aufzeigen dessen, wie Stereotype (als negative Verallgemeinerungen) über Menschen und Gruppen gesellschaftlich hergestellt werden und vor allem, wie sie aufgebrochen, transformiert und (Selbst-)Entwürfe in ihrer Vielfalt gezeigt werden können. Bei dieser Veränderungs- und Handlungsstrategie geht es auch um ein Undoing Identity bzw. Undoing Diversity, die einem Doing Identity bzw. Doing Diversity als dem Festschreiben und der Reproduktion eindeutiger (Gruppen-)Identitäten im Zeichen eines identitätspolitischen ‚Wir', im Zeichen also des Einschlusses mancher und der Ausgrenzung anderer, diametral gegenübersteht. Pluralisierung bezeichnet dabei zugleich eine theoretische Perspektive und eine Strategie, um Strukturelle Diskriminierung zu unterbrechen und ein Radical Diversity zu realisieren. (Czollek/Perko/Kaszner/Czollek 2019: 47f.)

Mit diesen Strategien ist eine plurale Gesellschaft in den Blick genommen, in der Menschen in ihrer Radikalen Verschiedenheit *und* Gleichheit leben können und eine Gerechtigkeit im Sinne von Social Justice (Anerkennungs-, Verteilungs-, Befähigungs- und Verwirklichungsgerechtigkeit) gegeben ist (vgl. 2. Lehreinheit). Gegenwärtige Beispiele jener Veränderungs- und Handlungsstrategien finden sich auch in dem Buch *Social Justice und Radical Diversity: Veränderungs- und Handlungsstrategien* (Perko 2020).

4.2 Policy Practice und das PUBPP-Verfahren

Policy Practice wurde 1984 im US-amerikanischen Diskurs eingeführt, um die Rolle der Sozialen Arbeit im Hinblick auf politische Bereiche zu beschreiben (vgl. Jansson 2008). Dabei wird Policy Practice als integraler Bestandteil der Profession Sozialer Arbeit und als sozialarbeiterische Interventionen in verschiedenen gesellschaftlichen Feldern definiert, die darauf abzielen auf organisationaler, lokaler, nationaler und internationaler Ebene neue Politiken zu implementieren und existierende (Sozial)Politiken dahingehend zu verbessern, dass sie den Werten der Sozialen Arbeit entsprechen (vgl. Weiss-Gal/Gal 2013: 4 f.). Als Methode wurde Policy Practice im deutschsprachigen Raum mit dem PUBPP-Verfahren herausgearbeitet (vgl. Burzlaff/Eifler 2018). Dieses Verfahren und die sozialarbeiterische Strategie Policy Practice rekurriert sehr stark auf das Konzept „Social Justice und Diversity" (vgl. Czollek/Perko/Kaszner/Czollek 2019) und dem Konzept der „Diskriminierungskritischen Sozialen Arbeit" (vgl. Perko 2017), das in Verbindung mit der sozialarbeiterischen Berufsethik entwickelt wurde, dem von International Federation of Social Workers und der International Association of Schools of Social Work (2004) verabschiedeten Ethikkodex Sozialer Arbeit, der als Referenzrahmen gilt.

Das PUBPP-Verfahren ist eine Handlungsstrategie in der Sozialen Arbeit, um existierende (Sozial)Politiken zugunsten von Social Justice zu verändern. Im Kontext dieser Anlehnung geht es bei Policy Practice auch darum, Diskriminierung entgegenzuwirken. Im Fokus steht daher die Bedeutung der Sozialen Arbeit „(…) an der Schnittstelle zwischen zivilgesellschaftlichen Akteur*innen und staatlicher Institution" (Burzlaff/Eifler 2018: 349). Im Zentrum steht die Methode des PUBPP-Verfahrens. Hier steht P für Problemdefinition; U für Utopie; B für Berufsethik und PP steht für Policy Practice. Das Verfahren setzt sich aus vier Stufen zusammen:

- Das Ziel des ersten Schritts der *Problemdefinition* ist die Entwicklung eines Problembewusstseins. Dies geschieht durch Fragestellungen (z. B. als Einzelperson oder als Team) und deren Beantwortung. Es geht darum herauszufinden, was zum Beispiel am Arbeitsplatz schiefläuft und was der sozialarbeiterischen Berufsethik nicht entspricht, weil z. B. diskriminierend gehandelt wird.
- Es folgt im zweiten Schritt das *Entwerfen von Utopien*. Hier steht die Frage, wie etwas sein soll, im Zentrum, um sich beispielsweise Bedingungen vorzustellen, in denen problematische Situationen nicht entstanden wären, oder Gegebenheiten vorzustellen, die dem Ethikkodex der Sozialen Arbeit entsprechen.

- Im dritten Schritt des Verfahrens geht es um den *Einbezug der Berufsethik.* Hier gilt es, Maßnahmen zu eruieren, die durch den Ethikkodex der Sozialen Arbeit gerechtfertigt werden können.
- Der vierte Schritt ist *Policy Practice.* Hier beziehen sich Überlegungen der sozialarbeiterischen Interventionen auf z. B. Lobbying, Politikberatung oder eine Reform mittels Gerichtsverfahren. In der Umsetzung ist dabei zu überlegen, welche politischen Ausdrucksformen (wie z. B. Demonstrationen, Stellungnahmen oder Gesetzesentwürfe) genutzt werden können. Dabei sind Überlegungen wichtig, mit wem sich Sozialarbeiter*innen zusammenschließen können (z. B. in Gremien oder Selbstorganisationen), um eine hohe Wirkung zu erzielen.

(Vgl. Burzlaff/Eifler 2018; Burzlaff 2021)

5. Forschungs- und Reflexionsmethoden

1976 fand in Westberlin die erste Frauensommeruniversität statt, vorbereitet vom Frauenzentrum (gegründet 1972) und vom Lesbischen Aktionszentrum (gegründet 1974). Diese Frauensommeruniversität, der viele inner- und außerhalb Berlins folgten, gilt als der Anfang universitärer Frauenforschung. Es ist der Beginn eines Wechselspiels zwischen Theorieproduktion an den Universitäten unter Einbeziehung der Frauenprojekte und umgekehrt auch von fortgesetzter Theorieproduktion in den Projekten in Zusammenarbeit mit den Hochschulen (vgl. Weinbach 2007). Dabei geht es auch darum, politisch die Projekte durch wissenschaftliche Legitimation durchzusetzen und finanzielle Absicherungen, eben auch durch den Staat zu erhalten. Ebenso sind die 1976 gegründeten „Beiträge zur feministischen Theorie und Praxis“ ein Beispiel für die Reflexion von Theorie- und Praxisverhältnissen in den Frauenbewegungen und der feministischen Forschung und der Genderforschung: „Die feministische Forschung oder Frauenforschung begann ihre Karriere als Praxisforschung – ja anfangs wurde überhaupt nur eine Forschung mit Bezug auf Praxis als legitim akzeptiert. Allerdings war der Praxisbegriff hier wesentlich weiter als heute und damit politischer gefasst: nicht nur professionelle Praxis, sondern vor allem die feministische Praxis in Alltagszusammenhängen, in der politischen Arbeit und in den Frauenprojekten waren im Blick (z. B. die richtungsweisenden wissenschaftlichen Begleitungen der ersten Frauenhäuser oder die Konzeption der Selbsterfahrungsgruppen, die aber nicht als Forschung akzeptiert wurden).“ (Bitzan 2004: 299) Feministische Praxisforschung hat also seit Beginn der Frauenforschung immer engste Berührungspunkte zu Feldern der Sozialen Arbeit gehabt, die zugleich durch die Frauen- und Genderbewegungen überhaupt erst etabliert oder weiterentwickelt wurden. Mittlerweile ist dieser Forschungsansatz stark ausdifferenziert. Forschungen, die Diversity einbeziehen oder darauf aufbauen existieren mittlerweile auch im Kontext der Sozialarbeitsforschung, deren Bereiche manigfaltig sind: Grundlagenforschung (Theoriebildung), empirische Sozialforschung, Evaluation etc. Sie rekurieren auf Gender/Queer Studies und Diversity Studies und greifen Gender/Queer- und Diversitykategorien als Analysekategorien auf. Die folgenden Beispiele sind exemplarisch herausgegriffen.

5.1 Gender/Queer- und Diversityforschung

Je mehr Institutionalisierung und Ausdifferenzierung sich über die Jahre in den Frauenbewegungen, sowohl innerhalb als auch außerhalb der Universität entwickelte, desto größer wurde der Unterschied zwischen Theorie und Praxisprojekten. Die Akademisierung des Feminismus (vgl. Hark 2005) geht einher mit einer Monopolisierung von Theoriebildung an den Universitäten. Der akademische Feminismus wird bis heute als bedeutende Stätte für die Theoriebildung wahrgenommen, während in den Projekten Theoriebildung meist nur noch unter Einbeziehung von Hochschulen stattfindet. Es haben sich keine Forschungsinstitute in Projekten herausgebildet, was durch die Ursprungsgeschichte der Autonomen Frauenbewegungen nahe gelegen hätte. Viele Frauen haben die Trennung von Forschung und Lehre von Projekten auch positiv gesehen, weil es zum einen galt, die Männerdomäne Wissenschaft zu erobern, als auch die Ideologiehaftigkeit und deren Ausgrenzungseffekte in den Frauenbewegungen zu überwinden. Im Hinblick auf Diversity existieren Forschungen mittlerweile auch eingebunden an z. B. Beratungsstellen. Beispielsweise wird im Kontext der „Interventions- und Beratungsstelle OFEK“ zu Antisemitismus geforscht, die im Kompetenzzentrum für „Prävention und Empowerment der Zentralwohlfahrtsstelle der Juden in Deutschland“ (ZWST) 2017 gegründet wurde.

Gender-, Queer- und Diversityforschung inkludieren beides: Theorie und Praxis. Beide haben an Hochschulen und an Universitäten einen anerkannten Status und eine Ausweitung erfahren. Auch Methoden, die zwischenzeitlich vehement in der Kritik standen, wie ethnographische Methoden oder Aktionsforschung, werden heute als eine unter vielen Forschungsmethoden anerkannt (vgl. Flick/Kardoff/Steinke 2008). Auch Gender Studies wird zunehmend als eigenständig zu betrachtende methodische Zugangsweise akzeptiert (vgl. Gildemeister 2008). Der Methodenpluralismus in der wissenschaftlichen Forschung und die zunehmende Anerkennung qualitativer Forschung (vgl. Behnke/Meuser 1999; Bucher/Helfferich/Maier 2004) ist sowohl ein Resultat von Frauen- und Genderforschung als auch ein Resultat postmoderner Infragestellungen von

Universalitäts- und Objektivitätspostulaten. Insofern hat sich auch die Kritik an feministischen Forschungsmethoden, wie zum Beispiel die Identität von Forschungsobjekten und Forschungssubjekten, die Einbeziehung von subjektiven Erlebnisweisen (wie Tagebüchern, wechselseitige Interviews etc.), die Aktions- und Handlungsforschung (die Beteiligung und gleichzeitige Forschung an politischen und sozialen Aktionen) teilweise überlebt.

Im Kontext von Gender- und Queerforschung hat eine Suche nach alternativen Forschungspraxen begonnen. Dabei entstanden im Zuge des Methodenpluralismus neue Ansätze, in denen verschiedene Methoden kombiniert werden, woraus neue Perspektiven entstehen konnten. Im Folgenden werden die zentralen Frameworks der Gender- und Queerforschung und ihre Methoden vorgestellt. Diese Arbeitsrahmen finden als eigenständiges Fach (Gender- und Queerstudies) sowie fachübergreifend (z. B. Cultural Studies, Disability Studies, Black Studies, Lesbian and Gay Studies, Diversity Studies u. a.) ihre Anwendung. In allen diesen Fächern wird disziplinär, aber auch interdisziplinär gearbeitet. Die Methoden werden sowohl isoliert als auch kombiniert eingesetzt und stehen in Wechselwirkung miteinander.

Historisch-wissenschaftskritischer Ansatz:
Sichtbarmachung: u. a. Geschlechterstereotype/Konstruktion von Wissenschaft mit Methoden wie Dokumentanalysen, Archivarbeit, Oral History, Erinnerungsarbeit, Feministische Wissenschaftstheorie.

Soziostruktureller Ansatz:
Aufdeckung und Kritik von Ungleichheits-, Exklusions-, Gewalt- und Diskriminierungsstrukturen mit Methoden wie quantitative und qualitative Erhebungen und Befragungen.

Interaktionistischer Ansatz:
Aufzeigen der Konstruktion von Geschlecht (Doing Gender) im Alltagshandeln (Arbeit, Familie …) und Konstruktionen in Bezug auf Doing Identity mit Methoden wie Medienanalysen, Interaktionsanalysen, Simulationen, Teilnehmende Beobachtung, Gruppendiskussion, Videographie.

Dekonstruktivistischer Ansatz:
Vervielfältigung der Analysekategorie Gender hin zur Genderpluralität; Aufzeigen von Diversitykategorien und ihre Bedeutungen in Bezug auf Diskriminierung mit Methoden wie Ethnographische Methoden, Diskursanalyse, Aktionsforschung, Narrative Interviews, Film und Fotografie.

Komplexitätsansatz:
Sichtbarmachung verwobener Diskriminierungsstrukturen und Diversitykategorien (Intersektionalität) – von der Exklusion zur Inklusion und Partizipation in der Forschung mit Methoden wie Narrative Interviews, Ethnographische Forschung, Aktionsforschung, Montagen.

Im Kontext postmoderner und poststrukturalistischer Gender/Queer- und Diversityansätzen wird anknüpfend an das postmoderne Postulat vom Ende der großen universalen Erzählungen ein Schwerpunkt auf narrative Forschungsmethoden gelegt. Auf die alten Fragen feministischer Forschung nach dem Verhältnis von Forscher*innen und beforschten Menschen und den damit verbundenen (intersektionalen) Machtverhältnissen werden neue Antworten auf Fragen von Exklusionsmechanismen gesucht, alte und neue Methoden dahingehend diskutiert und ausprobiert (vgl. Naples 2003). Fragen in Bezug auf den Forschungsethos sind dabei ebenso zentral wie folgende Fragen: Wer soll wie untersucht werden? Wie sollen die Verhältnisse zwischen Forscher_innen und beforschten Menschen gestaltet werden? Welche „Wahrheiten" werden produziert? Welche „Wahrheiten" gewinnen welches Gewicht: Die der Befragten und die derjenigen, die das Gesagte interpretieren? (Vgl. Trinder 2000). Gender/Queer- und Diversityforschung kreier(t)en mit neuen Inhalten auch neue Forschungsmethoden und Forschungskonzepte. Im Zentrum steht zunehmend die partizipative Forschung, bei der die „Beforschten" sich aktiv beteiligen und die Forschung selbst mitgestalten. Ansätze existieren auch dazu, dass Menschen zu ihrer eigenen Sache selbst forschen (z. B. Eltern forschen im Sozialraum) und von Wissenschaftlerinnen nur begleitet werden (vgl. Lehmann 2012). Dabei handelt es sich um einen offenen Prozess, an dem sich die Sozialarbeitsforschung offensiv beteiligt.

5.2 Qualitätsentwicklung und Evaluation/Evaluationsforschung

Im Rahmen von Qualitätsentwicklungsverfahren und Evaluationsprozessen bieten die standardisierten Verfahren Möglichkeiten gender/queer- und diversitygerechte Kriterien aufzunehmen und gemeinsam mit den Mitarbeiter*innen von Projekten zu entwickeln. Im Bereich beispielsweise der Frauenhausarbeit ist dies bereits realisiert worden (vgl. Interkulturelle Initiative 2006). Für Evaluationen und Evaluationsforschung wird in Anknüpfung an die Diskussion über Forschungsmethoden darüber reflektiert, wie dialogische Evaluationsprozesse aussehen können, in denen Hierarchien und strukturelle Machtverhältnisse sichtbar gemacht werden und zugleich deren Reproduktion vermieden wird. Hier spielt die Einbeziehung von Gender/Queer und Diversity in Qualitätsentwicklungsprozesse eine wesentliche Rolle.

6. Herausforderungen für die Sozialen Arbeit

Gender/Queer und Diversity verstärkt in die Methodendiskussion und Methodenpraxis einzuführen, ist eine Herausforderung auch für die Soziale Arbeit. Dabei bleibt es ein offener Prozess, inwieweit diesbezügliche Methoden weiterentwickelt werden, um den Zukunftsherausforderungen der Sozialen Arbeit gerecht werden zu können. Im Sinne eines methodenkritischen Verständnisses müssen existierende Methoden immer wieder dahingehend befragt werden, inwiefern sie selbst exklusive Momente bergen.

Ein solch reflexiver Umgang mit Methoden kann dazu führen, einen sensiblen Umgang mit bestehenden Methoden, eine Veränderung existierender Methoden oder neue Methoden zu entwickeln, die der Vielfalt und den komplexen Sachverhalten und komplexen Lebenslagen von Menschen entsprechen. Dazu gehört auch die Entwicklung einer Bewusstheit davon, dass Methoden sowie auch ihre Geschichte und die Beschreibung ihrer Geschichte historischen Inklusions- und Exklusionsstrukturen unterliegen und jede Methode eine kulturelle und historische Dimension in der Gegenwart verkörpert. Diese gilt es immer unter gender/queer- und diversitygerechten Aspekten hinterfragbar und veränderbar zu halten.

7. Übungen

1. Suchen Sie aus dem Praxishandbuch „Social Justice und Diversity“ eine Übung innerhalb eines Moduls heraus. Führen Sie in ihrem Seminar diese Übung durch. Reflektieren Sie die Methode und den Prozess und in der Gruppe.
2. Reflektieren Sie in einer Supervision oder in einer Kollegialen Beratung ein gender/queerbezogenes Thema.
3. Recherchieren sie ein sozialarbeiterisches Projekt und beschreiben Sie, inwiefern Diversity de facto umgesetzt ist.
4. Entwerfen Sie ein kleines Forschungsdesign: Überlegen Sie sich eine gender- und queerbezogene Fragestellung, formulieren Sie Hypothesen dazu und führen Sie zwei oder mehrere Interviews durch. Wählen Sie eine Interviewmethode, die Sie gelernt haben oder kennen lernen möchten. Reflektieren Sie Ihren Forschungsprozess und mögliche Formen der Auswertung und des Umgangs mit dem Forschungsmaterial.

8. Zur Vertiefung

Flick, Uwe/von Kardorff, Ernst (Hg.): Qualitative Forschung: Ein Handbuch, Hamburg 2000

Galuske, Michael: Methoden der Sozialen Arbeit. Weinheim 2013

V. Schlüsselkompetenzen in der Praxis

In diesem Abschnitt wird dargestellt, welche Praxiskompetenzen Sozialarbeiter*innen für die Verwirklichung einer gender/queer- und diversitygerechten Sozialen Arbeit benötigen. Diese Kompetenzen ergänzen Fachkompetenzen, die eine professionelle Soziale Arbeit ausmacht.

Eine gender/queer- und diversitygerechte Soziale Arbeit setzt Gender/Queer- und Diversitykompetenzen und ein methodisches Vorgehen voraus. Der Begriff Kompetenz bedeutet die Fähigkeit, Wissen, Erkenntnisse und Methoden zu haben und zu nutzen und in Arbeitssituationen anzuwenden, also ein Können als Wissenstransfer in die Praxis der Sozialen Arbeit. Der Begriff Kompetenz bedeutet aber auch eine Haltung im Sinne des (inter)nationalen Ethikkodex der Sozialen Arbeit zu haben, mit der wir mit und für Menschen arbeiten. In diesem Sinne sind die vorherigen Lehreinheiten bei der Beschreibung ausgewählter Schlüsselkompetenzen notwendiges Wissen.

8. Lehreinheit
Schlüsselkompetenzen als Anforderungen an Sozialarbeiter_innen

Gender/Queer und Diversity in der Sozialen Arbeit zu berücksichtigen, bedeutet für die einzelnen Sozialarbeiter*innen spezifische Kompetenzen zu vertiefen bzw. zu erwerben. Neben den einschlägig fachlichen Kompetenzen, die in verschiedenen Berufsfeldern der Sozialen Arbeit vorausgesetzt sind, zählen sie heute als Soft Skills im Sinne von beruflichen Schlüsselkompetenzen. Wird Gender/Queer in ihrer Verknüpfung zu anderen gesellschaftlichen Regulativa, über die der Status von Menschen negativ oder positiv bestimmt wird (Diversity), gesehen, dann kann es hierbei nicht allein um Gender- und Queerkompetenzen gehen. Vielmehr stehen sie in Verbindung mit Diversitykompetenzen. Je differenzierter in der Sozialen Arbeit auf Gender/Queer und Diversity eingegangen wird, desto mehr kann sich auch ein Konfliktpotential erhöhen. So gehören Konflikt- und Dialogkompetenzen zur professionellen Praxis der Sozialen Arbeit. Mit diesen gehen ethische Kompetenzen einher.

Die im Folgenden skizzierten Kompetenzen stehen nie nur für sich allein, sondern sind miteinander verknüpft. Sie zu erwerben bzw. zu vertiefen, intendiert den professionellen Umgang mit Adressat:innen der Sozialen Arbeit in ihren Diversitäten (zur Bedeutung von Gender/Queer und Diversitykompetenzen im Hochschulbereich und im Studium Sozialer Arbeit, vgl. Perko/Kitschke 2014).

1. Ethische Standards und ethische Kompetenzen

In der Diskussion über Ethik in der Sozialen Arbeit werden vor allem die Prämisse der Fürsorge (vgl. Großmaß 2006; 2013) und die Prämisse der Gerechtigkeit (vgl. Perko 2004; Großmaß/Perko 2011; Perko 2018) hervorgehoben. Erstere rekurrieren u.a. auf Feministische Ethiken (u.v.a. Pieper 1998; Gilligan 1984; Nagl-Docekal/Pauer-Studer 1993; Pauer-Studer 1996; Nunner-Winkler 1991; Nussbaum 1999, 2004); zweitere wurden mit „Social Justice und Diversity" in der 2. Lehreinheit genauer beschrieben.

Bislang kam es in der Sozialen Arbeit noch zu keiner Einigung, ob es ein verbindliches Berufsethos geben soll, und wenn ja, wie dieses aussehen könnte. Gleichzeitig existiert der Internationalen Code of Ethics in Social Work, der von vielen Hochschulen Sozialer Arbeit und Berufsverbänden der Sozialen Arbeit als

Rahmen anerkannt wird (vgl. www.dbsh.de/Ethik_in_der_Sozialen_Arbeit.pdf). Dieser zeigt ethische Prämissen und Zielsetzungen sowie notwendige ethische Kompetenzen in der Sozialen Arbeit auf.

Die „Internationale Vereinigung der SozialarbeiterInnen" (International Federation of Social Workers – IFSW) verabschiedete 1994 ethische Prinzipien und Grundlagen. Sie werden als Rahmen verstanden und formulieren das Ziel, ethische Überlegungen und Debatten bei den nationalen Mitgliedsverbänden und Anbieter:innen Sozialer Arbeit zu fördern. Sie berufen sich dabei auf die Notwendigkeit eines ethischen Bewusstseins und moralischen Handelns in Feldern der Sozialen Arbeit.

Im (inter)natinalen Ethikkodex sind mehrere Diversitykategorien genannt. Mit Bezug auf die UN-Menschenrechtsdeklaration und viele andere daran anschließende Erklärungen, unter anderem die „Deklaration zur Beseitigung jeder Form von Diskriminierung der Frau", werden die Ziele Sozialer Arbeit formuliert, die mit dem Konzept „Social Justice und Diversity" inhaltlich konkretisierbar sind (vgl. 2. Lehreinheit). In der englischsprachigen Version des Ethikkodex kommt die Zielsetzung deutlich zum Ausdruck: „Social workers have a responsibility to promote social justice, in relation to society generally, and in relation to the people with whom they work" (IFSW/IASSW 2004/2010: Abs. 4.2).[15] Konkret wird dazu aufgefordert: „Sozialarbeiter*innen haben die Verantwortung (...) Diskriminierung entgegenzutreten, wenn sie auf der Grundlage von Merkmalen wie Fähigkeiten, Alter, Kultur, sozialem bzw. biologischem Geschlecht, Familienstand, sozioökonomischem Status, politischer Meinung, Hautfarbe, ethnischen oder anderen körperlichen Merkmalen, sexueller Orientierung oder spirituellem Glauben" stattfindet. Aufgefordert wird ferner dazu: „Verschiedenheit anerkennen – Sozialarbeiter/-innen sollen die ethnischen und kulturellen Unterschiede der Gesellschaften, in denen sie arbeiten, wahrnehmen und achten und die Unterschiede zwischen Individuen, Familien, Gruppen und Gemeinschaften berücksichtigen" (IFSW/IASSW 2004/2010: Abs. 4.2.2). Weiter heißt es, u. a.: „Das Recht auf Selbstbestimmung achten – Sozialarbeiter/-innen sollen das Recht der Menschen achten und fördern, ihre eigene Wahl und Entscheidung zu treffen" (IFSW/IASSW 2004/2010: Abs. 4.1.1).

Sozialarbeiter_innen haben die Aufgabe, Verschiedenheit (Diversity) anzuerkennen, Ressourcen gerecht zu verteilen, ungerechte Politik und Praktiken sowie Diskriminierung zurückzuweisen. Diese ethischen Prinzipien gelten für alle Bereiche der Sozialen Arbeit. In ihnen geht es um Verwirklichung von Social

---

15 „Sozialarbeiter*innen haben die Verantwortung, social justice zu fördern, bezogen auf die Gesellschaft im Allgemeinen und in Bezug auf die Menschen, mit denen sie arbeiten." (Übers. d. A.)

Justice als deren Hintergrund spezifische Grundhaltungen sowie die Menschenrechtskonventionen fungieren. Mit dem Antidiskriminierungsabschnitt wird im nationalen Kontext auch auf das Grundgesetz (GG) verwiesen. (Vgl. detailliert, Perko 2018; zu Perspektiven der Ethik in der Sozialen Arbeit, vgl. auch Youtube unter: https://youtu.be/LaPzAK1ixNQ)

Wichtig sind in dem Zusammenhang – und in den Standards noch nicht aufgenommen – im nationalen Kontext auch die Berücksichtigung des Gender Mainstreaming sowie das Allgemeine Gleichbehandlungsgesetz als Referenzrahmen für sozialarbeiterisches Handeln.

Welche ethischen Kompetenzen lassen sich aus dem (inter)nationalen Code of Ethics of Social Work ableiten?

Mit dem Verweis auf Menschenrechtskonventionen, in denen die Anerkennung der Würde aller Menschen und Social Justice als Prämisse genannt werden, kann für die Soziale Arbeit die affirmativ-transformative Anerkennung als ethische Grundhaltung und Kompetenz gelten. Der Begriff Anerkennung beschreibt dabei Prozesse zwischen Menschen auf interaktiver Ebene. Damit wird ein Kanon von Einstellungen, Fähigkeiten und Handlungskompetenzen beschrieben, mit denen Menschen sich begegnen (können), indem sie sich – über die Ebene der bloßen Toleranz hinaus – als die je Anderen wahrnehmen und „erkennen“: Jeweils als von mir getrennt Seiende und losgelöst von der Auffassung, meine Erfahrungen, Perspektiven oder Bewertungen seien die einzig richtigen. (Vgl. Perko 2004)

Von affirmativer Anerkennung wird gesprochen, wenn:

> ... das Gegenüber in seinem Verschieden- und Anders-Sein wesentlich bejaht wird und Zustimmung findet. Damit ist auch eine Trennung zwischen dem Subjekt als Subjekt und seinen Handlungen angesprochen.

Für Sozialarbeiter*innen bedeutet das, Adressat_innen der Sozialen Arbeit als Subjekte anzuerkennen, nicht nur zu tolerieren, und zu differenzieren zwischen dem anzuerkennenden jeweiligen Subjekt und den Handlungen: Denn affirmative Anerkennung bedeutet nicht, alle Handlungen oder Äußerungen gutzuheißen oder ihnen zuzustimmen. Doch steht im Zentrum das Interesse am Anderen als Motivation sozialarbeiterischen Handelns.

Transformative Anerkennung bedeutet:

> Die Möglichkeit der Veränderung durch Andere, insofern meine Sichtweise durch den Anderen verändert wird, und umgekehrt. Gegen die Vorstellung bzw. Illusion eines abgeschlossenen, authentischen Ich, eines statischen, identitären Subjekts, liegt die Möglichkeit der Transformation durch Andere – mit Grenzen – im

Subjekt: Als Imaginierendes, als ein Sich-Entwerfendes, ein Projekt, das nicht zum Stillstand kommt (vgl. Castoriadis 1991). Im dialogischen Umgang mit anderen Menschen ist diese Form der Anerkennung jeweils reziprok subjekt(mit-)konstituierend.

Für Sozialarbeiter:innen bedeutet das, Abstand von der Vorstellung zu nehmen, ihre Sichtweisen, Normen, Werte seien immer die richtigen. Sie stehen in einem dialogischen Prozess, in dem sie über den Perspektivenwechsel versuchen, die Bedürfnisse und Anliegen von Adressat*innen der Sozialen Arbeit ernst zu nehmen, das Gegenüber zu reflektieren, seine Aussagen einzubeziehen und abzuwägen. Dem inhärent ist immer auch die (Selbst)Reflexion der eigenen Position als asymmetrisches Machtverhältnis zwischen den Sozialarbeiter_innen in ihrer Repräsentationsfunktion einer Gesellschaft und den Adressat_innen der Sozialen Arbeit.

Das Ethos der affirmativen und transformativen Anerkennung ist kein starres ethisches Regelsystem, es ist kontextuell-konkret und zugleich universalistisch: Kontextuell-konkret, in dem es um den je einzelnen Menschen geht; universalistisch, insofern diese ethische Haltung allen Menschen gegenüber gilt – ungeachtet von Diversitykategorien wie Alter, psychische oder körperliche Verfasstheit (Beeinträchtigung), Aussehen, Sprache, soziale Herkunft, Klasse, geografische Herkunft, Gender/Queer, sexuelles Begehren, Religion oder Säkularität/Konfessionsfreiheit etc., oder der ökonomischen „Nützlichkeit" und Leistung von Menschen. Bei ihrer Verwirklichung geht es in der Praxis immer darum, sich für ein moralisches Handeln zugunsten der Adressat:innen der Sozialen Arbeit, zugunsten – wie es in ethischen Konzeptionen als Zielsetzung lautet – ihres gelungenen Lebens zu entscheiden.

Ethische Entscheidungen werden immer durch die Analyse der jeweiligen Situation und durch das Abwägen möglicher Interaktionen unter Einbezug des Perspektivenwechsels und der Perspektivenvielfalt getroffen. Sie müssen argumentativ begründet werden. Sozialarbeiter*innen geraten immer wieder in ethische Konfliktsituationen. Sie professionell zu lösen, setzt Konfliktkompetenzen und Kompetenzen in Konfliktlösungsverfahren mit Dialogkompetenzen voraus.

In Bezug auf den Zusammenhang des (inter)nationalen Ethikkodex der Sozialen Arbeit und Diversity (vgl. 2. Lehreinheit) und im Hinblick auf eine ethische Methode (vgl. 7. Lehreinheit).

2. Konfliktkompetenzen und dialogische Kompetenzen (Mahloquet)

Konflikte gehören zum Arbeitsalltag. Sie zeigen, dass etwas in der Kommunikation und in den Beziehungen aus dem Gleichgewicht geraten ist. Oft fehlt es an Ideen, wie Konflikte konstruktiv, d.h. für alle befriedigend gelöst werden können. So tun wir unser Bestes, verstärken unsere Anstrengung, doch es scheint, als würden die Konflikte dadurch genährt werden. Noch komplizierter wird es, wenn sich die Konflikte zwischen Menschen verschiedener Geschlechter oder verschiedener Herkünfte etc. abspielen. Um Konflikte professionell lösen zu können, sind Konfliktkompetenzen notwendig, aber auch Kenntnisse von Konfliktlösungsverfahren (vgl. 7. Lehreinheit).

Konfliktkompetenzen

- Wissen um Konfliktdynamiken
- Verständnis von Konfliktprozessen und Beziehungsdynamiken
- Methoden- und Kommunikationskenntnisse
- Fähigkeit zum Perspektivenwechsel
- Sich Einlassen auf Perspektivenvielfalt
- Distanznahme/Abstinenz – Neutralität/Allparteilichkeit
- Reflexionsbereitschaft (über sich und die eigene Kultur)/Wissen um die eigene Kultur
- Wissen um Wechselwirkung zw. Gesellschaft und Individuum
- Lernen wollen
- Zuhören
- Anerkennung des Anderen
- Trennen von Verhalten und Person
- Emphatisch sein
- Ambiguitätstoleranz
- Fragekompetenz/Kommunikationstechniken
- Methodenkompetenz (Paraphrase, Aktives Zuhören, Reframing ...)
- Aufgeben der Allmachtsphantasie/Kompetenz des Nicht-Wissens (monos phronein)
- ...

Der professionelle Umgang mit Konflikten erfordert Kompetenzen von Konfliktlösungsverfahren. Bei Konflikten in Bezug auf Gender/Queer und Diversity gelten alle aufgezählten Kompetenzen; hinzu kommt die Berücksichtigung von möglichen Gender/Queerkonflikten sowie diversitybezogenen Konflikten (vgl. diversityorientierte Mediation, 7. Lehreinheit). Damit verbunden bedarf es spezifischer Dialogkompetenzen. Hier wird eine dialogische Methode aus dem Konzept „Social Justice und Diversity“ vorgestellt, die beides miteinander verbindet und anwendbar ist: Bei Konflikten mit Klienten*innen, aber auch bei Teamkonflikten, Organisationskonflikten etc.

Dialogische Kompetenzen: Mahloquet als ethische Haltung und dialogische Gesprächsform

Die Methode – Mahloquet – ist der jüdischen Tradition des Dialoges, des Miteinander-Sprechens entnommen. Davon ausgehend entwickelten Leah Carola Czollek und Gudrun Perko ein Konfliktlösungsverfahren (vgl. 7. Lehreinheit). Die Mahloquet wurde auch als ethisch-dialogische Methode für „Social Justice und Diversity“ Trainings entwickelt (vgl. 2. Lehreinheit). Die historische Genese der Mahloquet findet sich in Czollek/Perko/Kaszner/Czollek 2019. Hier werden nur die Prämissen der Mahloquet in Bezug auf die ethische Haltung und dialogische Gesprächsform skizziert.

Was sind die gegenwärtigen Bedeutungen der Mahloquet?

Die Mahloquet ist kein „stummes Zwiegespräch“ in uns. Denn dieser Dialog braucht das Gegenüber. Im Gespräch findet der_die Eine etwas in einer bestimmten Auslegung richtig und der*die Andere etwas Anderes. Doch geht es weder darum, dass die Meinung des_der Einen richtig und die Meinung des_der Anderen falsch ist, noch dass beide einen Konsens über die richtige Auslegung finden. Beide Meinungen gelten gleichberechtigt nebeneinander. Vom Kontext der Anderen ausgehend, erhöht sich die Möglichkeit, sich vorzustellen, wie sich die Anderen fühlen, warum sie so handeln, denken usf., also die Möglichkeit des Perspektivenwechsels und der Perspektivenvielfalt. Dieser meint sich „vom Gesichtspunkt eines anderen Menschen aus etwas vorstellen“ zu können (Arendt 1986: 78) und birgt daher die Möglichkeit der gegenseitigen Anerkennung. Dadurch kann der Andere – im Sinne von Buber – als ein DU gesehen werden (vgl. Buber 1997). Ebenso kann das eigene Handeln verständlicher werden.

Mahloquet meint ein dialogisches Miteinander. Der Dialog bezeichnet ein Gespräch mit anderen Menschen; er geht aber auch über das Sprechen hinaus. Gestiken, Mimik etc. gehören ebenso dazu wie das dialogische Denken als Denken, mit dem versucht wird, möglichst viele Perspektiven einzunehmen. Dabei steht nicht das jeweilige Ich der Dialogpartner*innen im Zentrum des Dialoges und dialogischen Denkens, sondern die Sichtweisen der vielen anderen Menschen, auf die sie sich beziehen. Hier ist die Theorie des Perspektivenwechsels zentral (vgl. Arendt 1986), verbunden mit dem Aufgeben, als einzige_r Recht zu haben. Diese Haltung wurde mit dem Terminus *monos phronein* in den 1960er Jahren von Cornelius Castoriadis wieder in die wissenschaftliche Diskussion gebracht (vgl.

Castoriadis 1990). Das bedeutet das Aufgeben des Egozentrismus (auch des Eurozentrismus) als Haltung, mit der allgemeine Gültigkeiten und Wahrheiten verkündet werden und beansprucht wird, zu wissen, was andere Menschen wollen, denken, begehren.

Nichts bekommt in dem Prozess des Perspektivenwechsels und der Perspektivenvielfalt Endgültigkeit. Jede Meinung steht zur Diskussion. Insofern wird ein offener Raum geschaffen, der sich der Eindeutigkeit entzieht. In der Mahloquet geht es nicht um eine Synthese der Widersprüche, nicht um Konsens, sondern darum, die verschiedenen Auffassungen bestehen zu lassen, angebliche Wahrheiten und festgefrorene Denkstrukturen zu erschüttern. Keine Meinung soll zu einem Dogma oder zur Ideologie erhoben werden. Jede_r darf sprechen und jede*r wird gehört. Das bedeutet, jeden Menschen als Teil dieser Welt zu sehen, der etwas beitragen kann, wovon der je Andere nichts weiß. Gespräche, Fragen und Antworten dienen dazu, eine Erkenntnis zu gewinnen, den Horizont zu erweitern, ein Verständnis von etwas zu vertiefen. Das Gegenüber wird hierbei nicht als Spiegelung der eigenen Erfahrungen oder als alter ego benutzt; nicht das Bekannte, sondern dass Fremde steht im Zentrum. Voraussetzung dafür ist, dass das Gegenüber in dem respektiert wird, was es sagt, und vorausgesetzt wird, von der Sinnhaftigkeit jeder Rede auszugehen. Die Prinzipien des dualistischen Denkens und die Sicherheit der Beurteilung werden hier zugunsten der Möglichkeiten in der Welt aufgegeben, wissend, dass das Gedachte und Gesagte nicht die Welt selbst ist. So geht es bei der Mahloquet darum, etwas Noch-nicht-Gewusstes, etwas Neues zu erkennen. Das kann zwischen Menschen nur gelingen, wenn sie die dialogische Methode im Gespräch und das dialogische Denken als Einnehmen vieler Perspektiven ernst nehmen und praktizieren. Basierend darauf können gemeinsam Vorstellungen als Grundlage entwickelt werden, wie Menschen miteinander umgehen können, die sich nicht auf eine gemeinsame Verfassung, auf einen gemeinsamen Ort des Herkommens oder auf eine gemeinsame Kultur beziehen können. (Vgl. Czollek 2003). Gleichzeitig steht jene Grundlage immer im Kontext des Gesellschaftlichen. Perspektivenwechsel und Perspektivenvielfalt dienen dazu, dass das eigene Urteil nicht mehr nur eindimensional, nicht mehr nur subjektiv ist (vgl. Arendt 1986).

Der Mahloquet geht es um Pluralität, d.h. darum, vielfältige Interpretationen und Sichtweisen bzw. Perspektiven nebeneinander bestehen zu lassen, wobei es immer um den Rahmen von Menschenrechten und Gewaltfreiheit geht (d.h. beispielsweise ist eine Bejahung von Diskriminierung keine Perspektive). Die Mahloquet verlangt die Fähigkeit, Selbstverständlichkeiten des eigenen Lebens in Frage zu stellen und zu reflektieren. Hierbei geht es um die „Logik des Sinns" gegen eine „Logik der Wahrheit" (Ouaknin 1996: 70). Das zeigt eine Philosophie an, die sich gegen den Drang zur Wahrheit, gegen Intoleranz und Fanatismus und Extremismus richtet. So wird insgesamt eine „Bewegung des Denkens in Gang gesetzt, die (…) in der Erschütterung vorgefertigter Sinnstrukturen besteht, in denen alles seinen Ort und jeder Augenblick seine Zeit hat" (Quaknin 1996: 70).

Zur besseren Übersicht werden einige spezifische Momente der Mahloquet hier tabellarisch dargestellt. Die Charakteristika finden sich in Bezug auf die Gesprächsform, ethischen Hintergründe, Referenzrahmen und Zielsetzung:

Inhalte und ethische Prämissen der Mahloquet

Haltung des Sprechens und Handelns

- Haltung einer respektvollen Bescheidenheit, d.h. die Allmachtsphantasie aufgeben, als Einzige*r recht zu haben.
- Sich-Einlassen auf Fremdheit: Jede_r ist im Sinne der Gastfreundschaft des Anderen Gast.
- Anerkennender Umgang von Menschen miteinander.

Haltung der De-Hierarchisierung

- Gleichwertigkeit verschiedener Denkinhalte: Jede_r darf sprechen und wird gehört.
- Das Individuum spricht nicht als Repräsentant*in einer Gruppe oder Gesellschaft, sondern für sich, auch wenn es in die jeweilige Gesellschaft eingebettet ist.
- Keine Synthese von Widersprüchen, kein Konsens zugunsten einer allein gültigen Perspektive.
- Kein Kampf der Positionen: Öffnet den Zirkel des bewertenden, polarisierenden Denkens.
- Infragestellung von Zuschreibungen, Werten, Vorstellungen, Bildern.

Haltung der Offenheit

- Es geht nicht um das Überzeugen des Gegenübers von meiner Meinung.
- Keine ein für allemal abgeschlossene Lösung, sondern den Dialog als Prozess verstehen.
- Keine übergeordnete Instanz, die darüber entscheidet, was richtig und was falsch ist.
- Zulassen von Perspektivenwechsel, Perspektivenvielfalt (eine Bejahung von Diskriminierung ist keine Perspektive).
- Zuhören, nachfragen.

Referenzrahmen

- UN-Menschenrechtscharta, Gewaltfreiheit.

Vgl. Czollek/Perko 2006, 2008

Die Mahloquet ist keine Garantie. Nicht immer ist ein Dialog (verbaler und nonverbaler) möglich, nicht in jeder Situation ist ein Dialog angemessen, nicht immer sind Menschen dialogbereit. Grenzen des Dialoges liegen beispielsweise da, wenn sich das Gegenüber durch eine festgezurrte Ideologie charakterisiert (z. B. rechtsextremistische Ideologie). Sozialarbeiter_innen befinden sich im Dialog mit ihren Adressat*innen. Doch auch sie geraten immer wieder in Situationen, wo kein Dialog mehr möglich ist.

Die Mahloquet als ethisch-dialogische Haltung und als dialogische Gesprächsform lässt sich jedoch in vielen Bereichen der Sozialen Arbeit aufnehmen. Verbunden mit den ethischen Kompetenzen, geht es hierbei immer um die Anerkennung der Anderen, ohne alles, was sie sagen oder tun, gutheißen zu müssen.

3. Gender- und Queerkompetenzen

Bei Gender- und Queerkompetenzen geht es um die Wechselwirkungen von Wahrnehmen, Analysieren, Reflektieren und Handeln in Bezug auf Gender/Queer. Insofern beschreiben sie den Prozess von der Wahrnehmung einer Genderinszenierung bis hin zur Entwicklung von Handlungsoptionen. In unserer Darstellung erweitern wir die beschriebenen Genderkompetenzen (vgl. Ute Wanzek 2008; Böllert/Karsunky 2008) um Kompetenzen, wie sie die Tatsache, dass es queere Menschen gibt, erforderlich machen.

Folgende Kompetenzen gelten als Gender- und Queerkompetenzen, u. a.:

Sozialkompetenz

- Wahrnehmen von mehreren Geschlechtern (Mann, Frau, Transgender, Intergeschlechtliche …); Genderpluralität.
- Anerkennender Umgang mit den verschiedenen Geschlechtern.
- Genderaspekte identifizieren können.
- Vorstellungsvermögen über andere Geschlechter.
- Mit Missverständnissen in Geschlechterverhältnissen umgehen können.
- …

Individual Kompetenzen

- Reflexionen der eigenen Genderinszenierungen und der eigenen Genderbrille.
- Dem eigenen wie anderen Geschlechtern konstruktiv kritisch begegnen.
- Gender an sich und Anderen wahrnehmen können.
- Reflexion des Doing Gender.

- Praxen des Undoing Gender.
- ...

Fach-/Sachkompetenz/Kognitive Kompetenzen
- Daten und Fakten zur Chancengleichheit (Verteilungsgerechtigkeit) kennen.
- Daten und Fakten zu Struktureller Diskriminierung aufgrund von Gender/Queer.
- Fachspezifisches Genderwissen (z. B. im Bereich Arbeitsmarkt).
- Kenntnisse über Gleichstellungspolitik und deren Umsetzungsinstrumentarien.
- Kenntnisse des Doing Gender und Undoing Gender.
- Kenntnisse von Gender Studies und Queer Studies.
- Kenntnisse über die Konstruktion von Gender.
- Perspektivenwechsel/Perspektivenvielfalt, dialogisches Denken.
- ...

Methodenkompetenz
- Geschlechterrollen, Stereotype und ihre Wirkungen kennen.
- Kenntnisse über Gender Mainstreaming als Organisationsentwicklungsprozess haben.
- Wissen um interkulturelle und queere Forderungen in Bezug auf Gender Mainstreaming.
- Gender und Queer reflektierende Analysen.
- Gender/queergerechte Methoden kennen, z. B. Beratungsmethoden (diskriminierungskritische Beratung, vgl. 7. Lehreinheit
- ...

Vgl. Czollek/Perko 2008; Perko/Kitschke 2014; Czollek 2018; Perko 2018

Zentral erscheint hier die Erinnerung an das, was als Undoing Gender beschrieben wurde: Denn Sozialarbeiter*innen befinden sich immer wieder in dem Dilemma zwischen der Anforderung, auf Differenzen von Menschen aufmerksam zu sein und keine verallgemeinernde Festschreibung von Menschen auf bestimmte Merkmale, Verhaltensweisen oder Zugänge vorzunehmen.

4. Diversitykompetenzen

Diversitykompetenzen setzen sich aus mehreren Elementen bzw. Bereichen zusammen. Sie sind für jeden Umgang zwischen Menschen in ihrer Unterschiedlichkeit und Vielfalt im Hinblick auf Diversitätsmerkmale hilfreich und inkludieren auch interkulturelle Kompetenzen. Die folgende Tabelle zeigt einen Ausschnitt möglicher Kompetenzen, die spezifisch für Diversitykompetenzen sind:

Empathische Kompetenzen

- Fähigkeit zum Verstehen der anderen Perspektiven und Relativierung der eigenen Sichtweise.
- Anerkennung der anderen Meinung (mit Referenzrahmen wie UN-Menschenrechtscharta und Gewaltfreiheit).
- Bereitschaft und Fähigkeit zum Verstehen von Menschen verschiedener kultureller und sozialer Herkunft und Zugehörigkeit.
- Verständnis für Menschen, die von sozialer Ungleichheit und Diskriminierung in Bezug auf alle Diskriminierungsformen (wie Ableismus, Antisemitismus, Anti-Schwarzer Rassismus, Antiromaismus/Antisintiismus, Antimuslimismus bzw. Anti-Muslimischer Rassismus, Anti-Asiatischer Rassismus, Klassismus, Sexismus etc.) getroffen sind.
- …

Rollendistanz

- Kulturelle und soziale Selbstwahrnehmungsfähigkeit.
- Neutralität/Allparteilichkeit.
- Wahrnehmen der eigenen Funktion und des eigenen Status (Repräsentieren einer Institution und asymmetrisches Machtverhältnis).
- …

Ambiguitätstoleranz

- Fähigkeit, Unsicherheit, Fremdheit, Nichtwissen und Mehrdeutigkeiten aushalten.
- Neugier und Offenheit gegenüber dem Unbekannten.
- Aufgeben der Allmachtsphantasie (*monos phronein*/Kompetenz des Nicht-Wissens).
- Abgrenzungs- und Konfliktfähigkeit: Das Fremde/Andere weder durch Abwertung abwehren noch sich ihm durch Selbstverleugnung überanpassen.
- Anerkennung des Anderen (gegebenenfalls Trennen von Verhalten und Person).
- …

Kognitive Kompetenzen

- Wissen um die eigene Kultur (Reflexionsbereitschaft über sich und die eigene Kultur).

- Kenntnisse über Herkunftsgesellschaften von Migrant_innen und geflüchteten Menschen.
- Kenntnisse über geschichtliche Prägungen, politische und ökonomische Strukturen, kulturelle Standards.
- Kenntnisse über die Struktur und Entwicklung, über Ursachen und Folgen von Migrations- und Fluchtprozessen.
- Kenntnisse über Diskriminierungsmechanismen und Diskriminierungsformen sowie Auswirkungen von Diskriminierung.
- Kenntnisse über das Migrant*innen spezifische Versorgungsnetz und über die spezifischen Zugangsbarrieren zu den Regelangeboten der sozialen und psychosozialen Dienste.
- Kenntnisse über den rechtlichen, politischen und sozialen Status von Migrant*innen und geflüchteten Menschen.
- Kenntnisse über Erscheinungsformen und Ursachen von Vorurteilsbereitschaft.
- Kenntnisse über Traumatisierung als „Normalfall".
- Wissen um kulturelle Unterschiede.
- Perspektivenwechsel, Perspektivenvielfalt und dialogisches Denken.
- ...

Methodenkompetenz

- Geschlechterrollen, Stereotype und ihre Wirkungen kennen.
- Kenntnisse über diversityorientierte Methoden haben.
- ...

Vgl. Geitanides 2004 (modifiziert und stark erweitert Czollek/Perko 2021)

Zentral erscheint hier die Erinnerung an das, was wir mit *Undoing Identity* benennen. Analog zum Undoing Gender schlagen wir vor, im Gegensatz von Doing Identity als Festschreiben bestimmter und zumeist eindeutiger Identitäten, von Undoing Identity zu sprechen. Doing Identity meint die Festhaltung und Reproduzierung eindeutiger (Gruppen)Identitäten im Zeichen des Identitätspolitischen, im Zeichen also des Einschlusses mancher und der Ausgrenzung anderer. Mit Undoing Identity ist eine Strategie bezeichnet, eine Praxis, die sich gegen Festschreibungen und Kategorisierungen von eindeutigen (Gruppen)Identitäten bei Menschen richtet. Denn auch Professionelle befinden sich hierbei stets in dem erwähnten Dilemma zwischen der Anforderung, auf Differenzen von Menschen aufmerksam zu sein und keine verallgemeinernde Festschreibung von Menschen auf bestimmte Merkmale, Verhaltensweisen oder Zugänge vorzunehmen (vgl. Czollek/Perko 2008).

5. Herausforderungen für die Soziale Arbeit

Neben fachlichen Kompetenzen benötigen Sozialarbeiter_innen spezifische Schlüsselkompetenzen für eine gender/queer und diversitygerechte Soziale Arbeit. Diese können nicht ausschließlich über theoretische Auseinandersetzungen erworben werden, sondern z. B. über Gender- und Queertrainings sowie Social Justice und Diversity Trainings. Dabei gilt es Veränderungsprozesse immer wieder wahrzunehmen und zu analysieren, um möglichen neuen Anforderungen entsprechen zu können. So können neue Kompetenzen erforderlich werden, von denen wir heute noch nichts wissen. Gefordert sind hierbei auch die Hochschulen für Soziale Arbeit, spezifische Schlüsselkompetenzen in die Curricula zu integrieren.

6. Übungen

1. Erstellen Sie in einer Kleingruppe eine Liste der Kompetenzen, die Sie als Sozialarbeiter*in in Bezug auf Gender und Queer konkret haben und argumentieren Sie, wie sich das in ihrer bisherigen Praxis auswirkt.
2. Erstellen Sie in einer Kleingruppe eine Liste der Kompetenzen, die Sie als Sozialarbeiter_in in Bezug auf Diversity konkret haben und argumentieren Sie, wie sich das in ihrer bisherigen Praxis auswirkt
3. Argumentieren Sie, inwiefern Nutzer:innen der Sozialen Arbeit von Ihren Gender-, Queer- und Diversitykompetenzen profitieren.

7. Zur Vertiefung

Großmaß, Ruth/Anhorn Roland (Hg.): Kritik der Moralisierung. Theoretische Grundlagen – Diskurskritik – Klärungsvorschläge für die berufliche Praxis. Wiesbaden 2013

Perko, Gudrun: Perspektiven der Ethik in der Sozialen Arbeit. (Vortrag 2021). Youtube unter: https://youtu.be/LaPzAK1ixNQ (letzter Zugriff: 28. 8. 2021)

VI. Arbeits- bzw. Praxisfelder der Sozialen Arbeit

Soziale Arbeit umfasst zahlreiche Arbeits- bzw. Praxisfelder (vgl. u. a. Chasse/Wensierski von 1999; Klüsche 1999; Pantucek 2004; Perko/Czollek 2021). Sie alle in Bezug auf die Gender-, Queer- und Diversityperspektive aufzugreifen, ist nicht möglich.

In diesem Abschnitt zeigt zunächst eine Grafik die Arbeits- und Praxisfelder der Sozialen Arbeit, um einen Überblick zu erhalten. Danach werden exemplarisch Praxisfelder mit Blick auf mögliche Fragen, die Sozialarbeiter*innen in Bezug auf Gender/Queer und Diversity haben können, vorgestellt. Es werden also Fragen formuliert, die an existierende oder sich neu etablierende sozialarbeiterische Einrichtungen und Projekte gestellt werden können. Die Auswahl der Praxisfelder, die sich auf Deutschland beschränken, verdeutlicht keine Hierarchisierung im Sinne ihrer Wichtigkeit.

9. Lehreinheit
Die Profession als gender/queer- und diversitygerechte Soziale Arbeit

Wie in der Einleitung beschrieben, wird von Sozialer Arbeit in Bezug auf mehrere Dimensionen gesprochen:

- Ausbildungsorte der Sozialen Arbeit: (Fach)Hochschulen.
- Soziale Arbeit als gesellschaftliche Institution.
- Soziale Arbeit als Wissenschaft/Forschung.
- Soziale Arbeit als Profession: mannigfaltige Praxisbereiche.

Diese Bereiche sind im besten Falle nicht voneinander getrennt, sondern miteinander verbunden. So rekurrieren etwa Sozialarbeiter_innen aus der Profession, also aus der Praxis heraus, auf Theorien und Methoden und wenden ihr Können an. Soziale Arbeit als Wissenschaft wiederum bezieht sich auf die Praxis und als Forschung auf Fragen, die in der Praxis relevant sind. An Hochschulen wird Forschung in der Praxis durchgeführt, die in die Lehre eingeht und es geht immer wieder um den Transfer in die Praxis, aber auch von der Praxis in die Hochschulen etc. Im Kontext dieser Dimensionen geht es um eine dichte Verflechtung, in der Adressat:innen der Sozialen Arbeit im Zentrum stehen. Gender/Queer und Diversity sind in der Sozialen Arbeit als Querschnittsaufgabe und in manchen Bereichen als Hauptthema verankert bzw. zu berücksichtigen.

1. Überblick zu Arbeits- bzw. Praxisfeldern der Sozialen Arbeit

Die folgende Grafik, die nicht den Anspruch auf Vollständigkeit hat, soll aufzeigen, wie mannigfaltig die Arbeits- und Praxisfelder der Sozialen Arbeit sind.

Arbeits- bzw. Praxisfelder der Sozialen Arbeit
(Zusammenstellung: Perko/Czollek 2021)

Soziale Arbeit mit Kindern und Jugendlichen, u. a.

1. Kindertagesstätten (Kinderkrippe, Kindergarten, Hort)
2. Tagespflege
3. Erziehungsberatungsstelle

4. Kinderwohngruppe, Kinderhaus, Kinderheim, Heim für Kinder mit Beeinträchtigungen
5. Tageseinrichtungen für Kinder mit Beeinträchtigungen
6. Soziale Dienste der Früherkennung/Frühförderung für entwicklungsverzögerte Kinder
7. Kinderschutzzentren/Anlauf- und Beratungsstellen für Kinder mit Missbrauchserfahrungen; Telefonnotruf
8. Hilfen zur Erziehung für Kinder und Jugendliche (HzE)
9. Einzelfallhilfe
10. Soziale Gruppenarbeit (HzE)
11. Sozialpädagogische Familienhilfe (HzE)
12. Tagesgruppe (HzE)
13. Heimerziehung und betreute Wohnformen (HzE)
14. Intensive Sozialpädagogische Einzelhilfe (HzE)
15. Sozialplanung
16. Offene Jugendarbeit in Jugendzentren, Jugendclubs
17. Jugendkulturarbeit/Jugendverbandsarbeit
18. Jugendfreizeiten/Jugendferienmaßnahmen
19. Schulsozialarbeit
20. Erlebnispädagogik
21. Mobile Jugendarbeit
22. Streetwork
23. Präventionsarbeit: Sucht, Gewalt, Gesundheit, Sexualpädagogik
24. Jugendwohnheime, Jugendberufshilfe: Berufsberatung, Beschäftigungs- und Arbeitslosenprojekte und Initiativen
25. Jugendgerichtshilfe
26. Jugendstrafanstalt
27. Notschlafstellen, Aufnahmeheime für wohnungs-/obdachlose Jugendliche
28. Übergangseinrichtungen
29. Suchtberatungsstellen, Drogentherapieeinrichtungen
30. Rehabilitationseinrichtungen für junge Menschen mit gesundheitlichen Beeinträchtigungen
31. Berufsbildungswerke

Soziale Arbeit mit Familien, u. a.

32. Allgemeiner Sozialer Dienst in Jugend-, Sozial- oder Gesundheitsämtern
33. Familienhilfe
34. Trennungs- und Scheidungsberatung/Mediation
35. Ehe-, Familien- und Lebensberatungsstellen
36. Familienferienwerke

37. Familienbildungsstätten
38. Elternschulen
39. Sozialplanung
40. Schuldner*innenberatungstellen

Soziale Arbeit mit Migrant*innen, Aussiedler*innen, geflüchteten Menschen, u. a.

41. Wohnheime, Gemeinschaftsunterkünfte, Durchgangswohnheime
42. Beratungsstellen für geflüchtete Menschen
43. Beratungsstellen für Migrant_innen

Soziale Arbeit mit Menschen mit Erkrankungen und Beeinträchtigungen

44. Tageseinrichtungen
45. Wohnheime, Wohngemeinschaften
46. Werkstätten (WfB)
47. Soziale Dienste bei Krankenkassen und Rentenversicherungsträger
48. Krankenhaussozialdienste
49. Sozialpsychiatrische Beratungsstellen
50. Psychosoziale Dienste
51. Psychiatrische Ambulanzen
52. Tageskliniken
53. Suchtberatungsstellen
54. Therapieeinrichtungen: psychosomatische Kliniken, Suchtkliniken etc.

Soziale Arbeit mit Frauen, Männer, Queers u. a.

55. Frauenberatungsstellen (Schwangerschaftskonfliktberatung, häusliche Gewalt, Psychosomatik, Essstörungen)
56. Frauenhäuser
57. Mutter-Kind-Heim/Muttererholungsheime
58. Männerberatungsstellen
59. Beratungsstellen für LGBTQ+Personen
60. Beratungsstellen in Bezug auf Diskriminierungserfahrungen (Rassismus, Antisemitismus etc.)

Soziale Arbeit mit alten Menschen, u. a.

61. Offene Altenhilfe: Altenclubs, Altentagesstätten, Beratungsstelle
62. Altenheime, Altenpflegeheime, alternative Wohnformen
63. Geriatrische und gerontopsychiatrische Kliniken
64. Sterbebegleitung/Hospize stationär und ambulant
65. Interkulturelle Projekte (z. B. Wohn-/Pflegeheim)

Soziale Arbeit: Beruf und Bildung, u. a.

66. Berufsberatung
67. Betriebliche Sozialarbeit/Bundeswehrsozialarbeit
68. Beratungsstellen
69. Berufsförderungsmaßnahmen
70. Arbeits- und Beschäftigungsinitiativen
71. Anlauf- und Beratungsstellenstellen für Sexarbeiter*innen

Soziale Arbeit mit Menschen ohne Wohnung, u. a.

72. Anlauf- und Kontaktstellen
73. Notschlafstellen, Wohnheime
74. Bahnhofsmissionen
75. Streetwork

Soziale Arbeit mit Menschen in Konflikt mit dem Gesetz, u. a.

76. Sozialdienste in Justizvollzugsanstalten
77. Bewährungshilfe
78. Ehrenamtliche Straffälligenhilfe
79. Heime und Wohngemeinschaften

Soziale Arbeit: Straffälligkeit, u. a.

80. Bewährungshilfe
81. Jugendstrafanstalten

Soziale Arbeit: Gesundheit

82. Stationäre Einrichtungen (Krankenhäuser, Pflegeheime etc.)
83. Klinische Sozialarbeit
84. Betreute Wohnheime

Soziale Arbeit im Gemeinwesen

85. Stadtteilarbeit/Quartiersmanagement
86. Gemeinwesenarbeit

Soziale Arbeit als Bildungsarbeit, u. a.

87. Soziale Gruppenarbeit
88. Diskriminierungskritische Bildungsarbeit
89. Jugend- und Erwachsenenbildungsbereichen
90. Volkshochschulen

Internationale Soziale Arbeit/Entwicklungsarbeit, u. a.
91. Menschenhandel, Frauenhandel, Kinderhandel
92. Entwicklungshilfeorganisationen

In Bezug auf unser Thema gilt es zu fragen ist, welche Überlegungen es hinsichtlich einer gender/queer- und diversitygerechte Sozialen Arbeit in den einzelnen Arbeits- bzw. Praxisfeldern der Sozialen Arbeit relevant sein können, welche Herangehensweise einzelne Sozialarbeiter:innen möglich sind (vgl. 7. Lehreinheit).

2. Soziale Arbeit mit Menschen mit Beeinträchtigungen

Ein berufliches Feld der Sozialen Arbeit ist die Arbeit mit Menschen mit Beeinträchtigungen, die immer wieder auch mit Ableismus konfrontiert sind. Eine Kurzdefinition von Ableismus lautet: „Strukturelle Diskriminierung als Behinderung von Menschen mit (sichtbaren und nicht sichtbaren) physischen und psychischen Beeinträchtigungen." (Czollek/Perko/Kaszner/Czollek 2019: 68) In einer längeren Definition wird Ableismus folgend definiert.

„Ableismus ist ein alle Bereiche durchdringendes System, in dem Menschen mit physischen, psychischen, kognitiven, emotionalen und/oder sensomotorischen Beeinträchtigungen strukturell diskriminiert werden (Behinderung/Behindert-Werden). Wie Rassismus, Sexismus und andere Formen Struktureller Diskriminierung wird Ableismus auf der individuellen, institutionellen und kulturellen Ebene erzeugt. Tief verwurzelte Glaubenssätze bezüglich Gesundheit, Produktivität, Schönheit und anderer Werte schaffen ein oft feindseliges Klima gegen all jene, die aufgrund ihrer physischen, psychischen, kognitiven, emotionalen und/oder sensomotorischen Verfasstheit aus dem herausfallen, was jeweils als gesellschaftlich akzeptabel und vermeintlich ‚normal' definiert ist. Die Diskriminierungsform ist mit einer Vielzahl an Begriffen beschrieben worden: handicapism, ableism, disability oppression, disability discrimination. Die Erfahrungen, die Menschen machen, die von Ableismus getroffen sind, können stark variieren. So beziehen sich Zuschreibungen aufgrund von Beeinträchtigung (sichtbarer und nicht sichtbarer) auf unterschiedliche Bereiche, u. a.:

- Wahrnehmung (Sehen, Hören, Riechen …)
- Krankheit (Multiple Sklerose, AIDS …)
- Entwicklungsbedingungen (Trisomie 21, Autismus …)

- Psychologisierte/psychiatrisierte Phänomene (Depressionen, manisch-depressives
- Verhalten, Schizophrenie …)
- Bewegungseinschränkungen (Querschnittslähmung, Arthrose …)
- Umweltbedingte Erkrankungen (Allergien, Asthma …).“

(Czollek/Perko/Kaszner/Czollek 2019: 79)

Auch dieser Diskriminierungsform stellt sich eine professionelle Soziale Arbeit rekurrierend auf den (inter)nationalen Ethikkodex entgegen und forciert in ihren konkreten Angeboten Barrierefreiheit und Enthinderung. Sie bezieht sich dabei nicht zuletzt auf Disability Studies, die Behinderung als eine gesellschaftliche Barriere versteht und sich für die Teilhabe und Partizipation von Menschen mit Beeinträchtigungen einsetzt. Neben dem Wissen um Gender/Queer und Diversity Studies sowie Disability Studies gilt es dabei auch, existierenden Gesetzesgrundlagen heranzuziehen. Die sozialarbeiterische Intention liegt sowohl auf der individuellen Ebene (der Umgang einzelner Sozialarbeiter*innen mit den Adressat:innen) als auch auf der institutionellen Ebene (z. B. barrierefreie Gestaltung) mit Blick auf die Realisierung von Social Justice (vgl. 2. Lehreinheit).

Die Frage der Bezeichnung

Eine erste Annäherung bei der Sozialen Arbeit mit Menschen mit Beeinträchtigungen kann die Sprache sein.

Im Bemühen eine nicht diskriminierende Sprache zu verwenden, wurden im politischen Diskurs immer wieder Vorschläge öffentlich, die sich einer (sprachlichen) Diskriminierung entgegensetzen: „Menschen mit besonderen Befähigungen“, „Menschen mit besonderen Bedürfnissen“ oder „Menschen mit kognitiver Behinderung“ wurde ebenso verwendet wie Bezeichnungen aus dem englischsprachigen Raum, z. B. „people with special needs“, „ability“ oder „people with disabilities“. In den 1970er Jahren entstand die selbst so genannte „Krüppelbewegung“: Der als Schimpfwort gebrauchte Begriff „Krüppel“ (von mittelniederdt. *kröpel* – der Gekrümmte) wurde anstelle des damals verwendeten Begriffes „Behinderung“ bewusst als Eigenbezeichnung verwendet, um damit provokant auszudrücken, was Ableismus bedeutet. Solche Eigenbezeichnungen fordern nicht dazu auf, diesen Begriff zu verwenden. Schon früh wurde die Konstruktion „Behinderung“ im Sinne der Macht der Normierung hervorgehoben: „Die sogenannten ‚Behinderten‘ umfassen, mit vielen die auf ihre Weise auch abweichen, das Nicht-Normale. Sie bilden die Negativfolie, mittels welcher die sogenannten ‚Nicht-Behinderten‘ erst als normal erscheinen. Damit die *Setzung* des Normalen als Setzung verborgen bleibt, werden jene, die zum Sinnbild von Abnormität erklärt werden, gleichzeitig unsichtbar gemacht, marginalisiert. (…) Durch *Ihr* körperliches, geistiges oder psychisches Anderssein verhindert die ‚behinderte' Person, daß die Norm ihren normalen Lauf nimmt und in ihrer Wirksamkeit unsichtbar bleibt. In diesem Sinne *behindert* sie die Ausübung der Norm." (Egger 1999: 44) Zur Zeit ist die Bezeichnung Menschen mit Beeinträchtigung gängig. Der Begriff Behinderung hingegen wird als eine Feststellung verwendet, um auszudrücken, dass Menschen mit Beeinträchtigungen von der Gesellschaft respektive ihren Institutionen behindert werden. Anstelle der immer noch verankerten Bezeichnung „Behindertenbeauftragte", wie er in vielen Institutionen noch verwendet wird, kann der Terminus Inklusionsbeauftragte vorgeschlagen werden.

Die Diskussion um geeignete Bezeichnungen ist keineswegs zu Ende. So werden auch im Deutschsprachigen immer wieder neue Vorschläge gemacht, andere wieder verworfen. Für Sozialarbeiter_innen ist relevant, immer wieder ihren Sprachgebrauch zu reflektieren und zuzuhören, wie Menschen selbst bezeichnet werden wollen.

Rechte und Gesetzeslagen und die Bedeutung der UN-Behindertenrechtskonvention

Rechte und Gesetzesverankerungen stellen einen Rahmen dar, in dem es um die Beseitigung von Benachteiligung von Menschen mit Beeinträchtigungen und um die Möglichkeit einer gleichberechtigten Teilnahme und Partizipation an der Gesellschaft geht (vgl. Mattner 2000). Im Folgenden werden Auszüge herausgegriffen und besprochen, wobei Begriffe bei direkten Zitaten so genannt werden, wie sie – etwas veraltert – in den Gesetzen stehen.

Neben dem SGB IX zur „Rehabilitation und Teilhabe behinderter Menschen" vom 19. Juni 2001 ist das Gesetz zur „Gleichstellung behinderter Menschen" (Behindertengleichstellungsgesetz – BGG), das am 27. April 2002 in Kraft getreten ist, von zentraler Bedeutung. Der § 1 des BGG lautet: „Ziel dieses Gesetzes ist es, die Benachteiligung von behinderten Menschen zu beseitigen und zu verhindern sowie die gleichberechtigte Teilhabe von behinderten Menschen am Leben in der Gesellschaft zu gewährleisten und ihnen eine selbst bestimmte Lebensführung zu ermöglichen. Dabei wird besonderen Bedürfnissen Rechnung getragen." Dieses Gesetz korrespondiert mit dem Grundgesetz (Artikel 3): „Niemand darf wegen seiner Behinderung benachteiligt werden". In § 2 BGG heisst es: „Zur Durchsetzung der Gleichberechtigung von Frauen und Männern sind die besonderen Belange behinderter Frauen zu berücksichtigen und bestehende Benachteiligungen zu beseitigen. Dabei sind besondere Maßnahmen zur Förderung der tatsächlichen Durchsetzung der Gleichberechtigung von behinderten Frauen und zur Beseitigung bestehender Benachteiligungen zulässig."

Zweifelsohne sind diese Gesetzesverankerungen sehr wesentlich. Allerdings findet das BGG seine Einschränkung darin, dass es nur für Bundesbehörden der Bundesrepublik Gültigkeit hat. So hat es keine allgemeine Wirkung wie das Allgemeine Gleichstellungsgesetz (AGG), sondern schließt z.B. Institutionen der Sozialen Arbeit, Soziale Dienste, Universitäten oder Hochschulen sowie den Bereich der Unternehmen der Wirtschaft aus. Das BGG bedeutet beispielsweise, dass öffentliche Gebäude, die vom Bund gebaut werden, barrierefrei, d.h. für alle Menschen zugänglich sein müssen. Dies bezieht sich auch auf mediale Kommunikation wie z.B. die Barrierefreiheit der Homepages der Bundesregierung und Ministerien, die für alle Menschen lesbar sein müssen. Das SGB IX wiederum hat einen anderen Wirkungskreis als das BGG, insofern es die Rechte von Menschen mit Beeinträchtigungen in ihrer Lebensgestaltung allgemein und im Besonderen im Hinblick auf Gender Mainstreaming formuliert.

Ein Meilenstein in der Entwicklung der Rechte für Menschen mit Beeinträchtigungen stellt die UN-Behindertenrechtskonvention dar, die im Dezember 2006 von den Vereinten Nationen verabschiedet wurde: „Die Konvention signalisiert nicht nur eine Abkehr von einer Behindertenpolitik, die primär auf Fürsorge und Ausgleich vermeintlicher Defizite abzielt. (…) Darüber hinaus hat die Konvention gesamtgesellschaftliche Bedeutung, insofern sie deutlich macht, dass die Anerkennung von Behinderung als Bestandteil menschlichen Lebens und Zusammenlebens zur Humanisierung der Gesellschaft beiträgt" (Bielefeld 2008: 4). Die Präambel enthält folgende Festschreibungen, u.a.:

e) Die Erkenntnis, „(…) dass der Begriff der Behinderung sich ständig weiterentwickelt und dass Behinderung entsteht, wenn Menschen mit Beeinträchtigungen auf einstellungs- und umweltbedingte Barrieren stoßen, die sie an der vollen, wirksamen und gleichberechtigten Teilnahme am gesellschaftlichen Leben hindert".
k) Die Besorgnis darüber, „(…) dass sich behinderte Menschen trotz dieser verschiedenen Rechtsinstrumente und der gemachten Zusagen in allen Teilen der Welt nach wie vor Barrieren bei ihrer Teilnahme als gleichberechtigte Mitglieder der Gesellschaft sowie Verletzungen ihrer Menschenrechte gegenübersehen".
m) Die Anerkennung „(…) des wertvollen Beitrags, den behinderte Menschen zum allgemeinen Wohl und zur Vielfalt ihrer Gemeinschaften leisten und leisten können, und in der Erkenntnis, dass die Förderung des vollen Genusses der Menschenrechte und Grundfreiheiten durch behinderte Menschen sowie ihrer uneingeschränkten Teilnahme ihr Zugehörigkeitsgefühl verstärken und zu er-

heblichen Fortschritten in der menschlichen, sozialen und wirtschaftlichen Entwicklung der Gesellschaft und bei der Beseitigung der Armut führen wird".
p) Die Besorgnis „(...) über die schwierigen Bedingungen, denen sich behinderte Menschen gegenübersehen, die mehrfachen oder verschärften Formen der Diskriminierung auf Grund der „Rasse",[16] der Hautfarbe, des Geschlechts, der Sprache, der Religion, der politischen oder sonstigen Anschauung, ihrer nationalen, ethnischen, indigenen oder sozialen Herkunft, des Vermögens, der Geburt, des Alters oder des sonstigen Status ausgesetzt sind".
q) Die Erkenntnis „(...), dass behinderte Frauen und Mädchen sowohl innerhalb als auch außerhalb ihres häuslichen Umfelds oft in stärkerem Maße durch Gewalt, Verletzung oder Missbrauch, Verwahrlosung oder Vernachlässigung, schlechte Behandlung oder Ausbeutung gefährdet sind".
s) Die Betonung, „(...) dass es notwendig ist, bei allen Maßnahmen zur Förderung des vollen Genusses der Menschenrechte und Grundfreiheiten durch behinderte Menschen die Geschlechterperspektive einzubeziehen".
t) Die Hervorhebung, „(...) dass die Mehrzahl der behinderten Menschen in einem Zustand der Armut lebt, und in dieser Hinsicht anerkennend, dass die nachteiligen Auswirkungen der Armut auf behinderte Menschen dringend angegangen werden müssen".

Zudem werden im Artikel 3 der UN-Behindertenrechtskonvention allgemeine Grundsätze formuliert:

„a) Achtung der dem Menschen innewohnenden Würde, der Autonomie des Einzelnen, einschließlich der Freiheit, eigene Entscheidungen zu treffen, sowie der Unabhängigkeit der Person.
b) Nichtdiskriminierung.
c) Volle und wirksame Teilnahme und Teilhabe am gesellschaftlichen Leben.
d) Respekt vor der Unterschiedlichkeit und Akzeptanz behinderter Menschen als Teil der menschlichen Vielfalt und des Menschseins.
e) Chancengleichheit.
f) Barrierefreiheit.
g) Gleichberechtigung von Mann und Frau.
h) Respekt vor den sich entwickelnden Fähigkeiten behinderter Kinder und Achtung des Rechts behinderter Kinder auf Wahrung ihrer Identität."

---

16 Hier wird der Begriff „Rasse" verwendet. Wir stellen den Begriff unter Anführungszeichen und richten uns damit gegen die Verwendung dieses Begriffes, weil der Begriff rassistisch ist und eine hergestellte Hierarchie von Menschen anzeigt, indem er Unterschiede im negativen Sinne konstruiert.

Mit der UN-Behindertenrechtskonvention liegt ein umfangreiches und alle Bereiche des gesellschaftlichen Lebens betreffendes Gesetzeswerk vor. Sie sind in Bezug auf Gender und Diversity von zentraler Bedeutung. In Artikel 3g der UN-Behindertenrechtskonvention wird dezidiert auf die Gleichstellung von Männern und Frauen mit Beeinträchtigungen hingewiesen. Das bedeutet eine klare Ergänzung des Gender Mainstreaming hin zum Einbezug von Männern und Frauen mit Beeinträchtigungen in allen Bereichen des gesellschaftlichen Lebens (Artikel 3c und Artikel 3e der UN-Behindertenrechtskonvention). Von queeren Menschen ist dabei allerdings nicht die Rede. So wie die Verankerung der Gleichberechtigung von Männern und Frauen im Grundgesetz und in internationalen Richtlinien allein nicht ausreichte, um das Ziel der Gleichberechtigung tatsächlich zu verwirklichen und erst mit der Strategie Gender Mainstreaming eine umfassende Veränderung in Gang gebracht wurde, hat die Einführung von Gender Mainstreaming noch nicht dazu geführt, dass Männer, Frauen und Queers mit Beeinträchtigungen gleichgestellt werden.

Von zentraler Bedeutung ist die Verankerung des Diversitygedankens, wie er sich in Präambel m und Präambel p der UN-Behindertenrechtskonvention findet. So zeigt die Präambel m der UN-Behindertenrechtskonvention, dass hier in Bezug auf Menschen mit Beeinträchtigungen nicht mehr von einem Defizit, sondern dass von einem wertvollen Beitrag im Hinblick auf menschliche Verschiedenheit die Rede ist. Präambel p der UN-Behindertenrechtskonvention verdeutlicht jene Verschiedenheit in der Aufzählung von spezifischen Diversitykategorien, wie z. B. Geschlecht, Sprache, Religion, nationalen, indigenen oder sozialen Herkunft etc., die auch zum Teil im Allgemeinen Gleichbehandlungsgesetz verankert sind. Die Thematik Migration ist – ähnlich wie im Allgemeinen Gleichbehandlungsgesetz (AGG) – über die aufgezählte Kategorie der „ethnischen Herkunft“ berücksichtigt. Besonders interessant ist der Unterschied zum AGG insofern die Kategorie „soziale Herkunft“ in der UN-Behindertenrechtskonvention aufgenommen ist, im AGG keine Erwähnung findet. Das ist auch insofern interessant als auf UN-Ebene immer wieder auf Diskriminierung in Bezug auf soziale Herkunft verwiesen wird, dies jedoch im Amsterdamer Vertrag von 1999 für die EU-Mitgliedsstaaten keine Erwähnung findet. Während die Verankerung der Kategorie soziale Herkunft deshalb innovativ ist, ist es erstaunlich, dass die Kategorie sexuelle Orientierung – die sowohl in Bezug auf Menschenrechte als auch im AGG und im Konzept Diversity ausdrücklich aufgenommen wird – nicht verankert ist. Interpretierbar wäre dies im Hinblick auf die Tabuisierung des Themas Sexualität von Menschen mit Beeinträchtigungen.

Die UN-Behindertenrechtskonvention stellt trotz jener Kritik einen Meilenstein in der Entwicklung der Menschenrechte dar, weil damit zum ersten Mal international anerkannt wird, dass Rechte für Menschen mit Beeinträchtigungen auch Menschenrechte sind. Dem vorausgegangen ist ein Diskurs, der genau dieses Thema aufgriff (vgl. u.a. Degener 2003).

Bundesteilhabegesetz (BTHG)

Das Bundesteilhabegesetz wurde 2016 verabschiedet und hat zum Ziel, in Deutschland die Maßgaben der BRK umzusetzen. In zeitlich gestaffelten vier Reformstufen soll es bis 2023 in Kraft treten. Ziel des BTHG ist es, Menschen mit Beeinträchtigungen in ihrer Teilhabe an gesellschaftlichen Feldern wie Arbeitsleben, Bildung zu garantieren und ihrer Sozialen Teilhabe sowie in ihrer Selbstbestimmung zu stärken. Mit einer gezielten Förderung soll der Zugang zum ersten Arbeitsmarkt ermöglicht werden: Hierzu wurde das Budget für Arbeit und Ausbildung eingeführt sowie andere Leistungsanbieter zugelassen. Hinsichtlich der Teilhabe an Bildung ist intendiert, schulische oder hochschulische Weiterbildungen für einen Beruf zu fördern, wobei diesbezüglich Hindernisse, einen höheren Schulabschluss zu erlangen, die bislang existieren, abgebaut werden sollen. Möglichkeiten der Selbstbestimmung wurden in den Blick genommen: Beispielsweise die Trennung der Assistenzleistungen von den Leistungen zum Lebensunterhalt, die Stärkung des Wunsch- und Wahlrechts im Hinblick auf die Wohnform, Schwerbehindertenvertretungen zur Stärkung von Vertretungsrechten oder unabhängige Beratung von Menschen mit Beeinträchtigungen durch Menschen mit Beeinträchtigungen. Insgesamt orientieren sich die Möglichkeiten der Selbstbestimmung stärker an individuellen Bedürfnissen und Bedarfe. (Vgl. BMAS 2020)

Herausforderungen für die Soziale Arbeit

Schreiben die besprochenen Gesetzesverankerungen bestimmte Rechte sowie einen Paradigmenwechsel in Bezug auf Menschen mit Beeinträchtigungen fest, so sind es unter anderem Sozialarbeiter*innen, die diese de facto in der Praxis umsetzen sollen. Sie sind mit unterschiedlichen Aufgaben in der Beratung, Unterstützung und Begleitung der Adressat:innen und deren Angehörigen tätig (vgl. u.a. Röh 2009). Sie sind aber auch – trotz der Gesetzesverankerung – mit ableistischen Praxen konfrontiert, von den Menschen mit Beeinträchtigungen getroffen werden.

Zwar sind viele Ansätze zur Sozialen Arbeit mit Menschen mit Beeinträchtigungen seit geraumer Zeit vorhanden (vgl. u.v.a. Eiermann/Häußler-Sczepan/Helfferich 2000; Schildmann 2001; Theunissen 2006; BMFSFJ 2008; Mráz 2008;

Röh 2018; Schwalb/Theunissen 2018), doch kann im Kontext der Sozialen Arbeit noch nicht von einer umfassenden gender/queer- und diversitygerechten Sozialen Arbeit mit diesen Adressat_innen gesprochen werden. Ein erster Schritt für deren Umsetzung und Etablierung ist zunächst eine Reflexion über folgende Bereiche, u. a.:

Wie ist die Ressourcenverteilung z. B. in Bezug auf soziale Herkunft, geografische Herkunft, Geschlecht, Alter usf.? Das geht davon aus, einen Wissensstand darüber herzustellen, wie der Zugang zu gesellschaftlichen, kulturellen sowie sozialen Ressourcen (wie z. B. Bildungsteilhabe, politische Teilhabe) für Menschen mit Beeinträchtigungen konkret aussieht. Zu fragen ist dabei auch, ob es Unterschiede zu Ressourcen je nach Beeinträchtigung gibt.

Gibt es diversitätsbezogene und zielgruppenspezifische Angebote für Menschen mit Beeinträchtigungen? Zielgruppen sind z. B. Jungen und Mädchen, Lesben, Schwule, Transgender Personen im Bereich Beeinträchtigung, Mädchenwohngemeinschaften für Mädchen mit Beeinträchtigungen etc. Zu fragen ist dabei beispielsweise auch, ob es eine differenzierte Arbeit für ältere Menschen mit Beeinträchtigungen gibt, wie Elternarbeit aussieht, ob es Überlegungen oder Ansätze zur diversitygerechten Arbeit gibt.

Sind Institutionen (Schulen, Hochschulen, Behörden etc.) und sozialarbeiterische Einrichtungen barrierefrei zugänglich? Auch diese Frage zielt auf eine gender/queer- und diversitygerechte Dimension ab, insofern zu überlegen ist, ob die Vielfalt von Menschen mit Beeinträchtigungen einbezogen wird. Ist die Rede von „barrierearmen" Institutionen, so sind noch viele Schritte notwendig, um barrierefreie Institutionen und einen barrierefreien öffentlichen Raum zu realisieren.

Diese Reflexionsebene ist ein erster Schritt zur Etablierung einer gender/queer- und diversitygerechten Sozialen Arbeit mit Menschen mit Beeinträchtigungen. Ein weiterer Schritt ist der Einbezug von Gender Mainstreaming in einem erweiterten Sinne, d. h. den Konzeptionen von Gender Studies *und* Queer Studies. Social Justice in einem umfänglichen Sinne auch für Menschen mit Beeinträchtigungen zu verwirklichen, muss das Ziel sozialarbeiterischen Handelns sein (vgl. 2. Lehreinheit), wozu es geeignete Methoden gibt (vgl. 7. Lehreinheit).

Übungen

1. Sehen Sie sich eine Institution (Schule, Hochschule, Arbeitsplatz, Behörde) oder ein sozialarbeiterisches Projekt an und anlysieren sie den Stand der Barrierefreiheit: Was wurde realisiert, was fehlt?
2. Recherchieren Sie mit Kommiliton*innen sozialarbeiterische Einrichtungen oder Projekte, die in Bezug auf Menschen mit Beeinträchtigungen gender/queergerecht sind. Wie sieht das konkret aus?
3. Was bedeutet Diversity in der Arbeit mit Menschen mit Beeinträchtigungen: Beschreiben Sie ein Beispiel.

Zur Vertiefung

Schwalb, Helmut/Theunissen, Georg: Inklusion, Partizipation und Empowerment in der Behindertenarbeit: Best Practice-Beispiele: Wohnen – Leben – Arbeit – Freizeit. Stuttgart 2018
https://sozialhelden.de
www.aktion-mensch.de/

3. Soziale Arbeit mit geflüchteten Menschen

Ein Praxisfeld der Sozialen Arbeit ist die Arbeit mit geflüchteten Menschen und Migrant*innen. Soziale Arbeit steht hier immer wieder im Spannungsfeld zwischen der Aufgabe zur Verwirklichung von Social Justice sowie dem Mitwirken bei der Verwirklichung von Menschenrechten und den gesetzlichen Verankerungen hinsichtlich des Zuwanderungsgesetze und des Aufenthaltsgesetzes. Welche Fragen sich aus der Perspektive einer gender/queer- und diversitygerechte Sozialen Arbeit ergeben, wird im Folgenden diskutiert.

Push- und Pullfaktoren und die Thematisierung von Fluchtursachen

Push- und Pullfaktoren werden als Gründe für Flucht von Menschen aus ihrem jeweiligen Land genannt. Unter Pushfaktoren werden Abstoßungsmotive bezeichnet, die zur Flucht drängen: u. a. bewaffnete Konflikte, Kriege, Armut, Verelendung und Hungersnot, Bürger*innenkriege, politischer Terrorismus, Arbeitslosigkeit, Umweltkatastrophen, Diskriminierungen, denen Menschen ausgesetzt sind. Mit Pullfaktoren werden Anziehungsmotive anderer Länder bezeichnet, mit denen die Vorstellung auf u. a. sicheres Einkommen, Bildungsmöglichkeiten, die Menschen dazu bewegt, auszuwandern (vgl. Rohr 2002; Wurzbache 1997). Globalisierung spielt hierbei ebenso eine große Rolle wie der globale Kapitalismus als Hauptursache für Flucht und Vertreibung.

In dem Beitrag „Migration und Soziale Arbeit" beschreibt Westphal bereits 2007 vier Auswirkungen, die in Bezug auf die Globalisierung sichtbar sind:

1) Die Anzahl der Staaten, die in die Migrationsprozesse involviert sind, nimmt zu.
2) Aufgrund der verschärften Pushfaktoren steigt die Anzahl an Migrant*innen bzw. geflüchteten Menschen.
3) Neue Migrationsformen entstehen.
4) Frauenspezifische Aspekte bei Flucht und Migration müssen einbezogen werden.

Vgl. Westphal 2007

Das Thema Migration und Flucht wird in wissenschaftlichen Beiträgen diskutiert, wenige Beiträge gibt es zu diesem Thema in Bezug auf Roma_Romnija und Sinti_Sintize in der Bundesrepublik (vgl. Schuch 2003; Schock 2009). Grundsätzlich wurde das Thema Flucht und Verfolgung in der Bundesrepublik lange diskutiert, ohne auf Geschlechterspezifitäten einzugehen. Die Orientierung erfolgte dabei auf Fluchtursachen von Männern, frauenspezifische Fluchtursachen wurden nicht berücksichtigt: Beispielsweise Zwangsabtreibung, Witwenverbrennung, genitale Verstümmelung, Femizide. Wissenschaftliche Publikationen über frauenspezifische Flucht wurden ab den 1990er Jahren öffentlich. Sie thematisierten sexualisierte Gewalt gegen Frauen, Verfolgung in Kriegs- und Krisengebieten u. a. (vgl. u. a. Gottstein 1986; Gebauer 1987; Schöttes/Schuckar 1994; Herold, 2005). Über die Thematisierung frauenspezifischer Flucht durch die deutschen Sektionen der internationalen Frauenrechtsorganisationen „Terre des Femmes" und „Amnesty for Women" wurden die geschlechterspezifischen Problematiken von Flucht auch innerhalb der Entwicklungshilfe und der Wohlfahrtsverbände der Bundesrepublik immer bedeutsamer (vgl. Schöttes/Schuckar 1994). Seit geraumer Zeit existieren Arbeiten, die sich mit diesem Thema in Bezug auf die Soziale Arbeit auseinandersetzen (vgl. Maurer 2007).

Auswirkungen dieser Thematisierung waren:

- Forderungen an die Regierung, geschlechterspezifische Fluchtursachen im Asylverfahren zu berücksichtigen.
- Den „Flüchtlingsbegriff" der Genfer Flüchtlingskonvention unter Berücksichtigung des Geschlechts zu erweitern.

- Geflüchteten Frauen einen gesonderten Status zuzugestehen.
- Die vermeintliche Geschlechterneutralität unter Berufung auf kulturelle und religiöse Sitten des Herkunftslandes aufzuheben.

Vgl. Herold 2005

Diese Forderungen zeigen, dass die *Genfer Flüchtlingskonvention* frauenspezifische Fluchtursachen nicht dezidiert berücksichtigt. In ihrer Definition von „Flüchtling" wird Gender und sexuelle Orientierung nicht genannt:

Genfer Flüchtlingskonvention Artikel 1/A:
„Im Sinne dieses Abkommens findet der Ausdruck „Flüchtling" auf jede Person Anwendung: (...) die aus der begründeten Furcht vor Verfolgung wegen ihrer ‚Rasse'[17], Religion, Nationalität, Zugehörigkeit zu einer bestimmten sozialen Gruppe oder wegen ihrer politischen Überzeugung sich außerhalb des Landes befindet, dessen Staatsangehörigkeit sie besitzt, und den Schutz dieses Landes nicht in Anspruch nehmen kann oder wegen dieser Befürchtungen nicht in Anspruch nehmen will; oder die sich als Staatenlose infolge solcher Ereignisse außerhalb des Landes befindet, in welchem sie ihren gewöhnlichen Aufenthalt hatte, und nicht dorthin zurückkehren kann oder wegen der erwähnten Befürchtungen nicht dorthin zurückkehren will."
Vgl. www.aufenthaltstitel.de/genferkonvention.html

In der Bundesrepublik wurde 2005 das Zuwanderungsgesetz verabschiedet. Dieses Gesetz reformierte das deutsche Ausländerrecht und umfasst als wichtigste Bestandteile das Aufenthaltsgesetz und das Freizügigkeitsgesetz. Ebenfalls geändert wurde damit das Asylverfahrensgesetz. Im Aufenthaltsgesetzes, § 60 Abs. 1 Satz 3 (Verbot der Abschiebung), lautet es:

„In Anwendung des Abkommens vom 28. Juli 1951 über die Rechtsstellung der Flüchtlinge (BGBl. 1953 II S. 559) darf ein Ausländer nicht in einen Staat abgeschoben werden, in dem sein Leben oder seine Freiheit wegen seiner ‚Rasse'[18], Religion, Staatsangehörigkeit, seiner Zugehörigkeit zu einer bestimmten sozialen Gruppe oder wegen seiner politischen Überzeugung bedroht ist. Dies gilt auch für Asylberechtigte und Ausländer, denen die Flüchtlingseigenschaft un-

---

17 In der Genfer Flüchtlingskonvention wird der Begriff „Rasse" verwendet. Wir stellen den Begriff unter Anführungszeichen und richten uns damit gegen die Verwendung dieses Begriffes, weil der Begriff rassistisch ist und eine hergestellte Hierarchie von Menschen anzeigt, indem er Unterschiede im negativen Sinne konstruiert.

18 Siehe vorherige Fußnote.

> anfechtbar zuerkannt wurde oder die aus einem anderen Grund im Bundesgebiet die Rechtsstellung ausländischer Flüchtlinge genießen oder die außerhalb des Bundesgebiets als ausländische Flüchtlinge nach dem Abkommen über die Rechtsstellung der Flüchtlinge anerkannt wurden. *Eine Verfolgung wegen der Zugehörigkeit zu einer bestimmten sozialen Gruppe kann auch dann vorliegen, wenn die Bedrohung des Lebens, der körperlichen Unversehrtheit oder der Freiheit allein an das Geschlecht anknüpft* (Hvh. d. A.)."
> Vgl. http://bundesrecht.juris.de/aufenthg*2004/**60.html

Mit der Benennung von Gender wurde die geschlechterspezifische Verfolgung in das Aufenthaltsgesetz rechtlich verankert. Dennoch gibt es Belege, wonach die Rechtssprechung nach wie vor oft zu ungunsten der geflüchteten Frauen entscheidet (vgl. Lipka 2002). Nicht genannt ist sexuelle Orientierung; nicht erwähnt sind queerspezifische Verfolgungsursachen: So könnten sich beispielsweise Lesben, Schwule, Transgender Personen und Intergeschlechtliche Personen nicht auf ihre sexuelle Orientierung berufen und auf Geschlecht nur dann, wenn auch in der Gesetzesverankerung klar wäre, dass Gender nicht nur Mann oder Frau bedeutet. Doch ist das dezidierte Einbeziehen von Queer Studies in rechtlichen Bereichen noch eine utopische Vorstellung.

Eine Erneuerung im Aufenthaltsgesetz ist die Anerkennung nicht staatlicher Verfolgung. So lautet es im Aufenthaltsgesetzes, § 60 Abs. 1 Satz 4:

> „Eine Verfolgung im Sinne des Satzes 1 kann ausgehen von
>
> a) dem Staat,
> b) Parteien oder Organisationen, die den Staat oder wesentliche Teile des Staatsgebiets beherrschen oder
> c) nichtstaatlichen Akteuren, sofern die unter den Buchstaben a und b genannten Akteure einschließlich internationaler Organisationen erwiesenermaßen nicht in der Lage oder nicht willens sind, Schutz vor der Verfolgung zu bieten, und dies unabhängig davon, ob in dem Land eine staatliche Herrschaftsmacht vorhanden ist oder nicht,
>
> es sei denn, es besteht eine innerstaatliche Fluchtalternative."
> Vgl. http://bundesrecht.juris.de/aufenthg*2004/**60.html

Diese Verankerung kann genderspezifische Auswirkungen insofern haben als Verfolgung und Bedrohung bei Frauen oft auf nicht staatlichen Ebenen geschieht.

In der Thematisierung von Verfolgungs- und Fluchtursachen werden folgende Punkte genannt, u. a.

- Eigene politische Aktivitäten.
- Zugehörigkeit zu einer „ethnischen oder religiösen Minderheit“.
- Beziehungen zu Oppositionellen.

Als frauenspezifische Ursachen werden eigens genannt u. a.:

- Die Übertretung speziell für Frauen geltender Normen und Gesetze.
- Sexuelle Gewalt und Vergewaltigung in Kriegs- und Krisengebieten.

Vgl. u. a. Gottstein 1986; Schöttes/Schuckar 1994; Herold 2005

Die Tatsache sexualisierter Gewalt und (kollektiver) Vergewaltigung von Frauen wurde insbesondere aufgrund des Krieges im ehemaligen Jugoslawien öffentlich thematisiert und zum ersten Mal vor dem Internationalen Strafgerichtshof als Kriegsverbrechen anerkannt (vgl. u. a. Brownmiller 1978; Fiegl 1993; Sander/Johr 1992; Seifert 1994; Stiglmayer 1993; Perko/Pechriggl 1996; Madunić 2009).

Strukturelle Diskriminierung mit ihren Charakteristika wie Gewalt, Ausbeutung, Exklusion etc. existieren als Fluchtursachen auch von queeren Menschen. Das zeigen schon früh Berichte im Kontext von Queer. So versammelten sich Menschen etwa in London mit der politischen Parole „stop killing queers“ bereits 2004 zu einer Mahnwache, um gegen die Ermordung von Fanny Ann Eddy in Sierra Leone zu protestieren. Die Menschenrechtsaktivistin und Begründerin von AARI (All African Rights Initiative for Lesbians, Gays, Bisexuals and Transgenders) wurde bekannt für ihrer Rede vor der Menschenrechtskommission, in der sie forderte: „Wer totgeschwiegen wird, ist verletzlich. Sie, die Mitglieder der UN-Kommission für Menschenrechte, können dieses Schweigen brechen, indem sie anerkennen, dass wir existieren, in ganz Afrika und auf jedem Kontinent, und dass jeden Tag die Menschenrechte verletzt werden aufgrund von sexueller oder geschlechtlicher Identität. Sie können uns dabei unterstützen, gegen diese Verletzungen zu kämpfen und die vollen Bürgerrechte und alle Freiheiten zu erlangen, in jeder Gesellschaft, auch in meinem geliebten Land Sierra Leone“ (Eddy zit. n. Winter 2004: 23).

Seit 2015 ist Soziale Arbeit einmal mehr herausgefordert, mit geflüchteten Menschen zu arbeiten. In der Allgemeinen Erklärung der Menschenrechte (Artikel 14) wird deutlich, dass geflüchtete Menschen das Recht haben, Asyl zu suchen und zu genießen. Der Schutz vor Abschiebung ist ein Menschenrecht, das in der Europäischen Menschenrechtskonvention bestätigt wird. Jeder Staat muss somit Personen Schutz gewähren, denen in ihrem Herkunftsland Verfolgung droht. Dieser Verpflichtung wird auch heute nicht immer nachgekommen, obwohl sie in der Genfer Flüchtlingskonvention festgeschrieben ist. Amnesty International pointiert: „Menschen, die in der Europäischen Union um Schutz ersuchen wollen, sind häufig gezwungen, ihr Leben aufs Spiel zu setzen: Militärisch abgesicherte Grenzen sorgen dafür, dass die Schutzsuchenden nur schwer oder gar nicht einreisen können; eine immer engere Kooperation mit Transitstaaten entlang der Fluchtrouten soll sicherstellen, dass Menschen möglichst frühzeitig abgefangen werden; sichere Zugangswege gibt es kaum. So wird der Zugang zu einem fairen Asylverfahren verwehrt. Dies widerspricht der Genfer Flüchtlingskonvention und internationalen Menschenrechten." (www.amnesty.de/informieren/themen/fluechtlinge-asyl)

In dem Spannungsfeld zwischen der sozialarbeiterischen Ethik einerseits und rechtlichen Verankerungen andererseits, bleibt dabei immer wieder zu fragen: Wie kann die Autonomie/Selbstbestimmung geflüchteter Menschen gefördert werden; in welchen Bereichen kann ihre Partizipation wie aussehen? Wenn es um Realitäten wie Abschiebungen geht, fordert der DBSH beispielsweise, dass sich Soziale Arbeit nicht daran beteiligen soll. Zentral ist ferner der professionelle Umgang mit geflüchteten Menschen, die traumatisiert sind (vgl. Bröse/Faas/Stauber 2017).

Herausforderungen für die Soziale Arbeit

Die Aufgaben von Sozialarbeiter_innen in der Arbeit mit geflüchteten Menschen sind, u. a.:

- Begleitung und Beratung der geflüchteten Menschen in den jeweiligen Sammelunterkünften.
- Sozialanwaltliche Beratung.
- Ambulante Hilfen und Unterstützung in verschiedenen Beratungsstellen und therapeutischen Institutionen.
- Professioneller Umgang mit traumatisierten Menschen (Traumapädagogik; Verweisberatung).
- Rückkehrberatung.

Geflüchtete Menschen aus unterschiedlichen Ländern sind oft Traumatisierungen ausgesetzt, posttraumatische Belastungsstörungen (PTBS) sind keine Seltenheit. Ein kompetentes Wissen über Traumatisierung bei Sozialarbeiter*innen ist notwendig. Gleichzeitig muss reflektiert werden, dass die Traumadiagnostik zumeist von einer westlich geprägten Definition der posttraumatischen Belastungsstörung ausgeht und kulturell unterschiedliche Umgänge mit Traumata außer Acht lässt. In der Praxis führt das immer wieder zu Fehldiagnosen oder zu Gutachten, die ohne ausreichende interkulturelle Sensibilität erstellt werden. Für geflüchtete Menschen, Folteropfer und Kriegsüberlebende hat das oft schwerwiegende Folgen, die von der Nichtbehandlung psychischer Störungen bis zur Abschiebung reichen (vgl. Renner/Ottomeyer/Salem u. a. 2007; Bröse/Faas/Stauber 2017).

Soziale Einrichtungen für geflüchtete Menschen werden häufig durch staatliche Träger und Wohlfahrtsverbände finanziert, die aufgrund ihrer Eingebundenheit in staatliche Gesetzgebung für Sozialarbeiter:innen nicht selten zu Konfliktsituationen führen. Dabei steht Soziale Arbeit oftmals im Spannungsfeld: Nicht selten sollen geflüchtete Menschen zur Rückkehr in das jeweilige Heimatland bewegt werden; nicht selten wird Soziale Arbeit zur Kontrollinstanz; nicht selten finden sich Sozialarbeiter_innen in einer Zwischenposition von politischen und rechtlichen Vorgaben und sozialarbeiterischem Handeln, werden zu Mitausführenden des Asylbewerberleistungsgesetzes. Mangelnde Sprachkenntnisse oder mangelnde interkulturelle Kompetenzen kommen oftmals hinzu, erschweren die Arbeit oder können zu Unklarheiten führen. Interkulturelle Kompetenzen sind in diesem Praxisbereich der Sozialen Arbeit ebenso erforderlich wie Gender-, Queer- und Diversitykompetenzen, um diese spezifischen Fluchtursachen zu berücksichtigen. (Vgl. Herold 2005; Bröse/Faas/Stauber 2017; Amnesty International 2021)

Die Herausforderung für Soziale Arbeit besteht darin, dass sie ihre Stellung reflektiert, die zwischen Institution und geflüchteten Menschen changiert. Einerseits hat Soziale Arbeit die Aufgabe, geflüchtete Menschen in ihren jeweiligen Bedürfnissen und Anliegen zu unterstützen, zu beraten und Social Justice zu fördern; andererseits sind ihr strukturell dadurch Grenzen gesetzt, dass die Gesetze, aber auch der politische Wille die Inklusion von geflüchteten Menschen nicht möglich macht. Hier liegen zuweilen Grenzen des sozialarbeiterischen Handelns.

Übungen

1. Recherchieren Sie in Ihrer Umgebung ein Projekt, das eine gender/queer-gerechte Soziale Arbeit mit geflüchteten Menschen de facto umsetzt.
2. Wer hat Zugang zu den Hilfen und Beratungsangeboten, pädagogischen Angebote der Sozialen Arbeit im Bereich der Arbeit mit geflüchteten Menschen?
3. Analysieren Sie einen Bereich der Sozialen Arbeit mit geflüchteten Menschen mit der Frage: Welche Diversitykategorien werden wie berücksichtigt?

Zur Vertiefung

Ayça Polat (Hg): Migration und Soziale Arbeit, Lehrbuchreihe „Grundwissen Soziale Arbeit“, Kohlhammer, Heidelberg 2017

Bröse, Johanna/Faas, Stefan/Stauber, Barbara (Hg.): Flucht: Herausforderungen für Soziale Arbeit. Wiesbaden 2017

4. Klinische Soziale Arbeit[19]

Klinische Sozialarbeit ist ein mittlerweile etabliertes Feld der Sozialen Arbeit. Der Begriff „klinisch“ (*klinisch* vom griechischen *kliné*, Lager, Bett) bezieht sich nicht nur auf die Arbeit in Kliniken, sondern auf eine in unterschiedlichen Feldern des Gesundheits- und Sozialwesens beratende und behandelnde Soziale Arbeit, wie beispielsweise Bereiche der Jugendhilfe. Im Folgenden werden Überlegungen angestellt, inwiefern Klinische Soziale Arbeit Gender/Queer und Diversity einbezieht.

Ein spezifischer Bereich der Sozialen Arbeit

Ausgehend von einem bio-psycho-sozialen Grundverständnis von Problemlagen, Gesundheit und Krankheit liegt der Fokus der Klinischen Sozialarbeit auf einer differenzierten psychosozialen Diagnostik, Beratung und Behandlung im Kontext der Lebenswelt der Klient*innen. Die „Person-in-ihrer-Umwelt“ steht im Vordergrund; zur „direkten Praxis“ zählen somit auch familien-, netzwerk- und gemeinwesenorientierte Interventionen.

Klinische Sozialarbeit betrifft ein weites Spektrum an Praxisfeldern und lässt sich nicht nur über Arbeitsfelder oder Zielgruppen und Verfahren bzw. Methoden definieren. Vielmehr ist sie „(…) eingebettet in das komplexe System Soziale Arbeit, in dem Patientenrolle, Intensität der personalen Einwirkung und (Be-) Handlungskompetenz zusammen jene klinische Fachlichkeit ausmachen, die sich nun als Fachsozialarbeit etabliert (…). Um klinische Sozialarbeit handelt es sich, wenn auf hohem fachlichen Niveau eigenständig beraten und behandelt wird und definierte Standards sichergestellt sind“ (vgl. Mühlum 2007: o. S.). „Klinisch bedeutet beratende und behandelnde Sozialarbeit, gleich ob sie ambulant, teilstationär oder stationär erbracht wird. Sie umfasst Theorien und Methoden

19 Für die kritische Durchsicht dieses Praxisfeldes bedanken wir uns bei Silke B. Gahleitner.

der psychosozialen Beratung, Intervention, Prävention und Rehabilitation, die auf wissenschaftlichen Erkenntnissen beruhen und professionell angewandt werden" (Geißler-Pilz/Mühlum/Pauls 2005: 44). Insofern sind die Praxisfelder sehr divers, u. a.: Psychosozial beratende und sozio-therapeutisch orientierte Beratungsstellen in der Kinder-, Jugend- und Familienhilfe, in psychiatrischen Kliniken, Tageskliniken, Wohnheimen, der Sozialpsychiatrie, psychosozialen Beratungsstellen, in Krankenhäusern und Fachkliniken (Krankenhaussozialarbeit), in der Suchtberatung, der Krisenintervention und Bereichen der Rehabilitation oder der Enthinderung, mit Menschen mit Beeinträchtigung, mit alten Menschen. Zielgruppe der Klinischen Sozialarbeit sind nicht nur die selbst betroffenen Menschen, sondern auch deren Angehörige und das sie umgebende Umfeld. (Vgl. u. a. Brandel 1997; Geißler-Pilz/Mühlum/Paulus 2005; Ortmann/Röh 2008; Sommerfeld/Dällenbach/Rüegger/Hollenstein 2016) Gesetzliche Anknüpfungspunkte sind z. B. in den Ländergesetzen für Psychisch Kranke, Krankenhausentgeltgesetz, SGB V, Landeskrankenhausgesetze zu finden.

Während in den USA *Clinical Social Work* etablierter Bestandteil der Sozialen Arbeit ist (Cooper 2002: 7 f.), haben manche (Fach)Hochschulen in der Bundesrepublik sie noch nicht „als eigenständige Disziplin und Profession mit eigenen Wissensbeständen sowie spezifischen Denk- und Handlungsweisen" (Ortmann/Schaub 2002: 67) aufgenommen. Das Tätigkeitsspektrum wird in den USA sehr breit gefächert beschrieben: Clinical Social Work wird überall da praktiziert, wo Menschen krank, beeinträchtigt, in Krisensituationen oder sozialer Not u. v. m. sind. Clinical Social Workers arbeiten in sozialen und medizinischen Institutionen, sind therapeutisch und rehabilitativ tätig u. v. m. (vgl. Dorfman 1996). Wolf Rainer Wendt, Vorsitzender der Deutschen Gesellschaft für Soziale Arbeit, betonte 1995 die erfolgreiche Geschichte der Clinical Social Workers in den USA (vgl. Gahleitner/Hahnn 2008). Eine heftige Diskussion entspannte sich nach einem Plädoyer für Klinische Sozialarbeit um Modernisierung und Spezialisierung (vgl. Mühlum 2007): Methodenentwicklung und Methodenintegration müssen in der Bundesrepublik wieder in das Blickfeld der gesundheitsbezogenen Sozialen Arbeit gestellt werden, wobei „die Klinische Sozialarbeit (…) auf dem besten Weg ist, sich in Deutschland zu etablieren" (Geißler-Piltz 2004: 6).

Die mittlerweile existierenden theoretischen und methodischen Auseinandersetzungen sowie Arbeitsfelder zeugen von einer zunehmenden Etablierung und verweisen dabei immer wieder auch auf historische Wurzeln der Klinischen Sozialen Arbeit in der Case Work, aber auch auf Quellen im deutschsprachigen Raum. So wird auf Mary Richmonds Konzept „Person-in-Environment" und insbesondere auf die „Theorie des Helfens" und ihren Beitrag zur Sozialen Diagnose von Alice Salomon, sowie Ansätze der Sozialtherapie ab den 1980er Jahren verwiesen (vgl. u. a. Gahleitner/Hahn 2008). Insofern ist Klinische Sozialarbeit kein neues Feld der Sozialen Arbeit. Dabei hat Klinische Sozialarbeit in den letzten Jahren immer mehr ein eigenständiges Profil entwickelt, ist mittlerweile ein eigener (Master)Studiengang und wird als Fachsozialarbeit verstanden (vgl. Gahleitner/Hahn 2008). Zahlreiche Tagungen, die Sektion Klinische Sozialarbeit im Zusammenschluss von Institutionen, Hochschulen, Kliniken und Praxisinitiativen, Verbänden und Vereinen, die ein Positionspapier veröffentlichte etc. sowie die Fachzeitschrift „Klinische Sozialarbeit" und zahlreiche Artikel weisen darauf hin (vgl. www.deutsche-gesellschaft-fuer-sozialarbeit.de/mit67.shtml; www.klinische-sozialarbeit.de; Pauls 2001/2004; Geißler-Pilz/Mühlum/Pauls 2005; Ortmann/Röh 2008; Gahleitner/Hahn 2008; Sommerfeld/Dällenbach/Rüegger/Hollenstein 2016). Als Fokus wird hervorgehoben: „(...) der Alltag und die Lebenswelt der erkrankten Menschen. Ziel ist es, diese im Prozess der Krankheitsbewältigung zu motivieren und emotional zu unterstützen, sie zu befähigen, ihre Ressourcen zu erfahren und selbst bestimmt und verantwortungsvoll für sich zu handeln" (Geißler-Piltz 2004: 1). Im Sinne der Gesundheitsförderung geht es dabei auch um den Einbezug der sozialen und psychosozialen Aspekte in die Beratung (personenzentrierte Unterstützung), wobei der klinisch-soziale Fokus versucht, die Balance zwischen politischer, sozialräumlicher und mikrosozialer Perspektive zu halten (vgl. Mühlum 2007). Als Aufgabe in den verschiedenen Praxisfeldern sind Beratung, Begleitung und Behandlung zentral (vgl. u. a. Geißler-Pilz/Mühlum/Pauls 2005), was spezifische Kenntnisse und Fähigkeiten erfordert.

Kompetenzen in der Klinischen Sozialarbeit

Aufgrund des multidimensionalen Feldes Klinischer Sozialen Arbeit ist eine umfangreiche Theorie- und Methodenkompetenz in Bezug auf u. a. notwendig: Folgen sexualisierte und physischer Gewalt, Flucht und Migration, Traumatisierung; chronisch somatische und psychische Leiden von Kindern, Jugendlichen und Erwachsenen; psychiatrische Erkrankungen; Alkoholismus, Drogenmissbrauch; Suizidversuche (vgl. u. a. Brandel 1997; Geißler-Pilz/Mühlum/Paulus 2005; Ortmann/Röh 2008). Darüber hinaus sind spezifische Fähigkeiten und Kompetenzen für Sozialarbeiter*innen wichtig, wie sie die Sektion „Klinische Sozialarbeit" 2004 in einem Positionspapier, rekurrierend auf das „Plädoyer für Klinische Sozialarbeit" beschloss, was heute immer noch Gültigkeit hat, u. a.:

- Fähigkeit zum Aufbau einer personalen Arbeitsbeziehung zu Klient*innen und Patient_innen in schwierigen Lebenslagen – einschließlich der Herstellung eines „informierten Behandlungskonsensus" mit den Klient*innen als Voraussetzung für deren selbstbestimmtes Mithandeln (compliance).

- Fähigkeit zur Abklärung (Assessment, Diagnose) und differenzierten psychosozialen Indikations- und Prognosestellung, inkl. Abgrenzung und Einleitung notwendiger Maßnahmen anderer Fachdisziplinen (wie Psychiatrie, Psychologie, Pflege) – also Kooperation im multiprofessionellen Team.
- Fähigkeit zur Auswahl und Anwendung (gegebenenfalls auch Vermittlung) geeigneter Beratungs- und Therapieverfahren im Setting psycho-sozialer Anwendungen.
- Fähigkeit zur Einbeziehung des sozialen Umfeldes mittels direkter und indirekter Interventionen, zum Aufbau eines Netzes sozialer Unterstützung und zur Integration des klinisch-sozialarbeiterischen Beitrages in das vorhandene professionelle Behandlungsnetz, verbunden mit der Fähigkeit zur fachgerechten interdisziplinären bzw. multiprofessionellen Kommunikation.
- Fähigkeit zur Nutzung des Systems sozialer Sicherung im Gesundheitsbereich mit den entsprechenden rechtlichen, ökonomischen und sozialpolitischen Kenntnissen und Netzwerkkompetenzen sowie eigenem wirtschaftlichen (d. h. ressourcenschonendem) Vorgehen.
- Fähigkeit zur Anwendung eines kompetenten Unterstützungs- bzw. Case Managements, gesundheitsdienlichen Sozialmanagements und klient*innen- bzw. patient*innenbezogener sozialer Anwaltschaft.
- Fähigkeit zur empirischen Forschung im Hinblick auf Grundlagen, Methodik und Wirksamkeit klinisch-sozialarbeiterischer Interventionen. (...)
- Fähigkeit zu prozessbegleitender Evaluation, Entwicklung und Handhabung von Qualitätssicherungsmaßnahmen sowie zur Anwendung statistischer Methoden bei der Veränderungsmessung.
- Insgesamt: Die Fähigkeit zur Beratung, Unterstützung und Behandlung von Menschen in krisenhaften Situationen im Sinne einer geplanten, zielgerichteten, theoriegeleiteten und methodenbewussten psychosozialen Arbeit.
- Neben Wissen und Können ist eine professionelle Haltung die dritte unverzichtbare Kompetenzdimension. Sie muss „klinisch" sein in dem Sinne, dass der diagnostische Blick und eine therapeutische „Awareness" zum Habitus wird, ohne jedoch die Person zum Objekt zu machen. Dazu gehört die Wertschätzung aller Patient*innen und die Überzeugung, dass die Förderung der Gesundheit und der selbstverantwortlichen Entscheidung das wichtigste Orientierungsmaß für „Kliniker*innen" ist.

Vgl. Mühlum 2007 (modifiziert, d. A.)

Das Positionspapier pointiert, welche Kenntnisse und Fähigkeiten Klinische Sozialarbeiter:innen haben sollen. Worauf der Fokus hier noch nicht gelegt wurde, sind Gender/Queer- und Diversitykompetenzen, wie sie in den oben aufgezählten Feldern Klinischer Sozialarbeit selbst bereits integriert sind.

Fragen zu Gender/Queer und Diversity

Bereits früh weisen einige Publikationen auf den Einbezug von Gender und Queer in den Praxisfelder Klinischer Sozialarbeit: Der Band „Frauen – Trauma – Sucht. Neue Forschungsergebnisse und Praxiserfahrungen" (Gahleitner/Gunderson 2008) und der in der Fachtagung angekündigte Band „Gender – Trauma – Sucht" zeigen die Reflexion von Geschlecht in diesem spezifischen Arbeitsbereich; auch im Bereich „Frauenzufluchtswohnung" werden in einem Beitrag frauenspezifische Folgen und Auswirkungen häuslicher Gewalt genderspezifisch reflektiert (vgl. Wahren 2008). Im Bereich der Frauenzufluchtswohnungen heißt es: „Um Klinische Sozialarbeit noch wirksamer im Arbeitsbereich Frauenzufluchtswohnung gestalten zu können, bedarf es der Aufklärung und Fortbildung von Kooperationspartnern (…) und anderen im Gesundheitswesen Tätigen (…) zu den Spezifika häuslicher Gewalt (…)" (Wahren 2008: 186).

Publikationen über die Klinische Sozialarbeit griffen den Gedanken der Vielfalt, des Diversity als Prämisse und Zielsetzung auf: Klinische Sozialarbeit mit Menschen mit Beeinträchtigungen, die als Enthinderungsarbeit verstanden wird (vgl. Gahleitner/Hinze/Weil/Senn 2008), mit Frauen (vgl. Wahren 2008) etc. Im interkulturellen Sinne geht es um das Einlassen auf plurale Realitäten (vgl. Schulze 2008). Dieser Ansatz richtet sich gegen stigmatisierende Diagnosen, die aus einer kulturell-normierten Perspektive gemacht werden, zu Pathologisierungen und Diskriminierungen führen. Dagegen wird ein notwendiger Reflexionsrahmen und interkulturelle Professionalität im Bereich Klinischer Sozialer Arbeit eingefordert.

- Migration als subjektiv erlebte Lebenserfahrung wahrzunehmen.
- Migration nicht als ein Leben vorher und ein Leben nachher, sondern als Prozess zu sehen.
- Traumatisierung, transgenerelle Traumatisierung, Genozid, Verfolgung professionell wahr- und ernst zu nehmen.
- Eine biografische Gesamtperspektive einzunehmen.
- Homogenisierende und statische Identitätskonzepte sowie universalistische psychologische Konzepte kritisch zu hinterfragen.
- Kulturelle Besonderheiten wahrzunehmen, ohne Festschreibungen und Verallgemeinerungen vorzunehmen.

Vgl. Schulze 2008

Der Gedanke von Diversity wird in der Klinischen Sozialarbeit bislang insbesondere im Hinblick auf Migration eingebracht. Darüber werden in Publikationen auch Genderperspektiven fokussiert, beispielsweise im 2. Sonderband der Zeitschrift „Klinische Sozialarbeit“, „Die Generation(en) nach dem Holocaust: Israel und Deutschland im Erfahrungsaustausch“. Wachsmuth (2008) beschäftigt sich hier in ihrem Beitrag zu familiengeschichtlichen Verstrickungen in Bezug auf den Nationalsozialismus mit geschlechterspezifischen Mustern des Schweigens und Sprechens über die nationalsozialistische Vergangenheit von Familienmitgliedern. Hier wird deutlich, dass der Aspekt von Diversity auch mit einem bewussten Umgang mit Gender verknüpft sein kann. In der Publikation „Klinische Soziale Arbeit. Forschung aus der Praxis – Forschung für die Praxis“ (Gahleitner/Hahn 2009) wurde explizit das Thema „Social Justice. Ein Thema für die klinische Soziale Arbeit“ (Czollek/Perko 2009) aufgegriffen und damit verschiedene Diversitykategorien in den Blick genommen, die in der Praxis der Klinischen Sozialen Arbeit zu berücksichtigen sind. Hier geht es darum, ein tieferes Verständnis für die Zusammenhänge und Prozesse in Bezug auf die Diversitäten von Adressat*innen zu haben. Darüber hinaus wird ein strukturelles Verständnis eben dieser Diversitäten und Lebenslagen vermittelt. So können Macht- und Herrschaftsverhältnisse und deren Auswirkungen auf Adressat_innen der Klinischen Sozialen Arbeit in Bezug auf Gender/Queer und Diversity im intersektionalen Ansatz reflektiert werden.

Herausforderungen für die Soziale Arbeit

Aufgrund der umfassenden Handlungsfelder der Klinischen Sozialen Arbeit und der Vielfalt ihrer Adressat:innen im Hinblick auf Alter, psychische oder körperliche Verfasstheit (Beeinträchtigung), Aussehen, Sprache, soziale Herkunft, Klasse, geografische Herkunft, Gender/Queer, sexuelles Begehren, Religion oder Säkularität/Konfessionsfreiheit etc. liegt die Herausforderung für die Klinische Soziale Arbeit darin, umfassend Konzepte zu Gender/Queer und Diversity sowie den Gedanken der Intersektionalität einzubeziehen. Dafür bedarf es sowohl das theoretische Wissen als auch diesbezügliche Methoden und das Können der Sozialarbeiter*innen (vgl. 1, 2, 7, 8. Lehreinheit). Dabei können gender-, queer- und diversityspezifische Folgen, z. B. Traumatisierung, Flucht, Migration oder Folgen Struktureller Diskriminierung reflektiert und die je personenspezifischen Bedarfe einbezogen werden – mit Blick auf eine angemessene Gesundheitsförderung mit der Ottawa-Charta als Grundlage (vgl. Sprengseis/Lang 2006; Spicker/Schopf 2007; Spicker/Sprengseis 2008).

Übungen

1. Wählen Sie ein Feld der Klinischen Sozialarbeit aus und untersuchen Sie, inwiefern in diesem Feld Gender und Queer konkret von Bedeutung sind.
2. Wählen Sie ein zweites Feld Klinischer Sozialer Arbeit aus und schreiben Sie einen Essay darüber, wie Diversity behandelt wird. Diskutieren Sie Ihren Essay in der Kleingruppe mit Kommiliton*innen.
3. Welche gender/queer- und diversityspezifischen Angebote werden den Adressat_innen der Sozialen Arbeit in der Klinischen Sozialarbeit gemacht?

Zur Vertiefung

Gahleitner, Silke B./Hahn, Gernot (Hg.): Klinische Sozialarbeit. Zielgruppen und Arbeitsfelder. Bonn 2008

Silke Gahleitner/Gernot Hahn (Hg.), Klinische Soziale Arbeit. Forschung aus der Praxis – Forschung für die Praxis, Beiträge zur Psychosozialen Praxis und Forschung 2. Bonn 2009

5. Soziale Arbeit mit Frauen, Männern und Queers

Immer verbreiterter sind Ansätze in der Sozialen Arbeit, die Gender/Queer nicht als alleinige Kategorie ansehen, sondern in Verknüpfung zu anderen Diskriminierungskategorien im Sinne von Diversity sehen, also einen intersektionalen Ansatz fokussieren (vgl. Czollek/Perko/Kaszner/Czollek 2019). Diese Ansätze korrespondieren mit der sozialarbeiterischen Praxis, in der Gender/Queer in Projekten und Initiativen der Sozialen Arbeit aufgenommen werden: Männerberatungsstellen, Frauenhäuser, Beratungsstellen für Schwule, Lesben, für Transgender Personen etc. gehören mittlerweile ebenso zu fest verankerten Praxisfeldern der Sozialen Arbeit wie Beratungsstellen für Menschen, die von Antisemitismus oder Rassismus getroffen sind.

Soziale Arbeit mit Frauen

Soziale Arbeit mit Frauen ist seit langem verankert. Auch heute sind Frauen in zahlreichen Projekten und Initiativen der Sozialen Arbeit Adressat_innen. Hier sollen Frauenhäuser, im Speziellen die Interkulturelle Initiative e.V., die das

Projekt „Interkulturelles Frauenhaus“ betreibt, als Beispiel für Soziale Arbeit mit Frauen herausgegriffen werden.

Autonome Frauenhäuser entstanden im deutschsprachigen Raum im Rahmen der Neuen Frauenbewegung in den 1970er Jahren. Dabei ging es um die Öffentlichmachung der Gewalt von Männern gegen Frauen und das Aufdecken und Benennen struktureller Gewalt. Die Frauenhäuser boten Schutz und Unterstützung für jene Frauen, die von Gewalt getroffen waren. Sie gelten als Beispiel dafür, dass aus einer politischen Analyse der Neuen Frauenbewegung eine konkrete Praxis wurde (vgl. Lehmann 2001, 2008).

In den 1980er Jahren veränderte sich die Analyse von Gewalt mit der „These der Mittäterschaft von Frauen“ und mit Kritiken gegen Teile der westeuropäischen Frauenbewegung und feministischen Theorie im Hinblick auf Anti-Schwarzen-Rassismus und Antisemitismus. Damit veränderte sich so nach und nach auch die Arbeit in den Frauenhäusern. So wurde der Status der Frauen anders betrachtet, der sich in den 1970er Jahren noch darauf bezog, dass Frauen Opfer und Männer Täter seien. In den 1980er Jahren wurde zweierlei deutlich: Erstens sind Frauen nicht nur Opfer, sondern auch Täterinnen und Mitgestalterinnen der Produktion von Herrschafts- und Gewaltverhältnissen; zweitens sind Frauen nicht weltweit, klassen- und kulturübergreifend – gleich, sondern zeichnen sich durch Differenzen aus (vgl. 6. Lehreinheit). Das bedeutete für die Arbeit in den Frauenhäusern, dass die Grundprinzipien – wie Ganzheitlichkeit, Parteilichkeit und Betroffenheit – zum Problem wurden, insofern sie im Zeichen der 1970er Jahre Gemeinsamkeit, Solidarität und Nähe zwischen Frauen voraussetzten und damit ihre Unterschiede und Differenzen ausließen. Die Grenzen dieser Grundprinzipien wurden für die Arbeit in Frauenhäusern insbesondere deutlich, als Migrant*innen, die in einigen Städten als Mitarbeiter_innen in Frauenhäusern arbeiteten, den tradierten Feminismusbegriff der deutschen Frauenhausbewegung in Frage stellten und damit das Thema Differenzen zwischen Frauen nicht mehr zu ignorieren war (vgl. Akta 1993). Aus den kritischen Kontexten gegen Teile der westeuropäischen Frauenbewegung und feministischen Theoriebildung wurde in der Arbeit in den Frauenhäusern das Thema Rassismus aufgegriffen; die Kritik des Antisemitismus hatte hier keine Konsequenzen.

„In den 90er Jahren (waren, Anm. d. A.) mehr als die Hälfte der Frauenhausbewohnerinnen Migrant*innen, die ausgearbeiteten Konzepte jedoch (waren, Anm. d. A.) auf die Bedürfnisse der deutschen Frauen zugeschnitten“ (vgl. Grubić 2005: 25). Über diese Veränderung wurde in Verbindung zu feministischen Theorien der Neuen Frauenbewegung ab den 1980er Jahren in den Frauenhäusern wesentlich, dass „Frau-Sein“ als alleinige Kategorie nicht ausreicht, um gesellschaftliche Gewaltverhältnisse und Diskriminierungsformen und damit die

Situation von Migrant*innen als Bewohnerinnen in den Frauenhäusern zu verstehen. Spezifische Situationen von Gewalt getroffenen Migrantinnen erforderten dabei, Migrantinnen als Mitarbeiterinnen von Frauenhäusern einzustellen. Sie erforderten aber auch spezifische Kenntnisse zu haben (z. B. über Sorgerecht, Aufenthaltsrecht, arbeitsrechtliche Situation, sozialhilferechtliche Fragen; über Beratungs- und Unterkunftsmöglichkeiten u. v. a.).

Das Interkulturelle Frauenhaus in Berlin ist dafür zentral: Ein Verein mit einem besonderen Angebot für Migrantinnen und ihren Kindern in Gewaltsituationen. Das Projekt besteht aus einem Frauenhaus und einer Beratungsstelle mit Wohnprojekt, in dem 25 Plätze zur Verfügung stehen. Parallel zur Geschichte der Neuen Frauenbewegung zeigt sich die Entwicklung der autonomen Frauenhäuser hin zum Interkulturellen Frauenhaus mit seinem Anspruch, Gender nicht als einzige Kategorie anzusehen, sondern in der sozialarbeiterischen Praxis einen intersektionalen Ansatz heranzuziehen. In den Angeboten des Frauenhauses – u. a. als Beratungsstelle im Sinne einer Anlaufstelle, als Frauenhaus für die vorläufige Aufnahme der Frauen und Kinder; als Krisenintervention; als Angebot eigener Wohnungen innerhalb des Projekts – werden die spezifischen Bedürfnisse von Migrantinnen berücksichtigt, u. a. durch:

- Mitarbeiterinnen mit interkulturellen Kompetenzen.
- Krisenintervention und Beratung in der Muttersprache.
- Qualifizierte Rechtsberatung unter Einbeziehung von Anwält*innen mit Kenntnissen im Ausländer- und Familienrecht.
- Spezifisches Unterstützungsangebot für Kinder von Gewalt getroffenen Migrantinnen im Frauenhaus und im Wohnprojekt.

Vgl. Grubić 2005; Interkulturelle Initiative 2006; vgl. aktuell auch www.interkulturelle-initiative.de/indexf48c.html?page=frauenhaus2&hl=de*DE

Soziale Arbeit im Interkulturellen Frauenhaus steht im Zeichen von Gender/Queer einerseits; andererseits wird der Diversityaspekt vor allem im Hinblick der Interkulturellen Orientierung bzw. der Interkulturellen Öffnung im Hinblick auf Migrantinnen praktiziert. Soziale Arbeit verbindet sich hierbei immer auch mit politischer Arbeit. Dass in der Sozialen Arbeit im Interkulturellen Frauenhaus noch Defizite bestehen, wie in Bezug auf die Interkulturelle Öffnung in Sozialverwaltung und Soziale Dienste allgemein (vgl. Rommelspacher 2004; Gaitanides 2004; Schröer 2006), beschreiben Mitarbeiterinnen des Interkulturellen Frauenhauses in Berlin (vgl. Lehmann 2001).

In Diskussionen wurde die Thematik „Frauen als Gewalttäterinnen“ im Rahmen von Frauenhäusern aufgenommen. Charlotte Aykler beschreibt diese Diskussion in Einklang mit Barbara Kavemann (2002) und in Anlehnung an

Michele Eliott (1995) und Constanze Ohms (1993) in Bezug auf das Frauenhaus in Wien 2001: „(…) nach wie vor ist die Thematik Frauen als Gewalttäterinnen eine zumeist tabuisierte und äußerst heikle. (…) Als vor etwa fünf Jahren diese Debatte zögerlich begann, waren häufige Reaktionen zu hören, wie etwa: ‚Das darf es nicht geben!' ‚Nicht auch das noch!' (…) ‚Das gibt es nicht!' (…) Dass das Schweigen und das Tabu auch im Fall Frauen/Lesben als Gewalttäterinnen gebrochen wurde, brachte also eher Bedrückung und wenig Erleichterung." (Aykler 2001: 48 f.) Während die praktische Arbeit in den Frauenhäusern von dieser Erkenntnis insofern unberührt blieb als nicht zur Debatte stand, ob in den Frauenhäusern Gewalttäterinnen aufgenommen werden sollten, sind beginnend mit Queer Studies weitere Fragen aus der Perspektive der Sozialen Arbeit zu überlegen: Die Frage nach dem Umgang mit Transgender Frauen, die von Gewalt getroffen sind. Hier werden nach wie vor Diskussionen geführt und Fragen gestellt: Fühlen sich von Gewalt getroffene Frauen im Frauenhaus noch geschützt, wenn Transgender Frauen im Frauenhaus Schutz, Betreuung und Unterstützung finden? Inwiefern sollen Transgender Frauen als Mitarbeiter*innen von Frauenhäusern eingestellt werden? Diese Überlegungen spitzen sich zu, würde die Frage gestellt, wer bestimmt, wer eine Frau ist.

Überlegungen in Bezug auf die Professionalität in der Frauenhausarbeit werden immer wieder aktuell angestellt. Einen guten Einblick dazu findet sich in Lenz/Weiss (2018).

Soziale Arbeit mit Männern

Soziale Arbeit mit Männern ist ebenso wie Soziale Arbeit mit Frauen von spezifischen Theorien beeinflusst und nehmen Bezug u. a. auf die Kritische Männerforschung (vgl. 1. Lehreinheit). War lange Zeit die Haltung „Männer seien Täter" und „Frauen seien Opfer" verbreitet, so implizierte dies die umgekehrte Folgerung, „Männer seien keine Opfer", „Frauen keine Täterinnen". Im Zuge dieser Haltung wurde das Thema Gewalt gegen Männer auch im sozialarbeiterischen Bereich lange ausgespart. Erst spät etablierte sich Soziale Arbeit für Männer, die z. B. Gewalt ausgesetzt sind, wobei sich nach und nach vielfältige Formen der Männerarbeit und Männerberatung etablierte (vgl. Brandes/Bullinger 1996).

Ende der 1970er Jahre entstanden in den USA, Mitte der 1980er Jahre in der Bundesrepublik Deutschland erste Ansätze für Soziale Arbeit als Täterarbeit, insbesondere für Männer, die Gewalt in Beziehungen ausübten (vgl. Brandes/Bullinger 1996). Seitdem entwickelten sich diese Ansätze immer weiter, unterschiedliche Methoden und Herangehensweisen wurden ausdifferenziert. Als Hauptziel jeder „Arbeit mit Partnerschaftsgewalttätern (wird, Anm. d. A) die dauerhafte

Beendigung von Gewalt und Kontrolle zugunsten einer gestärkten Fähigkeit zur gewaltfreien Bewältigung von Beziehungskonflikten und -krisen" formuliert (vgl. www.maennerzentrum.de/Positionspapie.pdf). Einen guten Überblick über diese Fachdiskussion bietet nach wie vor das Positionspapier „Arbeit mit Partnerschaftsgewalttätern in der Landeshauptstadt München", in dem als Mainstream der verschiedenen Ansätze Folgendes hervorgehoben wird:

„Als Mainstream lässt sich ein unter der Überschrift „psychoedukative Intervention" firmierender Ansatz ausmachen, der teilweise auch als „geschlechtsbezogen kognitiv-verhaltensorientiert" bezeichnet wird. Wesentliche Merkmale eines solchen Ansatzes sind

(1) eine geschlechtsbezogene funktionale Analyse der Einbettung männlicher Gewalt in Prozesse der Kontrolle und Machtausübung gegenüber Partnerinnen und Konfrontation gewalttätigen männlichen Verhaltens,
(2) eine Vermittlung und Erarbeitung von Möglichkeiten Gewaltverhalten zu unterbrechen und dauerhaft zu ersetzen, sowie
(3) eine Bereitschaft zur Zusammenarbeit mit Opferhilfe- bzw. Frauenhilfeorganisationen und der Justiz. Als Interventionsformat wird überwiegend Gruppenarbeit eingesetzt.

Vgl. www.maennerzentrum.de/Positionspapie.pdf

Die seit den 1980er Jahren im Rahmen Feministischer Theorie und seit den 1990er Jahren im Rahmen der Kritischen Männerforschung geführten Diskussionen über Männer, die unterschiedlichen Formen von Struktureller Diskriminierung mit ihren Charakteristika (vgl. 1. und 2. Lehreinheit) ausgesetzt sind, veränderten auch Angebote der Sozialen Arbeit für Männer. Während Täterberatungsstellen weiterhin Bestandteil Sozialer Arbeit sind, etablierten sich Informations- und Beratungsstellen für Männer, die z. B. von sexualisierter Gewalt in ihrer Kindheit oder Jugend getroffen sind, oder Gewalt als Erwachsene erfahren (vgl. u. a. Tauwetter 1998). Diese Initiativen stehen auch in Zusammenhang mit Statistiken, die nach und nach erhoben wurden, und aufzeigen, dass Männer (und Jungen) Gewalt in unterschiedlichsten Formen (z. B. sexualisierter, körperliche, psychische, strukturelle Gewalt) erfahren. Nicht etabliert haben sich bislang Männerhäuser als Pendant zu den oben beschriebenen Frauenhäusern, die Schutz, Beratung und Unterstützung für von Gewalt getroffene Männer bieten.

Dass Soziale Arbeit für Männer sich weder auf „Täterarbeit" noch auf „Opferarbeit" beschränkt, zeigen unterschiedliche Initiativen. So etwa wird Information und Beratung für Väter angeboten. Es geht auch darum, sich verändernde Rollen und Bilder sowie Lebenswelten von Männern zu reflektieren und Reflexionsräume für Männer zu eröffnen. Dabei muss eine gender/queergerechte Soziale Arbeit, deren Schwerpunkt Männer darstellt, sich auch mit der Frage auseinandersetzen, wie Diversity einbezogen wird. Dies gilt auch für die Angebote: Werden beispielsweise Transgender Personen, Intergeschlechtliche Personen angesprochen; sind Migrant*innen angesprochen? Welche Angebote gibt es für Männer mit Beeinträchtigungen? Inwieweit zeigt sich die Vielfalt von Männern bei den Mitarbeiter*innen? Dabei ist auch der politische Wille der Finanzierungsträger gefordert.

Soziale Arbeit mit queeren Menschen

Soziale Arbeit mit queeren Menschen ist historisch gesehen ein relativ neuer Praxisbereich der Sozialen Arbeit. Das bedeutet allerdings nicht, dass es vor der Öffentlichwerdung von Queer Studies in den 1990er Jahren im deutschsprachigen Raum keine Initiativen oder Beratungsstellen z.B. für Schwule und Lesben gab.

Bei vielen Schwulen- und Lesbensberatungsstellen und -projekten ist gegenwärtig eine eindeutige Zuordnung, ob sie ein queeres sozialarbeiterisches Projekt sind, nicht möglich, insofern es dabei immer auch darum geht, von Selbstbezeichnungen der jeweiligen Projekte auszugehen, wie: GLADT – Gays and Lesbians aus der Türkei Berlin-Brandenburg e.V.; Jugendnetzwerk Lambda Berlin-Brandenburg e.V.; KomBi – Kommunikation und Bildung; Lesbenberatung Berlin e.V.; MANEO, das Schwule Überfalltelefon, in dem es um Betreuung und Unterstützung für von Gewalt getroffene Schwule und Bisexuelle geht. Erst mit der Selbstbezeichnung mit dem Begriff Queer kann davon gesprochen werden, wie beispielsweise ABqueer e.V., der Bildungsveranstaltungen und Beratungen zu den Themen Gender und Sexualität anbietet und lesbische, schwule, bisexuelle, trans-, intergeschlechtlichen Lebensweisen zum Schwerpunkt hat. Dass Soziale Arbeit für Transgender mittlerweile auch ein eigener Bereich ist, zeigt z.B. „TGNB – Transgender Netzwerk Berlin", wobei es hier u.a. um den „Abbau von Vorurteilen gegenüber Transgender sowie den Abbau von Diskriminierung, Pathologisierung und Exotisierung von Transgendern" (vgl. www.tgnb.de/?id=103&lang=de) geht. Ähnliche Projekte und Initiativen finden sich in anderen Bundesländern der Bundesrepublik, aber auch in anderen Ländern. Sie rücken die Kategorie Queer in den Vordergrund und fassen dabei den Begriff Gender in erweiterter Form: Bisexuelle, Schwule, Lesben, Transgender Personen, Intergeschlechtliche Personen etc. Gleichzeitig findet sich in einigen dieser Projekte der intersektionale Ansatz im Sinne der Verknüpfung, beispielsweise von Gender/Queer und Migration oder Beeinträchtigungen. In diesem Kontext beschreibt etwa die „Lesbenberatung Berlin e.V." ihre Zielgruppe folgenderweise, die eigenen Angebote für Migrantinnen und Lesben mit Beeinträchtigungen etablierte:

> „Frauen, die auf der Suche nach ihrer Identität sind,
> lesbische Mädchen,
> bisexuelle Frauen,
> heterosexuelle Frauen in Krisensituationen,
> lesbische Frauen,
> Mädchen, die auf der Suche sind,
> Transidente und Transgender in ihrem Identitätsprozeß oder die als Lesbe leben,
> Frauen, die in ihrer Identität verunsichert sind,
> bisexuelle Mädchen (...)"
> Vgl. www.lesbenberatung-berlin.de/html/ver*start.htm

Insgesamt geht es bei der Sozialen Arbeit mit queeren Menschen nicht ausschließlich um Soziale Arbeit im Sinne der Einzelfallarbeit, Sozialen Gruppenarbeit oder Gemeinwesenarbeit. Das Selbstverständnis der Sozialen Arbeit geht dabei weg von der Individualisierung sozialer Probleme oder deren Kontextualisierung im Sinne z.B. der Sozialraumorientierung hin zu einer politischen Arbeit. Hier mischt sich Soziale Arbeit politisch ein, agiert beispielsweise gegen Abschiebung von Menschen aus der Bundesrepublik oder setzt sich gegen „staatlich unterstütze Gewalt gegen Lesben, Schwule, Bi- und Transsexuelle und Transgender in der Türkischen Republik" ein (vgl. www.gladt.de/archiv) und intendiert Veränderungen zugunsten ihrer Adressat*innen. Nicht selten geht es um Antidiskriminierungsarbeit, die als diskriminierungskritische Sozialen Arbeit benannt werden kann (zur Entwicklung dieses Konzeptes, vgl. Perko 2017). Die Herausforderung für Soziale Arbeit, die mit queeren Menschen arbeitet, ist hierbei auch die Auseinandersetzung mit Stereotypen und Struktureller Diskriminierung und ihren Charakteristika (siehe 2. Lehreinheit), denen ihre Adressat*innen ausgesetzt sind. Hier verbindet sich Soziale Arbeit mit politischer Arbeit, weil es immer auch um das Einklagen von Menschenrechten geht. Insofern geht es auch darum, sowohl die diesbezüglich relevanten Gesetzesgrundlagen zu kennen als auch Theorien zu reflektieren, die auf Social Justice rekurrieren.

Herausforderungen für die Soziale Arbeit

Als Herausforderung für die Soziale Arbeit mit Männern, Frauen und Queers gilt, nicht den Weg einer Klientisierung einzuschlagen. Die Arbeit mit bestimmten Zielgruppen birgt immer auch die Gefahr der Festschreibung von Stereotypen und Vereinheitlichung von Menschen und deren Lebensentwürfen. So geht es in einer gender/queer- und diversitygerechten Sozialen Arbeit darum, der Vielfalt und Pluralität von Adressat*innen gerecht zu werden und gleichzeitig die Bedarfe der einzelnen Adressat_innen ins Zentrum zu setzen. Der Einbezug von Gender- und Queer Studies, Diversity Studies, Disability Studies u. v. m. ist hierbei ebenso wichtig, wie die Fähigkeit, bestimmte Methoden in der Praxis umsetzten zu können (vgl. 7. Lehreinheit).

Übungen

1. Schreiben Sie ein Essay, in dem Sie mehrere Perspektiven einnehmen in Bezug auf folgende Fragen: Was spricht dafür, was spricht dagegen, in Frauenhäuser Transgender Frauen aufzunehmen? Diskutieren Sie Ihren Essay mit anderen Kommiliton*innen.
2. Recherchieren Sie empirische Studien über Gewalt gegen Frauen, Männer und Queers und zeigen sie die Ergebnisse konkret auf.
3. Welche Möglichkeiten haben Adressat_innen der Sozialen Arbeit, ihre Gender/Queer- und Diversityerfahrungen in die Zusammenarbeit mit den Sozialarbeiter:innen einzubringen?

Zur Vertiefung

Lenz, Gaby/Weiss, Anne: Professionalität in der Frauenhausarbeit. Aktuelle Entwicklungen und Diskurse. Heidelberg 2018

https://lambda-online.de

Literatur

Abdul-Hussain, Surur/Baig Samira (Hg.): Diversity in Supervision, Coaching und Beratung. Wien 2009

Adams, Maurianne/Bell, Lee Anne/Griffin, Pat (Hg.): Teaching for diversity and social justice. A sourcebook. New York und London 1997/2007

Addams, Jane: Democracy and Social Ethics. Chicago 2002

Adorno, Theodor W.: Probleme der Moralphilosophie. Frankfurt/Main 1996

Akta, Gülen: Türkische Frauen sind wie Schatten – Leben und Arbeiten im Frauenhaus. In: Hügel, Ika/Lange, Chris/Ayim, May u. a. (Hg.): Entfernte Verbindungen. Rassismus, Antisemitismus, Klassenunterdrückung. Berlin 1993

Alistair, Christie (Hg.): Men and Social Work. Theories and Practices. Hampshire 2001

Antidiskriminierungsstelle des Bundes: Leitfaden. Diskriminierungsschutz an Hochschulen. Ein Praxisleitfaden für Mitarbeitende im Hochschulbereich, Berlin 2013. Online unter: www.antidiskriminierungsstelle.de/SharedDocs/Downloads/DE/publikationen/Diskriminierungsfreie*Hochschule/Leitfaden-Diskriminierung-Hochschule-20130916.pdf?** blob=publicationFile [letzter Zugriff: 20. 8. 2021]

Appelbaum, Peter: Multicultural and Diversity Education: a Reference Handbook. Santa Barbara/Denver/Oxford 2002

Arendt, Hannah: Eichmann in Jerusalem. Ein Bericht über die Banalität des Bösen. München 1986

Arendt, Hannah: Vita Activa oder vom tätigen Leben. München 1967

Aretz, Hans-Jürgen/Hansen, Katrin: Diversity und Diversity-Management im Unternehmen. Münster 2002

Armbruster, Meinrad M.: Soziale Arbeit – ein männliches Studium? In: Aila-Leena Matthies/ Frauke Mingerzahn/Meinrad M. Armbruster (Hg.): Weiblichkeit und Männlichkeit in der Sozialen Arbeit. Magdeburg 2004

Armbruster, Meinrad M.: Kritische Überlegungen zur Männerforschung in der Sozialen Arbeit. In: Aila-Leena Matthies/Frauke Mingerzahn/Meinrad M. Armbruster (Hg.): Weiblichkeit und Männlichkeit in der Sozialen Arbeit. Magdeburg 2004

Auernheimer, Georg: Einführung in die interkulturelle Pädagogik. Wissenschaftliche Buchgesellschaft. Darmstadt 2003

Aykler, Charlotte: Gewalt – Täterinnen: Über Enttabuisierungen, Neubewertungen und Rückschläge. In: Ebner, Michi/Goutríe, Claudie/Newald, Maria u. a. (Hg.): Entscheidend. Einschneidend. Mit Gewalt unter Frauen in lesbischen und feministischen Zusammenhängen umgehen. Wien 2001

Baader, Maria: Über den Versuch, als jüdische Feministin in der Berliner Frauenszene einen Platz zu finden. In: Hügel, Ika u. a. (Hg.): Entfernte Verbindungen. Rassismus. Antisemitismus. Klassenunterdrückung. Berlin 1993

Babka, Anna/Hochreiter, Susanne (Hg.): Queer Reading in den Philologien. Wien 2008

Barber, Stephen M./Clark, David L. (Hg.): Regarding Sedgwick: Essays on Queer Culture and Critical Theory. Routledge 2002

Baum, Hermann: Theorien sozialer Gerechtigkeit: politische Philosophie für soziale Berufe. Münster 2004

Beauvoir, Simone de: Das andere Geschlecht. Sitte und Sexus der Frau. Hamburg 1951

Becker, Ruth/Kortendiek, Beate (Hg.): Handbuch Frauen- und Geschlechterforschung. Wiesbaden 2004

Becker, Manfred/Seidel, Alina (Hrsg.): Diversity Management: Unternehmens- und Personalpolitik der Vielfalt. Stuttgart 2006

Behnke, Cornelia/Meuser, Michael: Geschlechterforschung und qualitative Methoden. Opladen 1999

Bentheim, Alexander/May, Michael/Sturzenhecker, Benedikt/Winter, Reinhard: Gender Mainstreaming und Jungenarbeit. Weinheim/München 2004

Bertram, Barbara: Typisch weiblich – Typisch männlich? Berlin 1989

Besemer, Christoph: Mediation. Vermittlung in Konflikten. Baaden 1999

Bettels, Andrea: Frau kann auch anders – Öffentlich lesbisch in der DDR. In: Dennert, Gabriele/ Leidinger, Schristiane/Rauchgut, Franziska (Hg.): In Bewegung bleiben. 100 Jahre Politik, Kultur und Geschichte von lesben. Berlin 2007

Bielefeld, Heiner: Zum Innovationspotential der UN-Behindertenrechtskonvention, Hg. Deutsches Institut für Menschenrechte. Berlin 2008

Birkhan, Ingvild/Mixa, Elisabeth: Materialien zur Förderung von Frauen in der Wissenschaft, Interuniversitäre Koordinationsstelle für Frauenforschung und Frauenstudien Wien (Hg.). Wien 1999

Bitzan, Maria: Praxisforschung, wissenschaftliche Begleitung, Evaluation: Erkenntnis als Koproduktion. In: Ruth Becker und Beate Kortendiek (Hg.): Handbuch Frauen- und Geschlechterforschung. Theorie, Methoden, Empirie. Wiesbaden 2004

Bitzan, Maria: Der geschlechterdifferenzierende Blick. Zur Arbeit mit dem weiblichen Gemeinwesen. Online unter: www.widersprueche-zeitschrift.de/article778.html [letzter Zugriff 20. 8. 2021]

Blazek, Helmut: Männerbünde. Eine Geschichte von Faszination und Macht. Berlin 1999

Blickhäuser, Angelika/Bargen, Henning von: Gender-Kompetenz durch Gender-Training, Handbuch Gender-Training der Heinrich-Böll-Stiftung. Berlin 2003

Blickhäuser, Angelika/Class, Christine: Genderorientierte Qualität in der Superivision. In: DGSv aktuell 2. 2002

Blickhäuser, Angelika/Bargen, Henning von (Hg.): Mehr Qualität durch Gender-Kompetenz. Ein Wegweiser für Training und Beratung im Gender Mainstreaming. Königstein 2006

Blum, Rebekka: Angst um die Vormachtstellung. Zum Begriff und zur Geschichte des deutschen Antifeminismus. Hamburg 2019

Bly, Robert: Eisenhans (Ein Buch über Männer). München 1993

Bohn, Irina: Gender Mainstreaming und Jugendhilfeplanung. Weinheim 2002

Böhnisch, Lothar/Funk, Heide: Soziale Arbeit und Geschlecht. Theoretische und praktische Orientierungen. Weinheim 2002

Böhnisch, Lothar: Die entgrenzte Männlichkeit. Verstörungen und Formierungen des Mannseins im gesellschaftlichen Übergang. Opladen 2003

Böhnisch, Lothar: Männliche Sozialisation. Weinheim 2004

Böllert, Karin/Karsunky, Silke: Genderkompetenz in der Sozialen Arbeit. Wiesbaden 2008

Böltken, Andrea: Führerinnen im Führerstaat. Pfaffenweiler 1995

Boos-Nünning, Ursula/Karakasoglu, Yasemin: Viele Welten leben. Zur Lebenssituation von Mädchen und jungen Frauen mit Migrationshintergrund. Münster 2005

Booth, Tony/Mel Ainscow, Mel: Index für Inklusion: Lernen und Teilhabe in der Schule der Vielfalt entwickeln (deutschsprachige Ausgabe Ines Boban und Andreas Hinz, Martin-Luther-Universität). Halle-Wittenberg 2003

Borde, Theda/Davis, Matthias (Hg.): Gut versorgt? Migrantinnen und Migranten im Gesundheits- und Sozialwesen. Frankfurt/Main 2003

Bothfeld, Silke/Gronbach, Sigrid/Riedmüller, Barbara (Hg.): Gender Mainstreaming – eine Innovation in der Gleichstellungspolitik. Frankfurt/Main 2002

Bourdieu, Pierre: Männliche Herrschaft. Frankfurt/Main 2005

Bourdieu, Pierre: Was heißt Sprechen? Zur Ökonomie des sprachlichen Tausches. Wien 2005

Bourdieu, Pierre: Die feinen Unterschiede. Kritik der gesellschaftlichen Urteilskraft. Frankfurt 1982

Brager, George/Specht, Harry/Torczyner, James L.: Community Organizing. New York 1987

Brah, Avtar: Die Neugestaltung Europas. Geschlechtsspezifisch konstruierte Rassismen, Ethnizitäten und Nationalsozialismen in Westeuropa heute. In: Fuchs, Brigitte/Habinger, Gabriele (Hg.): Rassismen & Feminismen. Differenzen, Machtverhältnisse und Solidarität zwischen Frauen. Wien 1996

Brandes, Holger/Roemheld, Regine (Hg.): Männernormen und Frauenrollen. Geschlechterverhältnisse in der Sozialen Arbeit. Leipzig 1998

Brandes, Holger: Brandes, Holger: Der männliche Habitus, Teil 2. Opladen 2002

Brandes, Holger/Bullinger, Hermann (Hg.): Handbuch Männerarbeit. Weinheim 1996

Braun, Christina von/Stephan, Inge (Hg.): Gender@Wissen. Ein Handbuch der Gender-Theorien. Köln 2006

Braun, Christina von/Stephan, Inge (Hg.): Gender Studies: Eine Einführung. Stuttgart 2000

Brownmiller, Susan: Gegen unseren Willen. Vergewaltigung und Männerherrschaft. Frankfurt/Main 1978

Brownmiller, Susan: In Our Time: Memoir of a Revolution. New York 1999

Bröse, Johanna/Faas, Stefan/Stauber, Barbara (Hg.): Flucht: Herausforderungen für Soziale Arbeit. Wiesbaden 2017

Bruhm-Schlegel, Uta/Kabat vel Job, Otmar: Junge Frauen. Wie sie sind – was sie wollen. Leipzig 1981

Bruhns, Kirsten (Hg.): Geschlechterforschung in der Kinder- und Jugendhilfe. Praxisstand und Forschungsperspektiven. Wiesbaden 2004

Buber, Martin: Das Dialogische Prinzip. Gerlingen 1997

Buchen, Sylvia/Hefferich, Cornelia/Maier, Maja S. (Hg.): Gender methodologisch. Empirische Forschung in der Informationsgesellschaft vor neuen Herausforderungen. Wiesbaden 2004

Buchmayer, Maria (Hg.): Alles Gender? Feministische Standortbestimmungen. Innsbruck 2008

Bundschuh, Stephan: Sozialraumorientierung als zentrale Dimension interkulturellen sozialpädagogischen Handelns. Zeitschrift: Migration und Soziale Arbeit, Heft 3/4. 2008

Burzlaff, Miriam: Selbstverständnisse Sozialer Arbeit. Individualisierungen – Kontextualisierungen – Policy Practice. Eine Curriculaanalyse. Weinheim/Basel 2021

Büttner, Christian: Fremdheit, Empathie und professionelle Kompetenz. In: Migration und Soziale Arbeit, Ausgabe 3-4/2004. Frankfurt/Main 2004

Burbach, Christiane/Schlottau, Heike: Abenteuer Fairness. Göttingen 2001

Burzlaff, Miriam/Eifler, Naemi: Das PUBPP-Verfahren als Handlungsstrategie für die Soziale Arbeit. In: Soziale Arbeit, Jg. 67, Nr. 6/2018

Butler, Judith: Das Unbehagen der Geschlechter. Frankfurt/Main 1991

Butler, Judith: Bodies that matter. On the discursive limits of sex. London 1993

Butler, Judith: Körper von Gewicht. Die diskursiven Grenzen des Geschlechts. Frankfurt/Main 1995

Butler, Judith: Undoing Gender. New York 2004

Capeheart, Loretta/Milovanovic, Dargan: Social Justice. Theories, Issues and Movements. New Brunswick/New Jersey/London 2007

Carlebach, Julius (Hg.): Zur Geschichte der jüdischen Frau in Deutschland. Berlin 1993

Castoriadis, Cornelius: Der Zustand des Subjekts heute. In: Alice Pechriggl/Karl Reitter (Hg.): Die Institution des Imaginären. Zur Philosophie von Cornelius Castoriadis. Wien 1991

Castoriadis, Cornelius: Die griechische polis und die Schaffung der Demokratie. In: Rödl, Ulrich (Hg.): Autonome Gesellschaft und libertäre Demokatie. Frankfurt/Main 1990

Castoriadis, Cornelius: Gesellschaft als imaginäre Institution. Entwurf einer politischen Philosophie. Frankfurt/Main 1984

Castro Varela, Maria do Mar/Dhawan Nikita: Postkoloniale Theorie: Eine kritische Einführung. Bielefeld 2020

Castro Varela, Maria do Mar/Rodriguez G., Encarnacio: Queer Politics im Exil und in der Migration. In: Questio (Hg.), Queering Demokratie. Sexuelle Politiken. Berlin 2000

Castro Varala, María do Mar (Hg.): Soziale (Un)Gerechtigkeit. Kritische Perspektiven auf Diversity, Intersektionalität und Antidiskriminierung. Münster 2009

Cavanagh, Kate/Cree, Vivienne E.: Working with Men. Feminism and Social Work. London 1996

Chasse, Karl A./Wensierski von, Hans-Jürgen (Hg.): Praxisfelder der Sozialen Arbeit. Eine Einführung. Weinheim 1999

Collinson, David/Hearn Jeff: Naming men as men. Implications for work, organization and management. In: Gender, Work and Organization 1. 1994

Cixous, Hélène: Weiblichkeit in der Schrift. Berlin 1980

Connell, Robert W.: Gender and Power. Sydney 1987

Corbett, Greville: Gender. Cambridge 1991

Cremer, Christa/Bader, Christiane/Dudeck, Anne (Hg.): Frauen in sozialer Arbeit. Zur Theorie und Praxis feministischer Bildungs- und Sozialarbeit. In: Widersprüche H. 36. Weinheim 1990

Cremer, Christa (Hg.): Frauen in sozialer Arbeit. Zur Theorie und Praxis feministischer Bildungs- und Sozialarbeit. München 1975

Crenshaw, Kimberle: Demarginalizing the Intersection of Race and Sex. A Black Feminist Critique of Antidiscrimination Doctrine, Feminist Theory and Antiracist Politics. In: Anne Phillips (Hg.): Feminism & Politics. Oxford 1998

Crenshaw, Kimberle im Interview: Intersectionality: the double bind of race and gender. In: perspectives. Frühling 2004. Online unter: www.abanet.org/women/perspectives/Spring 2004CrenshawPSP.pdf [letzter Zugriff: 10. 8. 2021]

Collins, Patricia Hill: Its All in the Family: Intersections of gender, race and nation. In: Hypatia, 13, 3. 1998

Cooper, Marlene/Granucci Lesser Joan: Clinical Social Work. An Integrated Approach. Boston/London/Toronto 2002

Czollek, Jonathan/Eifler, Naemi/Czollek, Leah Carola/Kaszner, Corinne/Perko, Gudrun/Czollek, Max: 68 Trainingskarten Social Justice und Diversity. Für eine Gesellschaft Radikaler Vielfalt. Inklusive digitaler Version. Weinheim/Basel 2021

Czollek, Leah Carola/Perko, Gudrun/Kaszner, Corinne/Czollek, Max: Praxishandbuch Social Justice und Diversity. Theorien, Training, Methoden, Übungen. Weinheim/Basel 2019

Czollek, Leah Carola: Gender in der Beratung als Handlungsfeld der Sozialen Arbeit. In: Davina Höblich/Heidrun Schulze/Marion Mayer (Hg.): Macht – Diversität – Ethik in der Beratung: wie Beratung Gesellschaft macht. Berlin 2018

Czollek, Leah Carola/Perko, Gudrun: Wem hören wir zu? Über Kontinuitäten antisemitischer Stereotype und Denkfiguren im Queerfeminismus. In: Missy Magazine, 01/18. 2018

Czollek, Leah Carola/Perko, Gudrun: Verbündet-Sein im Konzept „Social Justice und diskriminierungskritisches Diversity". In: Ayça Polat (Hg): Migration und Soziale Arbeit, Lehrbuchreihe „Grundwissen Soziale Arbeit". Heidelberg 2017

Czollek, Leah Carola: Geschichtsvergessenheit und Rechtfertigung für Hass. Vergegenwärtigung: BDS und Pinkwashing. In: Stimme von und für Minderheiten. Wien 2017. Online unter: www.institut-social-justice.org (Rubrik Literatur).

Czollek, Leah Carola/Perko, Gudrun: Eine Formel bleibt eine Formel… Gender/Queer und Diversity gerechte Didaktik an Hochschulen: ein intersektionaler Ansatz (überarbeitete Neuauflage; Erstveröffentlichung 2008). Wien 2014

Czollek, Leah Carola/Perko, Gudrun/Weinbach, Heike: Radical Diversity im Zeichen von Social Justice. Philosophische Grundlagen und praktische Umsetzung von Diversity in Institutionen. In: María do Mar Castro Varela (Hg.): Soziale (Un)Gerechtigkeit. Kritische Perspektiven auf Diversity, Intersektionalität und Antidiskriminierung. Münster 2009

Czollek, Leah Carola/Perko, Gudrun/Weinbach, Heike: Lehrbuch: Gender und Queer. Grundlagen, Methoden und Praxisfelder (Modul Soziale Arbeit). Weinheim/München 2009

Czollek, Leah Carola/Perko, Gudrun: Social Justice. Ein Thema für die klinische Soziale Arbeit. In: Silke Gahleitner/Gernot Hahn (Hg.): Klinische Soziale Arbeit. Forschung aus der Praxis – Forschung für die Praxis, Beiträge zur Psychosozialen Praxis und Forschung 2. Bonn 2009

Czollek, Leah Carola/Perko, Gudrun: Ethische Konflikte lösen. Mahloquet als integrative Methode des Dialoges. In CNE, Certified Nursing Education, 5. 2008

Czollek, Leah Carola/Weinbach, Heike: Lernen in der Begegnung: Theorie und Praxis von Social Justice-Trainings. IDA e.V. (Hg.). Bonn 2008

Czollek, Leah Carola/Perko, Gudrun: Diversity (Cultural) Managing und Interkulturelle Öffnung. In: Flüchtlingsrat Schleswig-Holstein e.V. (Hg.): Informieren, qualifizieren, integrieren. Dokumentation. Kiel 2007

Czollek, Leah Carola/Perko, Gudrun: Diversity in außerökonomischen Kontexten: Bedingungen und Möglichkeiten seiner Umsetzung. In: Anne Broden/Paul Mecheril (Hg.): Re-Präsentationen. Dynamiken der Migrationsgesellschaft. Oldenburg 2007. Online unter: http://bieson.ub.uni-bielefeld.de/volltexte/2007/1105/html/index.html (letzter Zugriff: 20.8.2021).

Czollek, Leah Carola/Perko, Gudrun: Mahloquet als integrative Methode des Dialoges: ein Mediationsverfahren in sieben Stationen. In: Perspektive Mediation. Beiträge zur Konflikt-Kultur 4/2006. Wien 2006

Czollek, Leah Carola: Gender Mainstreaming aus queerer und interkultureller Perspektive – eine konkrete Utopie. In: Perko/Czollek (Hg.): Lust am Denken: Queeres jenseits kultureller Verortungen. Das Befragen von Queer-Theorien und queerer Praxis hinsichtlich ihrer Übertragbarkeit auf verschiedene gesellschaftspolitische Bereiche. Köln 2004

Czollek, Leah Carola: Am Anfang war das Wort. Aspekte jüdischen Dialoges und die Vielstimmigkeit von Multikulturalismus. In: Leah Carola Czollek/Gudrun Perko (Hg.): Verständigung in finsteren Zeiten. Interkulturelle Dialoge statt ‚Clash of Civilizations'. Köln 2003

Czollek, Leah Carola/Perko, Gudrun (Hg.): Verständigung in finsteren Zeiten. Interkulturelle Dialoge statt ‚Clash of Civilizations'. Köln 2003

Czollek, Max: Desintegriert Euch! München 2018

Debus, Katharina/Laumann, Vivien (2020): Glossar zu Begriffen geschlechtlicher und sexueller Vielfalt. Online unter: https://interventionen.dissens.de/fileadmin/Interventionen/Glossar_geschlechtliche_amouro%CC%88se_sexuelle_Vielfalt_-_Debus_Laumann.pdf [letzter Zugriff: 20.8.2021]

Degele, Nina: Gender: Queer Studies. Paderborn 2008

Degener, Theresia: Eine UN Menschenrechtskonvention für Behinderte als Beitrag zur ethischen Globalisierung. In: Bundeszentrale für politische Bildung (Hg): Aus Politik und Zeitgeschichte, B8/2003. Bonn 2003

Deinet, Ulrich/Sturzenhecker, Benedikt (Hg.): Handbuch Offene Kinder- und Jugendarbeit. Wiesbaden 2005

Dennert, Gabriele/Leidinger, Christiane/Rauchgut, Franziska (Hg.): In Bewegung bleiben. 100 Jahre Politik, Kultur und Geschichte von Lesben. Berlin 2007

De Ridder, Daniela/Jorzik, Bettina (Hrsg.): Vielfalt gestalten. Kernelemente eines Diversity-Audits für Hochschulen. Stifterverband für die Deutsche Wissenschaft 2012. Online unter: www.stifterverband.org/download/file/fid/209 [letzter Zugriff: 20. 8. 2021].

Derrida, Jacques: Die Schrift und die Differenz. Frankfurt/Main 1972

Deutsch, Francise M.: Undoing Gender. In: Gender & Society, 21, 1. 2007

Deutscher Berufsverband für Soziale Arbeit e. V. (DBSH): Berufsethik des DBSH. Ethics and Values. Forum Sozial 4/2014

Dickerhof-Borello, Elisabeth/Nollert-Borasio, Christine/Wenckebach, Johanna: Allgemeines Gleichbehandlungsgesetz: Basiskommentar zum AGG. Frankfurt/Main 2019

Döge, Peter: Gender-Mainstreaming als Modernisierung von Organisationen. Berlin 2002

Dölling, Irene: Der Mensch und sein Weib. Frauen- und Männerbilder. Geschichtliche Ursprünge und Perspektiven. Berlin 1991

Dorfman, Rachelle A.: Clinical Social Work. Definition, practice and vision. New York 1996

Doppe, Blu/Holtermann, Daniel (Hg.): Vom Scheitern, Zweifeln und Ändern. Kritische Reflexionen von Männlichkeiten. Münster 2020

Drake, Hans: Frauen in der Sozialarbeit. Neuwied 1980

Duizend-Jensen, Angelika Shoshana: Jüdische Gemeinden, Vereine, Stiftungen und Fonds. „Arisierung“ und Restitution. Historikerkommission (Hg.). Wien 2002

Eble, Karin/Schumacher, Irene (Hg.): Mädchen mit Medien aktiv. Medienarbeit in der außerschulischen Bildung. München 2005

Egger, Patrizia: Die Konstruktion „Behinderung“ oder die Macht der Normierung. unveröff. Dissertation. Innsbruck 1999

Eggemann, Maike/Hering, Sabine (Hg.): Wegbereiterinnen der modernen Sozialarbeit. Texte und Biographien zur Entwicklung der Wohlfahrtspflege. Weinheim 1999

Ehlert, Gudrun: Gender in der Sozialen Arbeit: Konzepte, Perspektiven, Basiswissen (Grundlagen Sozialer Arbeit). Wochenschau Studium 2012

Eiermann, Nicole/Häußler-Sczepan, Monika/Helfferich, Cornelia: LIVE – Leben und Interessen vertreten. Frauen mit Behinderung. Schriftenreihe des BMFSFJ. Stuttgart 2000

Eliott, Michele (Hg.): Frauen als Täterinnen. Sexueller Missbrauch an Mädchen und Frauen. Ruhnmark 1995

Engel, Antke: Wider die Eindeutigkeit. Sexualität und Geschlecht im Fokus queerer Politik der Repräsentation. Frankfurt/Main/New York 2002

Falterbaum, Johannes: Rechtliche Grundlagen Sozialer Arbeit. Eine praxisorientierte Einführung. Bern 2020

Fawcett, Barbara u. a. (Hg.): Practice and Research in Social Work: Postmodern Feminist Perspectives. London 2000

Fawcett, Barbara: Disability and Social Work: Applications from Poststrukturalism, Postmodernism and Feminism. In: British Journal of Social Work 28. 1998

Fechner, Julia: Frauenbilder – Körperbilder – Rollenbilder. Theaterpädagogische Auseinandersetzung mit gesellschaftlich konstruierten Frauenbildern anhand der Entwicklung eines Frauentheaterprojekts. Saarbrücken 2008

Fenstermaker, Sarah/West, Candace (Hg.): Doing gender, doing difference: Inequality, power, and institutional change. New York 2002

Fereidooni, Karim/Zeoli, Antonietta P. (Hg.): Managing Diversity. Die diversitätsbewusste Ausrichtung des Bildungs- und Kulturwesens, der Wirtschaft und Verwaltung. Wiesbaden 2016

Ferreira, Grada: Die Farbe unseres Geschlechts. Gedanken über ‚Rasse', Transgender und Marginalisierung. In: Polymorph (Hg.): (K)ein Geschlecht oder viele? Transgender in politischer Perspektive. Berlin 2002

Feustl, Adriane (Hg.): Alice Salomon. Frauenemanzipation und soziale Verantwortung, Ausgewählte Schriften. Band 1 (1896–1908). Neuwied 1997

Feustl, Adriane: Alice Salomon. Frauenemanzipation und soziale Verantwortung, Ausgewählte Schriften. Band 2 (1908–1918). Neuwied 2001

Fiegl, Verena: Der Krieg gegen die Frauen. Bielefeld 1993

Firlinger, Beate (Hg.): Buch der Begriffe. Sprache, Behinderung, Integration: Österreich. Bundesministerium für soziale Sicherheit, Generationen und Konsumentenschutz. Wien 2003

Fleßner, Heike: Geschlecht und Interkulturalität – Überlegungen zu einer interkulturellen geschlechterbewussten Pädagogik. In: Leiprecht, Rudolf/Kerber, Anne (Hg.): Schule in der Einwanderungsgesellschaft. Ein Handbuch. Schwalbach/Ts. 2006

Flick, Uwe/Kardoff, Ernst von/Steinke, Ines (Hg.): Qualitative Forschung. Ein Handbuch. Reinbek bei Hamburg 2020

Flösser, Gaby: Das Konzept des Gender Mainstreaming als qualitätssicherndes Element in sozialen Diensten. In: Ginsheim von, Gabriele/Meyer, Dorit (Hg.): Gender Mainstreaming – neue Perspektiven für die Jugendhilfe. Berlin 2002

Forum Supervision 22: Supervision in interkultureller Perspektive. Frankfurt 2003

Fook, Jan: Critical Social Work. In: Qualitative Social Work 2. 2003

Fraser, Nancy: Die halbierte Gerechtigkeit. Frankfurt/Main 2001

Fraser, Nancy/Honneth, Axel: Umverteilung oder Anerkennung? Eine politisch-philosophische Kontroverse. Frankfurt/Main 2003

Friedrich-Ebert-Stiftung (Hg.): Frauen in der DDR. Auf dem Weg zur Gleichberechtigung? Bonn 1987

Frerichs, Petra/Wiemert, Heike: „Ich gebe, damit du gibst". Frauennetzwerke – strategisch, reziprok, exklusiv. Opladen 2002

Fröschl, Elfriede/Gruber, Christine: Sozialarbeit auf dem Weg zur Geschlechterdemokratie? Online unter: http:/sozialarbeit.at/gender.doc [letzter Zugriff: 20. 8. 2021]

Gahleitner, Silke B./Gunderson, Connie Lee (Hg.): Gender – Trauma – Sucht. Kröning 2009

Gahleitner, Silke B./Hahn, Gernot (Hg.): Klinische Sozialarbeit. Zielgruppen und Arbeitsfelder. Beiträge zur psychosozialen Praxis und Forschung 1. Bonn 2008

Gahleitner Silke B./Hinze, Uwe/Weil, Katharina/Senn, Ursula: Klinische Sozialarbeit als ‚Enthinderung' – Erfahrungen aus der Arbeit mit erworbener schwerer Beeinträchtigung. In: Gahleitner, Silke B./Hahn, Gernot (Hg.): Klinische Sozialarbeit. Zielgruppen und Arbeitsfelder. Beiträge zur psychosozialen Praxis und Forschung 1. Bonn 2008

Gaitanides, Stefan: Interkulturelle Öffnung der sozialen Dienste – Visionen und Stolpersteine. In: Birgit Rommelspacher (Hg.): Die offene Stadt. Interkulturalität und Pluralität in Verwaltung und sozialen Diensten. Dokumentation der Fachtagung vom 23. 09. 2003 an der Alice-Salomon-Fachhochschule. Berlin 2004

Galuske, Michael: Methoden der Sozialen Arbeit. Weinheim 2013

Geiger, Brigitte/Hacker, Hanna: Donauwalzer Damenwahl. Frauenbewegte Zusammenhänge in Österreich. Wien 1989

Geissler-Piltz, Brigitte: Klinische Sozialarbeit: eine Herausforderung für die Soziale Arbeit. In: Im Brennpunkt liegt der Alltag der erkrankten Menschen. Sozial Extra 1/2004

Geissler-Piltz, Brigitte/Mühlum, Albert/Pauls, Helmut: Klinische Sozialarbeit. München 2005

Genschel, Corina: Umkämpfte sexualpolitische Räume. Queer als Symptom. In: Stefan Etgetin/ Sabine Hark (Hg.): Freundschaft unter Vorbehalt. Berlin 1997

Genschel, Corinna u. a.: Nachwort der HerausgeberInnen. In: Annamarie Jagose, Queer Theory. Eine Einführung. Berlin 2001

Gildemeister, Regine: Geschlechterforschung (gender studies). In: Flick, Uwe/Kardoff, Ernst von/Steinke, Ines (Hg.): Qualitative Forschung. Ein Handbuch. Reinbek bei Hamburg 2008

Gilligan, Carol: Die andere Stimme. Lebenskonflikte und Moral der Frau. München 1984

Glaser, Maria: Der dornige Weg. Vom Muttertier zur mütterlichen Sozialarbeit. In: Perko, Gudrun (Hg.): Mutterwitz. Das Phänomen Mutter – Eine Gestaltung zwischen Ohnmacht und Allmacht. Wien 1998

Götze, Rita: 20 Jahre Frauengesundheitszentren – 20 Jahre feministische Beratungsarbeit. In: Beiträge zur feministischen Theorie und Praxis. 1998

Gottstein, Margit: Die rechtliche und soziale Situation von Flüchtlingsfrauen in der Bundesrepublik Deutschland vor dem Hintergrund frauenspezifischer Flucht- und Verfolgungssituationen. Bonn 1986

Göttert, Margit/Walser, Karin: Gender und soziale Praxis. Frankfurt/Main 2002

Grandke, Anita (Hg.): Frau und Wissenschaft. Berlin 1968

Griese, Birgit: Biographische Fallarbeit: Theorie, Methode und Praxisrelevanz (Lehrbuch). Wiesbaden 2007

Gronke Horst/Brune, Jens Peter: Dialog im Vollzug – Sokratische Gespräche mit Inhaftierten der Justizvollzugsanstalt Berlin-Tegel. Online unter: www.pro-argumentis.de/down/Dialog-im-Vollzug-Info.pdf. [letzter Zugriff: 20. 8. 2021]

Großmaß, Ruth/Anhorn Roland (Hg.): Kritik der Moralisierung. Theoretische Grundlagen – Diskurskritik – Klärungsvorschläge für die berufliche Praxis. Wiesbaden 2013

Großmaß, Ruth/Perko, Gudrun: Ethik für soziale Berufe. Paderborn 2011

Großmaß, Ruth: Die Bedeutung der Care-Ethik für die Soziale Arbeit. In: Dungs, Susanne (Hg.): Soziale Arbeit und Ethik im 21. Jahrhundert. Leipzig 2006

Gruber, Christine: Sozialarbeit – ein Frauenberuf? Geschlechtsspezifische Unterschiede in der Sozialarbeit. In: Heinz Wilfing (Hg.): Konturen der Sozialarbeit. Wien 1995

Gruber, Christine/Fröschl, Elfriede (Hg.): Gender-Aspekte in der Sozialen Arbeit. Wien 2001

Grubić, Radar: Interkulturelles Frauenhaus Berlin. In: Bündnis 90/Die Grünen (Hg.): Menschenrechtsverletzungen im Namen der Ehre. Dokumentation des öffentlichen Fachgesprächs vom 13. 04. 2005 im Jakob-Kaiser-Haus des Deutschen Bundestages. Berlin 2005

Gürses, Hakan: Das „untote“ Subjekt, die „ortlose“ Kritik“. In: Gudrun Perko/Leah Carola Czollek (Hg.): Lust am Denken: Queeres jenseits kultureller Verortungen. Das Befragen von Queer-Theorien und queerer Praxis hinsichtlich ihrer Übertragbarkeit auf andere Sphären als Sex und Gender. Köln 2004

Hagemann-White, Carol: Thesen zur kulturellen Konstruktion der Zweigeschlechtlichkeit. In: Hahlbohm, Paul M./Hurlin, Till (Hg.): Querschnitt Gender Studies. Ein interdisziplinärer Blick nicht nur auf Homosexualität. Kiel 2001

Halberstam, Judith/Jack: Female Masculinity. Durham 1998

Halberstam, Judith/Jack: What’s Queer about Queer Studies Now? Durham 2005

Hansen, Eckhard: Das Case/Care Management. In: Galuske, Michael/Thole, Werner (Hg.): Vom Fall zum Management. Neue Methoden der Sozialen Arbeit. Wiesbaden 2006

Haraway, Donna: Simians, Cyborgs and Women: The Reinvention of Nature. New York 1991

Hark, Sabine: Deviante Subjekte. Die paradoxe Politik der Identität. Opladen 1999

Hark, Sabine: Lesbenforschung und Queer Theorie: Theoretische Konzepte, Entwicklungen und Korrespondenzen. In: Ruth Becker/Beate Kortendieck (Hg.): Handbuch Frauen- und Geschlechterforschung. Theorie, Methoden, Empirie. Wiesbaden 2004

Hark, Sabine: Dissidente Partizipation. Eine Diskursgeschichte des Feminismus. Frankfurt/Main 2005

Hartwig, Luise/Weber, Monika: Parteilichkeit als Konzept der Mädchen- und Frauenarbeit. In: Hartwig, Luise/Merchel, Joachim (Hg.): Parteilichkeit in der Sozialen Arbeit. Münster 1999

Haug, Frigga: Vorlesungen zur Einführung in die Erinnerungsarbeit. Hamburg 1999

Haug, Franziska: Antisemitismus – ein Nebenwiderspruch in Queerfeministischen Diskursen? In: Theorie, Kritik & Aktion Berlin/Autonome Neuköllner Antifa/Andere Zustände ermöglichen/Deutschland demobilisieren. (Hg.): (K)eine Diskussion! Antisemitismus in der Radikalen Linken. Berlin 2018. Online unter: https://keinediskussion.noblogs.org/files/2018/01/K_eine-Diskussion-web.pdf [letzter Zugriff: 20. 8. 2021].

Hearn, Jeff/Connell, Robert: Handbook of Studies on Men and Masculinities. Thousand Oaks, London 2004

Heine, Susanne: Die feministische Diffamierung der Juden. In: Kohn-Ley, Charlotte/Korotin, Ilse (Hg.): Der feministische ‚Sündenfall'. Antisemitische Vorurteile in der Frauenbewegung. Wien 1994

Heintz, Bettina: Ungleich unter Gleichen. Studien zur geschlechtsspezifischen Segregation des Arbeitsmarktes. Frankfurt/Main 1997

Heitmeyer, Wilhelm (Hg.): Deutsche Zustände. Folge 6. Frankfurt/Main 2008

Hering, Sabine/Waaldijk, Berteke (Hg.): Die Geschichte der Sozialen Arbeit in Europa (1900–1960). Wichtige Pionierinnen und ihr Einfluss auf die Entwicklung internationaler Organisationen. Opladen 2002

Herold, Sabine: Wenn Frauen flüchten. Formen geschlechtsspezifischer Verfolgung und die Situation von asylsuchenden Frauen in Deutschland. Entwicklungspolitik mit dem Schwerpunkt Nichtregierungsorganisationen (enro/dengo) und Bremer Informationszentrum für Menschenrechte und Entwicklung (biz) – Studien zu Entwicklungspolitik und Nichtregierungsorganisationen. Band 7. Aachen 2005

Hervé, Florence (Hg.): Clara Zetkin oder: Dort kämpfen, wo das Leben ist. Berlin 2007

Heschel, Susannah: Konfiguration des Patriarchats, des Judentums und des Nazismus im deutschen feministischen Denken. In: Kohn-Ley, Charlotte/Korotin, Ilse (Hg.): Der feministische ‚Sündenfall'. Antisemitische Vorurteile in der Frauenbewegung. Wien 1994

Hirschfeld, Magnus: Berlins Drittes Geschlecht. Berlin 1907

Hörz, Helga: Die Frau als Persönlichkeit. Berlin 1968

Höying, Stephan/Schwerma, Klaus: Gender Mainstreaming – Möglichkeiten und Grenzen aus der Perspektive von Männern. In: Nohr, Barbara/Veth, Silke (Hg.): Gender Mainstreaming. Kritische Reflexionen einer neuen Strategie. Berlin 2002

hooks, bell: Sehnsucht und Widerstand. Kultur. Ethnie. Geschlecht. Berlin 1996

hooks, bell: Where we stand. Class matters. New York 2000

Hollstein, Walter: Potent werden – Das Handbuch für Männer (Liebe, Arbeit, Freundschaft und der Sinn des Lebens). Bern 2001

Homm, Maria: Sozialarbeit – ein Frauenberuf? Aspekte zum Geschlechterverhältnis in der Sozialarbeit. Bundesakademie für Sozialarbeit, Ausbildung für Berufstätige (Diplomarbeit). Berlin 1994

Hosemann, Wilfried/Trippmacher, Brigitte (Hg.): Soziale Arbeit und soziale Gerechtigkeit. Baltmannsweiler 2003

Hügel-Marshall, Ika: Daheim unterwegs. Ein deutsches Leben. Berlin 1998

Hume, Tim: More Than 80 Polish Towns Have Declared Themselves ‚LGBTQFree Zones'. 2020. Online unter: www.vice.com/en_us/article/xgq8mq/european-parliamenttells-poland-to-stop-declaring-lgbtq-free-zones?fbclid=IwAR1YfRrwKNGSJSzUZiE-0elFJFr7SV6-Kl2u5GbsyYGdt4-GTrGjcy1Jpv40 [letzter Zugriff: 20. 8. 2021].

Interkulturelle Initiative e. V. (Hg.): Qualität in der Arbeit mit von Gewalt betroffenen Migrantinnen. Ein Projekt der Interkulturellen Initiative e. V. Berlin im Rahmen des entimon-Projekts. Berlin 2006

Internationales Institut für Bildung, Sozial- und Antisemitismusforschung e. V. (Hg.): Die antisemitische Boykottkampagne BDS. Gegen Frieden und Zwei-Staaten-Lösung. Für Delegitimierung und Zerstörung Israels. Eine Handreichung. Berlin 2018

Irigaray, Luce: Speculum. Spiegel des anderen Geschlechts. Frankfurt/Main 1980

Jacoby, Jessica/Lwanga, Gotlinde Magiriba: Was ‚sie' schon immer über Antisemitismus wissen wollten, aber nie zu denken wagten. In: Beiträge 27/90

Jagose, Annamarie: Queer. Eine Einführung. Berlin 2001

Jansson, Bruce S.: Becoming an Effective Policy Advocate: From Policy Practice to Social Justice. Belmont 2008

Joseph, Gloria: Weiße steigen auf, Schwarze überleben. In: Joseph, Gloria (Hg.): Schwarzer Feminismus. Theorie und Politik afroamerikanischer Frauen. Berlin 1993

Josties, Elke: Musik in der Arbeit mit Mädchen – „Raus aus der Nische, weg von den Sondertöpfen!". In Wickel/Hartogh (Hg.): Handbuch Musik und soziale Arbeit. Weinheim 2004

Kalpaka, Annita: Interkulturelle Kompetenz: Kompetentes sozialpädagogisches Handeln in der Einwanderungsgesellschaft. In: IZA Zeitschrift für Migration und Soziale Arbeit. Frankfurt/Main 1998

Kätzel, Ute: Die 68erinnen. Berlin 2002

Kaplan, Marion A.: Die jüdische Frauenbewegung in Deutschland, Organisation und Ziele des Jüdischen Frauenbundes 1904–1938. Hamburg 1981

Kavemann, Barbara: Entwicklung der Diskussion über Gewalt im Geschlechterverhältnis – Historische Verschiebungen, neue Schwerpunkte, neue Verknüpfungen. In: Tahereh Agha/Leah Carola Czollek (Hg.): Frauen in Gewaltverhältnissen. Berlin 2002

Kenawi, Samirah: Konfrontation mit dem DDR-Staat – Politische Eingaben und Aktionen von Lesben am Beispiel von Ravensbrück. In: Dennert, Gabriele/Leidinger, Schristiane/Rauchgut, Franziska (Hg.): In Bewegung bleiben. 100 Jahre Politik, Kultur und Geschichte von Lesben. Berlin 2007

Kessl, Fabian/Maurer, Susanne: Praktiken der Differenzierung als Praktiken der Grenzbearbeitung. Überlegungen zur Bestimmung Sozialer Arbeit als Grenzbearbeiterin. In: Kessl, Fabian/Plößer, Melanie (Hg.): Differenzierung, Normalisierung, Andersheit. Soziale Arbeit als Arbeit mit den Anderen. Wiesbaden 2010

Kimmel, Michael: Masculinity as Homophobia: Fear, Shame, and Silence in the Construction of Gender Identity. In: Harry Brod/Michael Kaufman (Hg.): Theorizing Masculinities. Thousand Oaks/London/New Delhi. 1994

Klapeer, Christine M.: queer. contexts. Entstehung und Rezeption von Queer Theory in den USA und Österreich. Innsbruck 2007

Klein, Uta: Geschlechterverhältnisse, Geschlechterpolitik und Gleichstellungspolitik der Europäischen Union. Wiesbaden 2006

Kleve, Heiko/Haye, Britta: Systemisches Case Management: Falleinschätzung und Hilfeplanung in der Sozialen Arbeit. Heidelberg 2021

Kleve, Heiko: Sozialarbeitswissenschaft, Systemtheorie und Postmoderne. Grundlegungen und Anwendungen eines Theorie- und Methodenprogramms. Freiburg i. Br. 2003

Klinkhammer, Monika: Supervision und Coaching für Wissenschaftlerinnen. Wiesbaden 2004

Klinger, Cornelia: Ungleichheit in den Verhältnissen von Klasse, Rasse und Geschlecht. In: Knapp/Wetterer (Hrsg.): Achsen der Differenz. Gesellschaftstheorie und feministische Kritik 2. Münster 1999

Klüsche, Wilhelm: Ein Stück weitergedacht … Beiträge zur Theorie- und Wissenschaftsentwicklung der Sozialen Arbeit. Freiburg/Br. 1999

Knapp, Gudrun Axeli/Wetterer, Angelika (Hg.): Achsen der Differenz Gesellschaftstheorie und feministische Kritik II. Münster 1999

Körzendörfer, Marinka: Politisch aktive Lesben unter dem Dach der evangelischen Kirche – Herbst 1986 bis 1989. In: Dennert, Gabriele/Leidinger, Schristiane/Rauchgut, Franziska (Hg.): In Bewegung bleiben. 100 Jahre Politik, Kultur und Geschichte von Lesben. Berlin 2007

Kohn-Ley, Charlotte/Korotin, Ilse (Hg.): Der feministische ‚Sündenfall'. Antisemitische Vorurteile in der Frauenbewegung. Wien 1994

Kohn-Ley, Charlotte: Antisemitische Mütter – Antizionistische Töchter? In: Kohn-Ley, Charlotte/Korotin, Ilse (Hg.): Der feministische ‚Sündenfall'. Antisemitische Vorurteile in der Frauenbewegung. Wien 1994

Kokula, Ilse: Lesbisch werden von Weimar bis zur Nachkriegszeit. Berlin 1984

Konduk, Kader: Unterschiede verbünden. Von der Instrumentalisierung von Differenzen. In: Fuchs, Brigitte/Habinger, Gabriele (Hg.): Rassismen & Feminismen. Differenzen, Machtverhältnisse und Solidarität zwischen Frauen. Wien 1996

Koonz, Claudia: Mütter im Vaterland – Frauen im Dritten Reich. Freiburg i. Br. 1991

Konopka, Gisela: Soziale Gruppenarbeit, ein helfender Prozess. Weinheim 1994

Kortendiek, Beate/Münst A. Senganata (Hg.): Lebenswerke. Porträts der Frauen- und Geschlechterforschung. Opladen 2005

Kotthoff, Helga: Was heißt eigentlich „doing gender"? Zu Interaktion und Geschlecht. In: J. van Leeuwen-Turnovcová (Hg.): Wiener Slawistischer Almanach, Sonderband 55. 2002

Kracher, Veronika: Incels. Geschichte, Sprache und Ideologie eines Online-Kults. Mainz 2020

Krämer, Sybille: Gewalt der Sprache – Sprache der Gewalt. Landeskommission Berlin gegen Gewalt. Senatsverwaltung für Bildung. Jugend und Sport (Hg.). Berlin 2005

Krell, Gertraude/Riedmüller, Barbara u. a. (Hg.): Diversity Studies. Grundlagen und disziplinäre Ansätze. Frankfurt/Main 2007

Kreuzer, Max: Neue Methoden der Familienarbeit. Handlungsmodelle in der Sozialen Arbeit – Familienhilfen im Blickpunkt. In: Galuske, Michael/Werner Thole (Hg.): Vom Fall zum Management. Neue Methoden der Sozialen Arbeit. Wiesbaden 2006

Kristeva, Julia: Fremde sind wir uns selbst. Frankfurt/Main 2001

Kruse, Elke: Stufen zur Akademisierung. Wege der Ausbildung für Soziale Arbeit von der Wohlfahrtsschule zum Bachelor-/Mastermodell. Wiesbaden 2004

Kruse, Elke/Tegeler, Evelyn (Hg.): Weibliche und männliche Entwürfe des Sozialen: Wohlfahrtsgeschichte im Spiegel der Genderforschung. Festschrift für Sabine Hering. Opladen 2007

Kühne-Eisendle, Margit: Supervision und Coaching mit weiblichen Führungskräften. Saarbrücken 2005

Kuhlmann, Carola: Alice Salomon. Ihr Lebenswerk als Beitrag zur Entwicklung der Theorie und Praxis Sozialer Arbeit. Weinheim 2000

Kuhrig Herta/Speigner, Wulfram (Hg.): Zur gesellschaftlichen Stellung der Frau in der DDR. Leipzig 1978

Kuhrig, Herta/Speigner, Wulfram: Wie emanzipiert sind Frauen in der DDR? Leipzig 1979

Kuhrig Herta/Thürmer-Rohr, Christina: Ein Dialog über den Dialog: zwischen dem ‚Kommunistischen Manisfest' und dem ‚Feminismus'. In: Leah Carola Czollek/Gudrun Perko (Hg.): Verständigung in finsteren Zeiten. Interkulturelle Dialoge statt ‚Clash of Civilizations'. Köln 2003

Kurth, Alexandra: Männer – Bünde – Rituale. Studentenverbindungen seit 1800. Frankfurt/Main, New York 2004

Lange, Chris: Gender – ein Thema für die deutschen Wohlfahrtsverbände. In: Soziale Arbeit, Jg. 52, Nr. 7. 2003

Lamp, Fabian: Soziale Arbeit zwischen Umverteilung und Anerkennung: der Umgang mit Differenz in der sozialpädagogischen Theorie und Praxis. Bielefeld 2007

Lauretis de, Teresa: Queer Theory. Lesbian and Gay Sexualities: An Introduction. In: differences: A Journal of Feminist Cultural Studies. Heft 2/Jg. 3/2. 1991

Leiss, Elisabeth: Genus und Sexus. Kritische Anmerkungen zur Sexualisierung von Grammatik. In: Linguistische Berichte 152. 1994

Lehmann, Nadja: Migrantinnen in Misshandlungssituationen. In: Quer – denken, lesen, schreiben. Gender/Geschlechterfragen update. Frauenrat und Frauenbeauftragte der Alice-Salomon-Fachhochschule für Sozialarbeit/Sozialpädagogik und Pflege/Pflegemanagement (Hg.), 04/01. Berlin 2001

Lehmann, Nadja: Migrantinnen im Frauenhaus. Biografische Perspektiven auf Gewalterfahrungen. Reihe: Rekonstruktive Forschung in der Sozialen Arbeit. Opladen 2008

Lehmann, Nadja: „Eltern forschen" im Sozialraum. Das europäische Projekt Elternforschungsgruppen" in Berlin. In: sozialraum.de, Ausgabe 1/2012. Online unter: http://www.sozialraum.de/eltern-forschen-im-sozialraum.php [letzter Zugriff: 28. 8. 2021]

Leiprecht, Rudolf: Auf dem langen Weg zu einer diversitätsbewussten und subjektorientierten Sozialpädagogik. In: Leiprecht, Rudolf (Hg., 2011): Diversitätsbewusste Soziale Arbeit. Schwalbach/Ts 2011

Lenz, Hans-Joachim: Männliche Opfererfahrungen, Problemlagen und Hilfeansätze in der Männerberatung. Weinheim 2000

Lenz, Gaby/Weiss, Anne: Professionalität in der Frauenhausarbeit. Aktuelle Entwicklungen und Diskurse. Heidelberg 2018

Lerner, Gerda: Die Entstehung des feministischen Bewusstseins. Frankfurt/Main 1993

Lindsay, Inabel Burns: A Social Worker, Educator and Administrator. Uncompromising in the Pursuit of Social Justice for All. In: Affilia 28. 2008

Löw, Martina/Mathes, Bettina (Hg.): Schlüsselwerke der Geschlechterforschung. Wiesbaden 2005

Loden, Marilyn: Implementing Diversity. Boston 1996

Lorde, Audre: Zami. Ein Leben unter Frauen. Berlin 1986

Ludwig, Christoph/Lindemann, Hans-Jürgen/Dehnbostel, Peter: Lernen im Prozess der Arbeit in Schule und Betrieb. Münster 2007

Lyotard, Jean-Francois: Das postmoderne Wissen. Wien 2006

Madunić, Marija: Der Umgang mit Massenvergewaltigungen in Kriegen. Bosnische Musliminnen: doppelte Opfer oder selbstbewusste Sozialistinnen? In: Quer – denken, lesen, schreiben. Frauenrat und Frauenbeauftragte der Alice-Salomon-Fachhochschule für Sozialarbeit/Sozialpädagogik und Pflege/Pflegemanagement (Hg.), 09/15. Berlin 2009

Maimonides, Moses: Acht Kapitel. Eine Abhandlung zur jüdischen Ethik und Gotteserkenntnis. Hamburg 1992

Malleier, Elisabeth: Jüdische Frauen in Wien 1816–1938. Wohlfahrt – Mädchenbildung – Frauenarbeit. Wien 2003

Mason, Sally: Social Work Research. Is there a Feminist Method? Affilia, Vol. 12, No. 1. 1997

Matthes, Eva/Hopf, Caroline: Helene Lange und Gertrud Bäumer. Ihr Engagement für Frauen- und Mädchenbildung. Bad Heilbrunn 2001

Matthes, Eva/Hopf, Caroline: Helene Lange und Gertrud Bäumer. Ihr Beitrag zum Erziehungs- und Bildungsdiskurs vom Wilhelminischen Kaiserreich bis in die NS-Zeit. Bad Heilbrunn 2003

Mattner, Dieter: Behinderte Menschen in der Gesellschaft. Stuttgart 2000

Maurer, Marina: Frauen und Mädchen auf der Flucht. Hintergründe und sozialarbeiterische Bearbeitungsmöglichkeiten. Unveröff. Diplomarbeit. Fachhochschule Regensburg 2007

Mayr, Anna: Die Elenden. Warum unsere Gesellschaft Arbeitslose verachtet und sie dennoch braucht. Berlin 2020

Mayrhofer, Hemma/Raab-Steiner, Elisabeth: Wissens- und Kompetenzprofile von SozialarbeiterInnen. Berufspraktische Anforderungen, strukturelle Spannungsfelder und künftige Herausforderungen. Schriftenreihe Soziale Arbeit. Bd. 3. FH Campus Wien. Wien 2007

Mecheril, Paul/Kourabas, Veronika: Von differenzaffirmativer zu diversitäts-reflexiver Sozialer Arbeit. In: Sozialmagazin 9-10/2015.

Mecheril, Paul: Diversity als pädagogische Perspektive – Anfragen an ein pädagogisches Konzept. In: Pluralität als Normalität. Chancen und Herausforderungen einer diversitätsbewussten Kinder- und Jugend-Hilfe. Dokumentation der landesweiten Fachtagung am 16.05.2014 im Landeshaus des Landschaftsverband Westfalen Lippe, Münster. 2014 Online unter: www.gender-nrw.de/fileadmin/daten-fuma/4_Service/1_Download/3_FUMA_Fachtagungen/Pluralitaet_als_Normalitaet__FUMA_Fachtagung_16.05.2011_01.pdf. [letzter Zugriff: 20.8.2021]

Mecheril, Paul: ‚Interkulturelle Pädagogik' und ‚Ausländerpädagogik'. In: Mecheril, Paul/Castro Varela, Maria do Mar/Inci, Dirim/Kalpaka, Annita/Melter, Claus (Hg), Migrationspädagogik. Weinheim 2010

Mecheril, Paul/Rosenstreich, Gabirele: Diversity als soziale Praxis. Programmatische Ansprüche und ihre Instrumentalisierung. In: alice. Magazin der Alice-Salomon-Fachhochschule, Nr. 10/2005. Berlin 2005

Meinhold, Marianne: Sozialarbeiterinnen – Frauenkarrieren. Münster 1993

Melter, Claus/Mecheril, Paul: Rassismuskritik: Band 1: Rassismustheorie und -forschung. Schwalbach/Ts. 2009

Melter, Claus: Rassismuserfahrungen in der Jugendhilfe. Eine empirische Studie zu Kommunikationspraxen in der Sozialen Arbeit. Münster/New York/München/Berlin 2006

Menschik, Jutta: Feminismus: Geschichte, Theorie, Praxis. Köln 1977

Merten, Rainer: Autonomie der Sozialen Arbeit. Weinheim 1997

Messerschmidt, Astrid: Repräsentationsverhältnisse in der postnationalsozialistischen Gesellschaft. In: Paul Mecheril/Anne Broden (Hg.): Re-Präsentationen. Dynamiken der Migrationsgesellschaft. Düsseldorf 2007

Messerschmidt, Astrid: Postkoloniale Erinnerungsprozesse in einer postnationalsozialistischen Gesellschaft – vom Umgang mit Rassismus und Antisemitismus. In: PERIPHERIE, Nr. 109/110, 28. Jg. 2008. Münster 2008

Meuser, Michael: Geschlecht und Männlichkeit. Soziologische Theorie und kulturelle Deutungsmuster. Opladen 1998

Meulenbelt, Anja: Scheidelinien. Über Sexismus, Rassismus und Klassismus. Reinbek bei Hamburg 1988

Meuser, Michael/Behnke, Cornelia: Tausendundeine Männlichkeit? Männlichkeitsmuster und sozialstrukturelle Einbindungen. In: Widersprüche 67. 1998

Meyer, Dorit: Gender Mainstreaming – Bedeutung – Entstehung – Kontexte einer neuen politischen Strategie. In: Ginsheim von, Gabriele/Meyer, Dorit (Hg.): Gender Mainstreaming – neue Perspektiven für die Jugendhilfe. Berlin 2001

Meyer, Dorit/Ginsheim von, Gabriele: Gender Mainstreaming – Zukunftswege der Jugendhilfe. Ein Angebot. Stiftung SPI. Berlin 2002

Meyer Dorit: Gender Mainstreaming als Zukunftsressource. Online unter: www.stiftung-spi.de/download/stiftung/gender/gender*zukunft.pdf [letzter Zugriff: 20. 8. 2021]

Miller, Tilly/Tatschmurat, Carmen (Hg.): Soziale Arbeit mit Frauen und Mädchen. Positionsbestimmungen und Handlungsperspektiven. Stuttgart 1996

Millett, Kate: Sexus und Herrschaft. Die Tyrannei des Mannes in unserer Gesellschaft. München 1974

Minh-ha, Trinh T.: Über zulässige Grenzen: Die Politik der Identität und Differenz. In: Fuchs, Brigitte/Habinger, Gabriele (Hg.): Rassismen & Feminismen. Differenzen, Machtverhältnisse und Solidarität zwischen Frauen. Wien 1996

Moon, Lyndsey: Feeling queer or queer feelings?: radical approaches to counselling sex, sexualties and genders. New York 2008

Mráz, Michael Florian: Queer und Behindert – Existenzweisen, Marginalisierung und Bewältigungsstrategien. unveröff. Diplomarbeit an der Alice-Salomon-Hochschule. Berlin 2008

Mühlum, Albert: Sozialarbeit und Sozialpädagogik. Frankfurt/Main 1996

Mühlum, Albert: Klinische Sozialarbeit als wichtiger Beitrag einer ganzheitlichen Behandlung. Vortrag. Linz 29. 10. 2007

Mühlum, Albert: Gesundheitsförderung oder klinische Fachlichkeit. Auf dem Weg zur Klinischen Sozialarbeit. In: Dörr, Margret (Hg.): Klinische Sozialarbeit. Eine notwendige Kontroverse. Hohengehren 2002

Mühlum, Albert: Bericht aus der Sektion Klinische Sozialarbeit Tagungen 2003/2004, Deutsche Gesellschaft für Sozialarbeit – DGS –. Sektion Klinische Sozialarbeit. Online unter: www.deutsche-gesellschaft-fuer-sozialarbeit.de/mit67.shtml [letzter Zugriff: 20. 8. 2021]

Müller, Heidi: Stolpersteine weiblicher Karrieren. Was Frauen hindert, erfolgreich zu sein. In: Organisationsberatung Supervision Coaching 12, Nr. 4. 2005

Müller, Herta: Der König verneigt sich und tötet. München/Wien 2003

Nagl-Docekal, Herta (Hg.): Feministische Philosophie. Wien 1990

Nagl-Docekal, Herta/Pauer-Studer, Herlinde (Hg.): Jenseits der Geschlechtermoral. Beiträge zur feministischen Ethik. Frankfurt/Main 1993

Naples, Nancy A.: Community Activism and Feminist Politics. Organzing Across Race, Class, and Gender. New York/London 1998

Naples, Nancy A.: Feminism and method: ethnography, discourse analysis, and activist research. New York 2003

Nave-Herz, Rosemarie: Die Geschichte der Frauenbewegung in Deutschland. Hannover 1989

Nestmann, Frank/Engel, Frank/Sickendieck, Ursula (Hg.): Handbuch der Beratung, Bd. 1 und 2. Tübingen 2004

Nestvogel, Renate: Sozialisationstheorien: Traditionslinien, Debatten und Perspektiven. In: Becker, Ruth/Kortendiek, Beate (Hg.): Handbuch Frauen- und Geschlechterforschung. Theorie, Methoden, Empirie. Wiesbaden 2004

Netzwerk Gender Training (Hg.): Geschlechterverhältnisse bewegen. Erfahrungen mit Gender Training. Königstein/Taunus 2004

Nieden, Birgit zur/Veth, Silke: Feministisch – geschlechterreflektierend – Queer. Perspektiven aus der Praxis politischer Bildungsarbeit. Berlin 2004

Nohr, Barbara/Veth, Silke (Hg.): Gender Mainstreaming. Kritische Reflexionen einer neuen Strategie. Berlin 2002

Nunner-Winkler, Gertrud (Hg.): Weibliche Moral. Die Kontroverse um eine geschlechterspezifische Ethik. Frankfurt/Main 1991

Nussbaum, Martha C.: Gerechtigkeit oder Das gute Leben. Frankfurt/Main 1999

Nussbaum, Martha C.: Hiding from humanity: disgust, shame, and the law. Princeton/N.Y. 2004

Nussbaum, Martha C.: Die Grenzen der Gerechtigkeit. Frankfurt/Main 2010

Ohms, Constanze (Hg.): Mehr als das Herz gebrochen. Gewalt in lesbischen Beziehungen. Berlin 1993

Orme, Joan: Gender and Community Care. Social Work and Social Care Perspectives. Houndsmills/Basingstoke 2001

Orme, Joan: ‚It's Feminist Because I Say So!' Feminism, Social Work an Critical Practice in the UK. In: Qualitative Social Work 22. 2003

Ortmann Karlheinz/Röh Dieter (Hg.): Klinische Sozialarbeit. Konzepte. Praxis. Perspektiven. Freiburg im Breisgau 2008

Oschek, Erik: Ist der deutsche Sozialstaat gerecht? Eine sozialphilosophische Betrachtung für die Soziale Arbeit. Berlin 2007

Oster, Martina: Performativität und Performance: Geschlecht in Musik, Theater und Medienkunst. Münster 2008

Ouaknin, Marc-Alain: Eine Reise ins Paradies. Über das wägende Lesen des Talmud. In: Stäblein, Ruthard (Hg.): Geduld. Die Kunst des Wartens. Frankfurt/Main 1996

Parton, Nigel (Hg.): Social Theory, Social Change and Social Work. London/New York 1996

Passmore, Jonathan: Diversity in Coaching: Working with Gender, Culture, Race and Age. London 2008

Pauer-Studer, Herlinde: Das Andere der Gerechtigkeit. Moraltheorie im Kontext der Geschlechterdifferenz. Berlin 1996

Pauls, Helmut: Klinische Sozialarbeit – eine dringend notwendige Spezialisierung. In: DVSK Forum Krankenhaussozialarbeit. Deutsche Vereinigung für den Sozialdienst im Krankenhaus (Hg.). H. 1. 2001

Pauls, Helmut: Klinische Sozialarbeit. Grundlagentexte Soziale Berufe. Grundlagen und Methoden psycho-sozialer Behandlung. Weinheim 2004

Pauls, Helmut/Mühlum, Albert: Klinische Kompetenzen. Eine Ortsbestimmung der Sektion Klinische Sozialarbeit. In: Klinische Sozialarbeit. Zeitschrift für psychosoziale Praxis und Forschung, 1. 2005

Perko, Gudrun/Czollek, Leah Carola Czollek/Eifler, Naemi (Hrsg.): Antisemitismus in der Schule – Aufgaben der Soziale Arbeit. Weinheim/Basel 2021

Perko, Gudrun: Social Justice und Radical Diversity: Veränderungs- und Handlungsstrategien. Weinheim/Basel 2020

Perko, Gudrun (Hrsg.): Antisemitismus in der Schule. Handlungsmöglichkeiten der Schulsozialarbeit. Weinheim/Basel. 2020

Perko, Gudrun: Ethik in der Beratung mit Blick auf eine diskriminierungskritische Beratung. In: Davina Höblich/Heidrun Schulze/Marion Mayer (Hg.): Macht – Diversität – Ethik in der Beratung: wie Beratung Gesellschaft macht. Berlin 2018

Perko, Gudrun: Social Justice im Zeichen von Diversity, Pluralität und Perspektivenvielfalt: Philosophische Grundlagen für eine *diskriminierungskritische* Soziale Arbeit. In: Gudrun Perko (Hg.): Die Bedeutung der Philosophie in der Sozialen Arbeit. München/Weinheim 2017

Perko, Gudrun: Pluralität – Konfliktpotentiale – Maßnahmen. Leitfaden für die Umsetzung von Diversity an Hochschulen, Reihe: Atmosphäre der Anerkennung, Hg. Gleichstellungsrat der Fachhochschule Potsdam. Potsdam 2016

Perko, Gudrun: *Wogegen und Wofür?* Kritische Perspektiven auf Mündigkeit und Autonomie in der Sozialen Arbeit. In: Heiko Kleve/Beatrix Grill/Danica Fischer/Ralf Horn/Eik Kesten/Christoph Holz/Hannes Langer (Hg.): Autonomie und Mündigkeit in der Sozialen Arbeit. München/Weinheim 2016

Perko, Gudrun: Das „Social Justice und Diversity Konzept“ zugunsten einer politisierten pädagogischen Praxis – unter besonderer Berücksichtigung von Gender/Queer. In: Martin Lücke/Sarah Huch (Hg.): Sexuelle Vielfalt im Handlungsfeld Schule. Konzepte aus Erziehungswissenschaften und Fachdidaktik. Berlin 2015

Perko, Gudrun: Queer-Theorien als pluraler Ansatz und queere Kompetenzen in der Sozialen Arbeit. In: Sozialmagazin mit dem Thema „Queerfeldein durch die Soziale Arbeit“ 39. Jg. H. 3/4. 2014

Perko, Gudrun/Kitschke, Dorothea: Kompetenzmessung in der Hochschullehre? Eine Studie über die Vermittlung und Einschätzung von Gender/Queer- und Diversity-Kompetenzen für soziale Berufe im Hochschulkontext (Modul Soziale Arbeit). München/Weinheim 2014

Perko, Gudrun: Social Justice – eine (Re)Politisierung der Sozialen Arbeit. In: Ruth Großmaß/Roland Anhorn (Hg.): Perspektiven kritischer Sozialer Arbeit. Kritik der Moralisierung. Theoretische Grundlagen – Diskurskritik – Klärungsvorschläge für die berufliche Praxis. Wiesbaden 2013

Perko, Gudrun/Czollek, Leah Carola: Social Justice und Diversity Training: Intersektionalität als Diversitymodell und Strukturanalyse von Diskriminierung und Exklusion. 2012. Online unter: www.portal-intersektionalität.de [letzter Zugriff: 20. 8. 2021]

Perko, Gudrun: Queer-Theorien als Denken der Pluralität: Kritiken – Hintergründe – Alternativen – Bedeutungen. In: Alice-Salomon-Fachhochschule (Hg.): Quer. Lesen denken schreiben, Nr. 12/06, Berlin 2006. Online unter: www.asfh-berlin.de/index.php?id=1948 [letzter Zugriff: 20. 8. 2021]

Perko, Gudrun/Czollek, Leah Carola: Diversity in außerökonomischen Kontexten: Bedingungen und Möglichkeiten seiner Umsetzung“. In: Paul Mecheril/Anne Broden (Hg.): Re-Präsentationen. Dynamiken der Migrationsgesellschaft. Düsseldorf 2007

Perko, Gudrun/Czollek, Leah Carola: Mahloquet als integrative Methode des Dialoges: ein Mediationsverfahren in sieben Stationen. In: Perspektive Mediation. Beiträge zur Konflikt-Kultur 4/2006. Wien 2006

Perko, Gudrun: Queer-Theorien. Ethische, politische und logische Dimensionen plural-queeren Denkens. Köln 2005

Perko, Gudrun: Wie soll ich dich behandeln? Über das Ethos der Anerkennung als Grundlage des Dialoges. In: Alice-Salomon-Fachhochschule (Hg.): Quer. Lesen denken schreiben, Nr. 10/04. Berlin 2004

Perko, Gudrun: Respektvolle Umgänge: Über den Dialog, die Idee des Dialogischen und die Rolle der Imagination – von Sokrates über Arendt und Castoriadis. In: Leah Carola Czollek/Gudrun Perko (Hg.): Verständigung in finsteren Zeiten. Interkulturelle Dialoge statt „Clash of Civilizations". Köln 2003

Perko, Gudrun: Philosophie und Feminismus. In: Ingvild Birkhan/Elisabeth Mixa (Hg.): Materialien zur Förderung von Frauen in der Wissenschaft. Wien 1999

Perko, Gudrun/Pechriggl, Alice: Phänomene der Angst. Geschlecht – Geschichte – Gewalt. Wien 1996

Peyser, Dora: Alice Salomon. In: Muthesius, Hans (Hg.): Alice Salomon. Die Begründerin des sozialen Frauenberufs in Deutschland. Köln 1958

Pieper, Annemarie: Gibt es eine feministische Ethik? München 1998

Polat, Ayça (Hg.): Migration und Soziale Arbeit, Lehrbuchreihe „Grundwissen Soziale Arbeit". Heidelberg 2017

Polymorph (Hg.): (K)ein Geschlecht oder viele? Transgender in politischer Perspektive. Berlin 2002

Questio (Hg.): Queering Demokratie. Sexuelle Politiken. Berlin 2000

Rätz-Heinisch, Regina: Jugendarbeit und Gender Mainstreaming. Leitfaden zur Initiierung und Umsetzung. In: Sozialmagazin Jg. 30, H 10. 2005

Rawls, John: A Theory of Justice. Cambridge/Mass 1971

Renner, Walter/Ottomeyer, Klaus/Salem, Ingrid: Interkulturelle Trauma-Diagnostik. Probleme, Befunde und Richtlinien für die Begutachtung von Asylansuchenden. Klagenfurt 2007

Rich, Adrienne: Zwangsheterosexualität und lesbische Existenz. In: Dagmar Schultz (Hg.): Macht und Sinnlichkeit. Berlin 1983

Richmond, Mary: Social Diagnosis. New York 1917

Riedel, Karin: Soziale Netzwerke und Handlungskompetenz. Inwiefern fördern soziale Netzwerke die Handlungsfähigkeit der beteiligten Akteure? Saarbrücken 2008

Rieder, Ines/Voigt, Diana: Heimliches Begehren. Die Geschichte der Sidonie C. Wien/München 2000

Ritz, Manuela: Adultismus und kritisches Erwachsensein: Wenn große Macht kleine Macht noch kleiner macht. Münster 2018

Röh, Dieter: Soziale Arbeit in der Behindertenhilfe. Stuttgart 2018

Rohleder, Christiane/Hasenjürgen, Brigitte (Hg.): Geschlecht im sozialen Kontext. Perspektiven für die soziale Arbeit. Schriften der KFH NW, Band 1. Opladen 2005

Rommelspacher, Birgit: Behindertenfeindlichkeit. In: Czollek, Leah Carola/Weinbach, Heike: Lernen in der Begegnung: Theorie und Praxis von Social Justice-Trainings, (IDA e. V., Hg. Düsseldorf 2008

Rommelspacher, Birgit (Hg.): Die offene Stadt. Interkulturalität und Pluralität in Verwaltungen und sozialen Diensten. Berlin 2004

Rommelspacher, Birgit: Schuldlos – Schuldig? Wie sich junge Frauen mit Antisemitismus auseinandersetzen. Hamburg 1996

Rommelspacher, Birgit: Weibliche Sozialarbeit: Dienst am anderen oder Selbstverwirklichung. In: Nestmann, Frank/Schmerl, Christiane (Hg.): Frauen, das hilfreiche Geschlecht. Dienst am Nächsten oder soziales Expertentum? Reinbek bei Hamburg 1991

Rose, Lotte/May, Michael: Mehr Männer in die Soziale Arbeit!? Kontroversen, Konflikte und Konkurrenzen (Geschlechterforschung für die Praxis). Leverkusen-Opladen 2014

Rose, Lotte/Schulz, Marc: Gender-Inszenierungen. Jugendliche im pädagogischen Alltag. Königstein/Ts. 2007

Rose, Lotte: Gender und soziale Arbeit: Annäherungen jenseits des Mainstreams der Genderdebatte. Batmannsweiler 2007

Rose, Lotte: Gender Mainstreaming in der Kinder- und Jugendarbeit. Weinheim u. a. 2004

Rubin, Herbert J./Rubin, Irene: Community Organizing & Development, Columbus. Toronto 1986

Sabla, Kim-Patrick/Plößer, Melanie: Gendertheorien und Theorien Sozialer Arbeit: Bezüge, Lücken und Herausforderungen. Leverkusen-Opladen 2013

Salomon, Alice: Frauenleben und Frauenbewegung in Indien. In: Die Frau, 38. Jg., Nr. 4. 1931

Salomon, Alice: Jugend- und Arbeitserinnerungen. In: Kern, Elga (Hg.): Führende Frauen Europas. München 1928

Salomon, Alice: Die sittlichen Grundlagen und Ziele der Wohlfahrtspflege. In: Salomon, Alice: Soziale Diagnose. Berlin 1926

Salomon, Alice: Soziale Frauenbildung und Soziale Berufsarbeit. Leipzig 1917

Salomon, Alice: Von Kriegsnot und =hilfe und der Jugend Zukunft. Leipzig/Berlin 1916

Salomon, Alice: Die Lehrpläne der Frauenschule – Volkswirtschaftslehre. Die neuen preußischen Lehrpläne für das höhere Mädchenschulwesen. In: Die Lehrerin in Schule und Haus, Nr. 33. 1909

Salomon, Alice: Soziale Frauenbildung. Leipzig 1908

Salomon, Alice: Die Entfaltung der Persönlichkeit und die sozialen Pflichten. In: Bäumer, Gertrud (Hg.): Neue Lebensziele. Ansprachen an junge Mädchen, Heft 3. Leipzig 1907

Salomon, Alice: Drei Klassen von Lohnarbeiterinnen in Industrie und Handel der Stadt Karlsruhe. In: Die Frau, 14. Jg., Nr. 2. 1906

Salomon, Alice: Forderungen der Frau. In: Das Blaubuch, 1. Jg., Nr. 6. 1906a

Sander, Helke/Johr, Barbara: BeFreier und Befreite. Krieg, Vergewaltigungen, Kinder. München 1992

Schachtner, Christina: Erfolgreich im Cyberspace. Handbuch virtuelle Frauen- und Mädchennetzwerke. Budrich 2005

Schaser, Angelika: Helene Lange und Gertrud Bäumer. Eine politische Lebensgemeinschaft. Köln 2000

Scherr, Albert: Diversity: Unterschiede, Ungleichheiten und Machtverhältnisse. In: Leiprecht, Rudolf (Hrsg.) (2011): Diversitätsbewusste Soziale Arbeit. Schwalbach/Ts 2011

Scherr, Albert: Gender Mainstreaming als Lernprovokation – Anforderung an die Ausbildung, Fortbildung und Personalentwicklung in den Organisationen der Jugendhilfe. In: v. Ginsheim, G./Meyer, D. (Hg.): Gender Mainstreaming – neue Perspektiven für die Jugendhilfe. Berlin 2001

Schildmann, Ulrike (Hg.): Normalität, Behinderung und Geschlecht. Opladen 2001

Schlangenbrut: Zur Antisemitismus-Debatte. In: Schlangenbrut, Nr. 16. 1987

Schlottau, Heike/Burbach, Christiane (Hg.): Abenteuer Fairness. Ein Arbeitsbuch zum Gendertraining. Göttingen 2001

Schmidbauer, Ingrid: Sozialarbeit als Frauenberuf. Eine soziologische Analyse mit feministischer Perspektive. Linz 1994

Schmitt, Caroline/Tuider, Elisabeth/Witte, Matthias D.: Diversity und Soziale Arbeit. In: Sozialmagazin 9/10, 2015

Schnack, Dieter/Gesterkamp, Thomas: Hauptsache Arbeit? Männer zwischen Beruf und Familie. Reinbek 1998

Schopp, Johannes: Eltern Stärken. Dialogische Elternseminare – Ein Leitfaden für die Praxis. Opladen 2005

Schrader-Klebert, Karin: Die kulturelle Revolution der Frauen. In: Frau – Familie – Gesellschaft, Kursbuch 17. Frankfurt/Main 1969

Schröer Hubertus: Vielfalt gestalten. Kann Soziale Arbeit von Diversity-Konzepten lernen? 2006. Online unter: www.i-iqm.de/dokus/vielfalt*leben*und*gestalten.pdf [letzter Zugriff: 20.8.2021]

Schröer, Hubertus: Diversity Management und Soziale Arbeit. BBE-Newsletter 20/2007

Schröter, Susanne: FeMale. Über Grenzverläufe zwischen den Geschlechtern. Berlin 2002

Schulze, Heidrun: Interkulturelle Fallarbeit – Einlassen auf plurale Realitäten. In: Gahleitner, Silke B./Hahn, Gernot (Hg.): Klinische Sozialarbeit. Zielgruppen und Arbeitsfelder. Beiträge zur psychosozialen Praxis und Forschung 1. Bonn 2008

Schock, Leone: Roma in Deutschland. Eine Betrachtung der Lebenssituation unter den gegebenen gesellschaftlichen Rahmenbedingungen und daraus resultierende Handlungsperspektive unter kulturspezifischen Aspekten. Unveröff. Diplomarbeit. Berlin 2009

Schuch, Jane: Über einen ausstehenden Dialog: Sinti und Roma in Deutschland. In: Leah Carola Czollek/Gudrun Perko (Hg.): Verständigung in finsteren Zeiten. Interkulturelle Dialoge statt ‚Clash of Civilizations'. Köln 2003

Schwalb, Helmut/Theunissen, Georg: Inklusion, Partizipation und Empowerment in der Behindertenarbeit: Best Practice-Beispiele: Wohnen – Leben – Arbeit – Freizeit. Stuttgart 2018

Schwarzer, Alice: Der kleine Unterschied und seine großen Folgen. Frankfurt/Main1975

Schwarzer, Alice: Die Anderen. Über den Wahnsinn Frauenhaß. In: Claudia Brügge/Wildwasser Bielefeld (Hg.): Frauen in ver-rückten Lebenswelten. Ein Lesebuch zu Frauen und Psychiatrie. Bern 1999

Shragge, Eric: Activism and Social Change, Lessons for Community and Local Organizing. Toronto 2003

Sedgwick, Eve: The Epistemology of the Closet. Berkeley 1990

Sedgwick, Eve: Between Men: English Literature and Male Homosocial Desire. New York 1992

Sedgwick, Eve (Hg.): Novel gazing. Queer readings in fiction. Durham, NC 1997

Seeck, Francis/Theißl, Brigitte (Hg.): Solidarisch gegen Klassismus. Organisieren, intervenieren, umverteilen. Münster 2020

Seifert, Ruth: Weiblichkeit, kriegerische Gewalt und männliche Macht. In: Dohnal, Johanna (Hg.): Gewalt gegen Frauen gegen Gewalt. (Bd. 2, Tagunsdokumentation). Wien 1994

Sickendieck, Ursula/Engel, Frank/Nestmann, Frank: Beratung. Eine Einführung in sozialpädagogische und psychosoziale Beratungsansätze. Weinheim/München 1999

Sigmund, Anna Maria: Die Frauen der Nazis. Wien 1998

Sillge, Ursula: Damals war's – Ein Rückblick auf Bedingungen und Strukturen der lesbisch-schwulen Bewegung in der DDR. In: Dennert, Gabriele/Leidinger, Schristiane/Rauchgut, Franziska (Hg.): In Bewegung bleiben. 100 Jahre Politik, Kultur und Geschichte von Lesben. Berlin 2007

Simon-Adorf, Ute: Was Sie schon immer über Coaching wissen wollten. Paderborn 2008

Solas, John: What kind of social justice do social work seek? In: International Social Work, 51 (6). 2008

Sommerfeld, Peter/Dällenbach, Regula/Rüegger, Cornelia/Hollenstein, Lea (Hg.): Klinische Soziale Arbeit und Psychiatrie Entwicklungslinien einer handlungstheoretischen Wissensbasis. Wiesbaden 2016

Spicker, Ingrid/Sprengseis, Gabriele (Hg.): Gesundheitsförderung stärken. Kritische Aspekte und Lösungsansätze. Wien 2008

Spitzy, Christine/Pelz, Monika/Wagner, Ina: Mit technischem Verstand: Facharbeiterinnen in handwerklichtechnischen Berufen. Forschungsberichte aus Arbeitsmarkt und Berufsforschung, Nr. 13. Wien 1986

Sprengseis, Gabriele/Lang, Gerd (Hg.): Vom Wissen zum Können. Forschung für NGOs im Bereich Gesundheits- und Sozialwesen. Wien 2006

Stauber, Barbara: Gender-Dynamiken in der Rekonstruktion von Bildungsprozessen in Medienprojekten. In: Zeitschrift für Medienpädagogik 14. 2007/2008

Staub-Bernasconi, Silvia: Das fachliche Selbstverständnis Sozialer Arbeit – Wege aus der Bescheidenheit. Soziale Arbeit als Human Rights Profession. In: Wendt, Wolf Rainer (Hg.): Soziale Arbeit im Wandel ihres Selbstverständnisses. Freiburg im Breisgau 1995

Staub-Bernasconi, Silvia: Soziale Arbeit als (eine) „Menschenrechtsprofession". In: Sorg, Richard (Hrsg.): Soziale Arbeit zwischen Politik und Wissenschaft. Münster 2003

Staub-Bernasconi: Soziale Arbeit als Handlungswissenschaft. Systemische Grundlagen und professionelle Praxis – Ein Lehrbuch. Stuttgart 2007

Stiglmayer, Alexandra: Massenvergewaltigung. Krieg gegen Frauen. Freiburg/Breisgau 1993

Strohmeier, Jürgen: Sind Sozialpädagogen „neue" Männer? Konstruktionen von Männlichkeit im Feld Sozialer Arbeit. Hamburg 2003

Stuve, Olaf: ‚Queer Theory' und Jungenarbeit. Versuch einer paradoxen Verbindung. In: Fritzsche, Bettina/Hartmann, Jutta/Schmidt, Andrea et al. (Hg.): Dekonstruktive Pädagogik. Erziehungswissenschaftliche Debatten unter poststrukturalistischen Perspektiven. Opladen 2001

Swank, Eric/Kilty, Keith M.: The intersection of race, gender & class in social service and social welfare. New Orleans 2002

Szemeredy Susanne: Oh Boy, It's a Girl! In: Psychologie und Gesellschaftskritik, Nr. 20. 1996

Tatschmurat, Carmen: Feministisch orientierte soziale Arbeit: Parteilich handeln, dekonstruktivistisch denken? In: Miller, Tilly/Tatschmurat, Carmen (Hg.): Soziale Arbeit mit Frauen und Mädchen. Positionsbestimmungen und Handlungsperspektiven. Stuttgart 1996

Tauwetter (Hg.): Ein Selbsthilfe-Handbuch für Männer, die als Junge sexuell mißbraucht wurden. Ruhnmark 1998

Taylor, Charles: Multikulturalismus und die Politik der Anerkennung. Frankfurt/Main 1993

Theunissen, Georg (Hg.): Inklusion von Menschen mit Behinderung – Zeitgemäße Wohnformen, soziale Netze, Unterstützungsangebote. Stuttgart 2006

Thiersch, Hans: Diversity und Lebensweltorientierung. In: Leiprecht, Rudolf (Hg.): Diversitätsbewusste Soziale Arbeit. Schwalbach/Ts 2011

Thiersch, Hans: Lebensweltorientierte Soziale Arbeit. Weinheim 1992

Thole, Werner/Cloos, Peter (Hg.): Soziale Arbeit im öffentlichen Raum. Soziale Gerechtigkeit in der Gestaltung des Sozialen. Wiesbaden 2004

Thomas, David/Ely, Robin: Making differences matter: A new paradigm for managing diversity. In: Harvard Business Review, Nr. 5, 1996. Online unter: https://hbr.org/1996/09/making-differences-matter-a-new-paradigm-for-managing-diversity [letzter Zugriff: 20.8. 2021]

Thürmer-Rohr, Christina: Mittäterschaft und Entdeckungslust. Berlin 1989

Thürmer-Rohr, Christina: Feministische Konfrontationen mit kulturellen Differenzen. In: Quer. Denken. Lesen. Schreiben, Alice-Salomon-Fachhochschule (Hg.), Nr. 07/03. Berlin 2003

Treusch-Dieter, Gerburg: Nachwort. In: Del LaGrace Volcano: Sublime Mutations. Tübingen 2000

Treut, Monika: Gendernauts. Eine Reise ins Land der Neuen Geschlechter (Dokumentarfilm). 2002

Trinder, Liza: Reading the texts. Postmodern feminism and the ‚doing of research'. In: Fawcett, Barbara/Featherstone, Brid/Fook, Jan/Rossiter, Amy (Hg.): Practice and Research in Social Work. Postmodern Feminist Perspectives. London/New York 2000

Tuider, Elisabeth: Konturen einer verqueeren Pädagogik. Zu Normen und Identitäten in der Sexualpädagogik. In: standpunkt: sozial – online, Heft 3, 2000, Hamburger Forum für Soziale Arbeit. 2000

Twellmann, Margrit (Hg.): Lida Gustaca Heymann in Zusammenarbeit mit Antita Augspurg. Erlebtes Erschautes. Deutsche Frauen kämpfen für Freiheit, Recht und Frieden 1850–1940. Frankfurt/Main 1992

Volcano, Del LaGrace: Sublime Mutations. Tübingen 2000

Vulkadinović, Vojin Sasa (Hg.): Freiheit ist keine Metapher. Antisemitismus, Migration, Klassismus, Religionskritik. Berlin 2018

Wahbi, Samantha: Community organizing against homophobia and heterosexism. A word through rainbow-colored glasses. New York/London/Oxford 2004

Wachsmuth, Iris: Familiengeschichtliche Verstrickungen in den Nationalsozialismus: Eine Drei-Generationen-Studie. In Sonderband der Zeitschrift Klinische Sozialarbeit, Nr. 4/2008. Online-Sonderausgabe. Die Generation(en) nach dem Holocaust: Israel und Deutschland im Erfahrungsaustausch. Online unter: www.klinische-sozialarbeit.de/KlinSa_Sonderausgabe_Berlin-Haifa.pdf [letzter Zugriff: 20. 8. 2021].

Wagner, Leonie: Nationalsozialistische Frauenansichten – Vorstellung von Weiblichkeit und Politik führender Frauen im Nationalsozialismus. Frankfurt/Main 1996

Wahren, Juliane: Klinische Sozialarbeit in einer Frauenzufluchtswohnung. In: Ortmann, Karlheinz/Röh Dieter (Hg.): Klinische Sozialarbeit. Konzepte. Praxis. Perspektiven. Freiburg im Breisgau 2008

Wanzek, Ute: Genderkompetenzen. 2008 Online unter: http://www.eisenbahner.at/servlet/ContentServer?pagename=S03/Page/Index&n=S03*21.3 [letzter Zugriff: 21. 8. 2021]

Wedgwood, Nikki/Robert W. Connell: Männlichkeitsforschung: Männer und Männlichkeiten im internationalen Forschungskontext. In: Ruth Becker/Beate Kortendieck (Hg.): Handbuch Frauen und Geschlechterforschung. Theorie, Methoden, Empirie. Wiesbaden 2004

Weinbach, Heike: Über die Kunst, Begriffe zu fluten. Die Karriere des Konzepts „Gender Mainstreaming". In: Forum Wissenschaft, Nr. 2. 2001

Weinbach, Heike: der+die=die. Genus, Sexus und andere Sprachgeschichte(n). In: Czollek, Leah Carola/Weinbach, Heike: Was sie schon immer über Gender wissen wollten … und über Sex nicht gefragt haben. Berlin 2003

Weinbach, Heike: Wie viel Geschlecht braucht Emanzipation? Aspekte der aktuellen (Nicht-) Umsetzung von Gender-Mainstreaming. In: ISOTOPIA. Graz 2004

Weinbach, Heike: Social Justice statt Kultur der Kälte. Alternativen zur Diskriminierungspolitik in der Bundesrepublik Deutschland. Berlin 2006

Weinbach, Heike: Am Anfang war das Projekt … dann die Universität. Theorie und Praxis der (west-)deutschen Frauen- und Genderbewegungen. In: Bund demokratischer Wissenschaftlerinnen und Wissenschaftler (Hg.): Bildung – Beruf – Praxis. Bildungsreform zwischen Elfenbeinturm und Verwertungslogik. Studienheft 4. Marburg 2007

Weinbach, Heike: Probehandeln im Denken oder im „Palaver" mit Anderen. Philosophische Beratung aus der Perspektive Radikaler Philosophie. In: Lindner, Urs/Nowak, Jörg/Paust-

Lassen, Pia (Hg.): Philosophie unter anderen. Beiträge zum Palaver der Menschheit. Münster 2008

Weinbach, Heike: Gender Mainstreaming zwischen Feminismus und Bürokratie. In: Buchmayr, Maria (Hg.). Alles Gender? Feministische Standortbestimmungen. Wien 2008

Westphal, Manuela: Migration und Gender-Aspekte. Migration und Soziale Arbeit. 29. Jg. H. 1. 2007

Weiss-Gal, Idit/Gal, John: Policy Practice in Social Work. An Introduction. In: Weiss-Gal, Idit/Gal, John (Hrsg.): Social Workers Affecting Social Policy. An International Perspective on Policy Practice. Bristol 2013

Wickert, Christl: Helene Stöcker 1869–1943. Frauenrechtlerin, Sexualreformerin und Pazifistin. Bonn 1991

Wieland, Norbert: Männlichkeit in prekären Lebenslagen. In: Margherita Zander/Luise Hartwig/Irma Jansen (Hg.): Geschlecht Nebensache? Zur Aktualität einer Gender-Perspektive in der Sozialen Arbeit. Wiesbaden 2006

Wilhelm, Wolfgang: Coaching Gender: Supervision und Coaching auf dem Weg zwischen den Geschlechtern. Saarbrücken 2007

Windhaus-Walser, Karin: Gnade der weiblichen Geburt? Zum Umgang der Frauenforschung mit Nationalsozialismus und Antisemitismus. In: Feministische Studien, Radikalität und Differenz, Nr. 1. Weinheim 1988

Winkler, Gabriele/Degele, Nina: Intersektionalität. Zur Analyse sozialer Ungleichheiten. Bielefeld 2009

Winkler, Michael: Eine Theorie der Sozialpädagogik. Stuttgart 1988

Winter, Andrea: Sie hatte einen Traum. Die Homoaktivistin Fanny Ann Eddy aus Sierra Leone wurde brutal ermordet, in: l.mag. magazin für lesben, Nr. 1. Berlin 2005

Wittig, Monique: The Mark of Gender, Feminist Issues 5.2. 1985

Wolff, Mechthild (Hg.): Zukunft Europa – Zukunft für Mädchen! Strategien gegen die Ausgrenzung benachteiligter Mädchen und junger Frauen in Europa. Münster 2002

Young, Iris Marion (1996): Fünf Formen der Unterdrückung. In: Nagl-Docekal, Herta/Pauer-Studer, Herlinde (Hg.): Politische Theorie. Differenz und Lebensqualität. Frankfurt/Main 1996

Young, Iris Marion (1990): Justice and the Politics of Difference. Princeton 1990

Young, Iris Marion: Inclusion and Democracy. New York 2000

Yuval-Davis, Nira: Frauen und ‚transversale' Politik. In: Fuchs, Brigitte/Habinger, Gabriele (Hg.): Rassismen & Feminismen. Differenzen, Machtverhältnisse und Solidarität zwischen Frauen. Wien 1996

Zander, Margherita/Hartwig, Luise/Jansen, Irma (Hg.): Nebensache Geschlecht? Zur Aktualität einer Gender-Perspektive in der Sozialen Arbeit. Wiesbaden 2006

Zeller, Susanne: Erziehung zur „Weiblichkeit" für die Sozialarbeit. Ein Beitrag zur (Berufs-)Erziehung junger Frauen in den zwanziger Jahren. In: Soziale Arbeit, Nr. 4/90. 1990

Zeller, Susanne: Wir haben Bürgerpflichten zu erfüllen! Die Begründerinnen der Sozialen Arbeit in Deutschland und ihre Bezüge zur (Sozial)Ethik des Judentums. Online unter: www.sowe.fho-emden/Aktuelles/ethik*und*menschenbild*der*sozia.htm [letzter Zugriff: 20.8.2021]

Zimmermann, Ralf-Bruno: Klinische Sozialarbeit und Sozialpsychiatrie. In: Ortmann, Karlheinz/Röh Dieter (Hg.): Klinische Sozialarbeit. Konzepte. Praxis. Perspektiven. Freiburg im Breisgau 2008

Videos (Vorträge, Lehrfilme)

Perko, Gudrun: Perspektiven der Ethik in der Sozialen Arbeit. (Vortrag 2021). Youtube unter: https://youtu.be/LaPzAK1ixNQ [letzter Zugriff: 28. 8. 2021]

Perko, Gudrun/Czollek, Leah Carola: Sexismus (Vortrag 2021). Youtube unter: www.youtube.com/watch?v=RgLKOQip1l8 [letzter Zugriff: 20. 8. 2021]

Perko, Gudrun/Czollek, Leah Carola/Pohland, Johanna: Mediationslehrfilm: Diversity orientierte Mediation: Der Fall Sahid und die Machloketsche Mediation. Potsdam 2020. Youtube unter: www.youtube.com/watch?v=ouw2NNABhc8 [letzter Zugriff: 20. 8. 2021]

Perko, Gudrun/Czollek, Leah Carola/Pohland, Johanna: Mediationslehrfilm: Diversity orientierte Mediation: Ethisch-dialogische Haltung der Mediatior*innen in der Machloketschen Mediation. Potsdam 2019. Youtube unter: www.youtube.com/watch?v=Pvw2fqPDm4w [letzter Zugriff: 20. 8. 2021]

Perko, Gudrun/Czollek, Leah Carola/Pohland, Johanna: Mediationslehrfilm: Diversity orientierte Mediation: Maxi in der Schule. Eine systemische und Diversity orientierte Onlinemediation. Potsdam 2019. Youtube unter: www.youtube.com/watch?v=c3US2oLDmao [letzter Zugriff: 20. 8. 2021]

Perko, Gudrun/Czollek, Leah Carola: Wissenschaftsperfomance zu Social Justice und Radical Diversity, Universität Klagenfurt 2019. Youtube unter: www.youtube.com/watch?v=rTgVH5a4n8I&t=18 [letzter Zugriff: 20. 8. 2021]

Verwendetet Gesetze und Verankerungen

Allgemeines Gleichbehandlungsgesetz (AGG) (2006): Online unter: www.gesetze-iminternet.de/agg/ [letzter Zugriff: 20. 8. 2021]

Gender Mainstreaming (GM) (1999): Online unter: www.bmfsfj.de/bmfsfj/themen/gleichstellung/gleichstellung-und-teilhabe/strategie-gendermainstreaming/strategie--gender-mainstreaming-/80436?view=DEFAULT [letzter Zugriff: 20. 8. 2021]

Grundgesetz für die Bundesrepublik Deutschland (1949): Online unter: www.gesetze-iminternet.de/gg/index.html [letzter Zugriff: 20. 8. 2021]

UN-Behindertenrechtskonvention (2008): Online unter: www.institut-fuer-menschenrechte.de/fileadmin/user_upload/PDF-Dateien/Pakte_Konventionen/CRPD_behindertenrechtskonvention/crpd_b_de.pdf [letzter Zugriff: 20. 8. 2021]

UN-Menschenrechtscharta (1948): Allgemeine Erklärung der Menschenrechte. Online unter: www.menschenrechtserklaerung.de/die-allgemeine-erklaerung-der-menschenrechte-3157/ [letzter Zugriff: 20. 8. 2021]

Bundessozialhilfegesetz (BSHG): Online unter: www.sozialgesetzbuch.de/gesetze/13/index.php?norm_ID=1300000 [letzter Zugriff: 20. 8. 2021]

Jugendgerichtsgesetz (JGG): Online unter: www.gesetze-im-internet.de/jgg/BJNR007510953.htm [letzter Zugriff: 20. 8. 2021]

Rechtsdienstleistungsgesetz (RDG): Online unter: www.gesetze-im-internet.de/rdg/RDG.pdf letzter Zugriff: 20. 8. 2021]

Sozialgesetzbuch (SGB): Online unter: www.sozialgesetzbuch-sgb.de [letzter Zugriff: 20. 8. 2021]

Strafgesetzbuch (STGB): Online unter: www.gesetze-im-internet.de/stgb/__263.html [letzter Zugriff: 20. 8. 2021]

Zusätzliche Internetadressen

Bundeszentrale für politische Bildung: www.bpb.de/gesellschaft/gender/gender-mainstreaming [letzter Zugriff: 20.8.2021]
Gabler Wirtschaftslexikon: Online unter: http://wirtschaftslexikon.gabler.de/ [letzter Zugriff: 20.8.2021]
Pantucek: Handlungsfelder der Sozialen Arbeit. 2004, Online unter: www.pantucek.com/seminare/200609polizei/handlungsfelder.pdf [letzter Zugriff: 20.8.2021)
AB Queer: www.abqueer.de/wir/verein.html [letzter Zugriff: 28.8.2021]
BMFSFJ: www.bmfsfj.de/bmfsfj/generator/Kategorien/aktuelles.html [letzter Zugriff: 10.8.2008]
http://kampagne.paritaet-nrw.org/e18/e14/e16/index_ger.html [letzter Zugriff: 28.8.2021].
www.vaeterzentrum-berlin.de [letzter Zugriff: 28.8.2021]
www.maennerzentrum.de/Positionspapie.pdf [letzter Zugriff: 28.8.2021]
www.villa.at/rlvilla/h*gesch.html [letzter Zugriff: 28.8.2021]
www.maneo.de/highres/index.html [letzter Zugriff: 28.8.2021]
www.kombi-berlin.de/03-queer.html [letzter Zugriff: 28.8.2021]
www.lesbenberatung-berlin.de/html/ver*start.htm [letzter Zugriff: 28.8.2021]
www.gladt.de/archiv [letzter Zugriff: 28.8.2021]
www.kombi-berlin.de/03-a.html [letzter Zugriff: 28.8.2021]
www.tgnb.de/?id=103&lang=de [letzter Zugriff: 28.8.2021]
www.deutsche-gesellschaft-fuer-sozialarbeit.de/mit67.shtml [letzter Zugriff: 28.8.2021]
www.bet-debora.de/2001/juedische-familie/schwermer.htm [letzter Zugriff: 28.8.2021]
www.spiegel.de/video/mann-oder-frau-thai-airline-setzt-auf-transsexuelle-flugbegleiter-video-1167654.html [letzter Zugriff: 28.8.2021]
www.dbsh.de/Ethik_in_der_Sozialen*Arbeit.pdf [letzter Zugriff: 28.8.2021]
www.interkulturelle-initiative.de/indexf48c.html?page=frauenhaus2&hl=de*DE [letzter Zugriff: 28.8.2021]
https://lizaswelt.net/2016/01/30/eine-verschwoerungstheorie-namens-pinkwashing/ [letzter Zugriff: 28.8.2021]
www.juedischerfrauenbund.org/css/geschichte.htm [letzter Zugriff: 28.8.2021]
Genfer Flüchtlingskonvention: ttp://www.aufenthaltstitel.de/genferkonvention.html [letzter Zugriff: 28.8.2021]
www.medienpaed.com/14/stauber0711.pdf [letzter Zugriff: 28.8.2021]
www.homepage.univie.ac.at/elisabeth.holzleithner/IntersexCaseManagement.pdf [letzter Zugriff: 28.8.2021]
www.criticalthinking.org [letzter Zugriff: 28.8.2021]
www.institut-fuer-menschenrechte.de [letzter Zugriff: 28.8.2021]
www.amnesty.de/informieren/themen/fluechtlinge-asyl [letzter Zugriff: 28.8.2021]
https://lambda-online.de [letzter Zugriff: 28.8.2021]
https://sozialhelden.de [letzter Zugriff: 28.8.2021]
www.aktion-mensch.de/ [letzter Zugriff: 28.8.2021]

Über die Autor*innen

Leah Carola Czollek, Sozialpädagogin, Leiterin und Mitbegründerin des Instituts ‚Social Justice und Radical Diversity'. Sie hat Rechtswissenschaften und Soziale Arbeit studiert, ist Mediatorin, Supervisorin, freiberufliche Trainerin und Dozentin an verschiedenen Hochschulen (insbesondere Soziale Arbeit, u. a. an der Fachhochschule Potsdam). Sie entwickelte das Diskriminierungskritische Bildungskonzeptes „Social Justice und Diversity" mit und ist Ausbildnerin für diesen Trainingsansatz. Im Zuge dessen konzipierte sie gemeinsam mit Gudrun Perko das Konzept der „diskriminierungskritischen Soziale Arbeit" und sie entwickelte das Konzept der „diskriminierungskritischen Beratung".
Lehr-, Forschungs- und Publikationsschwerpunkte: Social Justice, Diversity, Gender/Queer, Interkulturalität, Interkulturelle Mediation, Dialog, diskriminierungskritische Soziale Arbeit und Beratung in der Sozialen Arbeit. Letzte Publikationen, u. a.: Leah Carola Czollek/Gudrun Perko/Corinne Kaszner/Max Czollek: Praxishandbuch Social Justice und Diversity. Theorien, Training, Methoden, Übungen, vollständig und stark überarbeitete Neuauflage (Erstveröffentlichung 2012), Weinheim/Basel: Beltz/Juventa 2019.
www.institut-social-justice.org

Gudrun Perko, Prof. Dr., ist Professorin für Sozialwissenschaften mit den Schwerpunkten Gender, Diversity und Mediation an der Fachhochschule Potsdam (Fachbereich Sozial- und Bildungswissenschaften), Philosophin und Mediatorin. Sie ist Mitbegründerin des Instituts „Social Justice und Radical Diversity" und des Diskriminierungskritischen Bildungskonzeptes „Social Justice und Diversity" sowie Ausbildnerin für diesen Trainingsansatz. Im Zuge dessen entwickelten sie gemeinsam mit Leah Carola Czollek das Konzept der „diskriminierungskritischen Soziale Arbeit".
Lehr-, Forschungs- und Publikationsschwerpunkte: Sozialphilosophie/Sozialwissenschaften, politische Philosophie, Ethik, Gender/Queer, Diversity, Social Justice, Mediation, diskriminierungskritische Soziale Arbeit. Letzte Publikationen, u. a.: Leah Carola Czollek/Gudrun Perko/Corinne Kaszner/Max Czollek: Praxishandbuch Social Justice und Diversity. Theorien, Training, Methoden, Übungen, vollständig und stark überarbeitete Neuauflage (Erstveröffentlichung 2012), Weinheim/Basel: Beltz/Juventa 2019; Gudrun Perko: Social Justice und Radical Diversity: Veränderungs- und Handlungsstrategien, Weinheim/Basel: Beltz/Juventa 2020.